묘지의 죽은 자들
제임스 파머의 『모든 선*Omne Bonum*』 삽화(잉글랜드, 1360~1375년 무렵)
London, British Library, Royal 6 E VI f. 267v.

중세의 유령은 죽음과 죽은 자에 익숙하게 만들어 기독교도를 교화하려 했던 총체적인 전략과 연관되어 있었다. 그러한 전략은 장례를 점차 전례화하거나, 산 자의 공동체 한복판에 마련된 거룩한 장소로 묘지 공간을 중시하거나, 죽은 자를 위한 예배에 참석하거나, 특권계급에서는 시도서를 매일 독송하는 것으로 조직적으로 실천되었다. (본문 227쪽)

산 자를 공격하는 죽음 『시도서』삽화(네덜란드, 1460~1480년 무렵), Hague, Koninklijke Bibliotheek, 130 E 4, f. 170v.

『시도서』 삽화(독일, 16세기 전반), London, British Library, Harley 2953, f. 20r. **죽음의 승리**

연옥

『베리 공작의 매우 호화로운 시도서 *Très Riches Heures du Duc de Berry*』삽화(프랑스, 15세기)
Chantilly, Musée Condé, Ms. 65, f. 113v.

교회는 신도들의 마음에 죄·참회·구원이라는 관념이 핵심을 이루는 종교적 윤리관을 불어넣었고, 그러한 윤리관은 12세기 말 '연옥의 탄생'과 함께 정점에 이르렀다. 연옥의 등장으로 모든 기독교도들은 구원을 기대할 수 있게 되었지만, 그 조건으로 죽은 뒤에 속죄를 위한 징벌을 견뎌야만 했다. 그러한 징벌의 기간과 강도는 친지들이 죽은 자의 영혼이 구원되기를 바라며 수행하는 기도·자선·미사·기부와 같은 중재에 달려 있었다. 그것들이 충분치 않으면 죽은 자가 나타나 중재를 부탁했다. 이렇게 해서 유령은 교회의 윤리적이고 종교적인 교화를 목적으로 한 전략적 도구로 활용되었고, 그러한 전략은 이야기라는 형식을 빌려 사회 전체로 확산되었다. (본문 15쪽)

레이몽 디오크레의 장례식 이야기를 묘사한 삽화
『베리 공작의 매우 호화로운 시도서 *Très Riches Heures du Duc de Berry*』삽화(프랑스, 15세기)
Chantilly, Musée Condé, Ms. 65, f. 86v.

산 자의 환상과 공포심, 이야기 속으로 돌아온 유령들은 기독교도로서의 정상적인 죽음이 가로막힐 다양한 가능성들을 일반화해서 표현했다. 그래서 어떤 경우든 죽은 자가 돌아오면 대가를 받고 죽은 자를 위한 중재를 진행하는 교회가 큰 이익을 거두었다. 장례가 중요한 전례의식이 되었고, 죽은 자를 위한 미사의 수가 크게 늘었으며, 산 자의 공동체 한복판에 마련된 묘지가 중시되었다. 나아가 죽은 자에 대한 배려가 일상 활동 안으로 침투하면서 통곡과 고행을 특징으로 하는 물질적인 신앙심이 점차 형성되었다. 연옥·면죄부·미사가 하나의 조합이 되어 중세 말기 교회를 지탱하는 경제구조의 핵심이 되었고, 유령은 그러한 구조를 작동시키는 하나의 장치가 된 것이다. (본문 264쪽)

천국과 지옥으로 갈리는 운명
마트프레 에르망고 드 베지에르의 『사랑의
성무일과서』 삽화(프랑스 남부, 14세기 초),
London, British Library, Royal 19 C I f. 125v.

유령이야기는 산 자와 죽은 자의 관계를 관리하는 전례의식과 예배의식이 늘어나고 확산된
것에 비례해서 증가했다. 그리고 유령은 모든 영역에서 산 자를 올바른 길로 인도하는 유용
한 존재가 되었다. 산 자에게 저승의 고통을 알려주며 기독교 윤리를 존중하고 선행을 하라
고 촉구하는 유령은 도덕적인 규범을 전하는 대변자이자 교회 개혁의 수단이 되었다. 그리
고 유령의 계시는 군주의 권력을 위해 정치적 과제를 추진하는 수단으로 이용되기도 했다.
(본문 210쪽)

마상창시합, 춤, 궁정식 사랑이 모두 악마의 유혹임을 보여주는 그림
마트프레 에르망고 드 베지에르의 『사랑의 성무일과서』 삽화(프랑스 남부, 14세기 초)
London, British Library, Royal 19 C I f. 204v.

악마에게 붙잡혀가는 왕의 영혼

『그레고리우스 9세의 교령집』삽화(프랑스, 1300년 무렵), London, British Library, Royal 10 E IV f. 265v

죽은 자의 영혼을 데려가는 천사

마트프레 에르망고 드 베지에르의 『사랑의 성무일과서』삽화(에스파냐, 14세기 말)
London, British Library, Yates Thompson 31 f. 110v

부패한 해골로 묘사된 죽은 자
『시도서』삽화(파리, 1410~1430년 무렵),
London, British Library, Additional MS 18850, f. 68v.

중세 기독교는 비물질적이고 불멸하는 영혼과 물질적이고 사멸하는 육체라는 구분에 기초해 있었지만, 보이지 않는 것을 상상해서 육체성을 부여하려는 욕구를 해결하지는 못했다. 화가들은 영혼을 이제 막 죽은 사람의 입에서 빠져나오는 벌거벗은 작은 아이의 모습으로 묘사했고, 저승에서 고통을 받는 영혼들과 이 세상으로 돌아온 죽은 자들도 '육체성'을 부여받았다. (본문 321쪽)

지옥의 아가리에서 고통받는 사람들
마트프레 에르망고 드 베지에르의 『사랑의 성무
일과서』삽화(프랑스 남부, 14세기 초), London,
British Library, Harley 4940, f. 171v.

3인의 산 자와 3인의 죽은 자

13세기 이후 삽화에 자주 등장하는 소재이다. 세 명의 젊은 기사가 사냥을 하러 가던 중에 세 명의 죽은 자를 보게 된다. 그들은 부패가 진행된 시체와 같은 모습이었으나 살아 있는 것처럼 움직였다. 죽은 자들은 놀란 젊은이들에게 인생의 덧없음을 상기시키고 죽음이 머지않았으니 더 늦기 전에 행동거지를 바르게 하라고 말한다. 이야기에 따라 세 명의 젊은이는 왕, 성직자, 여성 등으로 바뀌어 나타나기도 했다. (본문 349쪽)

『그레고리우스 9세의 교령집』 삽화(프랑스, 1300년 무렵), Royal 10 E IV f. 258v-259r..

『시도서』 삽화(잉글랜드, 1425-1450년 무렵), London, British Library, Yates Thompson 13, f. 179v-180r.

그림에는 이런 내용의 글귀가 덧붙여졌다.

3인의 산 자 두렵도다.(*Ich am afert*) 오, 내가 무엇을 본 것인가!(*Lo whet ich se*)

이들은 세 명의 악마가 아닌가.(*Me þinkes hit bey develes þre*)

3인의 죽은 자 나도 한때는 아름다웠지.(*Ich wes wel fair*)

당신이 그런 것처럼.(*Such schel tou be*)

신의 은총으로 나를 통해 깨닫기를.(*For godes love bewer by me*)

도히에로니무스 체켄뷔를린(Hieronymus Tschekkenbürlin)의 이중초상(1487년), Basel, Kunstmuseum Basel.

자코모 보를로네의 죽음의 무도 벽화 (이탈리아, 1485년), Oratorio dei Disciplini di Clusone.

마카브르의 영향을 받은 펜던트(프랑스?, 16~17세기 무렵)
Baltimore, Walters Art Museum, 71.461

죽음의 무도와 이중초상

15세기 이후에는 죽은 자와 산 자가 짝을 이루어 사회의 특정한 신분을 나타내며 줄지어 늘어서 있는 '죽음의 무도'라는 소재가 유행했다. 그리고 살아 있는 인간을 묘사한 초상화의 반대편에 같은 인물이 주검으로 변한 모습을 묘사해 놓은 '이중 초상 마카브르'라는 새로운 소재도 나타났다. 이런 소재의 형상들은 끊임없이 죽음을 상기시키며, 기독교도에게 '좋은 죽음'에 대한 준비를 촉구하는 것을 목적으로 했다. (본문 359쪽)

죽음의 무도 (프랑스, 15세기), église Saint-Germain de La Ferté-Loupière

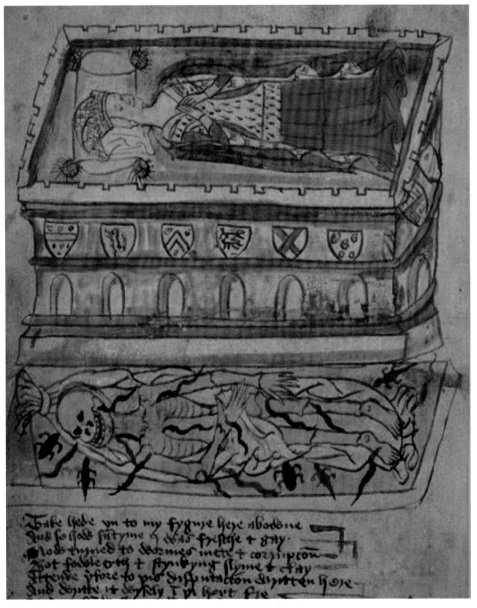

죽음 앞에 덧없는 부와 명예
『카르토지오 수도회의 잡문집』 삽화(잉글랜드, 1460~1500년 무렵), London, British Library, Additional 37049, f. 32v.

중세 말기 유령의 묘사에 널리 침투하고 있던 마카브르 예술은 16세기로 시대가 전환하는 과정에서 뚜렷하게 발달했다. 그림 위쪽에는 수많은 문장들이 새겨진 관 안에 화려한 옷을 입은 신분이 높아 보이는 여인이 누워 있다. 반대로 그림 아래쪽에는 시간이 흘러 부와 명예도 덧없어진, 벌레와 구더기가 들끓는 시신이 묘사되어 있다. (본문 359쪽)

유령의 역사

Cet ouvrage, publié dans le cadre du Programme d'aide à la Publication Sejong, a bénéficié du soutien de l'Institut Français de République de Corée.

이 책은 주한 프랑스문화원의 세종출판번역 지원프로그램의 도움으로 출간되었습니다.

유령의 역사

중세 사회의 산 자와 죽은 자

장 클로드 슈미트 지음 | 주나미 옮김

오롯

자크 르 고프에게
이 책을 바칩니다

감사의 말

이 책은 여러 해 동안 프랑스 안팎의 수많은 동료들과 학생들, 벗들에게서 시사점을 얻으면서 점점 내용이 풍부해졌다. 그들 모두에게 깊은 감사의 뜻을 전한다. 특히 내 원고를 읽고 솔직한 의견을 밝혀준 폴린 슈미트팡텔Pauline Schmitt-Pantel과 제롬 바쉐Jérôme Baschet, 내게 중세의 도상들에 관해 많은 것을 알려준 장클로드 본Jean-Claude Bonne과 미셸 파스투로Michel Pastoureau, 삽화가 있는 문헌의 조사를 도와준 다니엘레 알렉상드르비동Daniele Alexandre-Bidon, 내 이야기에 귀를 기울여주고 역사인류학의 전선에서 오랫동안 함께 우정을 쌓아온 다니엘 파브르Daniel Fabre와 툴루즈의 민족학자 동료들에게 감사드린다. 끝으로 내 연구를 신뢰해준 피에르 노라Pierre Nora에게도 다시금 고맙다는 말을 전하고 싶다.

일생에 도대체 얼마만큼의 만남이 있을까. 사람들이 만나서 웃고 떠들며 맥주 잔을 나누고 노래를 부른다. 그러나 누군가 십자가 아래에 눕혀지는 순간 만남은 마침내 끝나고, 그 사람은 더 이상 이 세상에 존재하지 않게 된다. 그는 드러누운 채 더는 말하지 않는다. 그는 침묵한다. 대답하는 소리가 들려오더라도 그것은 무덤 안에서 나오는 소리가 아니라 우리가 꾼 꿈에 지나지 않는다. 가끔 누군가 찾아와 우리에게 말을 건넨다. 여기저기 배회하거나 물끄러미 앉아 있기도 한다. 마치 죽지 않았다는 듯이 말이다. 때로는 수레에 올라타 뭔가 일을 시작하려고 한다. 그 모습은 살아 있는 인간과 조금도 다르지 않다. 너무 생생해서 전혀 죽은 자 같지 않다. 왜 그런지는 모른다. 그러나 그대가 꿈속에서 죽은 자를 볼 때, 그가 무덤 속이나 추모미사를 올릴 때처럼 관에 눕혀져 있는 모습을 하고 있는 경우는 없다. 꿈속의 죽은 자는 거닐거나 수레 앞에 앉아 있거나 당신을 향해 손짓을 한다. 정말 살아 있는 것처럼 말이다. 신은 그래서 인간에게 꿈을 준 것일까. 이제는 존재하지 않는 그들이지만, 우리가 아주 잠깐이라도 좋으니 다시 만나고 싶은 그들을 생전의 모습 그대로 볼 수 있게 하려고 말이다. ─ 유오자스 발투시스 ,『유자의 사가』(1979)

※ Juozas Baltušis(1909-1991) 리투아니아의 작가

목차

일러두기

① 본문에 포함된 해설과 주석은 한국어판에서 역자가 추가한 것입니다. 저자의 주석은 책 뒤에 '원주'로 실어 구분했습니다.

② 본문의 ( ) 안의 내용은 저자가 덧붙인 것이며, 〔 〕안의 내용은 한국어판의 역자가 내용 이해를 돕기 위해 덧붙여 놓은 것입니다. 본문 내용과 구분할 수 있도록 역자가 추가한 내용은 고딕으로 서체를 다르게 했습니다.

③ 본문의 인명이나 지명 등의 외국어 표기는 해당 국가의 언어에 맞추어 나타냈으며, 10세기 이전의 인물이나 교황의 이름 등은 라틴어를 기준으로 표기했습니다. 하지만 성서의 인물이나 영어식 발음 표기가 일반화되어 한국어에서 외래어처럼 폭넓게 사용되고 있는 것은 널리 통용되고 있는 것을 기준으로 표기했습니다.

④ 서적이나 정기간행물은 『   』, 논문이나 문헌 등은 「   」로 나타냈으며, 원래의 외국어 제목을 함께 표기했습니다.

⑤ 주요개념은 본문에 외국어를 함께 표기했으나, 인명이나 지명 등의 외국어 표기는 책 뒤의 '찾아보기'에 수록했습니다.

⑥ 성서에 관한 표기는 한국 가톨릭 공용성서인 '한국천주교주교회의, 『성경』, 한국천주교중앙협의회, 2008'을 기초로 했습니다.

머리말

유령, 상상의 사회사

　죽은 자는 산 자의 상상을 벗어나 존재하지 않는다. 인간은 문화와 신앙, 시대마다 서로 다른 방식으로 저세상에서의 삶을 죽은 자에게 부여했고, 죽은 자가 머무는 장소를 상상했으며, 그렇게 자신이 바라고 두려워하는 죽음 이후의 운명을 상상해왔다. 그러므로 죽음을 상상하고, 죽은 자의 저세상에서의 운명을 상상하는 것은 세계의 모든 사회들에서 종교적 신앙의 핵심을 이룬다. 그리고 그런 상상들은 지역마다 다양한 형태를 띠고 나타나지만, 환시와 꿈이 언제나 중요한 구실을 한다.[1] 어떤 지역에서는 시베리아의 샤먼처럼 꿈이나 신들린 상태에서 저승을 여행할 수 있는 능력을 지닌 사람들이 있다고 여긴다. 그리스도나 그의 후계자인 기독교 성인들처럼 죽은 자를 되살리는 능력을 가진 특별한 사람들이 있다고 전해지는 지역도 있다. '유령신앙'이라고 부를 수 있는 전통은 거의 모든 지역에서 발견된다.[2] 유령의 출현은 저승으로의 여행과는 정반대로 죽은 자의 세계에서 산 자의 세계로 이동하는 것이다.

　베르길리우스의 『아이네이스*Aeneis*』 제6권, 『성 파트리키우스의 연옥

Tractatus de Purgatorio Sancti Patricii』, 단테의 『신곡*Divina Commedia*』처럼 저승으로의 여행과 환시를 묘사한 수많은 문헌들에서 환시를 목격한 자는 이승에서 알고 지냈거나 명성을 들은 적이 있는 유명한 망자들의 영혼을 만난다. 그러나 그런 '환시이야기(*visio*)'의 목적은 매우 '정치적인' 이야기에 등장하는 몇몇 군주들을 제외하고는 특정한 망자가 사후세계에서 겪고 있는 운명을 말하려는 것에 있지 않다.[3] 오히려 그 이야기를 듣거나 읽는 산 자들에게 가파른 길이나 얼음 강, 불구덩이처럼 수세기 동안 서구의 상상력에 커다란 보물창고가 되어주었던 저승의 모습과 죽은 뒤에 겪게 될 갖가지 고통들을 알려주는 데 목적이 있다.

하지만 유령이야기의 구조와 기능은 전혀 다르다. 유령이야기에서는 산 자가 저승으로 건너가지 않고 거꾸로 죽은 자가 산 자에게 출현한다. 이러한 죽은 자의 출현은 천사와 악마, 그리스도와 성모, 성인들과 같은 초자연적인 존재의 출현과도 전혀 다르다. 이런 존재들은 저 너머의 세상에 머물러 있다가 산 자 앞에 이따금 모습을 나타낼 뿐이지만, 유령은 한쪽 발을 지상에 걸치고 있는 상태나 매한가지다. 그들은 이미 헤어진 산 자에게 다시 나타나 떠나지 못하는 모습을 보인다. 그래서 역사가는 그리스도나 성모, 악마의 출현을 묘사한 이야기를 다룰 때면 곧장 기독교 사회의 풍부한 상상 속으로 빠져들게 되지만, 유령이야기를 다룰 때면 떠났다가 산 자의 세상으로 다시 돌아온 죽은 자와 산 자 사이의 복잡한 사회적 관계들을 마주하게 된다. 요컨대 웅장한 환시이야기는 사후세계의 묘사에 중점을 두지만, 유령이야기는 평범한 인간인 죽은 자의 사회적 신분에 주목한다.

죽은 뒤에 다시 이승을 찾아온다는 점에서는 성인도 유령과 마찬가지다. 산 자의 꿈이나 환시에 죽은 성인들이 등장한다는 것은 성인전에서 즐겨 사용되는 소재이기도 하다. 그러나 〔영국의 역사학자〕 피터 브라운이 정확하게 지적하고 있듯이,[4] 성인은 '매우 특별한 죽은 자'이고, 그들이 제기하는 문제도 특별한 것들이다. 따라서 성인은 부수적으로만 다루고, 일반적인 죽은 자의 출현, 곧 평범한 유령에 초점을 맞출 필요가 있다.

낭만주의 시대 이후의 환상문학과 괴기영화, 만화 등에서 유령은 우리가 즐겨 상상하는 중세, 곧 유령의 집이나 용, 악령, 흡혈귀가 출몰하는 중세라는 무대의 일부처럼 여겨져왔다. 그런 이미지가 모두 잘못된 것은 아니겠지만, 지나치게 단순화되어 있다고도 할 수 있을 것이다. (눈에 보이지는 않아도 초자연적인 존재와 힘이 실재한다고 믿고 있다는 점에서) 종교적인 색채가 매우 짙은 문화나 죽음·죽은 자들과 친숙한 문화에서는 '유령신앙'이 사람들에게 잘 받아들여지게 마련이다. 하지만 그렇다고 해서 산 자의 관심사와 꿈속에 죽은 자가 늘 존재하고, 죽은 조상이 자기 앞에 모습을 드러내리라고 산 자가 언제나 예상하고 있었던 것처럼 생각하는 것은 잘못이다. 죽은 자가 모두 이승으로 돌아오는 것도 아니고, 때와 장소를 가리지 않고 누구한테나 나타나는 것도 아니기 때문이다. 다른 전통사회들처럼 중세사회에서도 죽은 자에게 부여되는 특별한 존재형태는 죽음의 '통과의례'가 어떻게 이루어졌는가에 달려 있다. 대개 죽은 자는 장례와 애도작업이 제대로 완수되지 못했을 때, 예컨대 익사한 사람의 주검이 발견되지 않았다거나 관습에 따라 매장할 수 없게 되었을 때, 살인·자살·산모의 죽음·태아의 사산 등으로 산 자들의 공동체가 더럽혀질 위험에 놓였을 때 이승에 출현한다. 그런 죽음들은 대체로 불길하게 여겨진 것들이다. 죽은 자의 귀환에서 폭넓게 나타나는 이러한 인류학적 특성은 고대와 중세만이 아니라 현대의 민간전승까지 포함한 서구의 전통에서도 확인된다.[5]

그러나 중세를 연구하는 역사가는 〔그 시대의〕 고유한 역사를 살펴보면서 유령에 관한 보편적인 인류학적 정의를 더욱 풍부하게 만들어야 한다. 그러한 고유한 요인들 가운데 일부는 중세 문화의 복합적인 구성, 이를테면 도시나 씨족 안에서 망자 숭배가 중요한 구실을 했던 고대 그리스·로마의 이교 전통이나 게르만족의 대이동으로 확산되어 기원후의 첫 1천 년 동안 기독교에 통합된 '야만족'의 전통처럼 중세 문화를 낳은 여러 중요한 유산들과 연관되어 있다.

이런 점에서 중세 성직자들이 라틴어로 쓴 문헌들이 게르만 전통에서 큰 영향을 받았다고 밝힌 〔프랑스의 역사가〕 클로드 르쿠퇴의 주장을 눈여겨 볼 필요가 있다. 겉은 (비물질적이고 불멸하는) 영혼과 (물질적이고 사멸하는) 육체라는 기독교적 구분으로 포장되어 있지만, 속으로는 사람이 죽은 뒤에도 육체 비슷한 분신(hamr)이 세상에 남겨진다고 여겼던 게르만인의 이교적 사고방식이 그대로 남아 있었다는 것이다.[6] 그는 유령을 '육체성'을 지닌 존재로 묘사하고 있는 라틴어 이야기는 대부분 이런 이교적 사고방식에서 비롯되었고, 그러한 사고방식은 12~13세기에 기록되기 시작한 『에다Edda』와 같은 스칸디나비아 사가들에서도 찾아볼 수 있다고 주장한다. 중세 민속문화에 관한 다양한 연구들과 같은 맥락에 있는 이런 접근은 중세 사료에 감추어져 있는 다양한 의미의 층들을 더 폭넓게 이해할 수 있게 도와준다.

하지만 나는 중세의 유령에 관해 다르게 해석해 보려고 한다. 물론 중세의 사료들이 물려받은 유산들에 대한 고고학적 검증을 소홀히 해서는 안 된다. 하지만 나는 오히려 믿음이나 상상이 어느 특정한 시대의 사회와 문화의 구조와 기능에 우선 의존하고 있음을 밝히려 한다. '심성mentalités'은 옛적부터 이어져온 사고나 행위의 '오래된 층들'만이 아니라, 특정한 시대의 사회관계나 이데올로기의 생생한 현실 안에서만 의미를 제대로 알 수 있는 믿음과 이미지, 말과 몸짓으로 구성된 것이기도 하기 때문이다. 그런 현실의 상황을 살펴보아야 우리는 비로소 중세 기독교 문화가 어떻게 유령에 대한 관념을 확산시켰으며, 죽은 자가 출현할 새로운 계기를 만들었는지 제대로 이해할 수 있다.

이 책은 5세기에서 15세기까지, 특히 중세 중기에 초점을 맞추고 있다. (필리프 아리에스의 표현을 빌리자면)[7] 이 시대는 전통적인 믿음과 점차 기독교화하고 있던 '길들여진 죽음'의 여러 의례들, (죽음을 맞이하는 순간이나 기독교의 사후세계를 구성하는 3개의 주요 장소인 지옥·연옥·천국 가운데 어딘가로 영혼을 인도할 최후의 심판에 대한 개인적인 두려움과 같은) '자신의 죽음'을 둘러싼 고뇌, 죽은 친지나 벗들이 저승에서 맞이할 운명을 걱정하는 '타인의 죽음'을 둘러싼 슬픔이 잇달아 나타나고 서로 결합된 시대이다. (유럽의 부르주아 계급은 19세기에 들어서면서 통곡하는 인물의 조각상으로 무덤을 장식했지만, 추모의 슬픔은 훨씬 오래전부터 세속화된 형태로 나아가고 있었다.) 이처럼 매우 오래된 태도와 새로운 태도가 복잡하게 뒤얽힌 상황에서 중세 사회는 죽은 자가 돌아와 산 자를 방문하거나, 산 자가 죽음을 뛰어넘어 죽은 자와 영원히 변치 않을 관계를 맺는 것을 상상하게 되었다. 사회구조에서 나타난 중대한 변화는 구성원들이 집단과 공동체에서 차지하는 위치를 새롭게 정의했으며, 그런 위치는 구성원들이 죽은 뒤에도 오랫동안 그대로 유지되었다. 육체적·영적 친족집단, 수도원, 귀족 가문, 교구, 평신도회 등은 산 자들만이 아니라 산 자와 죽은 자 사이에도 새로운 관계가 맺어지는 기본 틀이 되었다. 그러한 관계들은 산 자들의 거주지인 마을과 시가지, 죽은 자들의 거주지인 묘지의 유기적 결합을 통해 사회적 공간의 현실에도 투영되었다. 묘지와 주거지가 가깝게 붙어 있는 것은 산 자가 죽은 자에게 열렬히 관심을 갖게 부추겼으며, 그것을 정당화했다.

　교회와 성직자가 평신도 사회에 대해 지니는 종교적·물질적 영향력도 기원후 1천 년을 경계로 뚜렷하게 커졌다. 그들은 신도들의 마음에 죄·참회·구원이라는 관념이 핵심을 이루는 종교적 윤리관을 불어넣었고, 그러한 윤리관은 12세기 말 '연옥의 탄생'[8]과 함께 정점에 이르렀다. '연옥의 탄생'으로 모든 기독교도들은 구원을 기대할 수 있게 되었지만, 그 조건으로 죽은 뒤에 속죄를 위한 징벌을 견뎌야 했다. 그러한 징벌의 기간과 강도는 (선행과 악행, 임종 순간의 참회와 같은) 죽은 자의 생전 행적이나 (미사, 기도, 자선과 같은) 친족과 친구들이 고인의 영혼이 구원되기를 바라며 행하는 여러 가지 중재에 달려 있었다. 그것들이 충분치 않으면 망자는 친족이나 지인들에게 나타나 중재를 더 요구하거나, 자신의 구원을 위해 자선을 해달라고 부탁했다. 산 자와 죽은 자의 연대를 지원하고 조직화하는 데 열심이던 교회는 유령이야기를 유포하는 데도 앞장섰다. 그 이야기들에 등장하는 유령은 장례식과 같은 통과의례가 방해를 받았거나 결여되어 나타나는, 모든 문화들에서 발견되는 불길한 망자들과는 거리가 있었으며 단순히 이교 전통의 산물이라고도 할 수 없었다. 산 자의 환상과 공포심, 이야기 속으로 돌아온 유령들은 기독교도로서의 정상적인 죽음이 장애를 겪을 다양한 가능성들을 일반화해서 표현하고 있었던 것이다.

중세 교회가 규정하고 사람들에게 부과했던 망자에 대한 기독교적인 태도는 메모리아(*memoria*)[*], 곧 '망자 기억'이라는 개념 안에 담겨 있다.[9] 이것은 전례의 기억, 요컨대 기려야 할 죽은 자의 이름을 수도원과 수녀원의 기념집(*libri memoriales*), 사망자 명부, 기일력忌日曆에 기록해 유지해가는 기억이었다. 그러한 기억이 구체적으로 드러나는 것은 망자의 구원을 기원하는 미사가 집전되는 매년 기일이었다.

하지만 '기억'이라는 말을 오해해서는 안 된다. '메모리아'의 진짜 목적은 산 자와 죽은 자를 구분하고, 죽은 자가 속죄를 위해 고통을 견뎌야 하는 기간이나 연옥에 머무는 기간을 단축하고, 궁극적으로는 산 자가 죽은 자를 망각할 수 있게 하려는 것이었기 때문이다. 그래서 미

---

* 라틴어에서 '기억, 기념' 등을 뜻하는 말로 기독교에서는 순교자들의 무덤을 메모리아이(memoriae)라고 부르기도 했다. 여기서는 죽은 자를 추모하고 기리는 모든 의식이나 행위를 가리키는데, 적절한 번역어를 찾기 어려워 그대로 '메모리아'로 옮겼다.

사와 기도의 주기는 점차 느슨해지고 기간도 한정되었다. 대체로 3일이나 7일, 1개월, 1년이었고, 아무리 길어도 1년 이상 이어지는 경우는 드물었다. 기념집에 이름이 오른다고 해서 망자에 대한 미사가 영원히 보장되는 것도 아니었다. (그러한 영광은 성인이나 국왕에만 한정되었다.) 지나간 세대의 무명의 죽은 자 무리에 빨리 합류되는 것을 보장받을 뿐이었다. (오늘날 우리가 묘지의 '영구 임대'에 관해 말하듯이) 장례기금도 '영구히'라고 표현은 되었지만, 사람들의 무관심과 화폐가치 하락의 영향을 피할 수 없었다. 사실 그것은 한시적이었다. '영구히' 미사를 올리기 위한 기금이라는 사고 자체가 망자를 위한 중재에 맡겨진 역할과 모순된 것이기도 했다. 중재는 망자의 영혼이 되도록 빨리 연옥의 시련에서 벗어나 천국에서 최종 안식을 얻을 수 있게 해주려는 것이었기 때문이다. 무명의 죽은 자들이 묘지의 대부분을 차지하고 있었으므로, 새로 주검을 매장할 수 있게 정기적으로 무덤을 파서 구덩이를 비우는 일도 흔히 벌어졌다. 11세기 이후 귀족들한테는 계보와 혈통을 기념하는 일이 매우 성행했고, 그러한 기억을 기록으로 남기기도 했다. 그러나 그것은 사회의 일부 계층에 한정된 불안정한 기억일 뿐이었다.

우리는 그러한 표상들이 얼마나 모순된 것이었는지, 집단적 기억의 한 형태인 메모리아가 실제로는 얼마나 망각을 촉구하기 위한 사회적 장치였는지를 강조해 둘 필요가 있다. 메모리아는 기억을 지속시키는 것처럼 보이지만 실은 기억을 '식히고', 망자에 대한 기억이 희미해질 때까지 슬픔을 완화하는 기능을 맡고 있었다. 그리고 그것은 산 자가 죽은 자의 이름을 떠올리면서 두려움이나 격정을 느끼지 않도록, 본래 있어야 할 자리에 죽은 자를 위치시키는 분류의 수단이기도 했다. 따라서 중세의 유령은 이렇게 이해할 수 있다. 그들은 죽은 지 얼마 지나지 않은 기간에 기독교적 메모리아가 작동하는 것을 집요하게 저지하고, 필수적인 '애도작업'을 방해하는 특별한 죽은 자들이다.

중세에 관한 왜곡된 이미지뿐 아니라 일부 역사학이나 민속학 연구도 중세 사람들이 지나친 강박관념을 지닌 채 자신과 관계된 죽은 자모두와 늘 함께 살아가고 있었던 것처럼 보이게 한다. 하지만 우리는더 깊게 살펴보아야 한다. 죽은 자의 출현은 산 자와 죽은 자의 관계에서 평범한 일이 아니었다. 산 자가 죽은 자를 떠올리는 것은 죽은 자와의 이별의식이 완수되지 않았거나 죽음의 통과의례와 장례식이 제대로 진행되지 못해 죽은 자를 망각할 수 없는 경우로 한정되어 있었다.배우자와 자식, 형제 등 가까운 유족들의 탐욕이나 태만 때문에 의식의 규칙이 깨져서 죽은 자의 영혼이 성직자의 중재라는 유익한 지원을잃게 된 경우도 있었고, 죽은 자 자신이 생전에 했던 참회가 완전치 못해서 저승에서의 시련을 견뎌내기 위해 가족의 도움이 필요해진 경우도 있었다. 어떤 경우든 죽은 자가 산 자의 '기억' 속으로 돌아오면 망자 자신의 영혼이 가장 크게 이익을 보았지만, 대가를 받고 죽은 자를위해 중재를 하는 교회도 큰 이익을 거두었다. 그래서 중세 교회는 처음 몇 세기 동안은 유령신앙을 '이교'나 '미신'의 전형적인 특성으로보고 언급하기조차 꺼렸지만, 나중에는 기적이야기와 설교 등에서 폭넓게 확인되고 있는 것처럼 그것을 관리하고 열심히 이용하려는 모순된 태도를 보였다.

이런 점에서 이 책의 목적은 더 분명해진다. 이 책은 중세에 '망자 기억'이 담당했던 사회적 기능을 살펴보려는 것이다. 더 정확히 말하자면 사회의 기억이라는 역사의 커다란 주제를 돌아보면서, 그것과 완전히 상반된 망각의 필수요소와 망각의 방해라는 측면까지도 중요하게살펴보려는 것이다. 우리는 과거의 인간들이 그들과 관계가 있는 망자들을 얼마나 기억에 남기려고 했는지, 아니 그 이상으로 망각하려고했는지 살펴볼 것이다. 그리고 성스러움보다는 그 불완전함 때문에 생겨난 '아주 특별한' 일부 망자들이 어째서 망각을 바라는 산 자들의 의지를 거스르려는 듯이 행동해서 그들의 기억을 다시 불러왔는지, 다시 말해 왜 꿈속에 침입하고 집안에 들이닥쳤는지를 살펴볼 것이다.

*　　*　　*

역사가와 민족학자들은 '유령신앙'을 매우 당연하다는 듯이 이야기한다. 그러나 그것을 어떻게 이해해야 할까? 역사가는 지나간 시대의 신앙에 어떻게 도달할 수 있을까? 인류학이 최근에 이룬 성과 가운데 하나는 '신앙'이라는 개념의 부주의한 사용을 문제 삼은 데 있다.[10] 신앙을 실체화해서 고정불변의 것으로 간주하거나 개인과 사회는 그저 그것을 표현하고 전달할 뿐이라고 생각해서는 안 되며, 그것 대신 '믿는다'라는 능동적인 개념을 사용하는 것이 필요하다는 것이다. '믿는다'라는 의미에서는 신앙이 완결된 것이 아니라 일시적인 행위로 파악된다. 그리고 끊임없이 문제시되고 되풀이해 생겨나는 의문들과도 분리되지 않는다. '믿는다'라는 행위만큼 불안정하고 확실성이 결여된 것은 없다. 복수의 정보제공자를 대상으로 잇달아 다양한 상황에서 질문을 해본 적이 있는 민족학자라면 이런 사실을 바로 알 수 있을 것이다. 물론 오직 하나뿐이며 영원히 고정되어 있는 문헌을 마주하는 역사가는 그들과는 다른 처지에 있다. 하지만 역사가도 '믿는다'라는 말이 진술되었을 때의 상황이나 분석 대상인 이야기의 형식과 장르 등을 최대한 고려해 볼 수는 있을 것이다. 믿음의 내용에는 그러한 조건들에 의존하고 있는 것들이 많기 때문이다.

역사가는 신앙의 존재나 내용을 선험적인 것으로 상정해 놓으려는 유혹, 요컨대 그것을 정보의 원천이 된 문헌의 성격, 곧 기록과 이미지의 다양한 유형들과 분리시켜서 생각하려는 유혹에 너무 자주 사로잡힌다. 그래서 문헌이 전하고 표현하고 있는 것이 어떤 종류의 '신앙'이고, 그것을 알기 위해 역사가는 단지 오래된 기록들을 읽고 이미지들을 묘사하기만 하면 된다고 말하기도 한다. 하지만 사정은 그렇게 단순치 않다. 아무리 기초적인 고증이라도 문헌의 탄생과 관련된 조건들의 중요성을 간과할 수는 없다. 예컨대 12세기나 13세기의 유령이야기는 성직자가 라틴어로 옮겨 적은 것이지만, 원래는 속어로 구전되던 것들이었다. (맨 처음에는 어떤 형식이었을까?) 이처럼 역사가가 문헌 안에서 만나는 신앙 표명은 언어적·사회적·이데올로기적인 매개물들을 거쳐서 구성된 것들이다.

신앙 표명이 어떤 형식을 띠고 있는가 하는 문제는 기록된 문헌의 장르만이 아니라, 과거의 인간이 '믿는다'라고 말했을 때의 발화 방법과도 관련되어 있다. 민족학자와 마찬가지로 역사가에게도 이 문제는 매우 중요하다. 현대에 사는 우리들은 환한 대낮에 정신이 또렷한 깨어있는 사람한테 죽은 자가 출현한다는 따위의 이야기를 순순히 받아들이기 쉽지 않다. 그렇다면 (종교에 종사하는 사람들이기는 했으나 그렇다고 해서 특별히 쉽게 믿는 인간들은 아니었던) 중세의 교양인이 공공연하게 전하고 있는 그런 이야기들을 어떻게 해석해야 좋을까? 일찍이 뤼시앙 레비브륄*이 그랬던 것처럼 우리의 논리와는 달리 꿈과 현실을 구별조차 않았던 과거 어느 시대에선가 지니고 있던 '원초적 심성'에 모든 책임을 떠넘기면 될까? 하지만 그런 식의 해석은 결코 용납될 수 없다. 유령이야기를 전한 성직자들 가운데에도 '지식인'이라고 불리기에 적합한 사람들, 곧 자신의 논리적 사고를 통해 신학과 철학을 사유하며 '진실'과 '거짓'을 엄격하게 구별하려고 노력했던 사람들이 있다. 그들은 현대의 우리와 근본적으로 다르지 않았다.

유령이야기의 진술 형식을 자세히 살펴보면 2가지 유형이 있다는 사

---

* 뤼시앙 레비브륄(Lucien Lévy-Bruhl, 1857~1939) : 프랑스의 사회학자. 주술적 사고에 기초한 미개한 심성은 과학적 사고에 기초한 문화적 심성과는 완전히 다르므로 원시사회의 문화적 전통에서 논리적인 인과관계를 기대해서는 안 된다고 주장했다.

실을 알 수 있다. 대부분의 유령이야기들은 구전되던 이야기를 성직자들이 라틴어로 기록한 것들이다. 이런 이야기들은 이미 일어났던 제3자의 환시 체험에 관한 증언들을 다소 장황하게 하나의 사슬처럼 이어놓고 있다. 이 경우에 이야기를 기록한 인물은 결코 유령이 자신에게 직접 나타났다고 주장하지 않는다. 유령의 출현이 꿈속의 일로 묘사되는 경우도 있지만, 대부분 깨어있는 상태에서 목격한 환시에 관해 말한다. 중세의 공식문화인 성직자 문화에는 꿈에 관한 부정적인 편견이 만연해 있었으므로 깨어있는 상태의 환시에 관해 이야기를 해야 신뢰성을 높일 수 있었기 때문이다. 나아가 이런 이야기들에서 보고되고 있는 (이 세상에 출현한 다른 초자연적 존재나) 유령들은 마치 육체를 지니고 있는 것처럼 형체가 매우 분명하게 묘사되어 있다. 환시를 겪은 사람들은 유령이 내는 소리를 또렷이 들었다고 말하고, 심지어 산 사람처럼 유령을 묘사하거나 손으로 유령을 만져 촉감을 느꼈다고 주장하는 경우도 있었다. 이런 묘사들 중에는 이교 전통의 지속적인 영향이 나타나는 경우도 있는데, 구전되다가 나중에 문서로 기록되어 전해진 이야기들이 지닌 고유한 생생함으로 볼 수도 있을 것이다.

이런 '전해들은 이야기récit rapporté'는 사회성을 획득할수록 내용이 더욱더 객관성을 띠게 된다. 지금도 우리는 누군가에게 유령이야기를 듣고, 그것을 다른 사람에게 전하곤 한다. 그런데 이렇게 사람들에게 이야기하고 이름을 붙이는 과정을 거치면서 우리는 실제로는 상상의 존재에 지나지 않는 것에 일종의 존재감과 실체감, 형상, 심지어는 육체와 목소리마저 부여한다. 이와 마찬가지로 이승과 저승이 서로 소통하고 있다고 보는 문화에서 '유령을 믿는다'는 것은 유령에 관해 유창하게 말하고 그 이미지를 (이를테면 채색수사본의 세밀화처럼) 묘사하는 것을 의미했다. 그리고 그러한 기록이나 이미지를 이용해서 산 자, 특히 권력자가 관심을 가질 만한 매우 현실적이고 유효한 목적을 위해 유령의 존재를 '믿게 하는' 것을 의미하기도 했다.[11] 유령이야기는 죽은 자를 위한 전례를 장려하고, 신앙심을 높이고, 수도원과 같은 종교기관으로의 기부를 촉진해서 기독교 사회에 대한 교회의 영향력을 강화하는 데 기여했기 때문이다.

그렇지만 여기서 멈추어서는 안 된다. 중세에 각각의 인간들에게 '유령을 믿는다'는 것은 무엇을 의미했을까? 이 문제를 살펴보면서 우리는 '자전적 이야기récits autobiographiques'라는, 한정된 수량의 다른 진술 유형을 발견하게 된다. 이런 이야기를 기록한 사람은 남한테 전해 듣거나 책에서 읽은 내용을 보고하는 것만으로는 만족하지 못하며, 자신이 직접 죽은 자를 만나 겪은 일을 증언하고 있다고 주장한다. 물론 역사가는 이 경우에도 신중해야 한다. 자서전이라는 장르의 문학적 형식은 고대부터 꾸준히 서구의 여러 전통들에 큰 영향을 끼쳐왔기 때문이다. 그러나 어떤 경우들, 특히 12세기 이후에 나타난 이런 기록들은 의심의 여지가 거의 없을 만큼 진솔한 심정이나 인상을 표현하고 있다.

전해들은 이야기에서는 깨어있을 때의 환시가 나오지만, 자전적 이야기들에는 몇몇 특별한 경우를 제외하고는 그런 환시가 거의 언급되지 않는다. 오히려 보이지 않는 존재가 가져다준 기묘한 인상에 관해 말하거나, 더 많은 경우에는 소중한 사람이 죽은 뒤에 느끼는 정신적인 고통과 슬픔, 양심의 가책 등에서 비롯된 꿈이나, 아니면 꿈처럼 실체가 없는 상상적인 이미지에 관해 이야기한다.

이런 이야기는 깨어있는 상태에서의 환시에 관한 것만큼 우리를 놀라게 하지는 않는다. 우리도 마찬가지로 꿈속에서 죽은 친지의 모습을 보거나 잠을 자면서 '타인의 죽음'에 대한 슬픔을 느끼는 경우가 있기 때문이다. 자전적 이야기에 담긴 주관적 믿음의 핵심부에 도달할 때면 우리는 개인이든 집단이든, 중세인이든 현대인이든 고통스런 '애도 작업'[12]이 수행될 때마다 망각하고 싶은 욕망과 그것의 불가능함 사이에서, 기억의 덧없음과 기억하려는 의지 사이에서 갈등을 겪고 있음을 확인하게 된다. 이런 의미에서 이 책에서 다루는 중세라는 시대는 흔히 생각하는 것만큼 우리의 문화와 다르지 않다.

물론 현대와는 달리 중세 사람들에게 유령은 실제로 '존재하는' 것이었고, 그것이 중세와 우리 시대의 결정적인 차이임은 분명하다. 죽은 자가 이 세상에 돌아오는 것은 불가능하다고 아우구스티누스가 주장했을 때, 그가 문제로 삼았던 것은 영혼이 실제로 저승에 존재하는지의 여부가 아니었다. 이 세상에 유령이 출현하는 것을 신이 바라는지 아닌지 하는 것이 문제였을 뿐이다. 성직자들이 '진실'인지 '거짓'인지를 물었던 것도 유령의 출현이 있을 수 없음을 나타내기 위해서가 아니었다. 단지 그 유령이 신에 의해 지상으로 보내진 것인지, 악마가 만들어낸 환영에 지나지 않는 것인지 확인하려 했을 뿐이었다.

이런 신앙체계는 계몽의 시대와 19세기 이후 대부분의 서구인들에게 완전히 낯선 것이 되었지만, 역사가는 당연히 그것을 출발점으로 삼아야 한다. 하지만 그렇다고 문서에 남겨진 아득히 오래된 기록자의 생각에 짐짓 동조하는 것처럼 굴 필요는 없다. 방대한 수량의 이야기와 이미지를 앞에 둔 역사가는 오히려 스스로의 이성을 포기하지 않은 채, 그것들이 지닌 고유한 논리와 기능을 이해하려고 노력해야 한다.

이처럼 이 책은 상상의 사회사에 기여하는 것을 목적으로 한다. 중세 사람들의 상상과 이야기에 존재하는 유령이라는 주제를 살펴보면서 (어떤) 산 자가 어떻게, 무엇 때문에 꿈이나 환시에 관한 이야기 안에서 어떤 종류의 죽은 자에게 마치 실재하는 듯한 형상과 함께 몸과 얼굴을 갖춘 겉모습을 부여했는지 살펴볼 것이다. 산 자들은 꿈에 집요하게 나타난 죽은 친지의 이미지를 자신과 연관시켜서 스스로를 더잘 이해하려고 했을 수도 있다. 성직자들이 매우 친절하게 보고한, 죽은 자와 나눈 상상 속 대화의 배후에는 산 자들의 사회와 유산상속, 윤리적·사회적 규범에 더 큰 영향력을 행사하려 했던 성직자들의 숨겨진 의도가 놓여 있을지도 모른다.

* * *

사회적 상상을 역사적으로 이해하려는 것이 이 책의 주된 목적이다. 흥미로운 이야기들과 그에 못지않게 놀라운 이미지들이 담긴 사료를 향한 역사가의 열정은 기록과 삽화의 언어와 필치, 색채라는 물질성 속에서 과거의 의미를 찾아내려는 역사가의 의지와 경합한다. 그래서 역사가는 의도적으로 자신의 글에 특정한 형식을 부여하게 된다.

탐색하고 분석하고 설명하는 과정에서 나는 사료의 본질을 잘 드러내는 이야기 양식을 가져다쓰면서, 그것의 통시적인 변천과정을 더듬어가야 할 필요를 느꼈다. 이야기에서 중요한 것은 단지 그 대강의 줄거리만이 아니다. 몇 세기가 지나도 변하지 않으며 각 문화의 특수성에도 그리 영향을 받지 않는 형식적인 구조만이 아니라, 끊임없이 새롭게 쓰인 이본異本들과 다양한 세부묘사들도 매우 중요하다. 그것들은 이야기와 이미지를 만들어내고 유포시키고 수용했던 사람들이 시대와 지역에 따라 품고 있던 의도와 같은 역사적 순간의 특징들을 간직하고 있기 때문이다. 그래서 나는 이야기와 해석을 융합시켜서, 독자들에게 옛 사람들의 말과 꿈을 되살려 생생하게 들려주고 보여주려고 했다.

1

억압 받은 유령

　애매하고 모순된 면이 없지는 않지만, 꿈속이든 깨어있을 때의 환시든 죽은 자가 되돌아올 가능성을 완고하리만치 부정하려는 태도가 중세 초기 교회문화의 특징이었다. 죽은 자의 귀환에 관한 믿음이나 의례를 고대 이교의 '잔재'로 본 것이 그와 같은 거부를 낳은 주요한 이유 가운데 하나였다. 이교적인 장례 풍습은 곳곳에서 배척당해 길들여지거나 숨겨졌다. 예컨대 고대 로마에서 죽은 자의 불길한 영혼을 의미했던 '라르바(larva)'라는 말은 기독교도가 사용하는 라틴어 어휘에서 악령이나 악마의 가면을 의미하게 되었다. 그리고 (죽은 자를 통해서 미래를 점치는) 강령술에는 흑마술이나 악마를 불러오는 소환술이라는 의미가 주어졌다.

　유령을 부정했던 다른 현실적인 이유들도 있었다. 영혼의 구원을 향한 기독교의 지나친 몰두는 장례식이나 불길한 '원귀들'의 거처인 무덤에 대한 관심을 줄어들게 만들었다. 성인의 유해와 무덤만 예외였다. 그것들에는 기적을 일으키는 힘이 있다고 여겨졌으므로 오직 그곳에서만 교회의 성인이라는 특별한 죽은 자의 출현을 기다리는 것이 허용되었다. 성인은, 이교의 신전들에서 직접 유래되었으나 성직자들도 묵인할 수밖에 없었던 의식을 통해 꿈속에 출현할 수도 있었다. 꿈에서 성인이 나오기를 바라며 성인의 무덤 옆에서 잠을 자는 인큐베이션 의식*이 그것이다. 그러나 악마와 성인, 악마의 환영과 성인의 절제된 출현으로 나누어 대립시키는 근본적인 이원론이 오랫동안 종교적 사고를 지배하면서 유령을 위한 자리는 없어졌다. 평범한 죽은 자가 양면성을 지니거나 꿈속에 나타날 여지도 남지 않게 되었다.

유산과 대항모델

중세 초기의 공식 기독교 문화는 유령을 끊임없이 축출했다. 하지만 중세 기독교가 계승한 그리스·로마의 이교사상과 (뒷날 기독교로 흡수된) '야만족'의 문화들, 기독교 이데올로기의 기초를 이룬 성서의 모델들은 부분적으로라도 유령에 대해 훨씬 관용적인 태도를 보였다.

고대 그리스·로마에는 유령에 관한 이야기가 곳곳에 존재했다. 호메로스의 시대 이후 그리스 문학에서는 갑작스럽게 죽거나 죽은 지 얼마 지나지 않은 망자의 '이미지(eidôlon)'가 생전에 자신을 사랑했던 산 자의 꿈에 나타났다는 증언들이 많이 발견된다. 그런 망자들 중에는 명예롭지 못하게 죽은 자도 있었으나, 비통해 하는 아킬레우스의 꿈에 나타난 파트로클로스처럼 대부분은 명예롭게 죽은 자들이었다.[1] (프랑스의 역사학자) 장피에르 베르낭은 고대 그리스에서 죽음과 죽은 자의 표상이 어떤 동기로 만들어지고 어떤 기능을 수행했는지를 훌륭히 분석했다. 그의 말에 따르면, "죽은 자의 관점에서 죽음을 파악할 수 없

---

* 꿈에서 신을 만나 계시를 얻을 목적으로 제단과 신전 등 신성한 장소에서 잠을 자거나 밤을 보내는 행위를 인큐베이션(incubation)이라고 한다. 치료 목적으로도 행해져 의술의 신인 아스클레피우스(Asclepius) 신전은 인큐베이션 장소로 인기가 높았다.

다는 것이 죽음에 대한 두려움, 그것의 철저한 이상함과 완벽한 타자성을 한꺼번에 가져온다. 그리고 산 자들로 하여금 사회에 어떤 종류의 죽은 자를 끊임없이 추모하는 관습을 만들어 죽음을 극복할 수 있게 한다."[2] 로마 세계는 더 흥미롭다. 〔기원전 1세기의 로마 시인〕 루크레티우스에게서 보여지듯이 로마인에게 '유령(simulacrum)'이란 비물질적인 분신이었다. 그래서 사람들은 마치 죽은 자가 아직 살아 있기라도 하듯이 "고인과 얼굴을 마주하고 목소리를 듣는" 듯한 착각을 느꼈다. 시인 루크레티우스는 죽은 자와 그 분신의 관계를 매미와 뱀이 허물을 벗는 것에 비유해 나타낸다.[3] 특히 불길한 죽은 자의 유령이 많았는데, 비명횡사하여 원한을 품은 희생자들, 자신들의 무덤 근처를 떠돌고 있는 더럽혀진 영혼들, 무덤이 없는 자(insepulti), 스스로 목숨을 끊은 자(biothanati), 아이를 낳다 산고로 죽은 여성 등이었다. 죽은 자를 애도하는 의식이 무엇보다 중요했다. 어떤 의식들은 법으로 금지되어 있어서 강령술을 한 자는 사형을 당하기도 했다. 하지만 대부분의 의식들은 정당한 것으로 여겨졌고, 집안에 〔죽은 자의 영혼인〕 마네스(manes)를 위한 제단이나 조각상이 세워지기도 했다. 매년 2월에는 〔위령제인〕 파렌탈리아(parentalia) 제의를 열어 장례식을 본뜬 의식을 하면서 조상들을 위해 잔치를 벌였다. 〔또 다른 위령제인〕 레무리아(lemuria) 제의에는 잔치가 포함되어 있지 않았으나, 집안의 가장(pater familias)이 왼쪽 어깨 너머로 죽은 자의 음식이라고 여겨지던 검은 콩을 던지며* 불길한 죽은 자의 영혼을 달랬다.[4]

---

* 고대 로마인들은 5월에 거행되는 레무리아 제의에서 망자의 영혼을 달래려고 이런 의식을 행했다. 먼저 집안의 가장이 손을 깨끗이 씻은 다음 어깨 너머로 검은 콩을 던지며 "이 콩으로 나는 나 자신과 나에게 속한 자들을 구한다"라고 아홉 번 말한다. 그리고 귀신들이 콩을 주울 때까지 잠시 기다린 후 다시 손을 씻고 청동으로 된 물건을 두드리며 돌아보지 않은 채 "조상들의 유령이여, (이 집에서) 나가시오"라고 아홉 번 외친다. Ovidius, *Fasti*, 천병희 옮김, 『로마의 축제들』(숲, 2010), 281-282쪽 참조.

오늘날 우리에게 고대 게르만 문화는 대부분 후세에 기록된 문헌들을 통해서만 전해진다. 하지만 그 문헌들 가운데 일부는 매우 오래된 전통적인 표상들을 전하기도 한다. 이름이 전해지지 않는 작가가 10세기에서 12세기 사이에 기록했으나 다루고 있는 내용은 7세기까지 소급되는 『에다』를 비롯해 기독교가 이미 북유럽에 정착한 12세기에서 14세기 사이에 기록된 스칸디나비아와 아이슬란드의 사가들, 예컨대 1230년 무렵에 기록되었으며 '스노리 고디 사가'라고도 불리는 『에이르비기아 사가Eyrbyggja saga』, 1250년 무렵에 기록된 것으로 추정되는 『락스도엘라 사가Laxdoela Saga』, 1300년 무렵에 새롭게 기록된 『스보르푸드 계곡 주민들의 사가Saga des Habitants du Val de Svörfud』 등이 대표적이다. 이런 기록들에서는 죽은 자들이나 〔산송장인〕 드라우그(draugr)들이 수없이 이승으로 되돌아와서는 마주친 사람을 불구로 만들거나 목숨을 빼앗는다. 심지어 일대를 완전히 파괴해 인간과 동물을 삶의 터전에서 쫓아내기도 한다.[5] 고대 그리스·로마의 유령과는 달리 이 죽은 자들은 '이미지'로 묘사되지 않는다. 그들은 마치 시신 자체가 되살아나 무덤을 빠져나온 것처럼 진짜 육체를 지니고 있다.

영웅이야기 중에는 산 자가 무기를 빼앗으려고 무덤으로 들어가 죽은 자와 싸움을 벌이는 장면을 묘사한 것도 있다. 『토르다르 사가Thordar Saga』에서는 스케기가 덴마크 왕 흐롤프의 무덤 안으로 들어가 그의 칼 스쾨프눙을 빼앗아온다. 『레익도엘라 사가Reykdoela Saga』에서는 영웅 토르케트가 스케필의 무덤에서 칼을 가지고 나오자 죽은 자가 꿈에 나타나 무기를 되돌려줄 것을 요구한다.

삭소 그라마티쿠스(1149~1216)가 『덴마크인의 사적Gesta Danorum』에서 라틴어로 전하고 있는 아스위드와 아스문드 이야기도 내용이 매우 유사하다. 아스위드가 젊은 나이로 죽자 그의 곁을 잠시도 떠나지 않겠다고 맹세했던 친구 아스문드는 먹을 것을 넉넉히 챙겨 친구의 무덤 안으로 들어갔다. 그러나 얼마 뒤 아스문드는 목숨은 붙어 있으나 상처를 입고 피투성이가 된 채로 발견되었다. 그는 아스위드가 밤마다 되살아나서는 함께 매장된 말이나 개를 차례로 게걸스럽게 먹어 치우고는 친구인 자신에게도 달려들어 한쪽 귀를 잡아 뜯었다고 말했다. 아스위드의 난폭한 행동을 멈추기 위해 아스문드는 그의 목을 자르고 몸에 말뚝을 단단히 박아 놓아야만 했다.[6]

『그레티르 사가*Grettir Saga*』에서는 주인공 그레티르가 카르의 무덤을 파헤치다 무덤 주인인 카르가 왕좌에 앉아 있는 것을 발견한다. 그레티르는 카르의 보물과 칼을 가지고 나오려 했으나 손목을 붙잡히는 바람에 격렬하게 치고받으며 싸워야 했다. 그레티르는 카르의 머리를 자르고 나서야 그곳을 빠져나올 수 있었다. 뒷날 그레티르는 토르달과 그의 아내인 구드룬의 양치기가 되어 가축들을 죽이며 일대를 황폐하게 만들던 무시무시한 글람의 머리를 자르고 시신을 불태운다.[7]

이와 같은 작품들에 등장하는 죽은 자들이 모두 다 폭력적이고 '육체성'을 지니고 있다는 사실에 주목할 필요가 있다. 시신을 없애버리지 않고서는 그들을 물리칠 수 없다. 앞으로 보게 되듯이 이런 신앙들을 뿌리 뽑는 것은 기독교에 주어진 상당히 골치 아픈 문제였다.

성서와 유령

기독교 문화가 유령에 관한 생각을 받아들이지 않으려고 했던 것에는 성서에 유령에 관한 서술이 거의 존재하고 있지 않다는 점도 영향을 끼쳤다. 심지어 복음서의 몇몇 구절들은 망자 숭배를 크게 꺼리는 모습을 보이기도 한다. 예수는 (『마태오복음서』 8장 21절에서) 이렇게 말했다. "죽은 자들에게 저희 죽은 자를 장사지내게 하라." 그리고 (『마태오복음서』 22장 32절에서는) 이렇게도 말했다. "하느님은 죽은 자의 하느님이 아니요, 산 자의 하느님이니라." 분명히 예수는 여러 명의 죽은 자를 되살렸다. 그의 제자들 가운데 일부도 나중에 같은 기적을 되풀이했다. 하지만 (중세 성인전 작가들이 가장 놀라운 기적으로 분류한) 그러한 기적은 유령이 지상으로 귀환하는 것과 같지 않다.[8] 그 기적들은 수난 3일 뒤에 일어난 그리스도의 부활을 암시하고, 최후의 심판일에 일어날 모든 죽은 자의 부활을 예고하는 것이기 때문이다. 예수는 (신성을 드러내기 위해) 변형을 할 때 모세와 엘리야를 동반하고 빛으로 둘러싸인 모습으로 나타난다.[9] 모세와 엘리야 두 사람은 평범한 사람이 아니라 (적어도) '성인'에 해당하는 존재들이다. 심지어 에녹*과 마찬가지로 산 채로 지상낙원으로 갔다고 전해지므로 죽은 자들도 아니다.

복음서의 몇몇 구절들은 유령 신앙을 명백히 거부하고 있는 것처럼 해석될 여지마저 있다. (『마태오복음서』 14장 25절, 『마르코복음서』 6장 49절에서) 예수가 호수 위를 걷자 제자들은 두려워하며 '유령'이 나타났다고 생각했다. 그래서 예수는 그들을 안심시켜야 했다. (『마태오복음서』 28장 10절에서) 부활한 뒤에 여자 성인들에게 나타난 예수는 그녀들에게 두려워하지 말라고 말했는데, 이것도 똑같은 이유에서였을 것이다. (『루카복음서』 24장 11절에서) 그녀들이 전한 소식을 들은 사도들이 그것을 실없는 말로 여기며 꿈을 꾼 것은 아닌지 의심했다는 사실도 중요하다. (『루카복음서』 34장 37절에서) 예수가 마침내 제자들 앞에 모습을 드러내자 그들은 "무섭고 두려워하며 유령을 보고 있다고 생각했다." 그러자 예수는 자신을 "만져보라"고 그들을 재촉했다. "유령에게는 살과 뼈가 없기" 때문이다. 그리고 예수는 자신이 살아 있다는 증거를 더 보여주기 위해 제자들과 함께 음식을 먹었다. 이 일화는 『사도행전』(12장 15절)에 묘사된 베드로의 기적적인 구출 장면에도 되풀이해서 나타

---

* 에녹(Enoch): 창세기에서 죽음을 겪지 않고 하늘로 들어 올려졌다는 인물로 유대교 신비주의 전통에서 중시되었다. 『히브리인들에게 보낸 서간』 11:5 참조.

난다. 제자들은 베드로가 문 앞에 서 있다고 알린 하녀 로데의 말을 믿으려고 하지 않았다. 오히려 그녀를 '미쳤다'고 말하며 밖에 있는 것은 '베드로의 천사'라고 단언한다.

그러나 이 사건들 이상으로 죽은 자가 산 자에게 나타날 가능성을 완전히 부정하는 데 영향을 끼친 복음서의 내용은 (「루카복음서」 16장 27절부터 31절까지에 있는) 라자로와 악한 부자의 우화일 것이다. 아브라함은 악한 부자에게 저승에서는 '아브라함의 품'이라고 불리는 축복받은 자들의 거처와 지옥에 떨어진 자들의 거처 사이를 오갈 수 없다고 말한다. 그리고 라자로를 지상으로 보내 자신의 형제들에게 저세상에 고통이 기다리고 있음을 경고해 달라는 부자의 요청도 받아들이지 않는다. 아우구스티누스의 해석에 따르면, 이 우화는 죽은 자가 지상으로 되돌아오는 일은 결코 일어날 수 없다는 사실을 보여준다.

『구약성서』에는 성서에서 유일하게 진짜 유령이야기로 볼 수 있을 일화가 담겨 있다. 하지만 이마저도 강령술과 연관되어 부정적인 의미가 무척 강하다. 엔도르의 무녀에 관한 이 일화는 「사무엘기 상권」(28장)에 길게 언급되고 있는데, 미묘한 차이는 있으나 「역대기 상권」(10장 13-14절)과 「집회서」(46장 20절)에도 반복해서 실려 있다. 교회의 초창기부터 이 일화에는 수많은 주석들이 덧붙여졌으며, 12세기 이후에는 도상도 비교적 풍부하게 만들어졌다.

성서는 무녀가 사울 왕을 위해 남몰래 행한 강령술을 묘사한다. 사울 왕은 그것을 금지해 놓고 있었다. 하지만 그는 자신이 저지른 죄 때문에 신에게 버림받았다는 사실을 알고, 다음날 필리스티아 인들과 벌일 전투가 어떻게 될지 궁금해 그녀를 방문했다. 성서에는 죽은 자를 불러온 방법은 서술되어 있지 않다. 사무엘의 모습이 무녀에게만 보였으며, 그녀가 "겉옷을 휘감은 노인이 올라옵니다"라고 사울에게 알려주었다고 (「사무엘기 상권」 28장 14절에는) 기록되어 있을 뿐이다. 그 뒤 사울과 사무엘은 길게 대화를 나누고, 마지막에 사무엘은 사울에게 다음날 그가 죽게 된다는 사실을 알려준다.

그리스와 라틴 교부들, 특히 아우구스티누스의 시대부터 스콜라 신학자의 시대까지 이 죽은 자의 성격을 이해하기 위해 수많은 주석들이 덧붙여졌다. 죽은 자가 되살아난 것인지, 사무엘의 '영'이 모습을 드러낸 것인지, 무녀가 왕을 속이고 기만한 것은 아닌지, 악마가 사무엘의 얼굴을 한 '환영'을 만들어내거나 악마 자신이 사무엘의 모습을 하고 나타난 것은 아닌지, 그 해석들은 참으로 다양했다. 12세기에 파리의 신학자 피에르 르 망죄르(1169년 사망)는 이러한 가설들을 총괄해서 이렇게 잘 요약했다. "이 영혼의 소환에 관해 어떤 사람은 악령이 사무엘의 모습을 하고 나타난 것이라고 말하고, 어떤 사람은 그곳에 나타난 것은 (악마가 빚어낸) 환영의 이미지로 '사무엘'이라 불렸을 뿐이라고 주장한다. 사무엘의 영혼이 신의 허락을 받아 다시 육체를 뒤집어쓰고 모습을 드러냈다는 사람들도 있다. 육체만 영의 숨결이 불어넣어져 되살아나고 사무엘의 혼*은 안식의 땅에 머무르고 있다고 해석하는 사람들도 있다."[10] 결국 이 시대에는 온갖 해석들이 다 가능했다고 볼 수 있을 것이다. 하지만 그 뒤 2세기가 지나면 악마를 원인으로 보는 해석이 주류가 되었는데, 그 무렵에는 주석자들의 관심이 사무엘이라는 인물에

---

* 오늘날에는 영혼과 육체라는 이분법이 친숙하지만, 중세 기독교에서는 영과 혼을 구분해 영(spiritus) · 혼(anima) · 육(corpus)의 삼분법 체계로 인식했다. 영과 혼의 구분과 관계에 대한 논의는 기독교 신학의 핵심 주제 가운데 하나로 시대나 교파, 인물에 따라 매우 다양한 견해가 존재한다. 하지만 일반적으로 혼이 인간을 비롯한 모든 생명체가 지니고 있는 비물질적인 생명의 근원이라고 하면, 영은 인간만이 지니고 있는 정신적 실체를 가리킨다. 곧 혼이 감각적이고 개인적인 속성을 지닌다면, 영은 이성적이고 보편적인 속성을 지니는 것으로 해석되었다. 이 책에서는 삼분법적인 구분이 필요할 때에는 프랑스어 'esprit'는 영, 'âme'은 혼으로 번역했다. 그러나 저자 자신도 삼분법적인 구분이 꼭 필요하지 않은 곳에서는 'esprit'와 'âme'을 엄격히 구분하지 않고 사용하고 있다. 따라서 이런 경우에는 '영혼'으로 옮겼다.

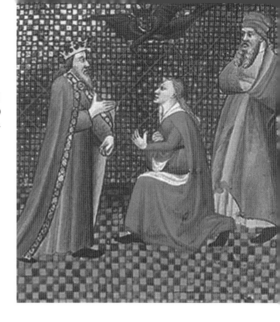

그림 1

Guyart des Moulins, *Bible bistoriale* (파리, 15세기 초)
New York, Pierpont Morgan Library, ms. 394, fol. 127 v.

서 벗어나 점차 마녀와 사탄에게로 향했다.

12세기에서 17세기에 이르는 상당히 긴 기간을 살펴보면 이 사건을 묘사한 도상에도 마찬가지의 변화가 나타나고 있음을 분명히 확인할 수 있다. 그림에 악마가 처음 등장한 것은 1415년 무렵에 제작된 귀야르 데 물랭의 『성서 역사*Bible historiale*』에 실린 삽화이다.**그림 1** 이 그림에서 악마는 마치 무녀와 악한 왕 사울의 대화를 주재하는 것처럼 보이며, 오히려 사무엘은 그들과 약간 거리를 두고 서 있다.[11] 16세기 초 이후에는 (1526년 야코프 코르넬리스가 암스테르담에서 그린 그림처럼) 마녀들의 집회를 묘사한 그림에 삽입되어 표현되기도 했다.[12]

그 때까지는 사무엘을 묘사하는 방식이 매우 다양하게 나타났다. 사무엘의 유령이 마치 되살아난 시체처럼 묘사된 것도 있다.**그림 2** 사무엘은 눈을 뜨고 있지만, 어두운 갈색을 띤 그의 얼굴은 왕과 무녀의 흰 피부와는 뚜렷이 구분된다. 그는 온몸이 붕대로 싸인 미라와 같은 모습을 한 채로 무덤 안에 똑바로 서 있다.[13] 이 표상은 그리스도가 라자로를 되살린 일을 묘사한 전통적인 도상에서 몇 가지 특징을 눈에 띄게 빌리고 있다. 무녀에게 정체를 감추려는 듯 윗옷으로 얼굴을 가린

그림 2

Gumbertsbibel (독일, 1195년 이전)

Erlangen, Universitatsbibliothek, ms. 1, fol. 82 v.

왕의 모습에서는 그리스도와 동행한 사람들이 라자로의 시신에서 풍기는 냄새를 맡지 않으려고 코를 막고 있는 몸짓이 떠오른다.

살아 있는 사람 같은 용모와 복장으로 묘사된 경우도 있다.^{그림 3} 기록된 내용을 읽어야 비로소 죽은 자가 표현되어 있다는 것을 알 수 있을 정도이다. 12세기 말에 제작된 피에트로 롬바르도의 『시편 주해 *Commentaire des Psaumes*』 필사본에 수록된 삽화인데, 앞의 것과 마찬가지로 가장 이른 시기의 도상으로 여겨진다.[14] 이런 종류의 도상은 13세기 말 이후『성서 역사』의 삽화에도 나타난다.[15] 사무엘의 유령이 움직일 수 있는 살아 있는 시신처럼 묘사된 것도 있다. 그는 맨 몸에 흰 천만 걸치고 있는데, 그 천은 그의 머리와 어깨 위에 늘어져 있다.[16]

마지막으로 흰 천 아래 몸이 흐릿하게 묘사된 것도 있다.^{그림 4} 이것을 보고 근대의 유령 이미지가 시대를 앞질러 중세 삽화에 나타났다고 할지도 모르겠다. 하지만 여기에서 사무엘이 유령처럼 보이는 것은 단지 그의 몸에 덮인 옷의 특성 때문이다. 죽은 자의 얼굴이 푸르스름해 보이기는 하지만, 그림에 등장하는 다른 인물들의 얼굴에도 같은 특징이 나타난다.[17]

그림 3
Guyart des Moulins, *Bible historiale* (프랑스, 1291-1294년)
London, British Library, ms. Harley 4381, fol. 127r.

이처럼 성서에 나오는 사무엘의 일화를 묘사한 도상은 여러 전통적 양식들 사이를 오가고 있다. 하지만 그것들은 모두 죽은 자에게 살이 온전하게 붙어 있는 완전한 신체를 부여하고 있으며, 생전에 입었던 것과 같은 옷은 아니지만 흰 천으로라도 몸을 가리고 있는 모습으로 묘사하고 있다. 이 도상들을 같은 시대에 묘사된 평범한 죽은 자에 관한 유령이야기 삽화와 비교해볼 필요가 있을 것이다. 하지만 지금 당장은 어떤 종류의 삽화에서는 엔도르의 무녀가 행한 사무엘의 소환이 부정적인 의미, 나아가 악마적일 의미까지 함축하고 있다는 사실에 우선 주목할 필요가 있다. 이런 종류의 도상은 유령에 관한 문제에 호의적이지 않은 아우구스티누스의 전통과 같은 맥락에 있다.

아우구스티누스와 에보디우스

히포의 주교였던 아우구스티누스(354~430)는 유령에 관한 기독교 이론의 진정한 창시자이다. 이 이론은 다음과 같은 세 가지 핵심적인 태도로 나타나는데, 모두 죽은 자의 출현을 엄격히 제한하려는 경향을 보인다. 우선 유령의 출현은 불가능하지는 않더라도 매우 예외적인 일

그림 4
Kayserchrinok (바이에른, 1375~1380년)
New York, Pierpont Morgan Library, ms. M. 769, fol. 172r.

로 여겨진다. 만일 유령이 출현했다고 해도 그것은 죽은 자의 육체나 영혼이라고 할 수는 없으며, 단지 죽은 자의 '영적 이미지'가 나타난 것일 뿐이다. 그리고 그러한 '영적 이미지'는 대체로 악령이 인간의 정신, 특히 꿈속에 들여보낸 것이므로 꿈을 경계해야 한다.

망자에 대한 환시가 그의 영혼 자체를 보는 것이라는 생각은 일찍이 [초기의 기독교 신학자인] 테르툴리아누스(160?~230?)에게도 부정되었다.[18] 테르툴리아누스는 그것을 악마가 죽은 친지로 변신해 산 자들에게 나타나는 것이라고 생각했고, 악마를 쫓아내는 퇴마의식으로 그 실체를 밝혀낼 수 있다고 보았다. 산 사람에게 달라붙어서 악한 일을 저지르게 했던 '일신상의 악마'가 그 인물이 죽은 뒤에 모습을 드러낸 것일 수도 있다고 했다.[19] 락탄티우스(250?-325?)도 "죽은 자의 영혼이 그들의 시신이 있는 장소나 무덤 주위를 떠돌고 있다"고 믿는 민중들(*vulgus*)의 생각을 비난하면서 '죽은 자의 모상' 자체를 우상이라고 보았다. 진정한 신은 그러한 '이미지'를 필요로 하지 않는다는 것이다.[20] 하지만 유령은 나타난다. 아우구스티누스의 스승인 밀라노의 암브로시우스조차 사티루스라는 죽은 형제가 나타났던 꿈을 감회에 젖어 묘사했다.

아우구스티누스는 이들보다 훨씬 체계적이고 상세히 유령의 문제를 논하고 있다. 그는 죽음과 죽은 자, 환시와 꿈, 천사와 악마, 성인에 관한 더 폭넓은 성찰을 통해 이 문제를 다룬다. 유령에 관해 다룬 아우구스티누스 저작의 일부가 편지글의 성격을 띤다는 점에 주목할 필요가 있다. ('서한 158'이나 『죽은 자를 위한 배려』와 같은) 이 저작들에서 아우구스티누스는 자신의 견해를 편지의 수취인인 에보디우스나 놀라의 파울리누스의 견해와 흥미롭게 대비시키고 있다.

한 통의 편지에서 아우구스티누스의 대화상대인 에보디우스는 오래전부터 두 사람이 해왔던 친숙한 대화를 이어간다. 아우구스티누스보다 나이가 적은 에보디우스는 아우구스티누스와 마찬가지로 밀라노에서 개종을 하고, 친구를 따라서 로마를 거쳐 타가스테로 갔으며, 그곳 최초의 수도사 가운데 한 명이 되었다. 그리고 나중에는 우티카 부근에 위치한 우잘리스의 주교가 된 인물이다. 아우구스티누스는 에보디우스의 질문들에 답변을 하면서 (『혼의 크기De quantitate animae』와 『자유의지 De libero arbitrio』라는) 혼과 자유의지에 관한 글들을 쓰기도 했다.

대화의 방식은 언제나 같았다. 에보디우스는 의심하는 시늉(simulata dubitatio)을 해서 아우구스티누스가 자신의 학설을 자유롭게 전개할 수 있게 한다. 에보디우스에게 죽은 자의 출현은 분명한 사실이다. 죽은 자가 나타난 사례는 셀 수 없이 많고, 그들은 앞으로 일어날 미래의 사건들을 예고하는 역할을 한다.[21] 죽은 자들이 생전에 정들었던 집에 밤낮을 가리지 않고 찾아왔다는 이야기를 그는 '여러 번' 들었다. 깨어있는 동안에 길에서 유령을 만난 사람도 있었다. 수많은 유령들이 밤의 특정한 시각에 시신이 매장된 장소, 특히 죽은 자들에게 기도를 올리는 묘지의 바실리카에 자주 나타난다는 이야기도 있었다. 에보디우스는 신뢰할 만한 한 사제의 증언을 인용하기도 한다. 그 사제는 매우 덕망이 높은 인물인데 수많은 유령들이 빛나는 육체를 지니고 세례당에서 나오는 것을 목격했다. 에보디우스는 실제로 조사(inquisitio)를 해보았더니 모든 증거가 맞아떨어졌다고 말한다. 그래서 그는 도저히 자신이 들은 것이 모두 꾸며낸 이야기에 지나지 않는다고 단정 지을 수는 없었다. 그가 생각하기에 죽은 자는 꿈에서든 깨어있을 때든 산 자를 찾아올 수 있다. 유령의 출현은 (악마적인 의미가 강하게 함축된) 환상(*fantasia*)이 아니며, 성서에 나오는 요셉의 꿈과 마찬가지로 진실이다. 에보디우스 자신도 프로푸투루스, 프리바투스, 세르빌리우스라는 죽은 3명의 수도사들에게서 계시를 받았고, 그 계시는 나중에 사실로 확인되었다. 그래서 그는 이 문제에 관해, 특히 22세의 나이에 요절한 그의 젊은 비서와 관련된 복잡하기 짝이 없는 사건에 관해 아우구스티누스가 어떻게 생각하는지 의견을 묻는다.

에보디우스는 젊은이가 죽은 뒤에 행해진 전례 행위와 그의 죽음 앞뒤에 나타난 환시와 유령의 출현 같은 여러 표상들을 자세히 묘사해 놓았다. 하지만 얼마간 엉켜 있는 이야기의 실타래를 풀기 위해서는 연대기를 재구성해야만 한다. 그 이야기는 젊은이의 죽음과 거기에 묘사된 행위와 표상들로 결속을 다진 작은 사회*의 모습을 보여준다. 그러한 유대는 살아 있는 인간과 죽은 인간, 나아가 얼마 지나지 않아 죽을 인간까지도 묶는다. 에보디우스는 바로 그와 같은 사회의 한복판에 살고 있으며, 자신 주변에 살고 있는 사람들에게서 들은 이야기들을 기록하고 있다. 하지만 에보디우스가 자기 자신이 본 유령에 대해서는 한 마디도 언급하고 있지 않으며, 언제나 다른 사람의 환시나 꿈에 대해서만 말하고 있다는 점에 주목할 필요가 있다.

이야기를 일련의 단계들로 나누어 살펴보면서 지금까지 말한 것들을 더 분명히 밝혀보자.

— 젊은 비서가 죽기 얼마 전에, 이미 8개월 전에 세상을 떠난 학우가

---

* 작은 사회(micro-society) : 한 인간이 처음 접하며 사회에 대한 인식을 규정하는 최소 단위의 사회를 가리키는 말이다.

꿈에 나타나 "벗을 맞이하러 오겠다"고 예고했다.

– 죽은 그 날, 젊은 비서는 사제인 아버지를 불러 세 번의 평화의 입맞춤*을 나눴다. 그리고 아버지에게 하루빨리 저세상으로 만나러 와달라고 부탁했는데, 그 요청은 오래지않아 실현되었다.

– 에보디우스의 젊은 비서가 죽자마자 어떤 '사람', 아마도 죽은 자일 것으로 추정은 되지만 누구인지는 분명히 밝혀지지 않는 사람이 월계수 가지와 (뭐라 쓰였는지는 알려지지 않은) 어떤 문서를 들고 그 집을 찾아와 반쯤 잠에서 깬 노인 앞에 나타났다. 수수께끼 같지만 이 출현은 망자가 구원을 받으리라는 것을 의미한다.

– 망자의 영혼이 구원되기를 바라며 3일 기도를 하고 있을 때였다. 신앙심 깊은 삶을 살고 있던 우르비카라는 과부가 2일째 되던 날 꿈속에서 이미 4년 전에 죽은 부사제의 모습을 보았다. 그는 은처럼 반짝거리는 궁전에서 '이틀 전'에 죽은 젊은 비서를 맞이하려는 준비를 하느라 바빴다. 그가 신을 섬기는 처녀·홀어미들과 함께 분주히 일하는 동안 (신 자체를 나타내는 것인지는 확실치 않지만) 새하얀 광채를 내뿜는 한 노인(senex candidus)이 마찬가지로 새하얀 빛에 둘러싸여 있는 (천사로 보이는) 두 인물에게 젊은이를 무덤에서 구해 천국으로 인도해 오라고 명령했다. 이와 같은 천국의 환시로 망자의 축복 받은 운명이 확인된다.

– 3일째 되는 날, 마침내 망자가 동료 수도사들 가운데 한 명의 꿈속에 직접 모습을 드러냈다. 수도사는 망자에게 여러 질문을 던졌다. 자신이 죽었다는 사실을 알고 있는가? (죽은 자는 그렇다고 대답한다.) 신은 그를 천국으로 받아들였는가? (그렇다.) 그의 소망은 무엇인가? (죽은 자는 이렇게 대답한다. "나는 아버지를 데려오라고 이곳으로 보내졌습니다.") 사

---

* 평화의 입맞춤(baiser de paix) : 신자들이 사랑과 일치의 표시로 주고받는 기독교의 전통적인 인사로 '친화의 입맞춤, 평화의 표시'라고도 한다. 서로 입술이나 뺨을 가볍게 대거나 포옹과 악수를 하는 등 방식은 시대와 지역에 따라 다양하게 나타났다.

제인 망자의 아버지는 자식이 죽은 뒤 위안을 얻기 위해 나이 많은 주교 테아시우스와 함께 수도원을 찾았다. 꿈을 꾼 수도사는 잠에서 깬 뒤 그 내용을 주교에게 알렸다. 주교는 사제가 동요할 것을 우려해 전하기를 주저했다. 그러나 아들이 방문한 지 4일 뒤에, 곧 젊은 비서가 죽은 지 7일째 되는 날에 아버지도 숨을 거두었다.

이러한 일련의 꿈속의 환시들에는 (4년 전에 죽은 부사제, 비서가 죽기 8개월 전에 세상을 떠난 그의 학우, 그리고 젊은 비서 자신이라는) 적어도 세 가지 유형의 다른 유령들이 등장한다. 이 유령들은 모두 같은 기능을 맡고 있다. (처음에는 젊은 비서, 다음에는 그의 아버지에게 그러했듯이) 어떤 사람이 죽을 때가 되었다고 예고하거나, (젊은 비서가 구원받았음을 알렸듯이) 저세상에서 죽은 자가 맞이한 운명을 알려주는 것이다. 이 죽은 자들은 산 자에게 죽음과 망자에 관한 정보를 제공하지만, 중재를 요구하지는 않는다. 이 이야기에 등장하는 젊은이는 단지 지인들이 자신의 영혼이 구원되기를 빌면서 기도를 올려준 것에 고맙다는 뜻을 밝힐 뿐이다. 여기에 중세 중기 유령과 뚜렷한 차이가 있다. 그리고 에보디우스의 편지는 죽은 자가 계시를 전하는 장소를 묘지라는 특정한 공간으로 한정하고 있다. 그러한 공간은 점점 교회들, 특히 성인의 무덤 곁에 (ad sanctos) 있는 교회들로 집중된다.

에보디우스가 편지에서 의심하는 시늉을 한 의도는 무엇일까? 마음속 깊이 감추어둔 그의 진의를 정확히 헤아리기란 쉽지 않다. 어쨌든 아우구스티누스는 에보디우스가 전한 말 전부를 받아들일 수는 없었다. 이 점에 관해서는 또 하나의 편지, 곧 놀라의 파울리누스의 편지에 대한 아우구스티누스의 답신을 살펴보자.

아우구스티누스와 파울리누스

이탈리아 캄파니아 지방에 위치한 놀라의 주교였던 파울리누스가 421년에 친구인 히포의 주교 아우구스티누스에게 보낸 편지에 따르면, 그는 죽은 아들을 놀라의 성 펠릭스 바실리카에 묻기를 바란 플로라라는 귀부인의 소망을 받아들였다. '성인의 곁에(ad sanctos)' 매장하는 것이 죽은 자를 위한 행위라고 생각했기 때문인데, 파울리누스는 이 일에 관해 아우구스티누스에게 조언을 얻고 싶다고 말했다. 이에 대해 아우구스티누스가 보낸 답장이 바로 『죽은 자를 위한 배려De cum pro mortuis gerenda』(421~424년 무렵)라는 글이다.[22]

여기에서 아우구스티누스의 생각은 파울리누스의 그것과는 다르다. 아우구스티누스에 따르면 기독교도는 이교도처럼 죽은 자의 유해에 관심을 기울여서는 안 된다. 중요한 것은 영혼뿐이고, 영혼의 구원을 위해서는 신에게 기도해야 한다. 화려한 장례식이나 무덤의 여건은 산 자에게만 중요하다. 산 자는 그것으로 위안을 얻을 수 있기 때문이다. "죽은 자가 받을 도움보다 산 자가 얻는 위안이 더 크다(magis sunt vivorum solacia quam subsidia mortuorum)"(2장)[23]

아우구스티누스는 산 자와 죽은 자 사이에 의사소통이 이루어질 가능성을 부정한다. 산 자가 저승에 있는 죽은 자의 운명을 모르는 것처럼, 죽은 자도 산 자에 관해 더 이상 아무것도 알지 못한다. 하지만 환시에 관한 몇몇 믿음직한 이야기를 접한 아우구스티누스로서는 꿈이나 '다른 방식'으로 죽은 자가 친지들에게 나타나 뭔가를 알려주거나 자신들이 묻혀 있는 장소에 관한 계시를 주거나 하는 일이 전혀 없지는 않다고 인정할 수밖에 없었다. 10장에서 그는 밀라노에서 들은 이런 이야기를 언급한다. 부친상을 당한 어느 청년에게 양심 없는 빚쟁이 몇 명이 찾아와 아버지가 생전에 갚지 않은 빚이 있다고 거짓말을 하면서 갚으라고 요구했다. 그러자 아들의 꿈에 죽은 아버지가 나타나서 빚을 갚은 증서가 있는 곳을 알려주었다.

그러나 이러한 유령은 죽은 자가 모르는 사이에 이 세상에 나타난다. 그것은 마치 우리가 꿈속에서 어떤 사람을 만난다고 해도, 그 사람 자신은 그 사실을 전혀 알지 못하는 것과 마찬가지다. 예컨대 밀라노에서 앞서의 이야기를 듣고 있던 그 순간, 아우구스티누스는 자신도 알지 못하는 사이에 수사학자인 카르타고의 에울로기우스의 꿈에 나타나고 있었다. 에울로기우스는 당시 키케로의 작품에 있는 난해한 구절을 해석하느라 골머리를 썩이고 있었는데, 꿈에 아우구스티누스가 나타나서는 해석할 방법을 알려주었다고 한다. 당연히 아우구스티누스 자신은 이 꿈에 대해서 아무것도 알지 못했다. "당시 나는 바다 건너편에서 다른 일에 몰두해 있었거나 자고 있었다. 어쨌든 나는 그의 고민에 전혀 관여하지 않았다."(11장)

아우구스티누스는 "어떻게 이런 일이 일어나는 것일까?"라고 묻는다. 그리고 피할 수 없는 어려운 문제를 제기할 때는 언제나 그러했듯이 "알 수 없다"고 인정해버리고 만다.[24]

그러나 죽은 자의 출현을 산 자 사이에서도 가능한 꿈의 차원으로 끌어내리는 것은, 죽은 자가 스스로 영혼의 상태로 움직인다거나 산 자의 정신에 개입할 수 있다고 주장하지 못하게 한다. 모습을 나타낸 것은 살아 있는 인간도 죽은 인간도 아니며 영혼도 육체도 아니다. 그것은 '인간의 모상(similitudo hominis)'이거나 '이미지(imago)'일 뿐이고, 그것이 본뜨고 있는 실재하는 사람의 의식하고는 아무 관련이 없다. 그러므로 죽은 자는 산 자와 마찬가지로 자신이 '이미지로' 누군가의 꿈속에 나타났다는 사실을 전혀 알지 못한다(12장). 죽은 자의 영혼(spiritus defunctorum)은 산 자에게 부질없는 말참견을 할 이유가 없다(13장). 라자로의 우화는 이러한 사실을 보여준다. 아브라함은 라자로가 악한 부자의 형제들 앞에 모습을 드러내도록 허락하지 않았다. 악한 부자는 형제들의 운명을 걱정했으나, 그들이 지상에서 어떻게 지내는지는 알지 못했다. 마찬가지로 우리가 죽은 자들을 걱정해도, 그들이 어떻게 되었는지 알지 못한다(14장).

만약 죽은 자가 산 자에 관해 어떤 정보를 얻을 수 있다면 그것은 분명 천사가 개입했기 때문이다. 천사는 죽은 자와 산 자를 모두 접촉하고, 시간 너머에 존재하는 천국과 시간 안에 존재하는 인간세계를 중개한다. 죽은 자의 출현이 특별히 인정되는 경우도 있지만, 평범한 죽은 자가 아니라 성인과 같은 특별한 인물에 한해서 그렇다. 그들의 출현은 (『코린토 신자들에게 보낸 둘째 서간』 12장 2절에 언급된) 지상에서 천국의 낙원으로 '들어 올려진(raptus)' 바울의 체험과 짝을 이룬다. 어떤 의미에서 이것은 『구약성서』에서 엔도르의 무녀에게 소환되어 사울에게 죽을 때가 다가왔음을 알려준 사무엘이나 그리스도가 변형한 날에 나타난 모세나 엘리야와는 반대 방향이다(15장). 그리고 기독교 성인들은 특별한 상황에서 나타난다. 아우구스티누스는 "우리는 놀라 야만족들에게 포위되었을 때 성 펠릭스가 나타났던 일을 불확실한 소문이 아니라 확실한 증언으로 알고 있다"고 조심스럽게 인정한다. 표현의 신중함은 매우 의미심장하다. 고대 이교사상을 강하게 상기시키는 평범한 죽은 자의 출현은 기독교와 교회가 선택한 특별한 죽은 자인 성인의 출현과 모든 점에서 구별된다. "죽은 자는 본성상 그렇게 할 수 없지만, 순교자는 거룩한 힘의 작용으로 산 자의 문제에 개입할 수 있음을 알아야 한다."(16장) 결국 모든 현상은 중개의 역할을 맡은 천사의 권능으로만 설명할 수 있다. 천사만이 신의 은총으로 사람들이 잠잘 때에도 자신과 관계를 가지고 있거나 가지고 있던 산 자나 죽은 자의 '육체를 지닌(in effigie corporis)' 이미지를 볼 수 있게 하는 것이다(17장).

중개하는 상상력

아우구스티누스는 산 자와 죽은 자가 직접 접촉할 가능성을 조금도 인정하지 않으려 했다. 그것은 그가 죽은 자에 대한 물질적 숭배의식을 어떤 형태든 모조리 근절시키려 했기 때문이다. 『죽은 자를 위한 배려』의 결론 부분은 온통 죽은 자의 영혼을 구원하기 위해 산 자가 신에게 바쳐야 할 기도에 관한 내용으로 되어 있다. 유령의 출현이라는 현상은 완전히 부정된 것이 아니라, 그것이 본래 있어야 할 장소인 '영적 시각'의 영역으로 보내졌을 뿐이다. '영적 시각'은 사람의 상상 속에서 다양한 방식으로, 특히 꿈을 꾸고 있을 때 만들어진 비물질적인 이미지들로 구성된다.

아우구스티누스는 이와 관련된 내용을 12권으로 이루어진 그의 『창세기 주해』에서 체계적으로 밝히고 있다. 거기에서 그는 시각을 '육체적', '영적', '지성적'의 셋으로 구분하는 기독교 이론을 제시한다.[25] 이 구별은 중세에 계속해서 중요한 의미를 지니고 있었으므로 자세히 살펴볼 필요가 있다.

시각에 관한 아우구스티누스의 이론은 고대의 사상을 부분적으로 계승하고 있다. 이 이론은 12세기까지 매우 커다란 영향력을 행사했으며, 13세기에 들어서는 아랍 세계의 학문을 통해서 전해진 아리스토텔레스의 자연주의적 개념들과 융합되었다. 세 가지 종류의 시각에는 위계가 존재하는데, 그것은 혼의 능력이 지닌 위계에 상응한다. 육체적 시각은 육체의 감각에 의존하고, 영적인 시각은 상상력에 의존하며, 지성적 시각은 순수이성에 의존한다.

―가장 하위에 위치한 육체적 시각(*visio corporalis*)은 시력 그 자체를 가리킨다. 그것은 육체적 감각을 통해서 외부의 물질적 대상을 지각할

수 있게 한다. 우리는 17세기에 이루어진 케플러의 발견 이후 시력에
관해서 대상에 반사된 태양광선이 망막 위에 일으킨 신경자극이 뇌에
전달되어 나타나는 것이라는 공통의 인식을 가지고 있다. 하지만 고대
와 중세의 이론들은 그것과는 매우 달랐다.[26]

어떤 사람들은 '송입intromission'이라는 개념을 옹호했는데, 여기에는
태양광선의 반사라는 발상은 포함되어 있지 않다. 이 이론에 따르면
대상 자체가 눈으로 '매개물'을 전송한다. 데모크리토스를 비롯한 원
자론자들은 대상이 입자와 같은 뭔가를 내보낸다고 생각했고, 아랍의
이븐 알하이삼*과 13세기의 로저 베이컨**은 순수형상을 내보낸다고
보았다. 로저 베이컨은 육안에 새겨진 대상의 형체나 상을 나타내기
위해 '형상(species, forma), 빛(lumen), 영상(idolum), 환영(phantasma), 모상
(simulacrum, similitudo), 그림자(umbra)' 등과 같은 용어를 사용했다. 송입
이론은 13세기 이후에도 끊이지 않고 계속해서 확산되었다.

하지만 플라톤과 그의 주석자들인 칼키디우스부터 12세기의 기욤
드 콩슈까지,*** 그리고 그 이후의 시대에도 고대나 중세의 학자들이 더
폭넓게 주장했던 것은 '송환extramission'이라는 개념이었다. 이 이론에 따
르면 인간의 육체에서 생겨나 시신경을 거쳐 대뇌에서 눈으로 차례로
보내진 '자연적 힘'이나 '영적 힘'은 눈에서 내쏘는 광선과 같은 것으
로 외부의 빛을 통과해 대상에 도달한다. 그러한 광선은 대상의 형체

---

* 이븐 알하이삼(Ibn al-Haytham, 965?~1039) : 수학 · 물리학 · 철학 · 천문학 · 의
학 등 다양한 분야에서 업적을 남긴 중세 아랍의 학자. 그가 쓴 『광학의 서Opticae
thesaurus』는 로저 베이컨과 케플러와 같은 유럽의 학자들에게도 큰 영향을 끼쳤다.
** 로저 베이컨(Roger Bacon, 1220?~1292) : 영국의 프란체스코회 수도사로 이븐 알
하이삼의 영향을 받아 빛의 방향, 반사와 굴절, 눈의 구조 등에 대한 글을 남겼다.
*** 칼키디우스(Chalcidius)는 4세기에 물리학, 생물학 등을 다룬 플라톤의 저서 『티마
이오스Timaeus』를 라틴어로 옮기고 주석을 붙였으며, 12세기 프랑스의 스콜라 철학자
기욤 드 콩슈(Guillaume de Conches)는 그것을 기독교적으로 해석한 주석을 남겼다.

나 색을 받아들여 그것들을 눈과 혼으로 전달한다.[27] 인간의 시력에 관한 송환 이론의 해석은 뒷날 시력을 주관하는 망막의 기능이나 광학에 관한 여러 법칙들이 발견되면서 완전히 시대에 뒤처진 것이 되었다. 그래서 '홀리는 눈'이나 '재난을 가져오는 눈'* 등과 같은 민간에 퍼져 있는 관념으로만 남게 되었다.[28] 이런 관념들은 눈과 대상이 외부의 매개물을 통해 구체적이고 물질적인 방법으로 작용해서 만난다는 발상을 공통으로 가지고 있다. 눈은 수동적이기는커녕 외부세계에 '힘(virtus)'을 끼치고, '상(species)'은 순환해서 눈으로 침입해온다.

― 가장 높은 차원의 '지성적 시각(visio intellectualis)'은 '인간의 이성(mens, ratio)'에서 비롯된 것으로, 신에 대한 직접적인 관조를 지향한다. 그래서 지성적 시각은 다른 모든 시각보다 상위에 있다. 그것은 말로 표현할 수 없는 것이나 볼 수 없는 것을 관조하고, 온갖 이미지를 초월한다. 중세의 성직자들은 하나같이 이런 경험이 매우 한정된 소수의 사람들에게만 허용된다고 밝혔다. (「코린토 신자들에게 보낸 둘째 서간」 12장 2절에서) "몸 안에서인지 몸 밖에서인지 모르는 상태에서 셋째 하늘로 들어 올려졌다"고 말한 바울은 그런 선택된 인간들 중의 하나였다.

― 아우구스티누스와 그 후계자들이 특히 중시한 것은 육체적 시각과 지성적 시각 사이에 위치한 '영적인 시각(visio spiritalis)'이다. 이것은 육체적 감각도 혼의 상층부에 해당하는 이성(mens)도 아닌 바로 인간의 '영'이 (육체 그 자체가 아니라) 육체의 '이미지'나 '모상'을 지각하는 것이다. 여기에는 상상력(imaginatio)이라고 부르는 영혼의 기능이 개입한

---

* 노려보는 것만으로 상대를 재난에 빠뜨릴 수 있다는 믿음에서 생겨난 관념으로 고대부터 폭넓게 나타났다. 사안(邪眼)·흉안(凶眼)·악마의 눈(Evil eye) 등으로 불리며 신과 특별한 인간, 뱀과 같은 동물들이 이런 힘을 가질 수 있다고 여겨졌다.

다. 감각(sensus)과 이성(mens) 사이에 있고, 둘을 매개하는 역할을 맡고 있는 상상력은 이미지를 받아들이고 변형시킨다. 상상력은 둘의 한가운데에서 작용한다. 감각이 인식한 이미지를 받아들여 그것을 기억으로 보존하기 전에 지성의 판단에 맡기는 것이 상상력의 역할이기 때문이다. 상상력은 전에는 감각으로 인식되었으나 지금은 존재하지 않는 사물이나 사람들의 이미지를 떠올리고, "결코 어디에도 존재하지 않는 환상적인 것을 상상"할 수도 있게 한다. 고열이나 우울증에 시달리는 환자들도 '환상'이나 '환각'을 보곤 한다고 알려져 있듯이, 육체나 영혼의 질병이 상상력에 영향을 끼치기도 한다.

이처럼 환시와 꿈에 대한 논의는 다양한 양상들로 나타난다. 마크로비우스*에서 교황 그레고리우스 1세**에 이르는 꿈의 전통적인 분류는 환시의 발생에 육체가 하는 역할에 각별한 주의를 기울인 갈레노스 이

---

* 5세기 로마의 철학자인 마크로비우스는 『스키피오의 꿈 주해서*Commentarii in Somnium Scipionis*』에서 꿈을 '진정한 꿈(somnium)', '예지몽(visio)', '계시몽(oraculum)', '헛된 꿈(insomnium)', '환영(visum)'으로 나누었다. 앞의 3개는 미래의 사건을 알려주는 중요한 것이지만, 뒤의 2개는 주의를 기울일 가치가 없는 것들이다. '환영'은 반쯤 의식이 있는 상태에서의 꿈이다. 이 꿈에서는 실제로는 존재하지 않는 허깨비들이 즐거움을 주기도 하고, 슬픔을 느끼게도 한다. 밤과 함께 찾아오는 '헛된 꿈'은 깨어있을 때의 우리 일상과 그리 다르지 않다. 그것은 연인, 적, 음식, 돈, 명예 등에 관한 꿈으로 꿈속에서 그것들을 얻기도 하고 잃기도 하지만 별다른 의미는 없다. 그러나 '계시몽'에서는 부모나 성직자, 성인처럼 경건하거나 중요한 이가 나타나 우리가 어떻게 해야 하는지, 무슨 일이 일어날지를 알려준다. '예지몽'은 미래를 보여주는 꿈으로, 꿈에서 보았던 일이 현실로 이루어진다. 가장 고차원적인 '진정한 꿈'은 늘 상징적이고 비유적으로 수수께끼처럼 나타나므로 의미를 파악하려면 별도의 해석이 필요하다. W. Bächtold, "Macrobius: Commentarius ex Cicerone in Somnium Scipionis", ed. by John Peck, *Dream Interpretation Ancient and Modern: Notes from the Seminar Given in 1936-1941*(Princeton: Princeton University Press, 2014), pp. 3-13.

** 교황 그레고리우스 1세는 『대화』에서 꿈에 관해 논하면서 꿈을 '과식에서 오는 꿈, 공복에서 오는 꿈, 착각에서 비롯된 꿈, 생각과 착각에서 비롯된 꿈, 계시에서 비롯된 꿈, 생각과 계시에서 비롯된 꿈'의 6가지로 구분했다.

후의 의학 담론과도 교차한다. 이미지를 초월한 곳에 자리하고 있는 지성적 시각과는 달리 육체적 시각과 영적인 시각 사이에는 여러 가지 유사점이 존재한다. (육체적 시각처럼) 물질적 사물에 관련된 것이든, (영적인 시각처럼) 물질적 감각에서 독립해 있든 모두 '이미지'를 다루고 있기 때문이다. 영적인 시각은 육체가 아니라 '형상(species, formae) · 가상(similitudines) · 표상(figurae) · 그림자(umbrae)' 등으로 불리는 '육체의 모상'을 인지한다. 그것들은 실제로 존재하는 것이 아니라 '마치 육체와 같은(quasi corpora)' 것일 뿐이다. 잠잘 때 나타나는 꿈의 이미지, '기적집(miracula)'이나 '교훈예화집(exempla)'에서 풍부하게 이야기되고 있는 온갖 종류의 환시와 유령의 출현, 광인이나 병자들이 고열에 시달리며 불러온 환각들이 바로 그러한 모상들이다.

유령, 실체인가 이미지인가

그렇다면 영적인 시각의 대상 가운데 하나인 유령에 관해서는 어떻게 말할 수 있을까? 이 질문은 기독교적 인간론의 기초를 되돌아보게끔 한다.

인간은 유한한 육체를 지닌 피조물이지만 불멸의 영혼을 지닌 존재이기도 하다. 인간이 죽을 때 인간에게 생명력을 주는, 흔히 아니마(anima)*라고 불리는 생명의 근원이 소진되면 육체(corpus, caro), 곧 영혼의 물질적이고 일시적인 껍데기는 땅에 묻혀 급속히 소멸될 처지에

---

* 아니마(anima)와 아니무스(animus)는 라틴어에서 생명 · 혼 · 정신의 의미를 나타내는 말이다. 중세 유럽에서 여성형인 아니마는 그리스어의 프시케(Psyche)와 마찬가지로 인간의 육체에 생명을 불어넣는 '생기'나 '혼'의 의미로 주로 사용되었고, 남성형인 아니무스는 인간의 의식과 감정 등 정신의 작용을 나타낼 때 사용되었다. 오늘날 이 개념들은 분석심리학자인 칼 융이 새로 부여한 의미로 더 널리 사용되고 있다. 융은 남성의 무의식에 내재된 여성성을 아니마, 반대로 여성의 무의식에 내재된 남성성을 아니무스라고 부르며 양성성의 통합을 강조하는 심리학 이론을 발전시켰다.

놓인다. 이미 살펴보았듯이 아우구스티누스는 죽은 자의 육체에 '배려 *(cura)*'를 하는 것은 단지 사회적 관습일 뿐이며, 그래야 할 특별한 이유는 전혀 없다고 보았다.[29] 하지만 신성함의 원천인 인간 내면의 영혼 *(animus, spiritus)*은 사멸하지 않는다. 곧바로 천국이나 지옥으로 향하는 경우를 빼고는 영혼은 육체에서 '분리'된 직후부터 최종의 구원을 기다리며 '속죄의' 시련을 견뎌야 한다. (12세기 이후의 사고방식에서는 개별 심판을 받은 뒤에 연옥으로 간다고 여겨졌다.) 구원을 받기까지 걸리는 시간은 개인마다 차이가 있는데, 지상의 시간에 비례하는 것으로 이해되거나 측정된다. 죽은 자의 출현은 대부분 이 기간에 일어난다.

그런데 도대체 무엇이 나타나는 것일까? 전해지는 이야기들에 나오는 사례들을 보면 그 가능성의 문은 아무런 제한 없이 열려 있는 것처럼 보인다. 어떤 이야기에서 유령은 얼굴과 목소리, 이름, 심지어 생전에 입었던 옷, 특히 임종 순간에 입었던 옷으로 쉽게 식별된다. 혼 *(anima)*이나 영*(spiritus)*이 나타났다고 이야기되는 경우도 있는데, 이는 '영적인 시각'을 가장 직접적으로 드러낸다. 죽은 자의 영이란 보이지 않는 혼의 비물질적인 대체물인데, 생전과 똑같은 인간의 겉모습을 지니고 있다는 점에서 가시적인 대체물이기도 하다. 산 자가 그러한 죽은 자의 '영'을 인지할 수 있는 것은 산 자 자신이 '영', 곧 혼의 인식능력을 가지고 있기 때문이다.

모상이 지닌 효능, 곧 유령의 비물질적인 이미지의 효능을 강조하는 이야기들도 있다. 이런 이야기들의 원문에서는 그러한 이미지를 '그림자*(umbra)*'나 '그림자 형상*(species umbratica)*'이라고 표현하고 있다. '그림자 형상'이란 곧 환영이다.[30] 산 자가 본 것은 죽은 자가 살아 있을 당시의 모습에 대한 모상*(similitudo, effigies)*이나 형상*(forma, species)* · 이미지*(imago)*에 지나지 않는다.

유령이 되어 나타난 죽은 자에 대해서는 '마치*(quasi)*'라는 표현도 많이 사용된다. 죽었는데도 '마치' 살아 있는 것 같다는 것이다. 나는 이 '마치'라는 말이 모든 환시문학에 공통으로 나타나는 매우 중요한 특징을 보여주고 있다고 생각한다. 그 말은 비물질적이라고 알려져 있으면서도 지각되는 현상을 마주하게 되었을 때의 의심과 머뭇거림을 뚜렷하게 보여준다. 이것이야말로 영적(spiritalis)이라고 불리는 것의 고유한 특징이다.

능동형인 '보았다(vidit)'보다 "그에게는 그래 보였다(visum est sibi)" 내지는 "그에게는 그가 본 것처럼 느껴졌다(videtur sibi videre)"는 식의 표현이 더 자주 사용된 것도 마찬가지로 볼 수 있다. 이러한 표현은 '영적인 시각'의 대상이 된 사물의 본질에 대해 화자가 품고 있는 의심을 나타낸다. 수동적인 복종의 태도까지도 엿보인다. 마치 화자가 천사인지 악마인지 모를 죽은 자를 보기에 앞서, 화자 자신이 먼저 죽은 자에게 보이고 있음을 나타내고 있는 듯하다.

'페르소나(persona)'라는 말도 흥미롭다. 이 말은 보통 천사나 성인, 죽은 자, 나아가 그리스도까지 포함한 어떤 초자연적인 존재가 출현했으나, 목격자가 그것의 정체를 식별할 수 없을 때 쓰였다.[31] 망자 하나가 죽은 자들의 무리에서 떨어져 나왔으나 그 정체나 이름을 알 수 없는 경우가 바로 그렇다. (페르소나는 그리스어에서 '등장인물, 가면'의 뜻을 나타내는 프로소폰prósôpon이라는 낱말에 상응하는데) 이런 경우야말로 연극에서의 '등장인물'이나 '가면'의 의미와 유사하다. 『죽은 자를 위한 배려』에서[32] 아우구스티누스는 죽은 자의 비물질적인 이미지나 모상을 의미하는 '페르소나'를 산 자가 실제로 그곳에 존재한다는 의미의 '실재(praesentia)'라는 개념과 대비시키고 있다. 10세기 초반의 『주교법령집Canon Episcopi』은 "알려져 있는 인물이나 알려져 있지 않은 인물"의 겉모습을 하고 인간의 꿈속에 출현하는 악마의 변장을 규탄하고 있다.[33] '페르소나'를 마찬가지로 애매한 의미를 지닌 '라르바(larva)'라는 단어와 (그 활용형인 '*larvaticus*'와 함께) 비교해볼 필요도 있을 것이다.*
고대 로마에서 불길한 죽은 자를 의미했던 이 말은 중세에는 '가면'이
라는 의미로도 널리 사용되었다.[34]

모상을 의미하는 이러한 표현들은 유령을 '영적인 시각'으로 파악하
는 아우구스티누스의 이론과 일치한다. 다시 말하건대 아우구스티누
스는 출현하는 것이 죽은 자의 육체도 영혼도 아니라고 보았다. 유령
은 비물질적이고, 산 자와 접촉할 어떤 이유도 없다. 출현하는 것은 이
미지(*imago*), 곧 '육체적'이지 않은 '영적인 이미지'로 단지 육체의 형상
만을 지니고 있을 뿐이다. 아우구스티누스에게는 죽은 자의 이미지가
유령이 되어 나타나는 것이나 살아 있는 자가 자신도 모르는 사이에
멀리 있는 친구의 꿈속에 나타나는 것이나 본질적으로 똑같은 현상이
었다. 이러한 이미지는 모두 육안이 아니라 '영혼의 눈'으로 지각되는
것이고, 좋은 천사이든 나쁜 천사이든 어쨌든 천사가 '영혼의 눈' 앞으
로 가져온 것이다.[35]

'영적인 이미지들'이 언제나 자체적으로 인간의 영혼 안에 형성되는
것은 아니다. 그 가운데 일부는 좋든 나쁘든 '외부의 영들'에 의해 도입
된다.[36] 아우구스티누스는 고대부터 내려온 위대한 프네우마(*pneuma*)
전통**을 물려받았다.[37] 아우구스티누스가 기독교적인 형식을 부여한
프네우마 이론에서는 천사들이 신의 뜻에 따라 자신들이 아는 것들을
영적인 이미지로 인간에게 알려준다. '악한 영'인 타락한 천사도 마찬

---

* 라틴어에서 라르바(Larva)는 '유령, 환영'이라는 의미와 함께 '가면, 탈'이라는 의미
도 지닌다. 활용형인 'Larvalis'는 '유령의, 무시무시한'이라는 의미로, 'Larvo'는 '현혹
하다, 유령이 놀라게 하다, 가면으로 놀라게 하다' 등의 뜻으로 쓰였다.
** 프네우마 : 그리스어에서 '호흡하다'는 뜻을 나타내는 '프네오(pneo)'에서 비롯된 말
로 '공기, 호흡'의 의미를 지닌다. 아낙시메네스 철학에서 만물의 근원으로 여겨졌으
며, 스토아철학에서는 만물과 인간의 육체에 깃든 생명의 원천을 가리키는 의미로 쓰
였다. 유대교와 기독교 전통에서는 '영적인 것'이나 '성령'을 뜻하는 말로 사용되었다.

가지인데, 그들은 특히 잠들어 있는 틈을 노려 인간의 상상력 안에 거짓된 이미지들을 새겨 놓는다. 어떤 경우든 이미지가 도입되는 과정은 본질적으로 같다. 그래서 바울이 (「코린토 신자들에게 보내는 둘째 서간」 11장 14절에서) "악한 천사가 빛의 천사로 위장한다"고 말한 것처럼 좋은 천사와 악한 천사를 구별하기는 쉽지 않다. 그는 (「코린토 신자들에게 보내는 첫째 서간」 12장 10절에서) "영을 식별하는(discretio spiritum)" 능력을 〔신에게 부여받은 특별한 능력인〕 카리스마(charisma)라고 말하기도 했다.

아우구스티누스에게는 이승과 저승의 중개 역할을 맡는 '영'은 천사뿐이다. (거기에는 악한 천사, 곧 악령도 포함된다.) 천사는 필요하면 망자의 생전 모습을 빌려 죽은 자의 '영적인 이미지'를 인간의 정신에 보여주기도 한다. 하지만 그런 출현은 (어디에 묻혀 있든) 죽은 자의 실제 육체나 이승에 나타날 생각이 없는 죽은 자의 영혼과는 전혀 관련이 없다.

그러나 이러한 두 가지를 핵심으로 하고 있는 아우구스티누스의 이론은 중세에 끊임없이 심각한 반대에 부닥쳐야 했다. 중세의 유령이야기나 유령을 묘사한 도상에서 '영적인 이미지'는 완전히 비물질적인 것이 아니라 기묘한 육체성을 지닌 것처럼 묘사되었다. 게다가 스스로의 힘으로 자유롭게 돌아다닐 수 있는 '영'이 천사나 악마만으로 한정되지도 않았다. 천사의 중개가 없더라도 유령도 스스로 출현할 수 있는 영이었던 것이다.

아우구스티누스의 후계자들

『죽은 자를 위한 배려』와 『창세기 주해』에 실린 시각에 관한 논의는 중세에 기독교 저술가들에게 끊임없이 되풀이되어 인용되고 사용되었다. 예컨대 톨레도 출신의 〔수도사〕 율리아누스(690년 사망)는 '산 자가 눈으로 볼 수 있게 죽은 자가 나타날 수 있는가'라고 스스로에게 물었는데, 그와 같은 생각은 분명히 아우구스티누스의 저작에서 비롯된 것이었다.[38] 그로부터 훨씬 뒤인 12세기에 〔볼로냐의 수도사인〕 그라티아누스는 아우구스티누스를 좇아 죽은 자는 자신의 무덤 위에서 무슨 일이 일어나고 있는지 알지 못한다고 썼다.[39] 같은 시기에 호노리우스 아우구스토두넨시스도 저세상에서 고통에 시달리고 있는 영혼은 '천사의 허락 없이는' 산 자에게 모습을 드러낼 수 없다는 생각을 그대로 답습했다.[40] 전례학자들은 장례미사가 집전되는 동안 망자의 시신을 교회 대기실에 놔두는 이유에 관해 "망자는 대답을 하지 않아 대화를 나눌 수 없기 때문이다"라고 여러 번이나 되풀이해서 말했다.[41]

그러나 아우구스티누스의 생각은 12세기 문헌인『영과 혼에 관한 책 Liber de spiritu et anima』에 이르러서야 그 의의와 설득력을 온전히 회복할 수 있었다. 이 문헌은 오랫동안 아우구스티누스의 저작으로 잘못 알려져 왔으나 오늘날에는 대부분 (1165년 무렵에 사망한) 시토회 수도사 알셰 드 클레르보를 진짜 저자로 보고 있다.[42] 이 책에서 저자는 오로지 아우구스티누스의 용어만을 써가면서 환시 체험과 영혼의 정의와 관련된 정신(animus)·혼(anima)·영(spiritus) 등의 개념들의 포함관계와 복합적인 의미를 탐구하고 있다. 그는 3가지 종류의 시각에 관해 길게 논하고, 마크로비우스에게서 영감을 받은 전통적인 꿈의 5분류법을 영적인 시각에 관한 논의로 끌어들인다.[43] 그리고 천사와 악마에 관해 차례로 말한 뒤에 죽은 자의 출현으로 화제를 옮긴다.(29장)

언뜻 보기에 이는 아우구스티누스의 가르침을 충실히 따르고 있는 것처럼 보인다. 유령은 '어떤 것의 모상(similitudines rerum)'일 뿐이며 어떤 것 자체는 아니다. 유령은 신의 명령에 따라 '천사의 작용'으로 만들어진 것이다. 산 자가 죽은 자의 운명을 알지 못하는 것과 마찬가지로 죽은 자는 산 자에게 무슨 일이 일어나는지 알 수 없다.

하지만 논의 과정을 자세히 살펴보면 이 문헌의 저자가 여러 가지 수정을 덧붙이고 있음을 확인할 수 있다. 유령의 출현이 천사나 악마의 출현과 나란히 1개의 독립된 장을 이루는 주제로 되어 있다는 사실 자체가 유령한테 아우구스티누스는 인정하지 않았던 중요성과 자율성을 부여하고 있는 셈이다. 게다가 죽은 자가 산 자를 배려할 수 있고(cura de vivis), 그것이 죽은 자에 대한 산 자의 배려(cura de mortuis)와 대칭을 이루고 있는 것처럼 이야기된다. 죽은 자는 스스로의 힘으로 산 자의 근황을 알 수는 없지만, 이제 막 죽은 자의 대열에 합류한 사람들에게 전해들은 이야기로 부분적인 정보를 얻을 수는 있다. 죽은 자라도 "아는 것이 허용되어 있으며, 들을 필요가 있는 것"은 들을 수 있다.

『영과 혼에 관한 책』을 얼핏 읽어서는 아우구스티누스다운 측면만 두드러져 보일 수 있다. 분명히 전체를 놓고 보면 이를 부정할 수 없다. 그러나 이러한 미묘한 차이들은 이 라틴 교부의 권위는 여전했지만, 유령에 관한 이론은 유령이야기의 급격한 증가와 유령에 대한 더 호의적인 서술들 때문에 부분적이나마 바뀌기 시작했음을 보여준다. 유령에 관한 이론들은 점차 유령에게 아우구스티누스가 허용하고 인정했던 것 이상의 중요성과 존재감, 기능들을 부여하기 시작했다. 처음에는 완만히 진행되다가 서기 1천년 무렵에 이르러 급격히 빨라진 이러한 변화는 5세기부터 12세기까지 나타난 유령이야기의 발달과정을 살펴보면서 하나하나 더듬어갈 수 있을 것이다.

성인과 악마 사이

중세 초기에는 유령이야기가 별로 없었다. 여전히 뿌리 깊게 남아 있던 이분법적 세계관이 신과 성인, 천사의 출현과 악마·악령의 출현 사이에 유령이 나타날 여지를 거의 남겨두지 않았기 때문이다. 오랫동안 유령이야기는 성인전과 뗄 수 없는 관계에 있었다. 메로비우스 왕조와 카롤루스 왕조에서 성인이 맡았던 역할 가운데 하나는 마치 악령처럼 '사악한 영(maligni spiritus)'으로 여겨지던 죽은 자의 불길한 영을 퇴치하는 일이었다. 새로운 신앙의 영웅들이었던 성인들은 이교와 '미신'이 만들어낸 사악한 죽은 자를 물리치고 정화하고 단죄했다. 그리고 성인이 죽은 뒤에는 성인전 작가들이 그들의 사후 출현을 다른 유령들과 구별하려고 힘을 기울였다. 죽은 지 30여년이 지난 478년 무렵에 리옹의 (성직자) 콘스탄티누스가 쓴 오세르의 성인 게르마누스의 전기에 따르면, 그는 망령이 들러붙어 있던 어떤 집을 '불길한 그림자'에게서 벗어나게 했다. 그 집은 제대로 장례를 치르지 않은 여러 구의 시신이 집터에 묻혀 있었다.[44] 성인전 작가인 술피키우스 세베루스(397년 무렵)에 따르면, 갈리아 지방 기독교의 훌륭한 모범이라고 할 수 있는 성 마르티누스도 강도에게서 '비열한 그림자(망령)'를 걷어냈다. 주민들에게 마치 순교자처럼 숭배를 받았던 강도는 자신의 이름과 죄를 고백했다.[45] 이 일화는 하나의 중요한 표본이 되어 그 뒤 다른 성인을 주인공으로 한 이야기들에서도 반복해서 사용되었다. 5세기에 활약했던 아일랜드의 복음전도사 성 파트리키우스의 성인전에도 그가 성 마르티누스와 같은 일을 했다고 기록되어 있다.[46]

이미 교부들은 기독교 공동체에 닥친 재앙을 설명하기 위해 망자의 불길한 영과 악령을 동일시하는 경향을 보이고 있었다.[47] 『최초의 순교자 스테파누스의 기적 *Miracles du protomartyr Étienne*』에는 죽어가던 다티부스라는 남자가 망자의 무리에게 위협받는 꿈을 꾼 이야기가 나온다. 무리 중의 일부는 그가 알던 사람이었다. 중세에 죽어가던 자가 본 환시에서 망자는 분명히 악령의 역할을 맡고 있었다.[48] 중세 초에 성직자들이 행하던 퇴마의식도 사악한 망자를 향한 두려움이 악령에 대한 공포와 뒤섞여 있던 정황을 보여준다. 그들은 성수와 소금을 뿌리며 주문을 외는 것으로 "온갖 망령과 사탄, 자살한 자와 세상을 떠도는 망자들의 부정한 영이 꾀하는 사악한 일들"[49]을 물리칠 수 있다고 여겼다.

이러한 사회적 가치기준과는 정반대로 죽은 성인의 출현은 오히려 기대되고 선호되었다. 이것은 투르의 그레고리우스(538~594)의 글을 보면 알 수 있다. 그는 『증성자 찬양서*Liber in gloria confessorum*』에서 '대규모 매장지'[50]였던 오툉의 공동묘지(Polyandrum)를 묘사했는데, 유령의 잦은 출현과 「시편」을 낭송하는 신비한 목소리는 그곳이 영원한 안식이 허락된 소수의 축복받은 기독교도들의 매장지임을 보여준다. 기도를 하려고 묘지 바로 옆 성 스테판의 바실리카로 찾아온 2명의 주민은 그 안에서 신비한 목소리가 들려오자 기겁한다. 축복받은 자의 영이 그들을 신성한 장소에 있을 자격이 없다고 그곳에서 내쫓은 것이다.

이렇게 기독교는 죽은 뒤에 이 세상에 나타날 특권을 성인들에 한정하고, 사람들이 유령에 대해 품고 있던 공포심을 성역의 보호에 이용하는 방식으로 오래된 믿음을 변화시켰다. 이것은 투르의 그레고리우스가 주교 니지에르를 방문하러 리옹에 갔을 때의 일을 기록한 이야기에서도 잘 드러난다. 헬리우스라는 순교한 주교의 묘석에는 밤에 도굴하러 온 자를 주교의 영혼이 붙잡아 참회할 때까지 풀어주지 않았다는 경고가 새겨져 있었다는 것이다.[51] 교회문화는 침입자에 맞서 자신들의 무덤을 지킨 죽은 자들에 관한 게르만인의 전승을 살짝 바꾸어 그것을 자신들의 입맛에 맞게 '길들인' 것이다.[52]

성인은 대부분 자신에 대한 숭배를 공고히 하고, 성역을 지키고, 죄를 저지르려고 하는 산 자에게 경고를 하고, 죽음을 맞이할 준비를 촉구하기 위해 이승에 나타난다. 이러한 출현은 중세 초기의 모든 성인전들에서 수없이 많이 나타나는데, 성인의 출현을 하나하나 살펴보는 것이 우리의 목적은 아니다.[53] 그 대신 그것들이 뒷날 죽은 자 모두에게 폭넓게 적용될 이야기의 전형적 형식을 제공하고 있다는 점만큼은 확실히 해 둘 필요가 있다.

이런 사실은 628년 무렵에 죽은 르미르몽의 수도원장 성 아마투스를 주인공으로 서기 700년 이전에 기록된 『성 아마투스 전기*Vita sancti Amati*』를 보면 분명해진다. 성인은 죽기 한참 전에 성 마리아 성당 입구에 자기 무덤을 준비해 두었으며, 신도들에게 자신을 위해 기도를 올려달라고 촉구하는 내용의 묘비명도 새겨 놓았다. 성인은 죽은 지 3일째 되는 날에 동료 수도사에게 나타났다. 그리고 자신은 영원한 구원을 얻었으니 죽었다고 슬퍼하지 말고, 자신에 대한 메모리아를 게을리하지 말라는 말을 후계자인 로마릭에게 대신 전해달라고 당부한다. 그로부터 1년 뒤에 그를 추도하는 밤 기도가 끝난 뒤에 성인은 다시 나타나서 자신의 유해를 성당의 지하 납골당으로 옮기라고 지시했다.[54]

자신이 이끌었던 공동체에서 경건하게 기려진 이 성인은 적어도 두 가지 점에서 뒷날 나타난 평범한 유령들의 선구자가 되었다. 그는 성인이면서도 생전에 저지른 사소한 죄의 흔적을 씻어내기 위해 수도사들에게 전례기도를 부탁하고 그로부터 도움을 받는다. 따라서 그의 출현은 죽음 직후의 며칠 동안과 특히 1주기를 특별한 날로 본 전례적인 시간의 리듬을 따르고 있다. 죽은 자의 저세상에서의 운명을 결정하는 1주기라는 날은 머지않아 모든 망자에게 중요한 기념일이 되었다. 하지만 여기에는 성인을 평범한 망자들과 엄격히 구별 짓는, 성인 추도의 정수라 할 수 있는 특별한 전례의식도 등장한다. 바로 성인에게만 허락되었던 유해의 엄숙한 이장이다. 기독교 사회에 나타난 그러한 이장은 '원시' 사회들의 '제2의 장례의식', 곧 '조상'의 반열에 오르게 된 특별한 죽은 자를 구별하기 위한 장례의식과 같은 맥락에 있다.[55]

중세적인 이야기의 탄생

평범한 죽은 자는 이교와 연관되어 있던 불길한 죽은 자의 출현과 성인 영의 출현 사이에서 치여 오랫동안 이 세상에 모습을 드러낼 기회를 거의 얻지 못했다. 이 시대는 선과 악의 대립이라는 '영혼의 전투 (Psychomachia)'*의 틀에 갇혀 있었으므로 살아서든 죽어서든 평범한 인간의 운명을 고려하는 단계에는 아직 도달하지 못했던 것이다. 그러나 매우 드물기는 했으나 유령이야기는 존재했다.

교황 그레고리우스 1세(540?~604)가 남긴 이야기들은 중세 내내 큰 인기를 누렸다. 590년에 교황이 된 그레고리우스 1세는 593년이나 594년 무렵에 『대화Dialogi』를 썼다. 그가 부사제 페테루스와 대화를 나누는 형식으로 되어 있는 이 책은 이탈리아 성인전에 전해지던 이야기들의 집합체라고 할 수 있다. 그는 친구인 페테루스를 매개로 삼아서 수도사나 성직자인 식자층 청중들에게 그들의 시대에도 여전히 성스러움이 번성할 수 있으며, 이러한 성스러움이 그 시대 사람들이 마땅히 따라야 할 교훈적인 본보기를 제시하고 있다고 설득하려고 했다. 제1권은 기적을 행했던 12인의 성인을 칭송하고 있고, 제2권은 성 베네틱투스에 초점을 맞추고 있다. 제3권에서는 바로 얼마 전까지 살았던 사람들을 포함해 30인 이상의 성인들을 본보기 사례로 제시한다. 제4권은 제3권까지와는 대조적으로 성인전이라는 틀에서 벗어나 (죽음과 최후의 심판, 천국, 지옥이라는) 인간의 마지막 시간과 영혼의 사후 운명에 중점을 두고 있다. 여기에서는 평범한 기독교도의 죽음이 고려된다. 이 마지막 권은 앞의 권들 못지않게 논고로서의 성격이 강한데, 죽음 이후 혼의 존속이나 죽음과 더불어 하늘에 나타나는 징조, 사후세계의 환시 등에 관한 이야기들을 이용해 주장을 뒷받침하고 있다. 제4권의 끝부분에서 그레고리우스 1세는 그 시대 사람들이 '성인의 곁에' 매장되기를 열망하고 있다는 사실을 언급하며 그 효험에 대해 의

---

* 로마의 기독교 시인 프루텐티우스(Prudentius, 348~405?)가 미덕과 악덕을 의인화해 인간 내면에서 벌어지는 갈등을 묘사해 쓴 시로 중세의 사고에 큰 영향을 끼쳤다.

문을 나타낸다. 그는 아우구스티누스의 의견을 좇아서 이러한 매장방법에는 거의 효험이 없을 뿐 아니라, 그런 장소에 묻힐 가치가 없는 죽은 자에게는 오히려 해로울 수도 있다고 밝힌다. 그리고 영혼의 구원을 위해서는 차라리 기도와 미사를 올리라고 말한다.

여기에 그레고리우스 1세는 포르토의 주교인 펠릭스에게 들었다는 한 편의 이야기를 끼워 넣는다. 주인공은 타우리아나의 목욕탕에 다니던 습관이 있던 어느 사제였다.[56] 목욕탕에 갈 때마다 사제는 어떤 모르는 남자에게 도움을 받았다. 그는 감사의 표시로 성체성사에 쓰려고 만든 '왕관 모양의 빵' 2개를 남자에게 주었다. 그러자 남자는 사제에게 자신이 실은 죽은 자라고 밝혔다. 옛날 그 목욕탕의 주인이었으나 생전에 저지른 잘못 때문에 지상으로 돌아와 죄를 갚고 있었다는 것이다. 그는 빵을 받지 않고, 그 대신 자신을 위해 그것을 신에게 바쳐달라고 사제에게 부탁했다. 그런 뒤에 남자는 자취를 감추어 자신이 영혼 (spiritus)임을 확인시켰다.

『대화』의 제4권에는 이와 매우 비슷한 다른 이야기도 수록되어 있다. 카푸아의 주교인 게르마누스가 안굴루스의 공중목욕탕에 갔을 때였다. 그는 그곳에서 자신이 저지른 사소한 죄를 씻고 있던 부사제 파스카시우스의 영을 만났다. 주교의 기도로 며칠 뒤에 파스카시우스는 자유롭게 되었다.[57]

이 이야기들은 공식적으로 연옥이 등장하기에 앞서서 속죄의 장소를 나타냈던 일련의 표상들을 보여준다.[58] 이 이야기를 통해 우리는 이탈리아 중부 지방에서는 6세기까지 공중목욕탕이 여전히 존속하고 있었음을 알 수 있다. 고대에 사교나 휴식(otium)을 위한 장소로 중요한 구실을 했던 목욕탕은 6세기를 기점으로 점차 없어졌는데, 그레고리우스 1세의 시대에는 목욕탕이 물과 뜨거운 증기 덕분에 죽음과 저세상에 관한 기독교적 상상력에 소재를 제공하고 있었던 것이다.

의술에 정통했던 수도사 유스투스의 유령이 출현한 이야기도 널리 알려져 있다. 그가 죽은 것은 그레고리우스 1세가 그 이야기를 남기기 3년 전이었다. 죽음이 다가오자 유스투스는 동생 코피오수스에게 자신이 청빈의 서약을 어기고 금화 3개를 남몰래 가지고 있었다고 고백했다. 이 사실을 알게 된 그레고리우스 1세는 그에 대한 벌로 그의 임종에 아무도 참관하지 못하게 병자를 격리시켰고, 죽은 뒤에도 시신을 수도사의 묘지에 매장하지 못하게 했다. 하지만 30일이 지나자 고인이 충분히 벌을 받았다고 생각한 그레고리우스 1세는 그 뒤 30일 동안 날마다 유스투스를 위해 성찬식에 공물을 바치게 했다. 그러자 유스투스가 동생인 코피오수스에게 나타나 "성체를 받았다"고 말했다. 얼핏 보아도 유스투스를 위해 미사를 올린 지 꼭 30일이 지났을 때 그런 효과가 나타났음을 알 수 있다.[59]

이처럼 죽은 뒤 30일 동안 고인을 위해 미사를 올리는 관습은 적어도 5세기 말에는 이미 형성되어 있었다. 죽은 자와 음식을 나누는 것을 은유하고 있는 듯한 미사의식은 기독교가 무덤에서의 헌주와 연회, 제물처럼 지나치게 이교 의식을 연상시키는 장례풍습에서 벗어날 수 있게 해주었으므로 장려되었다. 〔시리아의 시인이자 신학자〕사룩의 야코부스(521년 사망)도 「망자를 위한 미사에 관한 시」에서 산 자가 죽은 자를 성찬의 '연회'에 초대하는 것은 장려하고, "무덤 위에서 죽은 자의 이름을 부르는 것"은 옳지 않다고 말한다. "죽은 자에게는 그 소리가 들리지 않기 때문이다."[60]

평범한 죽은 자가 유령이 되어 나타났다고 언급하고 있는 중세 초기의 문헌이 이것만은 아니다. 하지만 대부분 성인전과 악마학이라는 양극단에 치우쳐 있었다. 투르의 그레고리우스가 쓴 『프랑크 역사Historia Francorum』에는 어떤 질투심 많은 남편이 등장한다. 그는 자신의 아내와 아내가 바람을 피우고 있다고 생각한 상대를 죽였는데, 죽은 두 사람은 남편의 꿈에 나타나 그가 죽을 날이 다가왔다고 예고하면서 괴롭힌다.[61] 〔잉글랜드의 신학자인〕 베다 베네라빌리스(672?~735)가 쓴 『교회사 *Historia ecclesiastica*』에는 온갖 종류의 환시이야기가 실려 있으나, 평범한 죽은 자의 유령에 대해서는 겨우 3개의 사례만 언급되고 있다. 게다가 그 사례들에서도 죽은 다음에 이 세상에 나타나는 것은 여전히 수도사나 수녀들뿐이다. 그들이 출현하는 목적도 신앙심 깊은 인물에게 죽음을 예고하거나 종교적인 조언을 하는 데 있었으므로, 여전히 성인전 모델에 더 가까웠다.[62]

죽은 자를 위한 전례의 발달

9세기 이후 유령이야기의 숫자가 늘어난 주요한 원인으로 죽은 자를 위한 전례가 비약적으로 발달했다는 점을 꼽을 수 있다. 카롤루스 왕조에서는 이미 죽은 뒤 3일이나 7일, 30일이 되는 날에 고인을 위해 특별히 행해지던 미사의 체계가 명확하고 일관되게 확립되어 있었다.[63] 미사는 고인이 교회에 재산을 기증한 것을 기리기 위해 가난한 사람들에게 자선을 베푸는 것으로 마무리되었다. 사실 이와 같은 전례들은 모두 상징적 가치들이 교환되는 구조로 되어 있었는데, 이것은 (가장 중요하게 여겨진) 물질적·사회적 요인들과 떨어져 있지 않았다. 따라서 이쯤에서 우리는 4개의 서로 다른 집단들 사이에 펼쳐져 있는 복합적인 관계의 구조를 살펴보아야 한다.

- 유산 증여자는 자신의 재산을 교회와 상속인에게 분배한다. 그리고 상속인에게 자신이 죽은 뒤에 영혼을 배려해주고, 교회에 기부한 것을 철회하지 말라고 당부한다.
- 상속인은 실제로 유산을 차지하겠다는 유혹에 사로잡혀 죽은 친족

에 대한 '메모리아'를 소홀히 하기도 한다.

– 교회, 특히 수도원은 죽은 자를 위해 기도를 올리고, 증여된 유산의 일부를 가난한 사람들에게 재분배하는 조건으로 기부를 받는다.

– 마지막으로 가난한 사람들이 자선 기부금의 혜택을 입는다. 상징적인 의미에 지나지 않을 정도로 수혜자의 수가 적은 경우도 있었지만, 대개는 곤궁한 무리들로 문전성시를 이루었다. 그들은 이 세상에서 죽은 자들을 대신한다고 여겨졌고, 그들에 대한 자선 기부금은 죽은 자의 구원을 돕는 '중재'의 일부가 되었다. 가난한 사람들을 음식으로 돌보는 것은 연옥에서 시련을 겪고 있는 기부자의 영혼을 기도로 '돌보는' 것과 상징적으로 연결되었다.

〔독일 중부에 있는〕풀다 수도원은 당시 산 자와 죽은 자 사이에 이루어진 이런 종류의 교환이 가장 성행했던 장소들 가운데 하나였다. 그러므로 망자를 위한 전례와 직접 연관되어 있으며 죽은 자를 위한 중재의 필요성을 보여주는 2편의 유령이야기가 이 수도원에서 발견되는 것은 그리 놀라운 일이 아니다.

풀다 수도원장이자 마인츠의 대주교였던 라바누스 마우루스의 전기인 『라바누스 마우루스의 생애*Vie de Raban Maur*』에는 837년의 어느 밤에 죽은 수도사들의 '그림자'가 수도원의 식품 관리를 담당하던 아델하르두스라는 수도사에게 잔인한 징벌을 내렸다는 이야기가 실려 있다. 그가 가난한 사람들에게 주어야 할 양식을 빼돌리는 바람에 기부자들은 저승에서의 시련을 경감시키지 못했다. 그래서 그들은 복수하려고 이 세상으로 돌아온 것이다.[64]

그보다 조금 나중에 『풀다 연대기*Annales Fuldenses*』의 속편을 집필한 작가는 루도비쿠스 2세가 878년의 사순절 기간에 얼마나 열심히 기도에 몰두했는지를 전하고 있다. 어느 날 밤, 죽은 아버지 루도비쿠스 경건왕이 그에게 나타나 저승에서의 시련에서 벗어날 수 있게 해 달라고 그리스도와 삼위일체의 이름으로 간청했다. 이런 환시를 보고 두려워진 왕은 이 일을 문서로 기록해 왕국의 수도원들에 보냈다. 그리고 모든 수도사들에게 죽은 왕의 영혼을 구원하기 위한 기도를 올리라고 명령했다.[65]

*   *   *

9세기에 준비된 이러한 모든 제도와 전례, 이야기 장치들 덕분에 5백 년 전에 아우구스티누스가 죽은 자의 출현에 대해서 보였던 머뭇거림은 영원히 제거되었다. 그 뒤부터는 죽은 자가 산 자에게 출현하고, 그로써 서로 이롭게 되는 것이 인정되었다. 그러나 유령을 상상하고 이야기하는 것은 산 자들이다. 서기 1천년을 기점으로 크게 늘어난 유령이야기들은 우리가 그 형태와 목적들을 분석할 수 있게 해준다.

2

꿈속의 죽은 자

초기의 몇 세기부터 기독교 문화는 죽은 자에 관한 문제, 특히 죽은 자 가운데 일부가 이 세상으로 되돌아올 수 있는가 하는 문제에 부닥쳐 그것을 해결하려고 노력해 왔다. 앞 장에서 살펴보았듯이 아우구스티누스는 이 문제에 대한 교회의 태도를 확립했다. 그리고 중세 초기의 교회 문헌들은 대부분 유령에 관해 조심스럽게 다루었다.

하지만 11세기를 경계로 사정은 바뀌었다. 가장 큰 이유는 이 시대에 들어서면서 유령을 다룬 자전적인 이야기들이 등장하기 시작한 데 있다. 그런 이야기들은 중세 사람들이나 중세의 일부 사람들이 죽은 자에 대해 가졌던 내면의 태도를 자세히 들여다볼 수 있게 해준다.

기독교 문학에서 이런 이야기는 이미 최초의 몇 세기부터 나타나기 시작했으나 서기 1천 년이 지나면서 차츰 그 숫자가 늘어났다. 그렇게 된 데에는 다음과 같은 요인들이 복합적으로 영향을 끼쳤다. 우선 [독일의 철학자] 게오르크 미쉬가 이미 증명했듯이 자전적 문학이 전반적으로 부활했다. 그리고 [프랑스의 문헌학자] 미셸 징크가 '문학적 주체성'이라고 부른 (문학에서 '나'의 정당성과 작가의 지위를 새롭게 인식하는) 태도가 비약적으로 성장했으며, 자의식이 발달하면서 개인적인 꿈을 중시하게 되었다. 육체적 · 영적인 가족에 대한 '메모리아'가 발달했다는 점도 영향을 끼쳤다.

이런 자전적인 이야기들은 처음에는 주로 수도사나 성직자들이 썼으나, 13세기 이후에는 교양 있는 평신도들도 기록했다. 그래서 우리를 '애도작업'의 한복판으로 데려가 사랑했던 망자의 기억에 매여 있으면서도 그것을 잊기를 바라는 인간의 모순된 감정을 만나게 한다.

11세기에서 15세기 사이에 기록된 자전적 유령이야기는 다음과 같은 3개의 유형으로 나뉜다. 첫째, 유령이 실제로 출현하지는 않고 눈에 보이지 않는 존재가 아주 가까이에 있다고 느끼는 경우이다. 둘째는 13세기 이후 기록된 신비주의 문학에서만 드물게 나타나는 것으로 (종교적 황홀경에 빠진 상태이기는 했지만) 깨어있을 때 죽은 자를 본 경우이다. 하지만 이 시대에 가장 빈번히 나타난 자전적 유령이야기는 꿈 이야기였다.

보이는 것과 보이지 않는 것

11세기 초에 [독일 북서부] 작센의 주교였던 티트마르 폰 메르제부르크가 남긴 기록은 유령의 출현에 관한 이야기들을 상세하고 풍부하게 수록하고 있을 뿐 아니라, '자전적 이야기'와 소문을 기록한 '전해들은 이야기'를 자세히 비교할 수 있게 해준 최초의 진술이라고도 할 수 있다. 티트마르는 이 연대기를 1009년에서 1018년에 걸쳐 썼다. 이 문헌은 역사가들이 신성로마제국에 관한 지식의 대부분을 의지하고 있을 정도로 중요한 사료이다. 티트마르는 게르만 제국의 유력한 귀족 가문 출신으로, 그 가문의 역사는 작센의 운명과 몇 세기 동안 긴밀히 얽혀 있었다. 티트마르는 1009년에 메르제부르크의 주교가 되었다. '제국

주교(*Reichbischof*)'의 직위를 맡고 있었을 뿐 아니라 학식도 매우 풍부했던 그는 제국 정치사의 중심인물이면서 해설가이기도 했다.

　그런데 황제의 통치와 군대의 원정, 주교 지위의 계승 등 그가 연대에 따라 공들여 기록한 중요한 사건들 사이에는 전혀 다른 종류의 이야기들이 끼어들어 있다. 티트마르는 그 이야기들의 중요성이 다른 사건들에 견주어 뒤지지 않는다고 보았고, 그 이야기들이 진실이라고 보증하기까지 했다. 예컨대 연대기의 제1권에서 그는 926년에 있었던 하인리히 1세의 메클렌부르크와 포메라니아 원정에 관해 서술한다. 그 내용에 따르면 티트마르의 증조부 대에는 렌첸 전투에서 전사한 사람이 2명 있었는데, 그 둘은 살아 있을 적에 슬라브인에게 정복되어 불타버린 발슬레벤 마을을 탈환하기 위한 작전에 참여했다. 가문에 또렷이 남아 있던 이 마을에 관한 기억과 이교도의 습격으로 마을이 파괴된 경위를 떠올린 시점에서 티트마르는 본래의 줄거리에서 벗어나 다른 화제를 꺼내든다. 그리고 그 부분에서 연상의 작용으로 일련의 유령이야기들이 시작된다.[1]

　기독교도가 이교도들처럼 종말의 순간에 죽은 자가 부활한다는 사실에 의문을 품지 않도록 티트마르는 자신이 수집한 증언들을 기초로 마을이 재건된 뒤에 발슬레벤에서 일어났던 어떤 사건에 관해 말한다. 망자들의 무리가 묘지에서 그곳 주임사제 앞에 나타났다. 무리 가운데에서 생전에 주임사제와 면식이 있던 한 죽은 여인이 그에게 죽음이 임박했음을 알려주었다.

　이 이야기는 오래전 사건에 관한 것이지만, 티트마르는 여기에 곧바로 자신이 (987년부터 1002년까지) 마크데부르크에 머무르고 있었을 때 들었던 최근 이야기를 덧붙인다. 티트마르는 최근의 이야기가 과거의 이야기와 "시각적인 면은 물론 청각적인 면에서도 완벽하게 일관되어 있다"고 보았다. 어떤 밤에 상인교회의 야경꾼들이 묘지에 설치된 촛대에서 작은 불빛이 비추고 있는 것을 멀리서 목격했다. 그들은 두 명의 남자가 새벽기도를 올리며 찬송가를 부르고 있는 소리도 들었다. 하지만 야경꾼들이 가까이 다가갔을 때 그곳에는 아무도 없었다.

이 이야기를 듣고 신비하게 여긴 티트마르는 다음날 생로랑 수녀원의 원장으로 있던 조카딸 브리기테에게 그 이야기를 전했다. 당시 병석에 누워 있던 브리기테는 놀라기는커녕 그에게 주교 발데릭 반 위트레흐트(918~975)가 전에 〔네덜란드 동부〕 데벤테르의 파괴된 옛 교회를 다시 세워 새롭게 축성한 뒤에 어떤 사제에게 맡겼던 이야기를 들려주었다. 그 사제는 어느 날 새벽에 교회와 묘지에서 미사를 올리며 찬송가를 부르고 있는 죽은 자들을 목격했다. 주교의 명령에 따라 사제는 이튿날 밤에도 교회 안에서 보내려했으나 죽은 자에게 쫓겨났다. 셋째날 밤, 사제는 성유물과 성수를 몸에 지닌 채 밤새 잠들지 않으려고 노력했다. 하지만 여느 때와 같은 시간에 죽은 자가 나타나 그를 붙잡아 제단 위로 끌고 가서 불태워 죽였다. 주교는 사제의 영혼이 구원되기를 빌며 3일 동안 단식할 것을 명했다. 브리기테는 이것 말고도 유사한 이야기가 몇 개 더 있다고 말하면서 "낮은 산 자를 위한 것이지만, 밤은 죽은 자를 위한 것이기 때문입니다"라고 덧붙였다.

티트마르는 '무지한 자와 슬라브인'을 위해 이 이야기들에서 종교적인 교훈을 끌어내려고 했다. 그는 그런 자들은 영혼이 육체의 죽음을 초월해 존속한다는 사실을 믿지 않지만, 성서나 그레고리우스 1세의 『대화』 제4권의 내용과 일치하는 이러한 증언들은 영혼이 죽음 이후에도 살아남아 부활의 날을 기다리고 있다는 사실을 증명한다고 밝힌다. 티트마르는 인간이 천사와 동물의 중간에 자리하고 있다고 설명한다. 천사는 완전히 영적인 불멸의 존재이고, 동물은 완전히 육체적인 유한한 존재이다. 그러나 인간은 유한한 육체를 지니고 있으면서도 육체의 죽음에 영향을 받지 않는 불멸의 영혼을 가지고 있다는 것이다.

티트마르 자신은 미처 깨닫지 못했으나, 이 이야기들은 또 다른 사실들도 알려준다. 죽은 자들은 임박한 죽음을 알려주려고 나타나며, 시간의 절반은 죽은 자에게 속해 있다는 것이다. 그리고 죽은 자들은 언제나 산 자들이 일시적으로 내팽개쳐둔 장소, 예컨대 군대의 공격을 받아 파괴된 마을이나 방치된 교회 등을 차지하려고 기다리고 있다는 사실도 알려준다. 죽은 자들은 폐허를 거처로 삼으며, 일단 차지한 장소는 기를 쓰고 지키려 한다. 그러므로 성직자는 성수를 뿌려서 산 자의 공간과 죽은 자의 공간을 구별해야 한다. 서기 1천 년 이후 산 자의 공간에 대한 죽은 자의 침략이 두드러지게 나타나기 시작했고, 덩달아서 죽은 자를 퇴치하기 위한 노력도 갑절로 늘어났던 것이다.

티트마르가 전한 이 이야기들에서는 (유령이 교구의 여성 신도였다는 사실이 밝혀진 이야기도 있었지만) 죽은 자들이 대체로 무명의 상태로 출현한다. 그러나 죽은 자와 산 자의 관계가 더 개인적이고, 죽은 자의 이름이 밝혀진 이야기도 있다. 이런 경우에는 이야기가 더 정치적인 성격을 지닌다. 그리고 티트마르는 그런 이야기 안에서 자신이 제국의 귀족 계급 안에서 차지하고 있던 중요한 지위와 가족관계, 나아가 연대기 전체를 떠받치고 있는 '기억의 구조'를 분명하게 드러낸다.[2]

981년에 죽은 대주교 아달베르트 폰 마그데부르크는 죽은 지 얼마 지나지 않아 곧바로 자신의 충실한 벗이었던 발터에게 나타나 부정부패를 저지른 오크트리쿠스가 자신의 후임자로 뽑힌 일에 대해 불만을 토로했다. 발터는 유령이 나타났다는 사실을 티트마르에게 알렸다.[3] 머지않아 오크트리쿠스가 죽었는데, 그가 세상을 떠나기 전에 이미 고인이 된 교회참사회 주임 알텔켄이 티트마르의 형제인 후스바르트의 환시에 나타나 오크트리쿠스의 잘못을 성토했다.[4] 이것만이 아니다. 1012년에는 발터의 죽은 어머니가 딸에게 나타나 마크데부르크의 대주교인 타기누스의 죽음이 머지않았으며, 발터가 그 뒤를 이어 대주교로 선출되리라는 사실을 알려주었다. 대주교로 취임하기 전에 발터는 누이에게 자신이 그녀보다 먼저 죽게 되더라도 사후에 확실히 구원을 받을 수 있게끔 올벤스테트의 영지를 교회에 기증하겠다는 그의 유지를 꼭 이행해달라고 당부했다.[5]

이처럼 권력의 계승과 재산의 분배, 죽은 자에 대한 추모 등 모든 상속에서 망자도 한몫을 했다. 마크데부르크의 주교가 바뀔 때마다 이 세상에 출현한 유령처럼, 죽은 자들 중에는 생전에 맡았던 직무 때문에 사후에도 자신의 직책을 계승할 후계자에게 관심을 갖는 경우도 있었다. (지위에 적합하지 않은 후계자가 뽑히거나 교회에 기증될 재산을 횡령할 위험이 생기거나 하는 식으로) 주교의 인선에 조금이라도 문제가 있으면 죽은 자는 산 자의 꿈에 홀연히 나타나 산 자의 야망을 꺾고, 양심의 가책을 불러일으켰으며, 이야깃거리를 제공했다.

이와 같은 이야기들은 모두 티트마르 주교가 전해들은 증언들에 기초하고 있지만, 그 자신이 직접 겪은 개인적인 사건을 전하고 있는 이야기도 한 편 있다.[6] 그 이야기는 세부적인 내용들까지 놀라울 정도로 꼼꼼하게 기록되어 있다.

티트마르가 (독일 북동부) 로트메르슬레벤에 있는 자신의 영지에 머무르고 있었을 때의 일이다. 1012년 12월 18일 금요일 새벽 수탉이 울기 시작할 무렵에 교회가 빛으로 가득 차더니 신음소리가 들려왔다. 그가 노인들에게 물어보자, 그들은 전에도 비슷한 일이 몇 차례 있었고, 누군가의 죽음을 예고하는 현상이라고 대답했다. 실제로 그 일이 있은 지 얼마 지나지 않아서 그의 조카딸인 리우트가르데가 죽었다. 예고가 믿을 만하다는 사실이 확인된 것이다. 그 뒤로도 티트마르와 그의 동료들은 사람들이 모두 잠들어 있는 깊은 밤에 나무가 쓰러지는 듯한 소리를 몇 번이나 들었다. 그리고 "죽은 자들끼리 서로 대화를 나누는" 소리도 들렸는데, 그것들도 모두 영지 안의 누군가에게 죽음이 임박했음을 알려주고 있었다.

이 유일한 자전적 이야기에서 죽은 자가 끝까지 모습을 드러내지 않고 있다는 점에 주목할 필요가 있다. (꿈속의 이미지조차 없을 정도로) 죽은 자는 시각적인 이미지를 통해 나타나지 않으며, 인간이 내는 것 같지 않은 기묘한 소리나 빛, 아니면 알아들을 수 없이 웅성거리는 소음으로 자신들의 존재를 드러낸다. 주교는 영지 안에 사는 사람들과 함께 그러한 소리와 속삭임에 귀를 기울이고 그것들을 해석해낸다. 그리고 죽은 자로 여겨지는 존재가 접근해왔을 때 느꼈던 기묘한 감각을 기록으로 남긴다. (동물들이 으르렁거리는 소리나 나뭇가지가 갑자기 땅에 떨어지는 소리에도 그는 놀라서 반응했을 것이다.) 모든 것이 징표로 해석되는 세계에서 그에게는 죽은 자들의 눈에 보이지 않는 방문이 친지의 임박한 죽음을 예고하는 현실의 사건이었던 것이다.

유령에 관한 이런 유형의 자전적인 이야기는 매우 드물다. 그러나 상당히 뒷시대지만 〔신성로마제국의〕 황제 카를 4세(재위 1355~1378)가 라틴어로 기록한 이야기도 이런 유형에 해당한다. 이 이야기에서 황제는 프라하에 있는 자신의 성에서 보냈던 잠을 못 이룬 어느 날 밤에 일어난 일에 관해 말한다.[7]

그의 침실은 성의 오래된 구역에 있었다. 황제의 수행원인 부슈코는 황제의 침실에 있는 다른 침대에 누워 있었다. 침실 안은 밤인데도 난로의 불빛과 많이 켜 놓은 촛불들 때문에 환했고, 방문과 창문은 모두 닫혀 있었다. 그런데 두 사람이 막 잠자리에 들었을 때 방안에서 발소리가 들려오기 시작했다. 두 사람은 잠에서 깼다. 황제는 부슈코에게 일어나 살펴보라고 명령했다. 아무 이상이 없음을 확인한 부슈코는 다시 눕기 전에 난로불을 더 키우고, 촛불도 다시 켰다. 그리고 와인을 한 잔 마시고는 커다란 촛대 부근에 잔을 놓았다. 하지만 황제는 모습이 보이지 않는 누군가가 방에서 서성거리는 소리를 다시 들었다. 그리고

그림 5

Vita Caroli(독일, 1470-1480년 무렵)

Vienna, Österreichische Nationalbibliothek,

ms. Ser. N. 2618, fol. 18 v.

갑자기 마치 눈에 보이지 않는 손이라도 있는 것처럼 부슈코가 놓아두
었던 잔이 침대 너머 벽으로 내던져져 방 한가운데로 굴렀다. 두 사람
은 겁에 질려 열심히 성호를 그어댔다. 다음날 그들은 잔이 바닥에 떨
어져 있는 것을 보았고, 시종들에게도 그것을 보여주었다.

　카를 4세는 자신이 겪은 기괴한 사건이 진실임을 증명하고, 꿈이 아
님을 청중과 독자들에게 납득시키려고 매우 신중하게 이야기를 풀어
간다. 이 자전적인 이야기에서 특히 인상 깊은 것은 황제가 자신이 본
것이 유령이 아니라 잔이 내던져진 신비한 현상이라고 말하고 있다는
점이다. 1470년에서 1480년 사이에 독일어로 만들어진 2개의 『카를
전기*Vita Caroli*』 필사본에는 이 이야기가 원래의 형태 그대로 수록되어
있고, 잠을 이루지 못한 어느 밤의 사건을 나타내기 위해 프라하 성의
침실에 누워 있는 황제의 모습을 묘사한 세밀화도 실려 있다.[8]

　그런데 이 2개의 세밀화는 이야기를 이중으로 뒤집고 있다. 카를 4
세는 자신과 수행원이 눈을 뜨고 있었다고 주장했으나 그림들에서 두
사람은 잠들어 있는 모습으로 등장한다. 곧, 세밀화들은 황제가 꾼 꿈
을 묘사하고 있다. 그래서 영혼과의 만남이 더 뚜렷하게 표현되어 있

그림 6
Vita Caroli(독일, 1470~1480년 무렵)
Vienna, Osterreichische Nationalbi-
bliothek, ms. 581, fol. 21 v.

으며, '군주의 꿈'이라는 문학의 전통과도 일치하는 경향을 보인다.

삽화들은 침실에 출현한 영혼을 작은 인간의 모습으로 그려 시각적으로 표현하고 있다. 1개의 세밀화에서 이 작은 인간은 죽은 자의 영혼을 묘사할 때 흔히 그러했던 것처럼 완전히 벌거벗은 상태에서 두 손을 엇갈리게 마주한 모습을 하고 있다.^{그림 5} 이러한 몸짓은 다른 곳에서도 나타나는데, 그것은 간청을 의미하는 징표로 보인다. 채색화가는 황제의 이야기를 연옥에서 고통 받는 영혼이 중재의 기도를 간청하려고 이 세상에 나타난다는 전통적인 이야기로 해석한 것이다. 다른 1개의 세밀화에서는 작은 인간이 나체가 아니라 [남성용 상의인] 더블릿을 입은 모습으로 묘사되어 있다.^{그림 6} 그러나 이 경우에도 손의 모양은 앞서의 세밀화와 마찬가지다.

자전적인 이야기는 영에 어떤 가시적인 형체도 부여하지 않는다. 하지만 비록 꿈을 묘사하는 방식을 채택하기는 했지만, 그것에 첨부된 이미지는 관련된 이야기보다 훨씬 대상이 객체화되어 있다. 누군가의 기척을 느꼈다는 혼란스런 감각이, 산 자와 마찬가지의 육체를 지니고 있으며 눈에 또렷하게 보이는 죽은 자로 변모한 것이다.

종교적 황홀경에 나타난 죽은 자

13세기 이후의 신비주의 환시문학은 유령과 관련된 매우 다양한 자전적 이야기들을 배출했다. 그 이야기들의 작가는 분명히 확인된다. 작가가 남성인 경우도 있었는데, 13세기 말에 '환시'와 '말씀'으로 받은 계시를 문서로 기록한 도미니크회 수도사 로베르 뒤제스 등이 이에 해당한다. 로베르는 아비뇽의 수도원과 교회에서 기도와 명상을 하면서 체험한 자신의 종교적 황홀경에 관한 기록을 남겼다. 어떤 때에는 종교적 황홀경 상태에서 죽은 친지들의 영혼이 나타나기도 했다. 지복을 누리는 영혼은 마치 "마른 장작을 덮고 있는 흰 천"처럼 홀가분한 모습이었으나, 연옥에서 고통 받고 있는 영혼은 마치 "갈대 이삭 위에서 그슬려지고 있는 고기처럼 검었다." 영혼이 나타날 때마다 '성령'이 그에게 환시의 의미를 설명해주고, 영혼들마다 상태를 알려주었다.[9]

여기서 중요한 것은 로베르가 꿈이 아니라, 평범한 인간의 능력을 넘어선 특별한 영적인 고양 상태에서 죽은 자를 보았다고 주장하고 있다는 사실이다. 이런 현상은 수녀원에서 많이 일어났는데, 특히 독일에 있는 수녀원에서 많이 나타났다. 가장 두드러진 사례는 두말할 나위 없이 1261년에 다섯 살의 나이로 시토회의 가르침을 어느 정도 따르던 헬프타 수녀원으로 들어간 게르트루트 폰 헬프타이다. 그녀는 이 수녀원에서 일생을 보냈는데, 병으로 심한 고통에 시달렸으며 수녀원장이 되지 못한 채 1301년이나 1302년에 세상을 떠났다. 그녀는 그곳에서 수녀원장 게르트루트 폰 하케보른(1291년 사망)과 수녀 메히틸데 폰 하케보른(1298년 사망), 베긴회 수녀인 메히틸데 폰 마크데부르크 등 환시 체험으로 널리 알려진 여성 신비주의자들을 만났으며, 그들의 영향을 받았다. 게르트루트 폰 헬프타는 극심한 육체적 고통 속에서 받은 계시들을 스스로 기록으로 남기지는 않았으나, 다른 사람들에게 구술해서 받아 적게 했다. 따라서 그것들도 자전적 기록으로 볼 수 있을 것이다. 게르트루트는 자신의 계시를 모은 책에 '사자(Legatus)'라는 제목을 붙였는데, 신의 사자가 자신의 입을 빌어 말한 것으로 여겼기 때문이었다.

　그녀가 죽은 뒤에 완성된 마지막 제5권에는 죽은 영들의 출현에 관한 일련의 이야기들이 잇달아 실려 있다.[10] 이 이야기들이 체계적으로 묶여 있다는 점에 주목할 필요가 있다. 이 책이 의도적으로 구성되었다는 사실을 확인할 수 있기 때문이다. 이 이야기들은 죽은 자들의 사회적 신분에 따라 분류되어 있다. 맨 앞에 소개되고 있는 12편의 이야기는 최근에 수녀원에서 죽은 수녀들에 관한 것이다. 이어지는 5편은 평수도사 유령의 출현을 다루고 있고, 그 뒤에는 그녀의 친지나 수도원 공동체 성원의 친족, 죽은 기사, 가난한 여성, 또 다른 죽은 여성의 이야기 등이 차례로 실려 있다. 게르트루트는 결코 이 영혼들을 꿈에서 보았다고 말하지 않는다. 그녀는 종교적 황홀경에 빠진 상태에서 강렬한 빛 안에서 영혼들을 보고, 그들과 대화를 나눈다. 그럴 때 그녀는 죽은 자의 영혼이 그리스도나 성모 마리아와 매우 가까운 존재로 여겨졌고, 육체적으로도 연관되어 있는 것처럼 느꼈다. (그녀는 '심장에'라거나 '젖가슴에'라는 표현을 되풀이해서 사용했다.) 그들이 출현한 까닭은 대체로 과거의 잘못을 전부 속죄하지 못했기 때문이다. 게르트루트는 기도를 올리고 사제에게 영성체 의식을 부탁해서 영혼들이 고통에서 벗어날 수 있게 하려고 노력했다.

　이와 같이 깨어있는 상태에서 유령을 목격하는 것은 신비주의 환시문학의 특징이다. 이러한 문학은 자전적인 이야기를 다룰 때도 대체로 꿈에 관해 언급하기를 꺼린다. 보편적인 체험에 해당하는 꿈은 종교적 황홀경 상태에서의 환시처럼 선택된 자의 징표라고는 할 수 없기 때문이다. 환시문학 안에서도 많이 등장하는 전해들은 이야기에서도 마찬가지로 꿈 이야기를 꺼렸다.

13세기에서 14세기로 넘어가는 시점에 〔프랑스 북동부〕 콜마르의 도미니크회 운터린덴 수도원에 속해 있던 수녀들의 환시 체험을 모아놓은 문헌의 사례를 보면 이와 같은 사실을 분명히 알 수 있다. 이 문헌은 수녀들의 환시를 전해들은 이야기 형식으로 차례로 보고하고 있다. 가장 많이 나오는 내용은 도미니크회 수녀나 수도사가 생전에 알고 지내던 수녀에게 나타났다는 이야기이다. 이 이야기들에는 유령이 나타났을 때의 정황이 상세하게 보고되고 있으며, 환시를 목격한 사람이 깨어있는 상태였다는 사실도 빠짐없이 기록되어 있다.[11] 꿈에 관해 말하고 있는 이야기는 2개뿐이다. 그 가운데 하나에서는 악마가 "최근에 죽은 중년 부인의 모습을 하고"[12] 나타난다. 그리고 다른 이야기에서는 수녀가 똑같은 내용의 환시를 다시 보고나서야 그 환시가 '확실한(manifeste)'[13] 것임을 깨닫는다. 이는 수도원에서 작성된 이런 유형의 신비주의적 이야기들에서 깨어있을 때의 환시가 꿈보다 훨씬 호의적으로 평가되었다는 사실을 분명하게 보여준다.[14]

꿈속의 죽은 자

하지만 지금까지 살펴본 이야기들과는 달리 자전적인 유령이야기의 대부분은 꿈 이야기이다. 이런 유형의 이야기들이 기초하고 있는 자서전이라는 형식과 꿈의 체험 사이에는 긴밀한 관계마저 존재한다. 자서전과 꿈 이야기 모두 전통적으로 자신들을 짓눌러왔던 불신에서 벗어난 뒤에야 중세 기독교문학에서 새롭게 발전할 수 있었다. 꿈에 관해서는 그것의 주제와 자율성, 꿈으로 해방된 무의식, 잠든 육체가 고백한 숨겨진 욕망과 충동 등을 인정할 것인지가 문제였다.[15]

기원후 첫 1천 년 동안 이른바 '나'는 개인 바깥에 있는 대상을 가리키는 듯한 정체성 개념과 틀에 박힌 규범적인 행동으로 자신을 파악하고 표현해 왔다. 초기 기독교도들은 박해자들이 이름을 말하라고 명령할 때 고집스럽게 "나는 기독교인이다"[16]라고 대답했다. '기독교인'이라는 것은 그들의 참된 이름일 뿐 아니라, 그들이 새로운 신앙에 속해 있음을 알리는 징표이기도 했다. 후세의 수도사들도 마찬가지였다. 그들의 몸짓 · 기도 · 노래는 수도원 공동체 전체의 전례 관습의 맥락 안에서만 존재하고 의미를 지녔으며, 천사들의 합창과 교감하는 것으로 여겨졌다. 카시아누스와 성 베네딕투스는 수련수도사가 최종서원을 할 때 그의 인격과 영혼, 육체를 모두 신에게 바친다고 보았다. "그 날부터 그는 자신의 몸에 아무 권한도 지니지 않는 것이다."[17]

이런 상황에서는 개인의 경험, 특히 자신의 꿈을 말하는 자전적인 이야기가 출현하기 어렵다. 그래서 오랫동안 학식 있는 성직자나 수도사들은 문헌 전통이나 구비 전승, 성서나 교부의 권위, '믿을 만한' 증언들을 잇달아 가져다 쓰는 방식으로 자기 이야기의 신뢰성을 뒷받침해왔다. 유령이야기도 마찬가지였다. 자신의 꿈을 기록해서 남기기보다는 '권위 있는(auctoritas)' 문헌이나 인물이 전한 이야기를 가져와 그것을 재생산했다. 그들은 그러한 권위가 개개의 인간들과 저세상의 신비 사이에서 중개의 역할을 맡아야만 한다고 보았던 것이다.

게다가 중세 초기에는 꿈이 대체로 매우 미심쩍은 것으로 여겨졌다. 12세기 들어서면서 꿈과 자아의 지위가 나란히 향상된 것처럼, 중세 초기에 이 둘은 함께 억압을 받았다. 그 이유 가운데 하나는 꿈이 교회 권위의 중개나 관여 없이도 저세상의 숨겨진 진실에 직접 접촉할 수 있었기 때문이었다. 그래서 성직자 문화는 꿈을 몹시 중시하는 경향에 맞서기 위해 꿈을 악마화했다. 그리고 전통적인 분류법을 재해석해서 꿈의 형태나 의미보다도 그것의 기원을 중시하게 했다. 요컨대 성인이나 국왕은 신에게서 비롯된 꿈의 수혜자가 되었지만, 평범한 인간은 오히려 (잠잘 때에는 더했겠지만) '악마가 만든 환영'의 손쉬운 먹잇감으로 여겨지게 된 것이다. 따라서 중세 내내 이어졌던 '진실된' 꿈과 '거짓된' 꿈의 근본적인 대립에는 다음과 같은 의미가 있었다. 진실된 꿈은 (꿈에 나타난 성인이 진짜 성인이거나, 꿈에서 받은 계시가 사실임이 입증되어 신이 보낸 것임이 확인되는 등) 그 대상의 진실성으로 정당화되었다. 하지만 거짓된 꿈은 [악마로] 추정되는 창조자의 거짓성을 근거로 효력이 부정되었다. 악마가 정말로 실재하더라도 악마가 꿈에서 보여주는 것은 순전히 기독교도를 현혹시켜 타락으로 이끌려는 속임수일 뿐이다.

결국 신뢰할 만한 증인이 전한 깨어있을 때의 환시만 긍정적으로 평가되었다. 깨어있다는 것은 악마가 꾸미는 밤의 음모와 잠든 상태에서 육체가 알게 모르게 저지르는 죄악에서 자유롭다는 것을 뜻했으므로, 환시의 '진실성'을 보장해주었다. 요컨대 악마의 유혹을 막는 방어막을 지니고 있는 권위 있는 중개자들의 증언을 개인이 꿈을 매개로 초자연적인 것과 교감한다는 발상과 대립시켜 놓고 있었던 것이다.

기독교적 자서전과 유령

그래서 기원후 처음 1천 년 동안 유령에 관한 자전적인 꿈 이야기는 매우 드물었다. 초기의 것들 가운데 가장 널리 알려진 것은 성 페르페투아가 203년 순교하기 직전에 카르타고 부근의 감옥에서 꾸었던 꿈 이야기이다. 그녀의 꿈에 일곱 살의 나이로 죽은 동생 디노크라투스가 누더기를 걸친 모습을 하고 나타났다. 동생의 얼굴에는 죽음의 원인이 되었던 종양의 흔적이 그대로 남아 있었다. 그는 우물에서 물을 마시려 하는 것처럼 보였는데, [우물 테두리에 쌓은] 둘레돌이 높아서 물을 긷지 못했다. 페르페투아는 동생이 저승에서 고통을 겪고 있으며, 자신의 도움을 필요로 하고 있음을 깨달았다. 며칠 뒤에 동생을 위해 기도

했던 페르페투아의 꿈에 다시 동생이 나타났다. 그의 환한 모습에서 페르페투아는 동생이 구원을 받았다는 사실을 알았다.[18]

밀라노의 암브로시우스(339?~397)도 꿈에서 죽은 형제 사티루스를 보았던 일을 감회를 담아서 이야기했다. 망자의 모습이 너무 생생해서 암브로시우스는 자기 형제의 영혼이 진짜로 나타난 것은 아닌지 의심하기도 했지만, 그것은 환영일 뿐이었다. 그 이미지는 슬픔에 빠져 있던 암브로시우스의 영혼이 만들어낸 것에 지나지 않았다.[19]

그로부터 상당히 시대가 지나서 수녀원장 간더스하임의 하투모다 (874년 사망)의 유령이 동생인 수도사 코르베이의 아기우스에게 나타났을 때도 마찬가지였다. 아기우스는 2년 뒤에 누나의 전기를 썼다. 아기우스의 증언은 운문 형식으로 되어 있는데, 보에티우스가 다시 기독교 문학 안으로 들여온 고대 '위로문(Consolatio)'이라는 장르에 속한다.[20] 꿈속에서 아기우스는 누나와 함께 수도생활의 계율과 그들의 또 다른 형제인 게르베르가 원장으로 있는 수녀원의 운영에 관해 대화를 나눴다. 아기우스는 하투모다에게 자신을 자주 찾아와 사별의 슬픔에 젖어 있는 마음을 위로해 달라고 간청했다. 그는 꿈속에서만이 아니라 깨어있을 때도 누나의 이미지(imago)를 보고 싶어했다. 그러나 의미심장하게도 깨어있을 때의 환시에 관한 진술은 전혀 남아 있지 않다.

개인적인 꿈 이야기, 경우에 따라서는 유령에 관한 꿈 이야기가 상당수 나타나기 시작한 것은 11세기에서 12세기 사이에 수도원에서 자서전이 부활하면서부터였다. 수도사인 오틀로 폰 장크트엠메람(1010?~1070?)은 11세기 중엽 자기 성찰에 대한 수도원의 관심이 증가했음을 보여주는 주요한 증인 가운데 하나인데, 여기에는 그럴 만한 이유가 있었다. 오틀로의 경우에 자기 성찰은 무엇보다 환시문학이라는 형태로 나타났다. 오틀로는 사물의 겉모습 너머에 숨겨져 있는 저마다의 고유한 운명의 의미를 찾는 데 관심을 두었는데, 이런 태도는 그가 주도적으로 참여했던 수도원 개혁에도 응용되었다.[21] (독일 남부) 프라이징 대교구의 저명한 귀족 가문에서 태어난 오틀로는 일곱 살 때에 테게른 제의 수도원 부속학교에 들어갔고, 그곳에서 부모의 반대를 무릅쓰고 수도사가 되겠다고 결심했다. 열네 살 때에 그는 필경사로서의 재능을 인정받아 헤르스펠트와 아모르바흐의 수도원과 뷔르츠부르크의 주교 관으로 파견되기도 했다. 테게른제로 다시 돌아온 뒤에는 레겐스부르 크의 장크트엠메람 수도원으로 옮겼고, 그곳에서 스무 살 때에 최종서 원을 하였다. 그는 이 수도원에서 당시의 수도원 제도개혁에서 중요한 역할을 했던 인물 가운데 하나인 빌헬름 폰 히르사우(1091년 사망)를 만 났고, 그의 주장에 완전히 동조했다.[22] 그러나 주변 사람들이 그의 행 동에 강하게 반발하는 바람에 오틀로는 1062년부터 1067년이나 1068 년까지 풀다 수도원에 몸을 맡길 수밖에 없었다. (풀다 수도원은 개혁운 동에 참가했고, 클뤼니 수도원의 가르침을 따르고 있었다.) 그 뒤 다시 장크트 엠메람 수도원으로 돌아간 오틀로는 죽을 때까지 그곳에 머물렀다.

오틀로는 다양한 저작들에서 여러 차례에 걸쳐 자기 내면의 갈등과 회개의 경험 등을 돌아보았다. 그의 자기 표현은 기독교문학의 위대한 모범들, 특히 성 히에로니무스의 개종 이야기와 사막의 스승들에 관한 전기, 악마의 유혹에 관한 카시아누스의 여러 편의 이야기들에서 영감 을 얻은 것이다. 하지만 그의 자전적 저작들에 나오는 경험의 사적인 성격이나 진정성을 의심할 필요는 전혀 없다. 특히 『문헌과 유혹*Liber de tentationibus suis et scriptis*』에서 그는 성서와 이교 작가들의 작품을 모두 읽 으려 했던 수도사가 겪은 딜레마에 관해 적고 있다. 이 자전적 저작에 기록된 일화 가운데 몇 개는 『영성론*De doctrina spirituali*』과 죽기 5년 전 쯤 에 쓴 『환시서*Liber visionum*』 맨 앞에 수록된 4편의 이야기들에서 다시 언 급된다.[23]

환시이야기들을 모아놓은 마지막 책에 관해서는 더 상세히 살펴볼 필요가 있다. 책의 서문에서 오틀로는 환시가 기독교인의 교화에 얼마나 유용한지를 강조한다. 그는 자신의 행실이 아직 충분히 올곧지 않았을 때 신이 환시를 통해 깨달음을 주었다고 말한다. 아울러 자신이 성서나 교황 그레고리우스 1세의 『대화』 제4권 등 앞선 본보기들을 따르고 있을 뿐이라고 밝힌다. 오틀로가 기록하고 있는 환시는 평온한 잠이든 불안한 잠이든(per somnia quieta vel inquieta) 가리지 않았으며 깨어있는 상태에서 목격되기도 했다. 그는 깨어있을 때의 환시를 이용해서 미심쩍게 여겨지던 꿈에 신빙성을 부여하기도 하는데, 이는 당시에 매우 일반화되어 있던 서술방식이었다.

수록되어 있는 23편의 이야기들 가운데 4편만 진짜 자전적인 이야기라고 할 수 있다. 그러나 이 이야기들은 작품 전체의 3분의 1 가까이를 차지할 정도로 분량이 많다. 이 4편은 모두 꿈에 관해 이야기하고 있는데, 오틀로의 인생에서 서로 다른 시기에 일어났던 사건들이다. 처음 2개는 그가 아직 테게른제에 머무르고 있던 (1032년 이전의) 소년기에 꾼 꿈이다. 세 번째 꿈은 수석사제 베린히어와의 갈등으로 장크트엠메람 수도원으로 옮기게 된 일과 관련 있다. 네 번째 꿈은 1055년 병든 그가 수도원장과 공개적으로 대립하고 있을 때 꾼 악몽이다. 이 꿈들에는 신과 천사, 악마가 번갈아 나타나는데, 유령에 대한 언급은 전혀 없다. 그렇지만 이것은 꿈과 자서전 사이의 강한 유대관계를 다시금 분명하게 보여준다.

이러한 유대관계는 다른 15편의 이야기들을 살펴보면 더 확실해진다. 그것들은 모두 전해들은 이야기들로 대체로 깨어있을 때의 환시를 다루고 있다.[24] 오틀로는 자신이 신뢰하는 증인에게 들은 이야기라고 밝히면서 언제나 증인들의 이름도 함께 기록해 두려고 했다.[25] 수도사가 초자연적인 계시로 자신의 죽음이 임박했다는 사실을 알게 되었다거나, 수도사가 알던 지인이 수도원 개혁에 반대한 대가로 죽은 뒤에 저승에서 벌을 받고 있다는 내용이 가장 많이 나타난다. 직접적이든 간접적이든 유령을 다루고 있는 이야기도 7편이나 된다. 유령이야기 가운데에는 자전적인 것은 하나도 없고, 꿈과 연관된 것도 두 번뿐이다. 대부분은 전해들은 이야기이며, 깨어있을 때의 환시로 객관성을 획득하고 있다. 하지만 어떤 경우든 이야기들은 명백히 이데올로기적인 기능을 담당하고 있다. 유령들은 모두 교회개혁이라는 목적을 위해 동원되고 있는 것이다.

(6번째와 7번째의 환시를 다룬) 처음 2편의 이야기에서 하나는 어떤 죽은 여성의 부활을, 다른 하나는 죽은 자들이 출몰한 일을 이야기하고 있는데, 오틀로는 그 이야기들이 '유사하다'고 기록했다.[26] 둘 다 교회 재산을 침해한 죄를 저지른 귀족계급 평신도에 관한 이야기이기 때문이다. 첫 번째 이야기에서는 죽은 여자하인이 갑자기 되살아나 '호민관' 아달릭에게 나타난다. 그리고 아달릭의 죽은 아버지 루오트폴트가 '교회령(Curia)'을 빼앗은 죄 때문에 저승에서 온갖 고통을 겪고 있다면서 아버지를 대신해 그것을 교회로 되돌려주라고 강하게 요청한다. 뒤이은 이야기에서는 말을 타고 있던 두 명의 형제가 '공중을 날고 있는 무리'과 마주친다. 한 기사가 위풍당당한 모습을 하고 무리에서 벗어나 형제에게 다가와 그들의 아버지가 생전에 수도원에서 빼앗은 영지를 대신 수도원에 돌려주라고 명령한다. 그리고 그렇게 하지 않으면 형제의 아버지와 형제 자신들, 나아가 그들의 자손들까지도 지옥으로 떨어지게 될 것이라고 말한다. 기사는 형제를 향해 불길에 휩싸인 창을 던졌는데, 그것은 환시가 진실임을 나타내는 징표(signum)였다. 두 형제는 곧바로 기사의 명령을 따랐으며 수도사가 되었다.

오틀로는 이 두 번째 이야기를 자신과 같은 교단에 속해 있는 수도사에게 들었는데, 11세기 중반의 개혁에서 중요한 구실을 했던 교황 레오 9세(재위 1049~1054)[27]에게 그 수도사가 직접 듣고 전해준 것이라고 밝히고 있다. 여기에서 이 2편의 이야기가 '약탈된 수도원 재산의 회복'이라는 수도원 개혁의 목표 가운데 하나를 알기 쉽게 설명하기 위한 것이라는 사실이 더욱 분명히 드러난다.

뒤이어 수록된 (8번째와 9번째의 환시를 다룬) 2편의 이야기도 마찬가지로 서로 연관되어 있다. 그것들은 수도원 개혁의 두 번째 목표였던 수도원의 내부생활을 주제로 하고 있다는 사실이 뚜렷하게 드러난다. 오틀로가 테게른제의 수도사인 그의 친척에게 전해들은 이 이야기들은 모두 테게른제 수도원의 원장이었던 엘린게루스의 허술한 운영을 문제 삼고 있다.[28] 오틀로에게 이야기를 전해준 수도사는 교회 안에서 (아마도 죽은 수도사들이 내는 것으로 보이는) 수도원에 머지않아 화재가 발생한다고 경고하면서 비통하게 탄식하고 흐느끼는 소리를 들었다. 하지만 수도원장은 그의 말을 귀담아듣지 않았으며, 수도원의 보물과 문서들을 안전한 장소로 옮기지도 않았다. 결국 그것들은 모두 불타버렸다. 그 뒤 병으로 자리에 누운 이 죄 많은 수도원장은 꿈에서 수도원에서 삶을 마친 두리아구스라는 이름의 성직자를 만났으며, 기둥에 묶인 채 그에게 매질을 당했다. 하지만 수도원장은 여전히 자신의 잘못을 꾸짖는 소리에 귀를 기울이려고 하지 않았다.

(12번째와 16번째, 17번째 환시를 다룬) 나머지 3편은 기독교도 전체의 윤리적 개혁이 시급함을 알리고, 죽은 자를 위한 위령기도가 유효함을 증명하고 있는 이야기이다.[29]

[1월 6일인] 예수공현축일로부터 8일째 되던 날에 오틀로 자신이 수도원 입구에서 한 명의 고해자를 만났다. 그 사람은 어렸을 때 거짓말을 해서 아버지가 서약위반의 죄를 저지르게 한 적이 있었다.[30] 그의 아버지가 세상을 떠나고 나서 1년 동안은 내내, 그 뒤로는 '많은 영혼이 안식을 허락받는' 크리스마스 밤에 아버지의 영혼이 처음에는 꿈에(in somnis), 나중에는 깨어있을 때(aperte)의 환시에 모습을 드러내 저승의

고통에서 벗어나게 해달라고 도움을 청했다. (두 번째 환시는 처음에 꾼 꿈이 진실임을 보증한다.) 자식은 참회를 했고, 오틀로는 서약위반이 가져오는 중대한 결과에 관해 설교를 했다.

다른 이야기는 풀다의 수도사가 그에게 이야기해준 것이다. 한 수도사가 사고로 물에 빠져 죽었다. 그런데 수도원의 식품을 담당하던 수도사는 오만하게도 그의 죽음을 자살로 단정해서는 수도원 묘지에서 떨어진 장소에 그의 시신을 묻었다. 그러자 죽은 자가 그에게 나타나 신만이 인간을 심판할 권한을 가지고 있다는 사실을 깨닫게 했다.

오틀로는 마지막으로 어떤 사람한테 들은 이야기를 전하면서, 그 사람의 이름은 잊었지만 독자를 위해 이야기의 의미(sensum)와 내용(sermonem)은 왜곡하지 않고 충실히 전달하겠노라고 밝힌다. [신성로마제국 황제] 오토 2세의 아내 테오파노(991년 사망)는 비잔티움 궁정의 사치스런 향락을 독일로 들여온 죄로 영원히 지옥으로 떨어지는 벌을 받았다. 하지만 왕비는 죽은 뒤에 어떤 수녀에게 나타나 기도로 자신을 도와달라고 간청했다. 오틀로는 그 뒤 수녀가 어떻게 행동했는지는 알지 못하므로, 왕비의 저승에서의 운명이 어떻게 되었는지 걱정스럽다고 적었다.

이 마지막 사례는 깨어있을 때의 환시를 다룬 이야기가 어떤 특정한 사회적 목적을 가지고 있었음을 분명히 보여준다. (처음에는 입으로 전해지다가 나중에 글로 기록된) 환시이야기는 생성과 전파의 과정을 거치면서 사회적 성격을 지니게 된다. 하지만 그것은 사회적 공간이 그 이야기를 의도적으로 유포하고, 나아가 때로는 정치적 선전의 수단으로 이용했기 때문이기도 하다.

바로 여기에 깨어있을 때의 환시 이야기와 자전적인 꿈 이야기의 또 다른 중대한 차이가 존재한다. 자전적인 꿈 이야기는 대부분 꿈을 꾼 기록자 주변의 지인이나 친족의 범위 안에 의의와 용도가 한정되어 있기 때문이다. 12세기 초에 다른 수도사가 기록한 유명한 자서전은 이런 차이를 또렷하게 보여준다.

수도사 기베르 드 노장(1055?~1125?)은 아우구스티누스의 『고백록 *Confessiones*』을 본보기로 삼아 자서전을 썼다. 하지만 그가 어린 시절에 꾼 꿈 이야기는 아우구스티누스를 본보기로 한 것이 아니라 스스로 선택한 방식으로 쓴 것이다. 기베르는 꽤 나이가 들어서 『자서전 *De vita sua*』을 썼는데, 거기에 자신이 어렸을 때 꾸었던 2개의 꿈 이야기에 관해서도 기록했다. 그는 그 꿈들에서 죽은 자들의 무시무시한 모습을 목격했고, 그것을 악마가 만들어낸 이미지라고 생각했다.[31] 그 가운데 하나의 꿈에 관해 이야기하면서 기베르는 (이름을 남겨 놓지는 않았으나) 꿈에서 본 인물들이 칼이나 다른 방법으로 살해되는 것을 자신이 목격했거나 그들의 죽음에 얽힌 이야기를 사람들에게 들었다고 덧붙였다. 기베르는 그 악몽이 자신이 어린 시절에 목격했던 충격적인 장면이나 잊히지 않을 만큼 강렬한 인상을 남긴 폭력적인 이야기에서 비롯된 것이라고 확신했다. 두 번째 꿈에서는 목소리들이 들려온 뒤에 (성적 유혹이 가득한 장소인) 공중목욕탕에서 익사했다고 알려진 자가 악령과 함께 그에게 나타났다.[32] 이 이야기에서도 죽은 자의 이름은 언급되지 않는다. 아마 어린 시절에 누군가 물에 빠져 죽었다는 소문을 듣고서 꾼 꿈일 것이다.[33] 어린아이의 심리와 인격의 형성이라는 개념이 기베르의 시대보다 훨씬 폭넓게 받아들여지고 있는 오늘날, 폭력적인 영상이 오래도록 소년 기베르의 정신과 악몽, 기억에 큰 충격을 주었다는 사실을 어떻게 부정할 수 있을까?

기베르는 자신이 어렸을 때 꾼 꿈만이 아니라, 자신의 어머니가 꾼긴 꿈에 관해서도 이야기한다.[34] 이 이야기는 비슷한 점이 많기는 하지만 엄격히 말해 자전적 기록이라고는 할 수 없다. 게다가 이 이야기는 유령이 출현하는 것이 아니라 꿈속에서 사후세계를 여행하는 내용으로 되어 있다. 따라서 이것은 유령이야기라기보다는 그보다 훨씬 장황한 다른 이야기 전통에 속한다. 기베르가 자기 어머니의 꿈에 관해 말한 사례는 이것만이 아니다. 그녀는 성모 마리아가 자기 아들을 보호하는 꿈을 꾼 적도 있다. 기베르는 어머니에 대해 깊은 애정을 가지고 있었으므로 이런 꿈들에 특별히 관심을 기울였다. 그는 어머니의 이름을 한 번도 언급하지 않았다. 하지만 성 아우구스티누스에게 어머니인 성 모니카가 그러했던 것처럼, 기베르에게도 어머니가 중요한 존재였음은 분명하다. 기베르의 어머니는 꿈과 해몽의 전문가였다. 아들과 아들의 가정교사, 인근의 신앙심 깊은 여인들과 같은 그녀 주변에 있던 사람들은 그녀가 '꿈에 관한 지식'을 가지고 있다고 인정했다. 그녀는 성직자의 중재나 관여 없이 혼자 그런 일을 했다. 그녀는 자신의 꿈이든 다른 사람의 꿈이든 꿈속의 내용을 꿈밖의 현실과 비교해 꿈이 어떤 일의 조짐(portenta)인지를 알아맞히고, 그 일에 관해 최선의 대응책을 조언해줄 수 있었다. 똑같은 방식으로 그녀는 자신이 꾼 가장 기다란 꿈에 대해서도 그것의 교훈과 의미를 찾아냈으며, 할 수 있는 최선의 대응책을 이끌어냈다.

그녀는 어느 여름 '일요일'의 '새벽 기도시간'에 그 꿈을 꾸었다. ('일요일'과 '새벽 기도시간'이라는 두 가지 세부 사항은 그 꿈이 신이 알려준 진실한 계시임을 보장해준다.) 그때 기베르의 어머니는 좁고 긴 의자에 불편하게 누워 있었고, 이런 불편한 자세는 그녀의 육체가 잇달아 일어난 초자연적인 체험을 쉽게 받아들일 수 있게 해주었다. 잠들어 있는 동안 그녀는 자신의 영혼이 육체를 빠져나와 회랑을 거쳐 우물이 있는 곳으로 가는 것을 보았다. 그런데 우물 안에서 '머리카락에 벌레가 득실거리는 사람들의 환영'이 튀어나와 그녀의 영혼을 끌고 들어가려 했다. 그들은 지옥으로 떨어진 망자들이었는데, 우물이 지옥의 입구였던 것이다. 두려워 떨고 있던 그녀의 영혼은 누군가 등 뒤에서 그녀에게 손대지 말라고[35] 악령들에게 명령하는 소리를 들었다.

그와 같은 시련을 극복한 뒤에 그녀는 더 높은 차원의 계시를 받을 자격을 얻었다. 그런 그녀에게 죽은 남편이 모습을 나타냈다. 남편은 죽었을 때 그대로 젊은 청년(*juvenis*)의 모습을 한 채로 그녀가 몸을 기대고 있던 우물 옆에 나타났다. 그녀는 남편에게 잇달아 질문들을 던졌다. 지금도 에브라르라는 이름을 쓰고 있는가? 남편은 그렇지 않다고 대답했다. 이것은 그녀의 꿈이 죽은 자를 불러들이는 의식, 곧 강령술과 동일시되는 것을 피하기 위해서였을 것이다. 하지만 기베르는 "영혼은 오직 영적인 것으로 다른 영혼들과 어울린다"고 그것을 해석한다. 영혼이 저승에 가서도 지상의 이름으로 서로를 부른다고 생각하는 것은 어리석은 짓이다. 만약 그들이 지상의 이름을 그대로 간직하고 있다면 사후세계에서도 이승에서 알고 있던 사람들만 인식할 수 있을 것이기 때문이다. 아우구스티누스의 충성스러운 추종자였던 기베르는 산 자의 사회를 죽은 자의 '영적' 세계와 떨어뜨려 놓으려 했다. 그는 이승에서의 한정된 교류의 관계와는 무관하게 저승의 영혼들 사이에는 교류에 한계가 없다고 생각했다. 하지만 이런 생각은 그 시대의 다른 많은 이야기들과는 상반된 것이었다. 그런 이야기들에서 죽은 자들은 생전부터 알고 지내던 관계가 아니면 상대를 알지 못한다. 그리고 마찬가지 이유로 죽은 자들은 지상에 나타날 때에도 오로지 친족이나 지인들에게만 모습을 드러낸다. 기베르는 자신이 옹호하는 견해가 소수 의견임을 알고 있었으므로 〔일반적인 견해와는 다른〕 그 사건을 더 강조했던 것으로 보인다.

기베르의 죽은 아버지는 어디에 머물고 있는가? 에브라르는 '지금 그들이 있는 곳'에서 그리 멀지 않은 '장소'라고 아내에게 대답했다. 따라서 두 사람이 만난 '장소'는 (우물 아래에 있는) 지옥으로 가기 전의 대기실처럼 보인다. 그리고 에브라르가 머물고 있는 장소, 곧 지옥으로 떨어지지 않은 상태에서 큰 고통을 겪고 있는 그 '장소'는 (아직 명칭과 지위가 체계화되지는 않았지만) 일종의 연옥과 같은 곳이다.[36]

그는 지금 어떤 상태에 있는가? 에브라르는 아내에게 팔과 옆구리에 난 끔찍한 상처를 보여주었다. 그녀는 작은 아이가 남편 곁에서 참기 어렵게 시끄러운 소리를 내면서 울고 있다는 사실을 알았다. 기베르는 아이에 관해 이렇게 설명한다. 그의 부모는 결혼한 뒤 7년 동안 어떤 주술 때문에 부부관계를 완성할 수 없었다. 에브라르는 젊은 혈기와 '부도덕한 조언자', 그리고 자신의 남성다움을 증명하려는 욕망 때문에 매춘부(muliercula)와 관계를 가져 그녀를 임신시켰다. 죄악의 자식은 태어난 그 날 세례도 받지 못하고 죽었다. 그래서 아이는 저승에서 벌을 받게 되었고, 어쩌면 지옥으로 떨어졌는지도 모른다. 어쨌든 에브라르에게 (기베르가 사용하고 있는 표현에 따르면) 젊은 날의 '실험'은 그렇게 끝났다. 그 뒤 그는 아내에게 돌아와 기베르를 비롯해 여러 명의 정당한 자식들을 얻었다. 하지만 (이브가 아담의 옆구리에서 태어났다는 점을 암시하는 것인지) 에브라르의 옆구리에 난 상처는 그가 부부의 인연을 더럽혔다는 사실을 나타냈고, 아이의 울음소리는 그를 더욱 고통스럽게 했다.

아내가 그의 영혼이 구원되기를 바라면서 행한 기도와 미사, 자선은 그의 고통을 줄여주는가? 그는 그렇다고 대답한다. 그러면서 그는 특히 기베르 어머니의 이웃으로 매우 신앙심 깊은 생활을 하고 있던 류트가르드라는 여인이 기도를 올려주기를 바란다고 말한다. 죽은 자를 위한 기도가 일종의 사회적 직무였고, 기베르의 어머니가 이따금 꿈의 해석자 역할을 했던 것처럼 이 경건한 여성도 이웃들에게 그 방면의 전문가로 여겨지고 있었을 것으로 보인다.

기베르의 어머니가 남편과의 대화를 마치자 새로운 광경이 그녀의 눈앞에 펼쳐졌다. 우물 둘레돌에 가로놓인 두꺼운 널빤지 위에 처음에는 르노 드 보베라는 기사가, 다음에는 기베르의 남동생들 가운데 한 명이 무릎을 꿇고 앉아서 스스로 입으로 바람을 불어대면서 자신들을 태우고 있는 지옥의 불길을 더 크게 돋우고 있었다. 두 사람은 아직 살아 있었으나, 기베르의 어머니가 이른 새벽에 본 이 환상은 그들이 머지않아 죽어서 지옥으로 떨어지게 되리라는 것을 예고하고 있었다. 실제로 르노는 그날 정오에 살해되었고, 신을 모독한 죄를 저지른 기베르의 동생도 얼마 지나지 않아 죽었다.

기베르의 어머니는 그 다음에는 '그림자 형상(speciem umbraticam)'을 한 죽은 노파가 새까만 악령 둘을 따라가는 광경을 목격했다. 그 노파는 그녀와 매우 가까운 사이였다. 두 사람은 함께 살았던 적도 있는데, 먼저 죽은 사람이 다른 사람한테 나타나 자신의 사후 운명에 관해 알려주기로 약속했던 적도 있었다. 노파의 계속된 고행과 그녀가 죽기 전에 체험했던 2개의 예언적인 환시는 그녀가 더 나은 운명에 놓이게 될 것임을 예고하는 것일 수도 있다.* 노파는 죽은 뒤에 다른 사람에게 나타나서 고통을 줄여준 것에 대해 고마워하기도 했다. 그렇지만 기베르의 어머니가 꾼 꿈의 내용을 신뢰한다면, 그 때 그녀는 지옥을 향해 인도되고 있었던 것으로 보인다.

기베르의 어머니가 꿈에서 깨어나 영혼이 육체로 복귀했음을 알려주는 내용은 없다. 그러나 그녀는 곧바로 자신의 꿈을 해석하고 필요한 결단을 내린다. 그날 정오에 기사 르노가 죽으면서 꿈이 진실임이 확인된다. 마찬가지로 그녀는 우는 아이의 꿈에도 놀라지 않는다. 그

---

* 노파는 죽기 전에 두 개의 환시를 체험했다. 첫 번째 환시에서 노파는 십자가를 짊어진 채 다른 사람들과 신전으로 향하고 있는 자신을 보았다. 두 번째 환시에서 그녀는 침대 발치에 서 있는 추한 악마의 모습을 발견하고 신의 거룩한 말로 내쫓는다. Guibert de Nogent, *De vita sua*, 박용진 옮김, 『기베르 드 노장의 자서전: 12세기 어느 수도사의 고백』(파주: 한길사, 2014), 122쪽. 노파의 계속된 신체적 고행에 대한 내용은 같은 책, 121쪽.

녀는 남편이 다른 여성과의 사이에서 아이를 낳았으며, 그 아이가 세례를 받지 못하고 태어나자마자 죽었다는 사실을 알고 있다. 그녀의 관심은 온통 남편한테 가 있다. 남편이 죽은 뒤에도 그녀는 계속 아내로서 충실했으며, 그녀의 꿈에 나타난 죽은 자나 죽음의 선고를 받은 사람들 가운데에서 남편만큼은 고통에서 벗어날 여지가 있어 보였기 때문이다. 그녀는 옆구리에 있는 상처와 아이의 울음소리로 상징되는 남편 영혼의 고통을 당시의 의사들과 마찬가지로 '닮은 것들을 마주 놓아' 고치겠다고 결심한다. 요컨대 그녀 자신이 악마의 부추김으로 울음을 그치지 않는 갓난아이를 맡아서 매일 밤을 지새우겠다고 생각한 것이다. 그녀가 대신해서 아이의 울음소리를 참아내면 에브라르는 아이 망령의 견디기 어려운 울음소리에서 벗어날 수 있을 것이다.

필리프 아리에스는 중세에 과연 아이가 '존재'했는지 반문했는데, 우리는 이 사례에서도 아이가 어느 정도는 어른들의 도구에 지나지 않았음을 확인할 수 있다. 기베르는 사생아의 '실험적인' 탄생 덕분에 자신이 태어났다고 서술하고 있다. 그 아이는 자신이 저지르지 않은 죄 때문에, 그리고 자신의 의지와는 무관하게 세례의 은총을 받지 못했다는 것 때문에 고통에 시달린다. 아이의 운명은 매우 가혹해 보인다. 세례를 받지 못하고 죽는 바람에 영원히 천국에 갈 수 없는 어린아이들이 고통 없이 영원히 머무는 장소인 '림보'*가 구상되고 언급되기 시작한 것은 기껏해야 12세기 말이 되어서의 일이기 때문이다. 요컨대 한밤에 심하게 우는 아이는 꿈에 나타난 환영의 살아 있는 '분신'이었고, 기

---

* '가장자리'를 뜻하는 라틴어 '림부스(Limbus)'에서 비롯된 말로 천국과 지옥 사이의 경계지대인 변옥(邊獄)을 가리킨다. 기독교 신학에서는 그리스도를 통해서 구원을 받은 사람만 천국에 이를 수 있다고 본다. 하지만 그 논리에 따르면 예수 이전에 살았던 구약의 인물들이나 세례를 받기 전에 죽은 아기들도 지옥으로 가야 하므로, 이 문제를 해결하기 위해 림보의 개념이 나왔다. 림보는 족장들의 림보(limbus patrum)와 유아의 림보(limbus infantium)로 나뉜다.

베르의 어머니에게는 기베르가 그 환영을 대신하는 존재였다. 그리고 아이의 울음소리는 (고행자가 입는 거친 옷이나 규율과 마찬가지로) 경건한 그녀에게 시련을 가져다주는 도구에 지나지 않았다. [요정이나 트롤이 예쁜 아이를 훔쳐가고 그 대신 못생긴 아이를 남겨놓았다는] 민간전승의 바꿔치기한 아이changelins의 사례처럼, 아이들은 육체의 회복[37]이나 영혼의 구원 같은 어른들의 소망을 충족시키기 위해 교환되었던 것이다.

기베르는 자신이 꾼 꿈은 다루지 않고 어머니에게서 들은 꿈을 이야기하고 있지만, 자전적인 이야기와 같은 경향을 뚜렷이 보인다. 어머니를 매개로 기베르 자신이 꿈을 꾸었다고도 할 수 있을 것이다. 그 꿈은 다른 죽은 자, 이를테면 아버지와 형제, 이웃에 관한 것이었지만, 무엇보다도 자신의 대리자인 작은 어린아이의 모습으로 변한 자기 자신에 관한 꿈이었다. 이런 점에서 이 시대, 특히 이 기록자에게는 유령이나 죽은 친족에 대한 추억이 또 다른 기능을 맡고 있다. 그것은 자기의 발견, 곧 자기 정체성의 탐구라는 기능이다.

참회의 꿈

제4차 라테란 공의회*에서 모든 기독교도에게 반성과 참회라는 새로운 실천방식이 제시되고 탁발수도회가 이를 널리 보급하면서 13세

---

* 제4차 라테란 공의회(Concilium Lateranense Quartum) : 교회의 개혁과 성지회복, 세속권력으로부터의 독립성 확보를 목적으로 1215년 로마의 라테란 궁에서 열린 공의회이다. 교회의 내적 쇄신을 위해 성직매매를 금지하고, 설교가 선발을 적극적으로 권했으며, 조직과 예법에 관한 규정을 정했다. 교회의 재산관리와 주교선출, 교회법정에서 세속권력의 간섭을 배제하는 결정을 내렸고, 1년에 1번 고해성사 참여와 부활절의 성체성사를 의무화하고, 십일조와 성인숭배, 혼인에 대한 교회의 영향력을 강화했다. 그리고 카타르파와 발도파를 이단으로 선언하고 유대인들을 차별했으며, 십자군원정을 촉구했다. 이러한 라테란 공의회의 법령은 여러 세기에 걸쳐 기독교 세계에 큰 영향을 끼쳤다.

기 이후에는 자전적 문헌의 숫자가 늘어나고 종류도 다양해졌다. 도미니크회 수도사였던 토마 드 캉탱프레는 부친이 성지의 은둔수도사를 방문했을 때 자식을 성직에 앉히겠다고 서약했던 일을 추억한다.[38] 자신이 죽은 뒤에 영혼의 구원을 위해 자식이 미사를 집전하기를 바랐던 것이다. 아버지가 죽은 뒤에 토마가 자신이 해야 할 일을 게을리 할 때면 꿈에 (그의 부친이 아니라) 그리스도가 나타나 수난에서 받은 상처를 내보이며 그를 꾸짖었다. 독자의 기대와는 달리 이 독특한 자전적 이야기에서는 아버지 대신 그리스도가 나타난다. 종교인이었던 그에게 그리스도는 육신의 부친보다도 더 엄할 뿐 아니라, 가장 권위 있는 존재였던 것이다.

겨우 몇 달뿐이지만 1294년에 교황 첼레스티누스 5세로 즉위했던 은둔수도사 피에트로 다 모로네의 자서전 『첼레스티아나 *Cælestiana*』에는 죄와 순결함에 대한 강박관념이 더 격렬하게 표현되어 있다. 그런 강박관념은 이 은둔수도사가 남긴 기록 전체에 일관되게 나타나는데, 특히 그가 자신의 행동을 규제하는 도덕적 규범을 갈망하고 있을 때 꾸었던 꿈 이야기에서 두드러진다. 그 규범들은 세상을 떠난 친지들의 모습을 하고 그의 꿈에 나타난다. 예컨대 수도원장은 죽기 전에 자신을 위해 기도를 올려달라고 피에트로에게 부탁했다. 죽은 뒤 피에트로의 꿈에 나타난 수도원장은 그의 수도복 두건을 움켜쥐고는 스스로 그럴 자격이 없다고 생각되더라도 미사를 집행하라고 명령한다.[39]

평신도, 최초의 저작

13세기부터는 교양 있는 평신도들도 점차 스스로 펜을 들어 자신들에 대해 말하기 시작했으며, 자신들이 꾼 꿈에 대해서도 말할 수 있게 되었다. 프랑스에서 평신도의 그러한 '문학적 주체성'을 보여준 최초의 인물은 성왕 루이의 매우 가까운 벗이었던 주앵빌이다. (1270년에) 왕이 죽은 뒤 (1298년에) 성인의 반열에 오르자 주앵빌은『성왕 루이 행장기*Livre des saintes paroles et des bons faits de notre saint roi Louis*』라는 제목의 책을 써서 왕을 기렸다. 왕의 삶에 관해 1272년에 기술한 최초의 저술에 기초해 만들어진 이 작품은 미남왕 필리프의 왕비 잔 드 나바르의 의뢰로 제작되었는데, 성왕 루이가 성인의 반열에 오른 것도 손자인 미남왕 필리프의 치세에서 이루어진 일이었다. 이 책은 1309년에 성왕 루이의 증손자인 완고왕 루이 10세에게 바쳐졌다. 작품이 완성된 뒤 주앵빌은 다시 하나의 이야기를 덧붙였다. 그것은 그의 개인적인 꿈 이야기로 생전에 그의 가까운 벗이었던 성왕이 등장한다.

"나는 성왕의 영광을 위해 내가 잠들어 있을 때 본 것을 말하려 한다. 꿈속에서 왕이 주앵빌의 내 예배당으로 오셨다. 내가 보기에 그분은 놀라울 정도로 즐겁고 편안해 보였다. 나도 왕이 내 성을 방문해주신 것이 기뻤다. 나는 왕에게 '폐하, 이곳을 나서시면 제 영지의 쉐비용이라는 마을에 있는 집에 머무시지요'라고 말했다. 그러자 왕은 웃으면서 '주앵빌 경, 그대에게 맹세하건데 나는 서둘러 이곳을 떠나지는 않을 것이오'라고 말씀하셨다."[40]

미셸 징크는 이 꿈을 죽은 벗인 왕과 주앵빌의 사적인 관계와 주관적인 기록이라는 논리적인 틀로 훌륭히 해석한다. 주앵빌은 왕의 꿈을 두 차례 꾸었다. 첫 번째 꿈은 왕이 살아 있을 때인 1267년의 사순절에 꾸었다. 왕은 새빨간 망토를 입고 나타났는데, 그것은 다음날 아침 〔아프리카 북부의 항구도시〕 튀니스로 떠나기로 예정되어 있던 십자군 원정에서 벌어질 일을 예고하는 징표였다. 얼마 뒤 성왕 루이는 그 십자군 원정 도중에 죽었다. 두 번째 꿈은 왕이 이미 죽은 뒤에 꾼 것이다. 이 꿈에는 1298년 왕의 시성식이 치러진 뒤 주앵빌이 이 새 성인을 기리는 제단을 세웠던 예배당이 암시되어 있다. 따라서 주앵빌은 왕이 죽은 지 적어도 30년은 지나서 이 꿈을 꾸었다. 그 사이에 주앵빌은 성왕 루이의 후계자들, 특히 미남왕 필리프의 측근들과 사이가 벌어졌다. 그래서 왕이 성인의 반열에 오른 뒤 성유물을 나눌 때에도 그는 그러한 영예를 누릴 수 없었다.[41] 이런 일들로 주앵빌은 마음이 아팠고, 그것이 그가 꾼 꿈의 내용을 직접 설명해준다. 그는 꿈에서 죽은 벗의 웃는 얼굴과 행복한 모습을 보고 왕이 자신의 곁에 머무르고 싶어했음을 알고 위로를 받는다. 미셸 징크는 '쉐비용(chevillon)'이나 '주앵빌(Joinville)'이라는 고유명사가 '(볼트 등으로) 고정하다(se cheviller)', '결합하다(se joindre)'라는 동사와 관련되어 있으며, 이는 왕의 유물과 결합되어 있기를 바라는 늙은 신하의 심정을 상징적으로 표현하고 있다고 해석한다. 왕의 유물이란 바로 그가 꿈에서 본 활기차고 기쁨에 찬 왕의 이미지처럼 그가 다시 한 번 만져보기를 바라지만, 성유물의 형태로 그것을 소유하도록 허용되지는 않았던 왕의 육신을 뜻한다.

이런 이야기는 글을 쓸 수 있으며 자신이 꾼 꿈의 의미에 관해 알기를 바라는 평신도를 비롯한 중세의 교양인들에게 유령이 어떤 존재인지를 단적으로 보여준다. 자신이 사랑했던 가까운 사람에 대한 기억이 가슴 깊이 묻어두기 어려울 만큼 강렬하게 남아 있을 때, 그러한 기억에서 유령은 생겨난다. 그것은 자식이나 부모, 자매나 형제일 수도 있다. 수도원이라는 가족의 영적인 '부모'일 수도 있으며, 주앵빌에게 성왕 루이가 그러했듯이 너무 일찍 갑작스럽게 죽은 사랑하는 소중한 친구일 수도 있다. 꿈은 아주 잠깐이지만 모상의 출현이라는 술수를 통해 죽음으로 파인 골을 메워준다. 역사가는 과거 인간의 내면에 숨겨진 정서적 경험에 다가서면서 스스로에게도 친숙하고 충분히 이해되는 죽은 자와의 관계를 발견하게 된다. 그리고 '유령신앙'에서 대부분 무의식적으로 행해지는 이별의 고통스러운 작업인 애도와 메모리아를 다시 마주하게 된다.

마지막으로 훨씬 뒤에 출현한 한 편의 이야기를 더 살펴보자. 15세기에 피렌체의 평신도가 쓴 이 이야기에는 우리가 이제까지 봤던 다양한 종류의 이야기들이 지니고 있는 특징들이 모두 집약되어 있다.

조반니 모렐리의 악몽

조반니 디 파골로 모렐리는 피렌체에 살던 부유한 상인이다. 그는 22세 때인 1393년에 '일기'를 쓰기 시작해서 1412년까지 불연속적으로 쓰고, 1444년에 72세의 나이로 죽었다.[42] '리코르디(ricordi)'라고 불리는 장르의 관습에 따라 조반니가 이탈리아어로 쓴 이 〔가장이 집안의 일과 가계부를 기록해 놓은〕 '가정일기'는 가문의 조상을 칭송하는 것으로 시작한다. 그리고 부모에 관해 언급한 뒤에 자신이 희생양이 되었다고 생각하는 두 개의 비극적인 사건에 관해 말한다. 이 사건들이야말로 그가 글을 쓰게 된 주요한 이유들이다.

그는 두 살도 되기 전에 아버지를 잃었기 때문에 아버지 없이 자랐다. 더구나 어머니는 아버지가 죽자마자 곧바로 재혼해 그를 돌보지 않았다. 그의 눈에 어머니는 '잔혹한 어머니'의 화신처럼 보였다. 15세기 피렌체에서는 생모가 서둘러 재혼하는 바람에 자식이 희생되는 일이 드물지 않았고, 그런 어머니에게 아이는 귀찮은 존재에 지나지 않았다.[43] 그 뒤로도 조반니는 고난을 겪었다. 조부와 누이가 차례로 죽었고, 사랑도 장벽에 부닥쳤다.

1396년의 일기에는 그가 결혼해 4명의 자식을 낳은 일이 기록되어 있다. 장남인 알베르토는 허약한 체질이었으나 어려서부터 라틴어와 성서의 「시편」도 어렵지 않게 배웠으며, 나중에 상인이 되어야 할 그에게는 필수적인 상업의 기술도 익혔다. 이런 장남 때문에 조반니는 31세 때인 1403년에 다시 일기를 쓰기 시작했다. 그는 알베르토에게 자

애로운 아버지가 되고 싶었다. 자신에게는 그런 아버지가 없었기 때문이다. 자신도 아버지처럼 일찍 죽지 않으리라고는 보장할 수 없었으므로, 조반니는 나중에 자식이 읽을 수 있게끔 조언들을 글로 남겨 놓으려 했다. 그는 사회에서 어떻게 처신해야 하는지, 시 정부의 대표자들을 어떻게 다루어야 하는지 글로 적어 놓았다. (피렌체의 귀족들과 부유한 상인들 모두에게 중요한 문제였던) 어쩔 수 없을 때 돈의 힘을 이용해서 '동료와 친족'을 어떻게 늘려야 하는지도 밝히고, 현명한 조언자의 힘을 빌리고 '그 인물이 언제나 마음속에 있는 것처럼 하려면' 어떻게 해야 하는지에 대해서도 적었다. 아버지가 일찍 죽는다고 해도 "나무랄데 없이 유능하고 사려 깊으면서 나이 많고 악덕을 지니지 않은 인물"이 조언자가 되어 준다면, 그가 진실한 후견인이 되어 육체적 아버지를 대리하는 역할을 해줄 것이기 때문이다.

그러나 다시 불행이 찾아왔다. 1406년 6월 5일 알베르토는 19일 동안 극심한 고통을 겪은 끝에 9세의 나이로 죽었다. 아버지는 아들의 임종 순간과 마지막 행동을 자세히 기록으로 남겼다.[44] 아이는 몇 번이고 신과 성모의 보살핌을 빌었고, 성모 마리아를 그린 그림판(tavola)에 입을 맞추고 경건하게 기도를 올렸다. 그러나 그는 마지막 순간에 〔죽음을 앞두고 죄를 용서받기 위해 행하는〕 종부성사를 받지 못하고 죽었다. 아버지는 어린아이의 잘못이므로 신도 용서해줄 것이라고 기대하면서도, 스스로도 확신하지는 못해 자신의 부주의를 후회했다. 그리고 아들의 죽음이 자신의 죽음을 예고하는 징조라고 생각해 스스로의 목숨도 걱정했다. (망자를 위해 '30일 추도미사'가 행해지는 동안) 가족 모두가 상복을 입었으며 한 달 동안 집을 비워두었다. 그리고 자식이 숨을 거둔 방에는 여름 내내 아무도 발을 들이지 못하게 했다. 참기 어려울 정도로 큰 슬픔에 빠진 아버지는 꼬박 6개월 동안이나 죽은 아들의 방에 발을 들이지 못했다. 그는 자식을 위해 기도를 올릴 때를 제외하고는 가슴에 남은 자식의 '이미지'를 떠올리지 않으려 했으나 헛일이었다. 그는 이렇게 썼다. "내게는 잊는 것이 불가능하다. 아이의 어머니에게도 마찬가지다. 아이의 모습이 계속 눈앞에 떠오르고, 낮이나 밤이나, 점심을 먹을 때나 저녁을 먹을 때나, 집 안에 있을 때나 밖에 있을 때나, 잠잘 때나 깨어있을 때나, 별장에 있을 때나 피렌체에 있을 때나, 아이의 발자취와 몸짓·언행이 멈추지 않고 기억으로 되살아난다." 마치 아들이 남겨진 부모를 괴롭히면서 가학적인 기쁨을 느끼고 있기라도 한 양, 그들의 슬픔은 죽은 아들에 대한 비난과 같은 것으로 바뀌기도 한다. "아들이 칼을 움켜쥐고 우리의 심장을 찌르고 있는 것만 같다."[45]

죽은 자의 1주년 기일에 아버지는 자신을 위로하기 위해 망자를 불러들이는 의식을 행하는 데 몰두한다. 그것은 일종의 개인적인 강령술이 행해지는 장면이라고 볼 수 있다.[46] 조반니가 분명하게 서술하고 있듯이, 그는 "죽은 아들의 축복받은 영혼에 조금이라도 위안(*refrigero*)을 가져다주거나, 적어도 아들이 슬픔에 빠져 고통을 겪고 있는 아버지를 추억할 수 있게 하고 싶다"고 생각했다. 이 말에는 저승에서 고통을 받고 있는 죽은 자의 영혼에게 약속되던 '위안(*refrigerium*)'이라는 오래된 개념이 다시 등장한다. 그리고 '추억(*ricordanza*)'이라는 말도 사용되고 있는데, 살아 있는 자들과 마찬가지로 죽은 자들도 추억을 한다.

아버지는 자기 잘못으로 아들이 죽기 전에 종부성사를 받지 못했다는 생각 때문에 더욱 고통스러워했다. 당시 조반니는 아들이 곧 죽게 되리라는 사실을 받아들일 수 없었고, 그토록 어린 아들은 신도 용서해줄 것이라고 믿었다.[47] 하지만 1년이 지나자 조반니는 아들이 죽을 당시에 가졌던 신앙심만으로는 충분치 않으며, 어린아이라도 교회가 정해놓고 있는 일련의 의식을 완수해야 기독교도로서 '바람직한 죽음'을 맞이할 수 있다는 사실을 깨달았다. 조반니는 자신이 죽은 아들의 이미지에서 빠져나오지 못하고 있는 것이 아들의 '통과의례'가 아직 불완전한 상태이기 때문이라고 생각했다. 그래서 그는 아들의 망령을 쫓기 위해 아들이 죽은 지 정확히 1년이 되는 날부터 매일 거르지 않고 자식이 숨을 거둔 바로 그 시각에 자신이 고안해낸 의식을 행했다.

그 시각이 되면 조반니는 고행을 위한 옷으로 갈아입었다. 그것은 무릎 정도 길이의 잠옷이었으며, 목둘레에는 가죽끈(coreggia)을 둘렀다. 그리고 1년 전 아들이 죽었던 바로 그 시각에(in quest'ora et in questo punto) 조반니는 아들이 입을 맞추었던 그림판을 끌어안았다. 복음사가 요한과 성모 마리아, 십자가에 매달린 예수의 모습이 그려져 있는 그림판이었다. 그리고 그것에 몇 번이고 입을 맞추고 기도를 올리며 그림에 그려진 거룩한 이들을 번갈아가면서 응시하였다. 염원하며 응시하는(immaginare e ragguardare) 물질적인 도상에 대한 숭배는 그의 상상을 도와주었는데, 조반니는 "그것은 내 영혼과 육체, 모든 감각에 열정과 사랑이 충만하게 해주었다"고 기록하고 있다.[48] 불쌍한 아버지는 하염없이 오열하면서 그리스도와 성모 마리아, 복음사가 요한, 알렉산드리아의 성 카타리나, 그리고 "선행으로 동생인 라자로의 부활이라는 은총을 받을 수 있었던" 마리아 막달레나에게 기도를 올렸다. 조반니는 "할 수만 있다면 나도 살아 있는 아들의 몸을 다시 한 번 이 세상에서 안아보고 싶다"고 썼다. 조반니는 적어도 아들이 천국에 있는 신의 곁으로 갈 것이라는 확신을 얻을 수 있게 되기를 바랐다. 그는 자신이 아들의 모습에 사로잡혀 있는 한, 아들이 천국에 갔다고는 도저히 생각할 수 없었다.

조반니는 고뇌에 찬 기도를 올린 뒤에 잠자리에 들었다. 그러나 잠을 이루지 못해 몇 번이고 침대에서 뒤척여야 했다. 조반니는 '질투심 많은 악마(lo invidioso Nimico)'가 자신을 덮쳐서 자신이 바친 기도가 쓸모없는 짓이고, 자식의 영혼이 망상에 지나지 않는다는 것(che l'anima fusse niente o un poco di fiato)을 인정하게 만들려 한다고 생각했다. 죽은 자식에 대한 회한은 이제 악마의 소리가 되어 그에게 아버지의 때 이른 죽음, 어머니에게 잔혹하게 버림받았던 경험, 교사에게 맞았던 일, 아내가 임신하고 있을 때 자식이 태어나기를 기다렸던 일, 알베르토의 탄생과 그의 유년시절, 그리고 마지막으로 알베르토의 요절 등 비참했던 인생의 여정을 한 해 한 해 떠올려주었다. 잠을 이루지 못하는 한밤의 고통 속에서 악마는 그에게 아들의 죽음에 관한 무시무시한 해석까지 가져다주었다. 자신은 아들에게 사랑을 충분히 주지 않았고, 아들을 남처럼 대하며 입맞춤으로 아버지로서의 애정을 표현하지도 않았다.[49] 그리고 죽음의 순간에는 종부성사의 기회마저 **빼앗았다**. 아버지인 자신의 이런 잘못들 때문에 아들이 죽었다는 것이다.

조반니는 간신히 잠에 들었다. 1시간 정도 잤을 때 그는 꿈을 꾸었다. 그 꿈은 신과 여러 명의 성인들, 예컨대 그의 수호성인인 세례 요한, 피렌체의 수호성인인 안토니우스, 성 베네딕투스와 성 프란체스코, 그리고 앞서 조반니가 기도를 올린 성 카타리나 등이 가져다준 계시이므로 분명히 '진실'이었다. 그는 이 꿈으로 마침내 알베르토가 구원을 받았다는 확신을 얻을 수 있었다.

꿈은 두 부분으로 구성되어 있었다. 전반부에서 조반니는 세티멜로의 시골집에 있는 꿈을 꾸었다. 알베르토의 그림자에 쫓기던 그는 가문의 이름과 같은 모렐리 산에 오르겠다고 결심한다. 높이 올라가자 고통이 가시고 알베르토가 살아 있을 때의 즐거운 추억이 되살아났다. 그런데 새 한 마리가 공중으로 날아올라 나무들에 잇달아 내려앉는 모습이 눈에 띄었다. 그 새는 앵무새만 했는데, 새하얀 깃털과 타오르는 듯한 붉은 눈을 가지고 있었고, 부리는 금색, 발은 녹색이었다. 새가 지저귀는 소리는 점차 슬픔으로 가득 찼다. 새는 자기 발을 피가 흐를 때까지 부리로 쪼고, 곧이어 나뭇가지에서 땅바닥으로 떨어졌다. 그러자 수컷과 막 교미를 마친 암퇘지 한 마리가 나타나 새를 밟고 지나

가면서 배설물로 새를 덮었다. 하지만 그 때 하얀 옷을 입은 처녀(*una donzella bianchissima*)가 왼손에는 수레바퀴를, 오른손에는 종려나무 가지를 들고 다가왔다. 성 카타리나*였는데, 그녀는 손에 든 수레바퀴로 암퇘지를 조각냈다. 그러자 새떼가 그녀의 주위로 몰려들었고, 앞서 본 새와 닮은 새 한 마리가 성녀의 손에 내려앉았다. 새는 곧바로 '영혼'의 모습으로 변했고(*e divenuto ispirito*), 성녀는 그의 머리에 손을 얹었다. 영혼은 '하얀 천사'와 같은 모습을 하고 있었는데, 기쁨에 찬 모습으로 조반니를 돌아보았다. 그 순간 아버지는 천사의 얼굴에서 사랑하는 아들의 모습(*il mio dolce figliuolo*)을 찾아냈다. 아버지는 "내 아들아! 알베르토야(*Figliuolo mio! Alberto mio*)"라고 외치며 자식을 끌어안으려 했으나 뜻을 이루지는 못했다. 자신도 곧바로 깨달았지만, 영혼은 비물질적인 존재였기 때문이다. 아들은 "참으세요. 불가능한 것을 좇아서는 안 됩니다(*Abbiate pazienzia e non cercate lo impossibile*)"라고 아버지에게 말했다.

아버지와 자식은 대화를 나누었다. 알베르토는 아버지를 안심시키며 그에게 고마워했다. 아버지가 신에게 바친 기도 덕분에 아들은 '승천'할 수 있었던 것이다. 하지만 조반니는 그 사실을 안 것만으로는 만족하지 못했다. 그래서 아들이 아버지의 잘못 때문에 죽은 것이 맞는지, 장남을 잃은 슬픔을 다른 자식들을 통해서 치유할 수 있는 것인지, 다른 자식들이 생기는지, 신이 종부성사를 소홀히 한 것을 용서해주었

* 4세기 초의 순교자인 알렉산드리아의 카타리나는 수레바퀴를 손에 든 모습으로 자주 등장한다. 그 유래는 다음과 같다. 『황금전설』에 따르면, 카타리나는 기독교를 박해하는 막센티우스 황제와 대립했다. 황제는 카타리나에게 사형을 언도하며, 못이 많이 박힌 바퀴로 그녀의 사지를 잘라 죽이려 했다. 그러나 그녀가 두 손을 맞잡고 기도하자 천사가 하늘에서 검을 들고 내려와 카타리나의 몸을 갈가리 찢으려던 바퀴를 부숴버렸다. Jacopo da Vaeazze, *Legenda aurea*, 윤기향 옮김, 『황금전설』(크리스챤다이제스트, 2007), 1115쪽('성 카타리나'편) 참조.

는지, 앞으로 자신에게 행운이 올지, 오래 살 수 있을지 등에 관해서도 물어보았다. 알베르토의 영혼은 아버지한테 자신의 죽음에 대한 책임이 있지 않다고 밝혔으며, 다른 질문들에 관해서도 그에게 큰 희망을 안겨주었다. 오래 살게 된다고 알려주어 아버지를 안심시키기도 했는데, 실제로 그렇게 되었다. 환시가 사라졌을 때 조반니는 행복감에 휩싸여 눈을 떴다.

이 특이한 이야기는 중세 말기를 살았던 교양 있는 평신도가 '가정일기'라는 내밀하고 개인적인 문서 안에 자신의 고통스럽고 괴로운 애도의 경험과 꿈에 대한 상세한 분석을 어떻게 담아놓았는지를 더할 나위 없이 잘 보여준다. 이 긴 이야기에는 기독교의 사후세계가 모두 망라되어 있다. 한쪽에는 신과 그리스도, 성모만이 아니라 조반니가 각별하게 믿고 있던 성인들이 있다. 다른 쪽에는 자책감에서 비롯된 악마의 모습과 소리가 있다. 죽은 아들은 이 양극 사이에 있으며, 자식에 대한 추억은 온종일 아버지에게 들러붙어 떨어지지 않는다. 그래서 아버지는 자신이 아들을 충분히 사랑해주지 못했고, 어쩌면 아들이 구원받지 못할 수도 있다는 생각에 스스로를 책망한다.

이 조반니라는 인물은 우리와 근본적으로 다르지 않다. 그래서 우리는 그를 덮친 불행과 망상을 이해할 수 있다. 조반니 덕분에 우리는 유령의 실체가 무엇인지를 알아챌 수 있다. 유령이란 산 자, 곧 자신의 자식이나 다른 사랑하는 이의 비참하고 때 이른 죽음을 받아들이지 못한 살아 있는 자의 상상력이 만들어낸 산물이다. 그 불행한 운명에 대한 책임이 자신에게 있다고 느끼거나, 죽기 전에 그들에게 충분히 관심을 기울이지 못했다고 후회하는 경우에는 그런 상상력이 더욱 커진다. 아버지는 살아 있을 때와 바뀌지 않은 아이의 모습을 보고 두 팔로 끌어안을 수 있기를 간절히 바란다. 그러나 유령이 꿈속의 이미지에 지나지 않으며, 두 사람 사이에는 넘을 수 없는 간극이 있다는 사실을 받아들인다. 오랫동안 죽은 자를 위한 전례에 속해 있던 시간의 리듬에 따라 딱 1년째 되는 바로 그날 아들이 구원을 받으면서 마침내 '애도작업'은 완료된다. 1주기는 죽은 자가 집요할 정도로 이 세상으로 돌아오는 것에 마침표를 찍고, 죽은 자를 그와 가까웠던 자들에게서 떼어놓아 산 자를 해방시키는 날인 것이다.

이와 같은 기록은 다른 어떤 것들보다도 우리에게 진솔하게 다가온다. 오늘날의 독자들도 조반니에게 깊은 공감을 느끼게 된다. 슬픔에 빠진 이 아버지의 시련은 우리에게도 거짓이 아니라 진짜로 보인다. 역사가는 문화에서 비롯된 상투성을 강조하면서 가장 개인적인 경험이라도 그것이 표현될 때에는 기독교 정통 교의의 형식이 가지고 있는 특징이나 전례의 시간적인 리듬에 따르게 된다고 지적할 수 있다. 그렇더라도 이 기록에 표현되어 있는 감정의 진솔함만큼은 부정할 수 없을 것이다.

그러나 우리가 여기에서 무엇보다도 중시해야 할 것은 조반니 모렐리가 죽은 자식의 모습을 꿈에서 보았다고 기록하고 있다는 점이다. 그는 깨어있을 때의 환시에 관해서는 전혀 언급하고 있지 않다. 전해들은 이야기에서는 깨어있을 때의 환시가 꿈보다 훨씬 큰 비중을 차지하지만, 자전적인 이야기는 대부분 꿈속의 유령을 다룬다. 조반니가 꿈에 관해 기록하고 있다는 세부적인 측면은 이런 점에서 중요한 의미를 지닌다.

3

유령의 침공

유령이야기의 압도적인 다수는 자전적인 이야기가 아니라 어떤 목격자의 증언에 기초해 전해들은 이야기의 형태를 띠고 있다. 목격자의 이름이 밝혀진 것도 있고, 익명인 것도 있다. 증언이 문서로 된 것도 있고 구두로 전해진 것도 있으나, 구두로 전해진 사례가 훨씬 많다. 그러나 그러한 전해들은 이야기가 모두 같은 장르에 속해 있지는 않다.

여기서도 이야기의 형식에 주의를 기울이는 일이 마찬가지로 중요하다. 문서에 기록된 이야기의 내용이나 그것의 특정한 기능은 형식과 분리시켜서 파악할 수 없기 때문이다. 하지만 이야기의 장르를 나누는 일은 언제나 자의적인 성격을 지니게 마련이다. 하나의 장르와 다른 장르를 엄격히 구분할 수 있는 경우는 드물고, 겹쳐 나타나는 경우가 대부분이다. 한 장르가 독자적으로 통시적인 발달을 해왔더라도, 대체로 같은 시대의 여러 다른 장르들과 서로 관계를 맺으며 공존하게 마련이기 때문이다.

이 책에서는 이야기의 유형을 크게 다음과 같은 3가지 계통으로 나누어 살펴볼 것이다.

– 기적이야기(*miracula*)는 대부분 작가가 확인되지 않고 있으며, 그것들을 하나의 책으로 모은 기적집은 성당이나 수도원 등 교회와 관련된 시설들의 전유물이라고 해도 좋을 정도이다. 그곳들에서 발생한 기적적인 사건이나 그 지방의 성인에 관한 기적을 전파해서 그 시설들의 평판을 높이는 것이 기적이야기가 맡았던 기능이다. 따라서 기적이야기는 본질적으로 성인전이라는 장르에 속한다. 그리고 기독교가 탄생한 최초의 몇 세기 이후 활발하게 만들어졌으며, 이 책에서 다루고 있는 시대들에서는 12세기에 가장 성행했다.

– 기이한 이야기(*mirabilia*)는 불가사의한 사건들에 관한 이야기이다. 그것은 기적과는 달리 신의 권능이나 성인의 영광과 직접 연결되어 있지 않다. 단지 자연이나 인간세계에서 벌어진 기이한 현상을 경이롭게 생각하면서 관찰한 것에서 비롯된 이야기들이다. 중세에 편찬된 기이집은 기적집보다 작가의 흔적이 뚜렷하다. 작가는 대부분 수도사가 아니라 평신도의 문화와 세상 속으로 들어간 성직자들이다. 이와 같은 문학은 라틴어로 기록되어 있지만 속어 문학과 몇 가지 특징을 공유하고 있으며, 12세기 말부터 13세기 초까지 가장 성행했다.

– 교훈예화(*exampla*)는 13세기 초부터 중세 말기까지 재속설교가나 탁발수도회에 속한 설교가들에 의해 무수히 많이 보급되었다. 이 이야기들도 초자연적인 현상을 다루고 있다. 하지만 '기적이야기'처럼 장소를 엄밀히 특정하고 있지는 않으며, 사건 안에서 보편타당한 도덕적 교훈을 이끌어내는 데 초점을 맞춘다. 교훈예화집 중에서 알파벳 순서로 배열된 것은 대체로 틀에 박힌 듯한 이야기들을 통해 효과를 높이는 설교방식을 사용하고 있는데, 이것은 기이한 이야기가 이야기 하나하나의 특이함을 강조하고 있는 것과 대조된다.

물론 유형을 이렇게 나누는 것에 꼭 얽매일 필요는 없다. 이러한 분류를 고집하면 장르와 장르 사이에 놓인 무수히 많은 이야기들의 존재를 놓치게 될 것이다. 이러한 분류로는 나누기 어려운 종류의 문헌들도 존재한다. 예컨대 중세 말기가 되면 유령에 대한 심문의 형식으로 길게 기록된 문서들이 등장하는데, 이것은 '퇴마의식 경위서'라고 부르는 편이 더 적합할 것이다.

그리고 유령들을 묘사한 도상들에도 더 주의를 기울일 필요가 있다. 그러한 도상들 가운데 자전적인 의미를 지니고 있는 것은 하나도 없다. (자기 자신이 실제로 본 유령을 묘사한 채색삽화가나 화가는 중세에는 존재하지 않았던 것으로 보인다.) 도상들은 자기 나름의 방식으로 전해들은 환시이야기와 마찬가지의 기능을 수행하고 있다. 그러므로 어떤 도상이 특정한 유령이야기와 연관되어 자주 나타난다고 해도, 그것을 단순히 이야기의 삽화로만 봐서는 안 될 것이다.

현재에 대한 찬양

앞에서 말한 유형들은 서기 1천년 무렵에 숫자가 크게 늘어났을 뿐 아니라, 그 전에는 없었던 새로운 종류의 문헌들이기도 했다. 이 시기부터 12세기까지 그러한 문헌들을 기록했던 작가들은 대부분 그 이야기들만이 지닌 특징, 곧 신기함을 강조했다. 그것이 일종의 '상투적 표현(topos)'이었던 것은 분명하다. 훨씬 오래 전부터 기독교 작가들은 여러 종류의 '신기한' 현상들에 대해 놀라움을 나타내 왔다. 신기한 사건은 사회나 우주의 질서에 혼란이 생겼다는 것을 의미했는데, 심지어 종말이 임박했다는 징후로도 여겨졌다. 교황 그레고리우스 1세는 자신의 시대에 이미 죽은 자의 영혼과 관련된 신기한 일들이 늘어나고 있다는 사실을 알아차리고는, 그것들 안에서 종말의 증거를 찾으려 했다.[1] 그러한 시도는 11세기 이후에 더욱 늘어났다. 그것들은 전과 마찬가지로 작가와 그의 주변사람들을 둘러싸고 있던 종말에 대한 기대와 연관되어 있었다. 하지만 그것들은 당시 사람들이 즐겨 듣고 퍼뜨리고 유행했던 이야기들에 대한 완벽한 재현이자 예리한 관찰이기도 했다. 과거와는 달리 그런 이야기들을 기록해둘 가치가 있다고 여기게 된 것이다. 이처럼 수도사나 성직자들은 동시대의 것을 가치 있게 의식하기 시작하면서 비로소 (기독교 문화에서 그토록 중시했던) 전통의 무게와 오로지 종말만을 지향하는 역사해석 방법에서 벗어날 수 있었다.

서기 1천년으로 들어서는 시점에 [독일의 성직자이자 연대기 작가인] 티트마르 폰 메르제부르크는 자신이 전하는 유령이야기의 동시대성을 강조한다. (이 책에서 다룬 저술가들 가운데 유령에 얽힌 다수의 이야기를 전한 최초의 인물인) 그는 그것들이 "아주 최근, 곧 우리 시대에 일어난 사건"이라고 말한다.[2] 이러한 경향은 12세기에 가장 뚜렷해졌다. 여러 작가들이 유령의 출현을 신기한 사건으로 말하며, 그 숫자가 늘어났다는 사실을 강조했다. 그들이 그러한 현상을 망자 숭배의 발달과 연관지어 파악한 것은 지극히 당연한 일이다. 수도사 기베르 드 노장은 그런 '최신의 사례들'이 저승에서의 '영혼의 상태'를 보여주고 있다고 적었다.[3] 클뤼니의 수도원장 가경자 피에르는 사람들이 "오백 년 전이나 천 년 전"에 일어난 사건들에 대해서는 고대인들이 남긴 저작을 통해 잘 알고 있으면서도, "오늘날 일어나고 있는" 일들에 관해서는 전혀 무지할 뿐 아니라 그와 관련된 책도 없다는 사실에 분노를 터뜨린다. 그는 동시대의 '기적들', 특히 죽은 자가 전하는 새로운 사실들로 그런 부족한 부분을 채우려고 한다. 죽은 자는 참회를 촉구하거나 자신들을 위해 중재의 기도를 올려주기를 간청하기 위해 신의 허락을 받아서 산 자에게 모습을 드러내는 것이다.[4]

12세기 말 잉글랜드의 연대기작가인 윌리엄 뉴버그도 자신의 시대에 빈번하게 나타나던 경이로운 사건들을 주시하고 있었다. 그는 지식인의 한 사람으로서 자신이 사는 시대와 고대인이 살았던 시대를 비교해보고, 그런 현상들을 기록으로 남겨두는 일을 자신의 의무라고 생각했다. 그리고 그런 비교를 시도한 끝에 그는 이런 확신을 지니게 되었다. 유령의 숫자가 고대보다 늘어났다고 여겨지게 된 것은 유령의 배회 자체가 전에는 없던 새로운 현상이기 때문이지, 사람들이 유령에 관해 전보다 더 활발히 이야기하기 때문이 아니라는 것이다.

"망자의 시신이 정체 모를 정령에 의해 무덤에서 나와 산 자의 주위를 배회하고, 산 자를 공포에 떨게 하거나 해를 끼친 뒤에 저절로 열리는 무덤 안으로 돌아간다는 것은 그것을 입증하는 오늘날의 수많은 사례와 수많은 목격자의 증언이 존재하지 않는다면 도저히 믿기 어려운 일이다. 그런 일들이 옛날부터 발생해 온 것이라면, 기억해 둘 만한 일은 빠짐없이 글로 남겨 두려고 노력했던 고대인들의 문서들에서 그에 관한 흔적이 조금도 발견되지 않는 것은 매우 놀라운 일일 것이다. 고대인들은 아무리 사소한 일이라도 자초지종을 빠뜨리지 않고 글로 남겨두려고 애썼다. 마침 오늘날 일어나는 사건들이 이토록 사람들을 놀랍고 두렵게 하는데 내가 어떻게 그것들을 무심코 지나칠 수 있겠는가. 하지만 우리 시대에 발생하고 알려진 이런 종류의 사례들을 모두 글로 남기려 하면 너무 방대해 감당하기 어려운 일이 될 것이다."[5]

12세기의 지식인이 그 시대의 가치관에 근거해서 완전히 새로운 관심을 이토록 매력적으로 전하고 있는 증언은 찾아보기 어렵다. (이 기록을 남긴 사람은 재속 참사회원이지 수도사가 아니다. 수도사라면 분명히 전통에 더 민감했을 것이다.) 이런 작가들이 유령의 출현에 관한 이야기에 호기심을 갖지 않을 리 없다. 그들은 그런 이야기를 듣자마자 글로 남겼고, 최근에 사건이 일어난 날짜나 듣는 사람에게 친숙한 인물이나 장소의 이름도 기록했다. 마치 그렇게 해야 이야기의 진실성을 보장받고, 독자나 청중들에게 진실임을 인정받을 수 있다는 듯이 말이다.

수도원에서의 환시

11세기에서 12세기 사이에 유령이야기가 증가하는 데 큰 역할을 한 것은 수도원에서 기록된 문헌들이다. 설교와 성인전, 편지, 연대기, 그리고 무엇보다도 기적집이 이에 해당한다. 기적이야기는 피조물의 질서 안에 창조주의 의지에 따라 일어난 갖가지 종류의 변동에 관해 이야기하고 있는 것들이다. 질병의 치료와 죽은 자의 소생에 관한 이야기도 있고, 하늘에 생긴 징조에 관한 이야기도 있다. 성인과 악마, 죽은 자 등의 출현과 환시를 묘사한 이야기도 있다. 대부분 (성인과 수도사라는) 인물과 (성유물이라는) 대상, (수도원이라는) 장소가 저마다 신과의 관계에서 특별한 지위에 있다는 이유에서 기적을 일으킨 당사자와 증거, 무대가 된다.[6]

수도원에서 기록된 이러한 문헌들에서 죽은 자의 출현에 초점을 둔 이야기의 숫자가 점차 늘어나게 된 것은 무엇보다도 수도사들이 죽은 자의 추도에서 더욱더 핵심 역할을 맡게 되었다는 사실과 연관이 있었다. 죽은 자가 이 세상으로 돌아오는 것은 사실상 수도사들에게 '중재의 기도'를 부탁해 저승의 고통에서 벗어나고 싶기 때문이다. 그리고 이런 이야기들은 그 시대에 이루어진 수도원 개혁, 특히 클뤼니에서 이루어진 개혁과 깊게 연관되어 있었다.

유령이야기의 전통은 지리적으로도 분산되어 있고 내용도 다양하다. 따라서 우리는 관찰 대상을 독일과 이탈리아, 프랑스로 넓힐 필요가 있다. 조사 범위가 넓어 모두 다 망라할 수는 없겠지만, 그러한 전통의 중심지가 되었던 몇 개의 지역들을 특정해볼 수는 있다. 예컨대 유령이야기 전통의 온상이라 할 수 있는 클뤼니와 같은 장소에 각별히 주의를 기울이면서 다른 지역에 같은 종류의 이야기가 존재하지 않는 이유를 조사해보는 것이다.

단독으로 전해진 몇 개의 이야기를 살펴보면, 그런 이야기가 만들어진 장소나 기능이 다양하다는 사실이 드러난다. 예컨대 스위스의 독일어권에서는 매우 드문 사례인 여성 유령에 관한 이야기가 성인전 안에 수록되어 있다. 성 비보라다가 죽은 뒤 50년 정도 지난 976년 무렵에 장크트갈렌 수도원의 에케하르트가 쓴 『성녀 비보라다의 생애 _Vie de sainte Wiborade_』에 따르면, 죽은 하녀의 유령이 성녀에게 나타나 자신의 후임으로 미사 전에 성배를 씻는 역할을 맡은 여성을 더 엄하게 감시하라고 알려주었다. 성녀는 그 기회를 이용해 하녀에게 자신이 언제 죽는지 미리 알 수 없는지 물어보았다.[7]

이야기의 교훈이 사회의 더 넓은 범위까지 미치고 있는 것도 많다. 〔프랑스 중부〕 모자의 수도원장인 로베르가 클레르몽 성당을 세울 때 〔예수와 성모 마리아를 묘사한〕 성모자상(_majestas_)의 모습을 한 황금 성유물함을 만들면서 겪은 경이로운 꿈 이야기도 그 가운데 하나이다. 이 이야기는 946년 무렵에 보조사제 아르노가 기록했다.[8]

수도원장 로베르는 꿈에서 금세공사인 알롬 형제가 고가의 성모자상 제작을 거의 마친 공방의 모습을 보았다. 클레르몽의 주교 에티엔 2세가 로베르의 전임자이자 지금은 죽은 모자 수도원장 드뤼크베르에게 이끌려 공방 안으로 들어왔다. 드뤼크베르는 이 이야기에서 '수호자(_patronus_)'라고 불리고 있는데, 그것은 그가 '좋은' 유령이고 성인에 가까운 존재임을 뜻한다. 그는 성모자상의 '참신함(_novitas_)'에 감탄하면서 그것을 어디에 놓을 생각인지 주교에게 물었다. 사실 드뤼크베르는 구세대의 인간이어서 황금으로 만든 이와 같은 입체적인 상은 본 적이 없었다. 그것은 확실히 이교의 우상에 가까웠다. 따라서 얼핏 보면 죽은 자의 소박한 질문처럼 보이지만, 이 질문은 주교에게 새로운 숭배의 형태와 새로운 신앙의 대상에 관해 설명하면서 정당화할 기회를 준다. 이렇게 해서 죽은 수도원장의 영혼은 신앙의 혁신을 뒷받침할 '권위(auctoritas)'로서의 구실을 한다. 그것은 그가 저세상의 존재이자 성인에 필적하는 지난 세대의 사람으로서 지니고 있는 권위이다. 여기에서 유령은 정당화의 기능을 맡고 있다.

이번에는 에스파냐의 사례를 하나 살펴보자. 11세기의 삼사분기에 (갈리시아 지방에서) 편찬된 『이리아 연대기』는 어떤 '위대한 기적'에 관해 말한다. 그 이야기에서는 (반란을 일으킨 신하에게 독살된) 국왕 산초의 영혼이 혼자가 된 왕비 고도에게 출현한다.[9] 이 문헌은 원래 주교좌성당에서 기록된 것으로 수도원에서 비롯된 것은 아니다. 하지만 국왕의 기부를 받은 산에스테반데리바스데실 수도원과도 관련이 있다. 이야기의 주인공들은 국왕과 왕비로서가 아니라 남편(vir)과 아내(uxor sua)로서 죽음을 초월해 다시 만난다. 고도는 과부라는 지위에 걸맞게 남편의 사후 운명을 생각해 애통해 하면서 40일 동안 단식을 하고 자선을 행했다. 고도는 남편의 구원을 위해 가난한 주교에게 모피를 주었는데, 남편은 두 번째로 나타냈을 때 그것을 몸에 걸치고 있었다. 기부자의 고귀한 신분을 나타내는 유일한 증거인 이 모피는 산에스테반데리바스데실 수도원에 성유물처럼 안치되었다.

이 이야기들은 모두 단독으로 전해지고 있고, 다른 수도원에서 발견되는 것처럼 연속된 시리즈의 일부를 이루고 있지 않다.

놀랍게도 유령이야기가 전혀 전해지지 않고 있는 지역들도 있는데, 이에 관해서도 설명이 필요하다. 기독교 세계에서 가장 유력한 두 개의 수도원이 성 베네딕투스의 유체를 가지고 있다고 주장했다. 하나는 〔프랑스 중부에 있는〕 플뢰리쉬르루아르 수도원이고, 다른 하나는 〔이탈리아에 있는〕 몬테카시노 수도원이다. (플뢰리쉬르루아르 수도원에서는 9세기 말부터 12세기 초까지 아드레발드·애무앵·앙드레·라울 토르테르·위그 드 생마리라는 5명의 수도사들이 『기적들에 관한 책』이라는 소중한 책을 끊이지 않고 썼다. 몬테카시노 수도원에서는 11세기 후반부터 12세기 전반까지 레오·귀도·피에트로 디아코노라는 3명의 수도사들이 연대기를 이어서 썼다.) 플뢰르쉬르루아르 수도원의 기적이야기들 가운데에서 유일하게 초자연적인 존재로 등장하는 것은 성 베네딕투스의 유령이다. 속인은 물론이거니와 수도사와 수도원장에게도 죽은 뒤에 산 수도사들한테 출현할 특권은 인정되지 않았다.[10] 몬테카시노 수도원의 연대기에서도 유령의 상황은 그다지 좋지 않다. (베네딕투스가 '많은 수도사의 유령'에 둘러싸여 모습을 나타내는 경우도 있었지만) 그곳에서도 죽은 뒤 이 세상에 나타날 특권은 성 베네딕투스에게만 독점되어 있었다.[11]

이처럼 성 베네딕투스와 같은 위대한 성인을 수도원 전체에서 숭배하고 있던 플뢰리쉬르루아르나 몬테카시노와 같은 곳에서는 더 평범한 죽은 자의 환시나 유령이야기에 흥미를 갖는 일이 수도사들에게 허용되지 않았던 것으로 보인다. 하지만 반대로 위대한 후원자나 창립자인 성인이 우선되지 않고 유독 죽은 수도사들의 공동체 전체가 수도원적인 의식인 메모리아의 대상이 된 경우, 그렇지 않으면 교회개혁의 필요에 따라 저승에서 온 사자인 유령에게 명확한 이데올로기적 기능이 맡겨진 경우에는 유령이야기가 숫자를 늘리면서 훨씬 더 효과적으로 편찬될 수 있었다.

로마-클뤼니 동맹

〔이탈리아의 베네딕트회 수도사이자 신학자〕피에르 다미아니(1007~1072)가 쓴 소논문과 편지는 같은 시대에 이탈리아에서 보고된 유령에 관한 다른 이야기를 전하고 있다. 이 문헌들로 자기 생각을 밝히고 있을 때에는 그는 이미 폰테 아벨라나에서 금욕적인 생활을 하고 있던 은둔수도사가 아니었다. 1057년 이후 〔이탈리아 중부〕 오스티아의 주교이자 추기경으로 교회개혁에 앞장섰던 그는 클뤼니 수도원의 숭배자이자 열렬한

지지자가 되어 있었다.[12] 로마 교회가 바라는 보편적 개혁을 이루기 위해 애쓰던 피에르 다미아니는 교황·황제·주교·수도원장에서 한낱 수도사에 이르기까지 다양한 종류의 사람들에게 편지를 보내 심판하거나 비난을 퍼부어대거나 조언을 했다. 그럴 때마다 그는 자신의 주장을 뒷받침하는 구체적 사례를 들어야만 진정성을 보증받을 수 있다는 듯이 다양한 이야기들을 언급했다. 특히 죽음을 앞두고 참회를 해야 할 필요성에 관해 말한 '수도사 B에게 보낸 편지'[13]와 몬테카시노의 수도원장 데시데리우스에게 보낸, 죽은 자를 위한 중재에 관해 논한 2편의 소논문[14]에는 유령이야기가 등장한다.

우리의 관심사와 직접 관련된 것은 모두 8편인데, 그 내용은 교훈적인 기적이야기뿐 아니라, 사후에 일어날 심판을 예고하는 온갖 종류의 환시, 지옥으로 떨어진 영혼의 환시, (성모 숭배를 보급하는 데 기여했던 그답게) 성모 마리아의 출현, 악마의 출현에 이르기까지 무척 다양하다. 피에르 다미아니는 언제나 이 이야기들이 시간과 공간 모든 측면에서 친숙한 일임을 강조한다. 그것들은 모두 동시대(*nostris temporibus*)에 일어난 사건들이고, 대부분 이탈리아(*nostris regionibus*)에서 벌어진 일들이기 때문이다. 무엇보다 그것들은 믿을 수 있는 목격자들에게 자신이 직접 들은 이야기였다. 그는 목격자의 신분과 이름을 은둔수도사 아무개, (그의 제자이자 벗인 수도사 지오반니처럼) 수도사 아무개, (산타루피나의 주교 움베르토에게 들은 이야기를 다시 피에르 다미아니에게 전한 쿠마의 주교 리날도처럼) 동료 주교 아무개라는 식으로 밝힌다. 그리고 1063년에 프랑스를 방문했을 때 그는 마침내 그가 칭송해왔던 클뤼니의 수도원장 위그에게 여러 편의 이야기를 들을 기회를 얻을 수 있었다.[15]

유령이야기이거나 그와 유사한 이야기인 이 8편의 글에서 우리는 3개의 교훈을 끌어낼 수 있다. 우선, 그 이야기들은 죽은 자에게 도움을 줄 수 있는 미사와 기도, 자선이라고 하는 3가지 종류의 중재가 지니는

가치를 체계적으로 예증하고 있다.[16]

우선 미사에 관해 살펴보자. 광부의 아내는 남편이 갱도가 무너져 탄광에 갇히자 남편이 죽었다고 생각해 그의 영혼을 구원하려고 매일 미사를 올렸다. 그로부터 1년 뒤에 남편이 생존했다는 사실이 확인되었다. 아내가 폭풍우 때문에 성체성사를 하지 못한 하루만 빼고 매일 한 마리 작은 새가 바위틈으로 광부에게 먹을 것을 가져다주었기 때문이다. 이 이야기는 매우 유명해져서 기베르 드 노장과 가경자 피에르, 야코포 다 바라체의 글에서도 소개되었다.

다음으로 기도의 효과에 관해 살펴보자. 어떤 과부가 매일 기부를 하는 대가로 남편의 영혼이 구원받을 수 있게 기도를 해달라고 사제에게 부탁했다. 하지만 사악한 사제는 약속한 기도를 게을리 했다. 어느날 미망인은 하녀를 시켜서 사제에게 닭고기와 빵, 포도주를 보냈다. 그런데 불성실한 하녀는 도중에 음식을 모두 먹어치우고는 "신이시여. 천국에 있는 망자에게 양식을 주소서"라고 기도했다. 다음날, 과부의 꿈에 남편 유령이 나타나서는 어제 처음으로 '양식'을 풍족히 받았다며 고마워했다. 이 이야기의 교훈은 피에르 다미아니가 내세웠던 개혁의 요구와도 합치된다. 죽은 자를 위해 기도를 올리는 것이 성직매매의 죄를 저지른 사제에게 재물을 바치는 것보다 낫다는 것이다.

마지막으로 자선의 효과에 관해 살펴보자. 앞에서 살펴본 과부의 이야기는 받을 자격이 없는 사제에게 재물을 바치는 것보다 가난한 자에게 자선을 베푸는 것이 낫다는 사실도 증명한다. 여기서 이 지역 수도원들의 새로운 관습, 곧 가난한 자에 대한 일상적인 자선과 더불어 수도원장이 3인의 가난한 자를 식사에 초대하는 관습이 생겨났다. 한편, '사랑하는 망자'를 위한 추도의식은 기일만이 아니라 8일 동안 행해졌다. 죽은 자에 대한 메모리아의 강화는 가난한 자에 대한 적극적인 자선과 함께 이루어졌다. 수도사는 가난한 자를 위한 물질적인 '양식'과 죽은 자를 위한 정신적인 '양식'을 모두 주는 중요한 부양자였다. 그리고 이것이야말로 사회에서 수도사가 맡았던 역할이자, 그들의 경제기반이었다.

유령이야기가 독자들에게 전하는 두 번째 교훈은 저 세상의 죽은 자들의 영혼에게는 성모가 가장 중요한 원조자라는 사실이다. 몇몇 유령은 그 증거를 이 세상에 가지고 오는데, 마로지아라는 이름의 로마 여성도 그 가운데 하나였다. 그녀는 죽은 지 1년 정도 지나서 자기 자식의 대모한테 나타나 성모승천제가 행해지는 바로 그날 성모가 그녀를 고통에서 벗어날 수 있게 해주었다고 알려주었다. 쿠마의 주교 리날도가 피에르 다미아니에게 해준 이야기에서는 리날도의 대부의 꿈에 어떤 죽은 남자의 영혼이 나타나 여러 성인들이 모여 있는 장소로 그를 데려간다. 대부는 그곳에서 성모가 요한이라는 귀족을 심판하면서 그의 죄를 용서해주고 있는 광경을 목격했다. 그 주교가 피에르 다미아니에게 해준 또 다른 이야기에서는 어떤 사제에게 개인적인 심판이 내려지는 순간에 성모가 악마의 독이빨로부터 그를 구해준다. 그 사제는 생전에 성무일과나 성인들을 위한 성무는 게을리 했지만, 죽은 자를 위한 성무만큼은 빼먹지 않고 행했다. 이는 죽은 자를 위한 성무가 사제가 행하는 전례들에서 가장 중요한 것이 되었음을 알려준다. 이 성무를 완수하면 모든 희망이 사라져버린 듯한 최후의 순간에도 구원의 손길이 미치게 되는 것이다. 하지만 이 이야기를 알려준 주교도 죽은 사제가 자신에게 일어난 사건을 말하기 위해 스스로 유령이 되어 이 세상으로 돌아온 것인지는 미처 알지 못했다.[17]

세 번째 교훈은 산 자와 죽은 자의 연대에 관한 것이다. 사람들이 생전에 맺은 계약관계들은 죽은 뒤에도 효력이 지속되고, 유령의 출현을 불러오는 근거가 된다. 나아가 수도사가 죽은 자를 위해 올리는 기도는 다른 모든 관계들을 포함할 뿐 아니라 그것들을 뛰어넘는 효력을 지니는 더 높은 차원의 연대이다. 피에르 다미아니가 세속사회의 계약 관계에 관해 언급하고 있는 내용도 눈여겨봐야 한다. 그의 이야기들에 서는 혈연관계에 기초해서 아버지의 영이 자식에게, 형의 영이 동생에게 나타나지 않는다. 그 대신 남편의 영이 아내에게, 대모나 대부의 영이 대자녀에게 출현한다. 여기에는 피에르 다미아니가 누구보다 헌신적으로 기여했던 그레고리우스 개혁의 중요한 주제가 암시되어 있다. 자식의 세례와 그것에 입회한 대부모의 역할에 관한 것이든, 아니면 족외혼으로 한정되고 배타적이고 항구적인 남녀의 결합으로 규정된 엄격한 기독교적 결혼에 관한 것이든, 세속사회를 교회가 관리하는 어떤 상징적 그물망으로 묶어두려는 것이야말로 그레고리우스 개혁의 중요한 주제 가운데 하나였기 때문이다. 그런 식으로 (영적 친족제로 묶인) 기독교 가족은 기도의 기본 단위가 되었고, 죽은 뒤에 기도의 혜택을 받는 것도 그 구성원들과 연관된 일로 여겨졌다. 그 뒤로는 기록되어 전해지는 대부분의 이야기들에서도 그런 가족이 유령이야기의 기초적인 구조가 되었다.

그런데 수도사가 죽은 자를 위해 올리는 기도로 형성되는 보편적인 연대는 개인들의 다양한 계약관계 위에 세워진 것이었다. '수도사 B에게 보낸 편지'에 등장하는, 카말돌리의 은둔수도사 마르티노가 피에르 다미아니에게 들려준 다음 이야기에는 이런 사실이 잘 드러나 있다.

온갖 죄를 저지른 어떤 수도사가 '친한 벗'인 다른 수도사에게 속죄를 위해 스스로에게 부과한 매우 엄격한 고행을 함께 나누어 행해달라고 부탁했다. 두 사람의 '우정(amicitia)'은 기꺼이 친구를 도운 덕망 많은 수도사가 죽은 뒤에도 이어졌다. 이 수도사는 죽은 며칠 뒤에 친구의 꿈에 나타나 "자네 때문에 참담하게 되었네"라고 말했다. 친구와 계약을 맺는 바람에 그에게도 자신이 죄를 저지른 것처럼 속죄의 고행이 부과되었는데, 그것을 완수하기 전에 이 세상을 떠났기 때문이다.

오늘날 우리의 기준으로는 이 이야기에서 묘사하고 있는 상황을 개인의 자기 책임이라고 보기는 어렵다. 하지만 그들의 사회에서는 '죄를 지었다는 것'이 주관적이라기보다는 오히려 객관적인 개념이었고, 그 무거운 짐을 '친구들'과 나누거나 양도할 수도 있었다. 그것은 죽은 자를 위한 중재가 등가성等價性·보상·산 자와의 교환이라는 체계에 기초해 유효하게 작동하기 위한 조건이기도 했다. 요컨대 산 자가 기도를 올리는 만큼 그 은혜를 받은 자가 저승에서 겪는 고통이 줄어든다고 여겨졌던 것이다.

피에르 다미아니의 생각 밑바탕에 깔려 있는 이러한 죽은 자를 위한 중재의 모델은 클뤼니 수도원에서 생겨난 것이다. 피에르 다미아니는 1063년의 샬롱 공의회에서 클뤼니파의 입장을 훌륭히 옹호했으며, 수도원장 위그(1049~1109)와의 우의도 돈독했다. 그리고 클뤼니에서 창시된 죽은 자를 위한 전례나 〔이 세상을 떠난 모든 신도들을 기리는 날로〕 만성절 다음날인 11월 2일로 정해진 만령절의 효과를 유독 강하게 믿었다. 1030년 무렵에 클뤼니에서 시작된 이 새로운 관습은 얼마 되지 않아 기독교 세계 전체로 퍼졌다.[18]

클뤼니에 대한 피에르 다미아니의 두터운 신뢰는 『성 오딜롱 전기』를 집필하는 데까지 이르렀는데, 그는 거기에서 수도원장 오딜롱의 최초의 성인전 작가인 조쉬알드가 '만령절'의 기원에 관해 말한 유명한 일화를 거의 그대로 충실히 재현했다.

시칠리아의 어떤 은둔수도사가 에트나 화산의 불길 안에서 악령들이 분주히 돌아다니면서 내뱉는 탄식소리를 들었다. 악령들은 클뤼니의 수도사들이 하는 기도와 자선, 미사 때문에 지옥으로 떨어진 영혼들이 자신들이 가하는 고통에서 너무 일찍 벗어난다고 탄식했다. 수도원장 오딜롱은 이 환시에 관한 이야기를 듣고는 죽은 자를 위한 기념일을 만들었다. 그 뒤 얼마 지나지 않아 클뤼니 수도사들이 행한 중재

덕분에 저승의 고통에서 구원을 받은 교황 베네딕투스의 영이 이 세상에 나타나서 죽은 자를 위한 기념일을 정한 일이 올바른 것이었음을 증명했다.[19]

피에르 다미아니는 수도원장 위그에게 보낸 편지에서 자신도 죽은 뒤에 클뤼니 수도사들의 중재에 의지하고 싶다고 밝혔다. 그는 클뤼니 수도사들이 올리는 기도 공동체에 편입되기를 바랐을 뿐 아니라, 대수도원 산하의 여러 작은 수도원들에게서도 기도를 받기를 원했다.[20]

마르무티에, 수도사들의 공동체

1137년부터 12세기 말 사이에 (프랑스 서부) 투르 인근의 마르무티에에 있는 베네딕트회 수도원에서 기록된 작자 미상의 기적집은 다른 유형의 이야기들과 비교를 하는 데 큰 도움이 된다.[21] 이 기적집은 틀림없이 수도원 안에서 사용할 목적으로 기록되었을 것이다. 거기에서 언급되고 있는 것은 3인의 역대 수도원장을 비롯해 모두 수도사이거나 수도원과 밀접한 관계를 지닌 사람들뿐이다. 그것도 기적집이 편찬될 때 아직 살아 있었거나 죽은 지 얼마 되지 않은 사람들뿐이다. 이야기의 기록자는 두 차례에 걸쳐 그러한 동시대성을 강조한다.[22] 수도원 담장 안에서는 이 이야기들이 모든 사람들에게 알려졌고, 진실로 받아들여지고 있었음이 분명하다. 그래서 '신뢰할 만한' 정보제공자를 굳이 따로 언급할 필요가 없었을 것이다. 하지만 글쓴이는 후세의 사람들을 위해 자신의 의도를 분명히 밝힌다.[23] 그의 목적은 수도사들이 죽은 형제와 자매를 위해 완수해야 할 영적인 의무를 게을리 하지 않도록 경계하는 데 있었다.[24] 그렇게 하지 않는 자는 죽은 동료의 복수에 내맡겨질 것이기 때문이다.[25]

기적집에는 모두 16편의 이야기가 실려 있는데,[26] 그 가운데 6편 정도가 유령이야기이다. 나머지 이야기는 서로 다른 2개의 그룹으로 묶이는데, 우리가 살펴볼 이야기가 실려 있는 문헌의 전체 모습을 이해하려면 먼저 각 그룹의 성격을 확인해 둘 필요가 있다. 7편의 이야기는 죽은 자의 귀환이 아니라, 수도사의 임종과 죽음의 순간을 묘사하고 있다. 죽기 직전(in extremis)에 했던 고해 덕분에 지옥으로 떨어지는 것을 아슬아슬하게 모면한 수도사, 수도원의 수호성인인 성 마르티누스에게 죽을 날이 가까이 다가왔음을 예고받거나 악마의 손에 영혼이 넘어가는 것을 구원받은 수도사 등이 등장한다. 한 수도사가 죽음을 맞이한 순간에 그의 영혼이 작은 아이나 비둘기의 모습으로 변해 육체를 벗어나는 것을 다른 수도사들이 목격했다는 이야기도 있다.[27] 다른 그룹에 속한 나머지 3편은 수도원 전체에 은총을 안겨준 기적적인 사건들에 관한 이야기들이다.[28]

이러한 환시와 기적에 관한 이야기들을 통해서 수도원은 (죽음 전후에 스스로 자신들의 운명에 책임을 져야 하는) 개인들의 집합체, 그리고 산 자와 죽은 자로 이루어진 공동체로 스스로를 표상한다. 수도원은 영적인 '가족'이다. 구성원들은 (토지의 획득이나 부의 축적, 수확, 음식물의 공급 등과 같은) 일상의 관심사를 통해 결속을 강화하고, 성 마르티누스·성 베네딕투스·성 풀젠시우스·성 코렌티누스 등의 수호성인들을 중심으로 다시 결집해 한마음으로 죽은 자에 대한 배려를 수행한다.

6편의 유령이야기들은 개인과 수도원 공동체, 물질적인 부와 영적인 은혜라는 2개의 상보적인 관계를 연결시키는 역할을 맡고 있다. 그 유령이야기들이 모두 똑같은 구조와 기능을 가지고 있지는 않다. 꿈에 관한 이야기도 있지만 대부분은 깨어있을 때의 환시에 관한 것이다. 그리고 실상 그것들은 모두 전해들은 이야기이다. 그 가운데 3편은 내용이 몹시 단순하다. 죽은 자가 산 자에게 나타나 중재의 기도를 요청하거나, 모든 수도사들에게 중재를 받을 수 있도록 자신을 대신해 요청해 달라고 부탁한다. 유령이 출현하는 목적도 언제나 같다. 그들은 살아 있는 자들의 미사나 기도로 영적인 중재의 혜택을 입는 것이 죽은 자의 당연한 권리(jus)임을 상기시키려고 나타난다.[29]

하나의 사례로 속세에서 파란만장한 삶을 살다가 부를 쌓은 뒤에 영혼을 구원하기 위해 마르무티에의 수도원으로 찾아온 에르베라는 사제에 관한 이야기를 살펴보자.[30] 그는 돌려받지 못한 채권증서를 비롯한 모든 재산을 마르무티에의 수도사들에게 유산으로 기부했다. 죽기 전에 그는 채권증서의 명의를 수도사들 앞으로 돌려놓고, 빚을 갚아야 할 기한을 정했다. 그가 60리브르를 빌려준 '친구이자 그의 대자녀의 친부'와도 채무의 변제에 관해 약속을 받았다. 이 채무관계에 대해서는 아무도 알고 있는 사람이 없었으나, 죽음을 앞둔 사제는 그의 친구에게 빚을 갚겠다고 맹세하도록 요청하지는 않았다. 단지 1년 뒤에 빌려간 돈을 수도사들에게 갚겠다는 약속과 함께 '신뢰와 평화의 거룩한 입맞춤'을 나누었을 뿐이다. 그 뒤 사제는 죽었고, 수도사들은 꿔준 돈을 돌려받을 것을 기대하고 기도를 올려 죽은 사제에 대한 '형제로서의 의무(debitum fraternitatis)'를 수행했다. 그런데 1년이 지나도 채무자가 빌려간 돈을 갚지 않자 수도사들은 죽은 자를 위한 기도를 중단했다. 불안해진 죽은 자는 수도사 복장을 하고 투르의 도로에서 교회의 전속사제에게 나타나서는 채무자에게 빌려간 돈을 빨리 갚으라는 말을 전해달라고 부탁했다. 채무자는 이 요구를 거부했으나 그 날이 가기도 전에 심한 고통에 시달렸다. 벌을 받고 있다고 생각한 채무자는 전속사제를 불러서 빚을 갚을 뿐 아니라 자신의 재산은 물론 자기 자신까지 모두 수도원에 바치겠다는 뜻을 밝혔다. 그리고 전속사제에게 이 사실을 수도사들에게 전해달라고 했다.

이 이야기에서 전속사제는 이중으로 중개자(internuntius)의 역할을 맡고 있다. 처음에는 채무자에게 죽은 자를 대신하고, 나중에는 수도사들에게 채무자를 대신해 말을 전달한다. 이것은 이 이야기에 등장하는 3가지 유형의 등장인물들 사이에 얽혀 있는 관계의 중요성을 부각시킨다. 이런 관계에 기초해 두 친구는 잇따라 '개심(conversion)'하며, 빚의 변제와 모든 재산의 기부라는 부의 '변환(conversion)'도 촉구된다. 그리고 그것이 완료되는 것으로 영혼의 구원과 수도원 재정에 모두 이로운 결과가 생긴다.

다른 2편의 이야기는 산 자와 죽은 자의 연대가 작동하기 위한 조건을 보여준다. 처음 이야기는 신앙의 형제가 되기 전에 이미 피를 나눈 형제(germani)였던 두 수도사에 관한 것이다.[31] 핏줄이라는 관계에 영적인 관계가 더해지면서 두 사람의 결속은 더욱 공고해졌다. 두 사람 가운데 한 명이 수도원장의 명령으로 잉글랜드의 수도원으로 떠나야 했던 운명의 굴곡 속에서도, 잉글랜드로 건너간 수도사가 마르무티에에 남아 있던 형제와 멀리 떨어진 장소에서 죽음을 맞이해 죽음이 두 사람을 갈라놓았을 때에도, 그들의 유대는 더욱 깊어질 뿐이었다. 죽은 자는 이 세상을 떠난 그 날이 가기도 전에 살아남은 형제의 꿈에 세 번이나 나타나 자신을 위해 기도를 올려달라고 수도원장에게 부탁할 것을 호소했다. 죽은 수도사의 형제는 그 문제를 놓고 수도원의 '관리자(custos)'와 상의했다. 하지만 죽은 자를 추모하는 전례는 고인의 기일에 행해져야 하는데, 죽은 '날짜(kalenda)'가 확실치 않은 상황에서 죽은 수도사를 위해 기도를 올리는 것은 수도원 관습에 어긋나는 일이라는 답변밖에 듣지 못했다. 그런데 그 날 수도원에는 수도사 차림을 한 교황의 전령(nuntius)이 죽은 수도사가 바로 그 날짜에 죽었음을 알리는 문서를 가지고 도착했다는 소문이 퍼졌다. 수도사들은 전령이 먼 거리를 여행해서 왔으므로 수도사가 죽은 날이 그 날이 아니라 1년 전의 그 날짜일 것이라고 생각했다. 그들은 더 자세한 이야기를 들으려고 전령을 찾았으나 그의 모습은 어디에서도 보이지 않았다. 실제로는 죽은 자 자신이 이 세상으로 돌아와 그의 형제가 본 세 번의 꿈이 진실임을 증명하고, 자신이 죽은 날도 1년 전이 아니라 바로 그 날임을 알려주었던 것이다.

이 이야기의 교훈은 명확하다. (두 수도사는 혈연관계 때문에 더 굳건했겠지만) 수도사끼리의 강한 영적인 연대는 모든 공간적·시간적 간격도 극복한다. 수도사들의 순환적인 시간, 곧 죽은 수도사들의 '기일'을 기리기 위해 정해진 '전례력'의 모든 시간이 끊임없이 원래의 시점으로 되돌아가는 것과 마찬가지로, 수도원의 영적인 가족은 지리적인 제약마저 뛰어넘어 결속을 유지한다.

마지막 이야기는 수도원 '가족'의 사회적 경계를 보여준다.[32] 클레르몽의 부주교이자 감독관은 해마다 관례처럼 마르무티에를 방문해 수도사들에게 '재물과 비단옷, 물품들'을 제공해왔다. 그는 이번에는 마르무티에 수도원에 아예 머무르고 싶다는 뜻을 수도원장인 기욤에게 밝혔다. 그는 얼마 뒤에 수도원의 성구 관리자가 되었다. 하지만 원래 재속성직자였던 그 남자는 수도사들의 집단 기억을 아직 완전히 몸에 익히지는 못했다. 만성절에 그는 교회에서 세 명의 '인물들(personae)'의 환시를 보았다. 가운데에 있는 1명은 다른 2명보다 키가 컸다. 그들의 뒤에는 예전 수도원장들과 수도사들이 셀 수 없을 만큼 길게 늘어서 있었는데, 그가 아는 자는 한 명도 없었다. 그가 망자의 무리에 맨앞의 3명이 누구인지 알려 달라고 요청하자, 그들은 가운데가 성 마르티누스이고 양쪽이 성 풀젠시우스와 성 코렌티누스라고 알려주었다. 그리고 수도원장 오동이 그 해가 가기 전에, 곧 1137년 안에 죽은 수도원장들의 무리에 합류하게 될 것이라는 사실도 알려주었다.

이 이야기는 죽은 수도사들의 일을 기억으로 남기려면 오랜 견습기간이 필요하다는 사실을 알려준다. 사망자 명부에 기재되어 있는 이름을 단체로 읊는 것과 마찬가지로 유령이야기도 (제한적이기는 하나) 그러한 기억을 익히는 데 도움이 된다.

그러나 유령이야기들은 분명히 수도원이 가지고 있는 기억의 아주 일부만을 표현하고 있을 뿐이다.[33] 다른 곳과 마찬가지로 마르무티에에서도 죽은 뒤에 기도와 미사를 보장받으려고 재산을 기증해 수도원의 사망자 명부에 이름을 올리는 귀족이 있었지만, 마르무티에의 유령이야기에는 그러한 귀족 가문의 계보가 등장하지 않기 때문이다.[34]

그렇지만 클뤼니의 수도원장이었던 가경자 피에르가 전한 이야기들은 세속 귀족의 유령이 출현한 일에도 관심을 많이 보이고 있다.

클뤼니, 수도사와 귀족

(1122년부터 1156년에 죽을 때까지) 클뤼니의 제8대 수도원장을 지냈던 가경자 피에르는 『기적De miraculis』이라는 제목의 기적집을 남겼다. 이 기적집은 유령에 관해 매우 귀중한 정보를 제공한다.[35]

1092년에서 1094년 사이에 (프랑스 중남부) 오베르뉴의 귀족 집안에서 태어난 피에르는 어린 나이에 일찍 수도원 생활을 하겠다고 서약했다. 속실랑주에서 보조수사로 수도원 생활을 시작한 그는 1109년에 클뤼니 수도원장이던 위그에게 최종서원을 해서 수도사가 되었고, 클뤼니에 소속된 베즐레와 도멘의 작은 수도원에서 원장을 지냈다. 그 뒤 그는 클뤼니 수도원의 원장이 되어 전임 원장 퐁 드 멜괴유가 수도회에 가져온 심각한 위기를 해결할 계기를 마련했다. 퐁은 1122년에 수도원장 직위에서 해임되었으나, 1126년 죽을 때까지 여러 해에 걸쳐 수도원의 감독권을 억지로 되찾으려고 시도했다. 가경자 피에르는 수도원의 법규를 철저히 지키도록 감독하고, 클뤼니의 물질적 안정을 회복시키려고 노력했다. 1132년에 열린 수도회 총회와 1146년부터 1147년에 걸쳐 편찬된 『법규Statuta』는 이러한 개혁운동의 중요한 단계를 보여준다. 그가 쓴 문헌들도 이러한 개혁의지를 입증하고 있는데, 거기에는 그가 쓴 수많은 편지들과 함께 이단·유대교도·이슬람교도와 논쟁을 벌이면서 기독교 교리를 밝힌 3편의 반박서인『피에르 드 브뤼스 일파에 반대하여Contra Petrobrusianos』,*『유대인에 반대하여Aversus Judaeos』,『사라센인에 반대하여Contra Sarracenos』도 포함된다.

총 60편의 기적이야기가 수록된『기적』은 2권으로 나누어져 있는데, 제1권은 28개의 장, 제2권은 32개의 장으로 구성되어 있다. 피에르가 이런 기획을 한 것은 1127년, 곧 퐁이 수도원장으로 있었을 때의 후유증에서 어느 정도 벗어난 뒤의 일로 추정된다. 그러나 위기의 여파로 수도원의 권위만이 아니라 수도회 전체의 위세와 권위도 크게 흔들린 상태였다. 이런 상황에서 수도사와 일반인을 대상으로 신의 기적이 일어난 중심적인 장소로서 클뤼니의 우월함을 설득하고, 교리를 해설해 수도사와 평신도들에게 신앙의 내용을 분명히 알려주는 것이 가경자 피에르에게 주어진 과제였다.

이런 교리적 관점으로 볼 때, 제목으로 표현된 '미라쿨라(miracula)'를 '기이(merveilles)'로 해석해야 한다고 주장한 드니즈 부티예나 장피에르 토렐의 견해와는 달리 '기적(miracles)'으로 해석하는 것이 더 타당할 것이다.[36] 물론 12세기에는 '미라쿨라'라는 단어가 오늘날 우리가 흔히 생각하는 것보다 훨씬 폭넓은 의미로 사용되고 있었다는 점은 강조해 둘 필요가 있을 것이다. '기적'이 '기이'와 마찬가지로 진기한 사건을 의미하고 있었던 것은 분명하다. 하지만 당시의 수도사나 성직자들은 신의 뜻에 비추어 그러한 사건의 의의를 파악할 수 있다고 생각했다.

---

* 피에르 드 브뤼스(Pierre de Bruys) : 12세기에 활동한 프랑스 종교지도자. 유아세례, 망자를 위한 기도의 유용성, 십자가 숭배, 성변화 등과 같은 가톨릭의 핵심 교리들을 반대했기 때문에 '이단들의 우두머리'라고 불렸다. 피에르 드 브뤼스의 사상은 동시대 인물인 가경자 피에르와 피에르 아벨라르의 반박글을 통해 대강의 내용이 전해진다.

그들은 기적이 본질적으로 하나의 분명한 근원에서 비롯된다는 점을 추호도 의심하지 않았다. 그러나 기이한 현상에 관해서는 어떤 식으로든 그것을 기적처럼 하나의 근원과 원인으로 환원해서 보지는 않았다.

가경자 피에르가 전하고 있는 기적이야기는 대부분 환시이다. 작품의 첫머리에는 그리스도의 위엄에 경의를 나타내기 위한 성체의 기적에 관한 이야기들이 실려 있고, 그 뒤로 그리스도·성모·천사가 등장하는 천국의 환시가 여러 개 이어진다. 하지만 그것들보다 더 많이 이야기되고 있는 것은 악마에 관한 환시이다. 클뤼니에 대한 악마의 공격은 수도원의 거룩함을 나타내주는 확실한 증거였기 때문이다. 가경자 피에르는 천상의 환시에서 악마의 환시로 옮겨가는 도중에 유령에 관한 이야기도 10편 소개하고 있다. 그는 이렇게 해서 오딜롱이 창시하고, 성 위그가 계승한 '망자 기억'이라는 클뤼니의 전통 안에 자신의 자리를 만든다.[37]

피에르는 언제나 최근에 일어난 기적에 관해 이야기한다. 게다가 그 이야기들의 90%는 그가 클뤼니나 자신이 방문했던 곳들에서 믿을 만한 목격자들한테 직접 들은 것이다. 이 이야기들은 의도적으로 연대순으로 배치되어 있는데, 피에르 자신이 밝히고 있듯이 사건이 일어난 순서가 아니라 그가 증언을 수집한 순서에 기초해 있다. 첫 번째 원고는 1135년에 이미 완성되었고, 그것이 그대로 제1권의 일부를 구성했다. 1142년 에스파냐 방문을 마치고 돌아온 뒤에는 이미 썼던 것들을 수정하고 새로운 이야기를 덧붙였다. 제2권의 주요 부분은 1145년에서 1156년 사이에 기록된 것이다. 20년 이상 걸린 이 기간 동안 유령 이야기는 3개의 그룹으로 나뉘었고, 동시대성은 더욱 강조되어갔다.

(제1권의 10장, 11장, 23장, 24장, 26장인) 처음 5편의 이야기는 1135년 무렵에 쓴 것이다. 이것들은 상대적으로 과거에 일어난 유령 사건들을 이야기하고 있는데, 집필했을 때보다 12년 전에서 55년 전 사이에 일

어난 일들로 보인다.[38] 피에르는 정보를 제공한 수도사나 사제가 성실한 사람임을 보증하면서 그들의 말을 인용하고 있는데, 목격자의 이름을 밝히고 있는 경우는 겨우 (23장과 26장) 두 번뿐이다.

이어진 (제1권의 27장과 28장) 2편은 피에르가 1141년에서 1142년까지 에스파냐를 방문했을 때, 여행 도중이나 여행을 마치고 돌아온 직후에 기록한 이야기들이다. 첫 번째 유령은 피에르가 리옹의 주교구에서 그 사건에 관해 알게 되기 직전에 나타났다. 그는 그 이야기를 몇 개월 뒤에 에스파냐에서 글로 남겼다. 에스파냐에서 그는 다른 유령에 관한 정보도 얻었다. 이것은 첫 번째 사건보다 오래 전에 일어난 일이어서 그 고장에는 이미 널리 알려져 있었다. 그러나 피에르는 운 좋게도 유령을 본 목격자에게서 직접 이야기를 들을 수 있었다. 그는 이 이야기도 곧바로 기록으로 남겼다.[39]

마지막 3편은 1145년과 1149년에 나타난 유령에 관한 이야기이다. 피에르는 사건이 일어나자마자 이 이야기들을 기록했다.[40]

가경자 피에르가 전하고 있는 유령이야기 가운데에는 꿈속의 이야기도 있고, 깨어있을 때 본 환시도 있다. 피에르는 악마의 환영에 영향을 받기 쉽다는 이유로 꿈에 대해서는 끊임없이 불신감을 드러낸다. 그래서 꿈이 진실임을 확실하게 보증할 수 있는 경우에만 꿈에 나타난 유령을 이야기했다. 의심할 필요가 없을 만큼 정보제공자의 신분이 고귀하거나 신성함을 지니고 있는 경우,[41] 정보제공자 자신이 직접 꿈을 꾼 경우,[42] 그리고 피에르 자신이 꿈을 꾼 경우만 그에 해당되었다. 깨어있는 상태에서 본 7개의 환시에는 그런 보증이 필요 없다. 그 안에 자전적인 이야기는 포함되어 있지 않으며, 정보제공자가 환시를 본 목격자 자신인 경우도 겨우 한 번뿐이다.[43]

여기서도 마찬가지로 꿈과 관련된 유일한 자전적인 이야기를 깨어있을 때의 환시가 대부분인 전해들은 이야기들과 분명히 구별해서 살

퍼볼 필요가 있다. 피에르가 기록한 그 자신의 꿈은 1145년〔크리스마스가 오기 4주 전에 시작되는〕대림절 첫날에 로마 여행길에서 꾼 것이다. 피에르는 자신이 이 꿈에 관해 이야기하는 것은 그것이 진실임을 뒷받침할 수 있는 여러 가지 증거들을 제시할 수 있기 때문이라고 밝히고 있다.[44] 피에르는 클뤼니를 출발한 지 얼마 되지 않아서 샤를리외의 매우 덕망 있는 수도원장 기욤 드 로안이 죽었다는 소식을 들었다. 피에르는 기욤이 매우 엄격히 규율을 지키게 해서 수도사들에게 반감을 샀다는 사실을 알고 있었다. 그래서 그는 기욤이 독살된 것은 아닌지 의심했다. 로마에서 보낸 첫날 저녁에 피에르의 꿈에 죽은 수도원장이 나타났다. 피에르는 자신이 잠을 자고 있었다는 사실을 의식하면서, 기욤을 끌어안는 자신의 모습과 그가 왜 죽게 되었는지를 묻는 자신의 목소리를 들었다. 망자는 자기 죽음의 원인과 살인자의 정체에 관해 그가 추측한 것이 맞다고 알려주었다. 눈을 뜬 뒤에도 피에르는 꿈에서 본 일을 기억해두려고 노력했다. 다시 잠들고 난 뒤에도 그는 똑같은 꿈을 되풀이해서 꾸었다. 피에르는 이로써 꿈의 내용이 진실임이 증명되었다고 덧붙였다.

두 번째 꿈에서도 죽은 자에게 똑같은 이야기를 들은 피에르는 너무 큰 충격을 받아서 눈을 떴을 때에는 눈과 뺨이 눈물로 흠뻑 젖어 있었다. 클뤼니로 돌아오자마자 피에르는 수도사 총회에 용의자를 출두시켰고, 그를 영원히 추방하는 것으로 처벌했다. 피에르는 자신의 꿈을 거칠게 분석하면서, 자신이 낮에 동료의 운명을 생각하면서 느낀 참기 어려운 고통이 꿈의 원인이 되었을 것이라고 썼다. 꿈은 그가 그때 품었던 걱정과 의심을 증명하는 것이었는데, 물질적인 증거가 더 발견되지 않는 이상 꿈에서 본 것이 진실이라고 납득할 수 있으려면 두 번 되풀이해서 같은 꿈을 꿀 필요가 있었다. 꿈의 내용은 꿈에 뒤이어 나타난 깨어있을 때의 환시로 확증을 얻게 되는 경우가 많다. 이 자전적인 이야기에서는 두 번째 꾼 꿈이 환시와 마찬가지로 [진실임을] 보증하는 기능을 맡고 있다고 할 수 있다.

이 자전적인 꿈 이야기와는 달리 가경자 피에르가 제3자의 보고에 기초해서 전하고 있는 유령이야기들은 다른 기적집에서 볼 수 있는 이야기들보다 복잡한 구조로 되어 있다. 유령의 출현이 셋이나 네 가지 유형의 등장인물들과 복잡하게 얽혀서 표현되고 있기 때문이다. 유령과 목격자 이외에 유령이 자기 생각을 궁극적으로 전하려고 했던 산 자가 있고, 유령이 근황을 전해주거나 유령 옆에서 나란히 출현한 또 다른 죽은 자도 있다. 유령이야기의 구조가 이처럼 3중이나 4중으로 겹쳐서 나타나는 것은 중재를 바라는 죽은 자에게 클뤼니가 가장 믿을 만한 청부대상으로 표현되고 있기 때문인 것으로 보인다. 유령은 자신을 목격한 인물에게 '전령(nuntius)'의 역할을 맡겨서 클뤼니의 수도원장이나 수도원 공동체 구성원에게 자신의 말을 전해달라고 한다.

유령이야기의 복잡한 구조는 이야기에서 평신도 귀족이 놓여 있는 처지로도 설명된다.[45] 유령은 목격자를 가운데 개입시켜 자기 영혼의 구원에 필요한 일을 수행해 달라고 친족이나 후계자에게 부탁한다. 이런 복잡한 구조 덕분에 죽은 자의 요구가 산 자의 저항에 부닥치더라도 매우 유연하게 대응할 수 있게 된다. 목격자가 말을 전달하는 데 머뭇거리면 죽은 자는 다시 이 세상에 나타나 말을 전하려 했던 상대를 직접 방문할 수 있다. 거꾸로 말을 전하려 했던 상대가 중개자의 이야기에 귀를 기울이지 않으면 죽은 자는 중개자에게 중재의 기도를 올려달라고 요청할 수도 있다.[46]

죽은 자든 산 자든 피에르가 이름을 밝히고 있는 인물들은 거의 대부분 다른 사료들에도 등장한다. 그들은 실제 당시에 살았던 인물들이고, 그들이 처했던 상황은 클뤼니와 그 인근 지역에 현존하는 풍부한 사료들에서도 제법 자세히 알려져 있다. 그러므로 이 이야기들은 상상의 사회사를 구성해보는 데 도움을 준다. 어떤 인물이 죽더라도 산 자와의 사이에 존재했던 혈연관계나 영적인 친족관계는 끝나지 않고, 그러한 관계는 오히려 죽음을 계기로 기억 속에서 되살아난다. 이런 의미에서 피에르가 전하고 있는 이야기들은 다른 이야기들과 비교·대조해 볼 수 있는 하나의 준거가 되고 있다고도 할 수 있을 것이다.

죽은 자는 이 세상에 나타나 (기도, 미사, 자선 등의) 중재를 요구하는데, 그런 중재로 얻는 영혼의 구원이야말로 유령의 출현이 맡고 있는 주요한 기능이다. 피에르에게 유령의 출현은 연옥에서 고통 받고 있는 영혼을 해방시키는 것이 클뤼니의 사명임을 입증하기 위한 것이었다. (1030년 무렵에 11월 2일을 만령절로 정하는 등) 죽은 자를 기리기 위한 전례가 조직된 뒤로 클뤼니에서는 꿈에서 죽은 자의 모습을 본 수도사들은 죽은 자를 구원하기 위한 미사를 행하거나 수도원에 그 사실을 보고하는 것이 의무처럼 되었다. 그것이 자신의 친족이나 지인인 경우에는 더욱 그러했다.[47] 그리고 유령은 "교회가 베푸는 은혜가 죽은 신도들에게 유익하다는 사실을 부정하거나 의심해서" 클뤼니라는 조직의 기반 자체를 위협하는 사람들에게 반박할 수 있게 해주었다. 피에르 드 브뤼스를 스승으로 숭배하고 있던 이단 종파는 죽은 자에 대한 교회의 은혜를 특히 단호하게 부정했다. 가경자 피에르는 『기적』에서는 넌지시 그들을 언급했으며,[48] 『피에르 드 브뤼스파에 반대하여』에서는 망자 숭배에 반대했던 그들의 주장을 체계적으로 비판했다.

피에르는 산 자의 선행이 죽은 자에게 유익할 뿐 아니라 죽은 자의 선행도 산 자에게 유익하며, 산 자의 선행은 산 자에게, 죽은 자의 선행은 죽은 자에게 은혜를 가져다준다고 말했다.[49] 그렇다면 죽은 자는 어떻게 산 자에게 도움이 되는 것일까? 『기적』에 실린 이야기들은 죽은 자를 결코 산 자와 신의 중개자로 묘사하지 않는다. 그 대신 죽은 자는 산 자에게 유익한 조언을 할 수 있으며, 죽을 날이 다가왔음을 알려줄 수 있다. 기독교 사회에서는 이렇게 죽음에 대한 준비를 할 수 있게 끔 산 자에게 알려주는 것이 죽은 자가 산 자를 위해 할 수 있는 최대의 봉사로 여겨지고 있었다. 그리고 이 기적이야기들에서는 (보쥬의 영주였던 기샤르의 경우처럼) 출현하지 않은 다른 죽은 자를 위한 중재도 요청해 유령이 다른 죽은 자에게 도움이 되는 경우도 나타난다.

피에르의 유령이야기는 간접적이기는 하지만 다른 기능도 맡고 있다.[50] 죽은 자는 자신이 저세상에서 고통을 받는 원인들을 밝히는 것으로 클뤼니의 수도원장이 이상으로 여겼던 살인과 강도가 없는 사회, 곧 기사가 성직자를 존경하고, 묘지의 성스러운 울타리를 침범하지 않으며, 가난한 자를 보호하고, 약자에게 가해진 손해를 보상하는 사회를 강조한다. 그것은 '정의롭지 못한 전쟁'에서 벗어나 (수도사가 되는 것이 훨씬 바람직하지만) 십자군 원정이나 로마로의 순례가 기사들에게 유일한 소망이 되는 이상적인 사회를 뜻한다.[51]

피에르가 에스파냐에서 들은 유령이야기는 이 이야기들이 지닌 다른 기능도 보여준다. 이 이야기는 클뤼니 수도원장의 정치적이고 재정적인 전략에서 중요한 위치를 차지하고 있다. 가경자 피에르에게 정보를 제공한 피에르 앙겔베르는 28년 전인 1114년에 죽은 지 4개월이 지난 하인 산초의 유령을 보았다. 피에르 앙겔베르는 갑자기 창가에 나타난 두 번째 유령에게도 그러했던 것처럼, 산초의 유령에게 1109년에 죽은 카스티야레온 왕국의 왕인 알폰소 6세를 비롯한 여러 죽은 자들이 사후에 처해 있는 상황에 관해 물었다. 이를 통해 피에르 앙겔베르는 왕이 저승에서 큰 고통을 겪었으나 클뤼니 수도사들이 기도를 올려준 덕분에 고통에서 벗어났다는 사실을 알게 되었다. 1142년 봄에 (에스파냐 북동부) 나헤라에서 이 이야기를 들은 가경자 피에르는 곧바로 그것을 기록으로 남겼다. 그 무렵 가경자 피에르는 몇 개월 뒤에 (에스파냐 북서부의 도시인) 살라망카에서 갖게 될, 죽은 알폰소 6세의 손자인 알폰소 7세와의 교섭을 준비하고 있었다. 그는 선왕들인 페르디난도 1세와 알폰소 6세가 했던 약속대로 클뤼니에 해마다 조세를 주도록 알폰소 7세를 설득할 수 있게 되기를 바랐다. 피에르의 소망대로 1142년 7월 29일에 약속은 이행되었다. 아마도 그는 클뤼니 수도사들의 기도 덕분에 죽은 할아버지의 영혼이 구원되었다는 사실을 왕에게 알려주었을 것이다. 왕의 인자함은 수도사들의 중재에 대한 당연한 대가에 지나지 않았던 것이다.[52]

죽은 자를 위한 전례를 널리 퍼뜨리고, 그것을 통해 부르고뉴에서 에스파냐까지 수도원이 물질적이고 영적으로 발전할 수 있게 하는 것이야말로 이 기적이야기들이 기록되고 수집되고 전파된 근본적인 이유이다. 그래서 글쓴이의 주관적인 관점은 이야기의 진실함을 보증하기 위한 경우 말고는 자취를 감추고, 그 대신 이야기에 나타난 사건의 객관성이 강조된다. 유령 출현의 진실성에 대해서는 어떤 의문도 생겨서는 안 되기 때문이다. 유령이야기는 꿈에 대한 불신감, 곧 악마가 만들어낸 환영은 아닌가 하는 의심을 조금이라도 떠올리게 해서는 안 된다. 따라서 수도원의 '선전'이나 사도로서의 지위를 뒷받침하는 사회적 기능을 담당했던 유령이야기는 대부분 깨어있을 때 유령의 출현을 목격하는 상황을 연출한다.

유령이야기가 '사회적 기능'을 담당하면서 실제로는 꿈이었던 것이 깨어있을 때의 환시로 바뀌어 기록된 경우도 있을 것이다. 하지만 (이러한 가설을 뒷받침하려면 동일한 이야기가 차례로 다시 서술되었음을 보여주는 여러 개의 글들이 전해져야 하므로) 이를 증명할 수는 없을 뿐더러, 그러한 가설을 세우는 것 자체가 무의미해 보인다. 깨어있는 산 자에게 유령이 나타난다는 이야기의 뼈대가 일단 확립되어 사람들에게 수용되면, 이야기에 선행하는 꿈의 체험과는 무관하게 점차 그러한 뼈대 자체가 새로운 이야기들을 만들어낸다고도 할 수 있지 않을까? 따라서 가경자 피에르가 고의로 '가짜' 유령이야기를 날조했다고 의심할 필요는 없다. 오히려 그는 가장 확실한 근거로 증명된 내용만 전하려고 했다. 이야기의 뼈대는 무엇을 신뢰해야 할지의 기준이 되었고, 그것에 기초해서 비로소 (클뤼니에서 시작된 죽은 자를 위한 전례를 보급한다는) 의도된 목적에 맞게 이야기를 수집하고 기록할 수 있게 된 것이다. 이렇게 해서 (구두로 이야기를 전한 전달자, 정보제공자와 기록자, 이야기를 수용한 사람들 사이의) 복잡한 사회적 관계를 거친 끝에 이 이야기들은 '기적이야기'라는, 그 시대에는 가장 신뢰할 만하고 가장 효과적인 형태를 띠게 되었다. 그것들은 단순한 잠언과는 달랐으므로 객관적인 정황과는 무관하게 의미가 표현되어서는 안 되었다. 그리고 기적이야기의 기록자는 이런 초자연적인 현상들을 분명한 진실이 아니라 신빙성 높은 사건이라고만 하는 것으로는 만족할 수 없었다. 그가 의도했던 것은 그것들을 '실제로 일어난 진실'로 전하는 것이었기 때문이었다.

우리의 기준으로 보면 분명히 이 이야기들은 실제로 일어난 진실이라고 할 수 없다. 우리는 그러한 유령의 존재를 '믿지' 않기 때문이다. 하지만 그것들은 기적이야기의 작가에게도, 독자에게도, 나아가 그 이야기를 들은 수도사나 평신도들에게도 진실이 아닌 어떤 것이 아니었다. 당시의 종교문화 전체가 그렇게 생각하기를 촉구했으며, 그것이 진실이라고 서술한 자가 거짓말을 할 리는 없었기 때문이다. 그리고 무엇보다도 고도로 관리된 이야기의 전달 경로가 결정적으로 신빙성을 보증했기 때문이기도 했다. 요컨대 깨어있을 때의 환시에 관한 이러한 이야기들이 '진실'로 여겨졌던 것은 그것들이 '진실'로 제공되었기 때문이다.

이런 의미에서 가경자 피에르의 '기적이야기'는 이야기와 이데올로기의 훌륭한 본보기가 되고 있다고도 할 수 있을 것이다. 그것은 몇 세기에 걸쳐 사회의 진화에 적응하면서 형식과 기능을 끊임없이 다듬어

온 (우리가 교황 그레고리우스 1세의 시대부터 살펴본) 수도원의 오랜 전통의 결실이었다.

*   *   *

12세기로 접어들면서 획기적으로 발달한 자전적인 이야기와는 달리 '기적이야기(miracula)'는 훨씬 더 오랜 성인전 전통에서 시작되었다. 그러나 이 장르도 12세기에 접어들어 변화를 겪으면서 체계적으로 편찬된 모음집 안에서 구체적인 형식을 갖추게 되었다. 그리고 지방 성인을 칭송하는 한정된 기능에서 벗어나, 수도원과 수도회의 권위를 높이는 훨씬 더 폭넓은 역할을 맡게 되었다.

하지만 '자신에 대한 관심'은 수많은 기적집 안에도 파고들었다. 예컨대 가경자 피에르는 전해들은 이야기를 기록하는 데 그치지 않고, 적어도 한 번은 자기가 꾼 개인적인 꿈의 경험을 이야기한다. 반대로 마르무티에의 경우처럼 작자 미상의 기적집은 특정한 인격의 흔적을 전혀 남기지 않는다.

이 이야기들의 형태는 매우 다양하지만, 모두 유령과 그를 목격한 산 자 사이에 가까운 관계가 존재하고 있다는 공통점을 지닌다. 유령과 목격자는 육체적인 친족관계나 영적인 친족관계, 이웃으로서의 관계, 아니면 수도사와 평신도 귀족이 서로 주고받던 물질적이고 영적인 이해관계로 얽혀 있다. 이러한 틀 안에서 유령은 중재를 간청하고, 죄가 불러온 끔찍한 결과를 뚜렷이 보여준다. 그러므로 기적이야기에서 유령의 출현은 도덕적인 교훈을 가져다줄 뿐 아니라, 교회 개혁의 수단이 된다. 심지어 정치적인 과제를 추진하는 수단이 되기도 한다.

이러한 정황을 살펴보면 그런 이야기들이 뚜렷하게 발달한 이유를 알 수 있다. 유령에 관해 굳게 입을 다물고 있던 교부들의 침묵은 이미 먼 과거의 일이 되어버렸다. 그런 이야기의 전파와 수집을 담당했던 것은 규모가 큰 수도원들이었다. 특이하고 친밀한 체험을 묘사한 자전적인 꿈 이야기는 적은 수에 그쳤다. 그런 이야기에는 객관적이고 (수도사처럼) 의심할 여지가 없는 증인들이 보증하는 깨어있을 때의 환시가 잘 어울렸다. 이 이야기들은 재물이나 성유물, 토지 등의 물질들과 마찬가지로 수도원이 소유하고 상속하는 재산의 일부가 되었고, 거의 법적인 진리처럼 여겨지게 되었다.

깨어있을 때의 환시에 관한 이야기가 개인적인 꿈에 관한 이야기보다 더 진실되게 여겨진 역설적인 현상을 어떻게 이해할 수 있을까?

꿈에 관한 자전적 이야기와 깨어있을 때 유령을 목격한 전해들은 이야기는 서로 적용되는 진실성의 차원이 완전히 다르다. 자전적인 꿈 이야기는 신성함을 마주한 개인의 내면적 진실, 곧 자신만 표현할 수 있는 개인적 체험과 관련이 있다. 그래서 오랫동안 꿈은 성인이나 수도사, 국왕이 꾼 것이어야만 살펴볼 만한 가치가 있다고 여겨졌다. 그러나 전해들은 이야기가 진실한 것인지의 여부는 전파경로 자체와 그것이 목표로 한 사회적인 용도, 그리고 그것을 전파하고 기록으로 남긴 사람들의 권위에 의존하고 있었다. 교회가 '승인한' 전통과 (그러한 전통과 문서의 보존에 종사하고 신성과의 중개자 역할을 맡은 성직자나 수도사 등) 인정된 사람들의 권위에 전적으로 의지하고 있던 사회에서는 의심 때문에 그러한 이야기의 가치가 손상되는 일 따위는 있을 수 없었다.

4

기이한 죽은 자들

유령의 출현에 관해 다룬 이야기들은 수도원에서 기록된 '기적이야기(*miracula*)'에서 체계화된 표현양식과 뚜렷한 이데올로기적 목적성을 드러냈다. 그렇지만 유령은 '기이한 이야기(*mirabilia*)'라는 다른 유형의 이야기에도 등장한다. '미라빌리아'와 '미라쿨라'는 어원이 같을 뿐 아니라, 겹치는 부분도 많다. 초자연적 현상을 다룬다는 점에서도 같다. 하지만 이 둘을 구별해 살펴볼 필요가 있다.

미라빌리아, 기이한 이야기

13세기 초반의 〔잉글랜드의 교회법 학자이자 저술가인〕 저버스 틸버리라는 작가에게도 둘의 차이는 뚜렷했다.[1] 그가 보기에 기적이야기와 기이한 이야기는 신기한 사건이나 희귀한 일, 듣도 보도 못한 사건을 통해 '놀라움(*admiratio*)'을 일으킨다는 점에서는 같다. 하지만 기적이 (성모의 동정녀 수태, 라자로의 부활, 기적적인 병의 치유처럼) 창조주의 뜻에 따라 자연의 질서가 일시적으로 중단되는 것(*praeter naturam*)을 의미한다면, 기이한 현상은 자연의 질서에 어긋나지는 않지만 원인이 밝혀져 있지 않아 우리를 놀라게 하는 것이다. 우리는 〔도마뱀 모양을 하고 불속에 산다는 전설의 동물인〕 살라만더가 왜 화상을 입지 않는지, 에트나 산과 같은 화산이 왜 계속 타오르면서도 잿더미가 되지 않는지, 공작새의 살이 왜 썩지 않는지* 알지 못한다. 요컨대 '기적'과 '기이'라는 두 현상은 언뜻 보기에는 비슷하지만, 창조의 질서와 어떻게 연관되어 있는가 하는 점에서는 차이가 있다. 그것들이 불러오는 반응도 완전히 다르다. 기적은 사람들에게 신앙으로 돌아가도록 촉구하고, 신이 스스로 만들어놓은 질서를 전복시킬 수 있을 만큼 전능한 존재임을 확인시킨다. 인간의 이성은 이것에 오직 복종할 뿐이다. 하지만 기이한 현상은 반대로 인간의 호기심(curiositas)을 불러일으켜 자연의 알지 못하는 원인을 밝히게끔 촉구한다. 그리고 아직 원인이 밝혀지지 않았더라도, 언젠가는 분명히 알 수 있게 될 것이다. 12세기 말에서 13세기 초로 넘어가는 시점에 나타난 이러한 사고방식에서 우리는 조사(inquisitio)로 참된 증거를 얻으려 하고, 실험(experimentum)에도 관심을 기울인 과학적 정신의 맹아를 발견할 수 있다.[2] 그런 사고방식은 광물과 식물, 역사와 지리뿐 아니라, 정령과 요정, 죽은 자의 출현에 이르는 매우 다양한 영역들에도 적용되었다.

저버스 틸버리와 마찬가지로 윌리엄 뉴버그도 '신비(mira)'와 '경이(prodigiosa)'라는 두 개념에 관해 정의하면서 그 현상들의 놀라움이 아니라 그것들의 배후에 '어떤 원인이 숨겨져 있는지(occultam rationem)'에 초점을 맞춘다.[3] 그는 아우구스티누스에 의지해 이렇게 생각한다. 신은 유일한 창조주이지만, 자신의 능력과 지배력을 천사와 인간에게

---

* 세비야의 주교 이시도루스(560?~636)는 공작새에 대해 이렇게 썼다. "공작새가 파보(pavo)라고 불리는 이유는 그 새의 울음소리 때문이다. (라틴어에서 'pavor'는 공포, 두려움, 전율이라는 뜻이다.) 공작새의 살은 매우 단단해서 잘 썩지 않을 뿐 아니라 요리하기도 쉽지 않다." Isidorus Hispalensis, *The Etymologies of Isidore of Seville*(Cambridge; New York: Cambridge University Press, 2006), p. 267

'나누어' 주었다. (천사에는 착한 천사와 악한 천사가 있는데) 천사와 인간은 신이 허락한 능력을 사용해 놀라운 일들을 일으킬 수 있다. 그런 일들 가운데 일부는 악마가 만들어낸 '헛것'에 지나지 않지만, 돌에서 나온 두 마리 개와 목에 황금으로 된 띠를 두른 두꺼비처럼* 진짜도 있다.

  이런 일들이 '신의 허락'을 받아 일어났다는 윌리엄의 지적은 독자들에게 안도감을 안겨준다. 그것은 성직자가 쓴 문서들에서 기이한 현상을 다룰 때마다 빠지지 않고 등장하는 상투적인 표현이었다. 하지만 이런 상투적 표현이 12세기 말에서 13세기 초 사이에는 새로운 시대적 의미를 지니게 되었다는 사실에 주목해야 한다. 일단 창조주가 전지전능하다는 것을 인정해버리면 신은 오히려 이 세상에서 일어나는 기이한 현상을 단지 방관만 할 뿐인 수동적인 처지에 놓인다. 그러나 기이한 현상이 종교적이거나 도덕적인 교화를 위해 이용되더라도, 사람들이 그런 현상에 끌리는 가장 큰 이유는 그것이 경탄을 자아내고, 지리학·동물학·역사학 등의 분야에서 생각지도 못했던 현실을 보여주기 때문이다. 결국 교양 있는 사람들과 학자들은 이로써 신에 대한 책무를 언급하지 않고 자연을 판단하고 이용할 수 있게 된다.

---

* 윌리엄 뉴버그가 채석장에서 일어났다고 전한 2편의 이야기에 등장하는 동물들이다. 어떤 채석장에서 거대한 바위를 쪼개자 그 안에서 개 두 마리가 나왔다. 하지만 바위에는 개들이 들어갈 만한 구멍이 전혀 없었다. 그것들은 사납게 생긴 사냥개들이었는데, 지독한 냄새가 나고 털이 하나도 없었다. 한 마리는 곧 죽었으나 먹성이 좋은 나머지 한 마리는 윈체스터의 주교 헨리의 보살핌을 받으며 꽤 오래 살았다. 또 다른 채석장에서는 마치 하나처럼 단단히 붙어 있는 2개의 아름다운 돌이 깊은 땅속에서 발견되었다. 신기하게 생각한 일꾼들이 그것을 주교에게 가져가자 주교는 그것을 쪼개라고 명령했다. 그러자 그 안에서 목에 황금으로 된 띠를 두르고 있는 두꺼비가 나왔다. 구경꾼들이 괴이한 일에 어쩔 줄 몰라 하자 주교는 그 돌을 도로 붙여 채석장에 던져버리라고 명령했다. 윌리엄은 이 사건들을 악한 천사가 신에게 허락받은 능력을 사용해 인간을 혼란스럽게 하려고 꾸민 일로 여겼다. William of Newburgh, *The History of William of Newburgh: The Chronicles of Robert de Monte*, trans. Joseph Stevenson(Lonfon: Seeleys, 1856), p. 437, p. 439 참조.

기이한 이야기는 특히 앵글로노르만 왕국에서 많이 기록되었다. 〔12 ~14세기에 잉글랜드를 통치했던〕 플랜태저넷 왕조의 궁정은 구전되는 이야기와 민담들에 〔11~14세기에 프랑스를 통치했던〕 카페 왕조보다 훨씬 많은 관심을 기울였으며, 성직자들이 그것을 수집하도록 후원해주었다. 당시 이 왕국에서는 (앙주와 노르망디, 잉글랜드, 웨일스, 나아가 아일랜드에서 유래한) 다양한 언어와 전통들이 서로 접촉하고, 호기심과 비교의 대상이 되어 있었기 때문이다. 인간의 정신을 고양시킨 것은 바로 그러한 문화적 다양성이 아니었을까? 갓 태어난 속어문학은 성직자들이 라틴어로 쓴 문학과 유사했다. 궁정풍 사랑이야기와 '아서 왕 전설' 등으로 대표되는 속어문학도 궁정이라는 동일한 환경을 모태로 해서 생겨났으며, 그것을 쓴 작가들도 왕에게 종사하며 구전되는 민담과 경이로운 전설, 환상적인 이야기에 대한 관심을 상류층과 공유하고 있던 성직자들이었다. 『아마다와 이두안*Amadas et Idoine*』*, 『페를레스보스*Perlesvaus*』** 등 고古프랑스어로 쓰인 대부분의 작품들은 ('위험한 묘지'라고 불린) 유령이 출몰하는 교회묘지나 (주인공이 다가가면 관에서 일어나는) 죽은 기사가 잠들어 있는 예배당이라는 환상적인 제재를 답습한다. 이러한 작품들은 허구적인 내용과 운문 형식을 특징으로 하고 있는데, 거기서 다루어지는 제재들은 라틴어로 된 기이한 이야기에서도 발견되며, 일부는 설교가들의 '교훈예화(*exempla*)'에도 나타난다.[4)]

이러한 이야기들은 두 가지 측면에서 새롭다. 첫째, 기이한 이야기 안에는 평신도가 죽은 뒤에 유령이 되어 홀로 나타나는 이야기가 포함되어 있다. 이러한 평신도 유령은 성직자 문학에서는 그때까지 거

---

* 13세기 초의 모험소설로 부르고뉴 공작의 집사의 아들인 아마다가 공작의 딸인 이두안을 사랑하게 되면서 겪게 되는 일들을 담고 있다.
** 13세기 초에 등장한 아서왕 계열의 소설로 성배를 찾아가는 여정을 종교적 의미와 함께 다루고 있다.

의 찾아볼 수 없었던 존재이다. 이 이야기들은 일반적인 성직자 문학의 범주 바깥에 존재하던 여러 참신한 이야기 전통들에 기초해 있는데, 그 전통들은 바로 그러한 참신함 때문에 선택된 것으로 보인다. 둘째, 몇 편의 기적이야기에서 이미 나온 적이 있기는 하지만, 기이한 이야기에는 유령이 무리를 지어 나타나는 이야기가 포함되어 있다. 그리고 그 무리가 그때까지는 없던 '헬레퀴누스 일당(mesnie Hellequin)'*이라는 이름으로 불린다.

이야기의 세속화

12세기 전반에서 13세기 초 사이에 활약했던 기이한 이야기의 작가들은 세 세대로 나누어 살펴볼 수 있다. 첫 번째 세대에 속했던 이들은 윌리엄 맘즈베리(1096~1142)와 세인트아사프의 주교를 지낸 제프리 몬머스(1100?~1155)와 같은 '역사가들'이자 수도사들이었다. 베다 베네라빌리스의 후계자가 되기를 꿈꿨던 그들은 켈트 전설만이 아니라 (트로이 전설이나 명조 브루투스**와 같은) 고전고대의 작품들을 전거로 삼아 잉

* 중세 유럽의 민간전승에 등장하는 정체불명의 무리로 마귀와 망자들로 이루어져 있다. 이 무리의 우두머리인 헬레퀴누스는 사악한 마왕으로, 지역과 시대에 따라 엘캥(hellequin), 헤를라(Herla), 얼킹(Erlking), 알키노(Alichino), 카를레퀴누스(Karlequinus) 등 다양한 이름으로 불렸다. 헬레퀴누스에 관한 전승은 16~17세기 이후 무언극의 어릿광대인 할리퀸(Harlequin)으로 이어졌는데, 프랑스어로는 아를르캥(Arlequin), 이탈리아어로 아를레키노(Arlecchino)라고 부른다. 이 책의 프랑스어판에서는 엘캥이라고 표기되어 있으나, 한국어판에서는 본문에 나오는 헤를라 왕, 카를레퀴누스 등과의 연관성이 쉽게 파악되도록 라틴어 명칭인 헬레퀴누스(Hellequinus)로 옮겼다.

** 브루투스(Brutus) : 중세 잉글랜드 건국신화에 나오는 왕으로, 브리튼(Britain)이란 명칭도 그의 이름에서 비롯되었다고 전해진다. 수도사 넨니우스(Nennius)가 9세기에 편찬한 것으로 알려진 『브리타니아 역사Historia Britonum』에 따르면, 브루투스는 트로이 용사 아이네이아스의 후손으로 뜻하지 않은 사고로 아버지를 죽이는 바람에 이탈리아에서 추방되었다. 그는 티레니아 해를 지나 골 지방에 도착했고, 거기서 다시

글랜드의 위대한 역사학 전통을 계승하려 했다.[5]

윌리엄 맘즈베리는 1125년 무렵에『잉글랜드 왕들의 사적*Gesta regum Anglorum*』을 썼는데, 이 작품은 오늘날의 시각으로는 모순되어 보이는 두 가지 태도를 동시에 드러내고 있어서 현대의 역사가들을 당혹스럽게 만들곤 한다. 7세기의 베다를 좇아서 역사적 증언을 엄밀히 검증하는 것처럼 보이지만, 불가사의한 이야기에 대해서는 극단적일 정도로 '쉽게 믿는' 경향을 보이기 때문이다.[6] 실제로 그는 초자연적인 현상을 자연과 시간의 숨겨진 질서를 드러내는 징표로 보았고, 그것이 역사라고 부르는 영역에 있는 여러 종류의 사건들과 마찬가지로 '진실'이라고 확신했다. 베다가 전한 '기적이야기'들과는 달리 그것들의 역할은 기독교의 우월함과 여러 인물들의 거룩함을 증명하는 데 있지 않았다.[7] 그저 사람들이 경탄하게 만드는 것만으로도 연대기에 수록할 충분한 이유가 되었다. 예컨대 윌리엄은 연대기에서 교회에 잘못 매장되어 있던〔잉글랜드 남서부〕버클리의 마녀 유해를 악령들이 어떻게 가지고 갔는지를 자신이 직접 심문했던 어느 목격자의 증언에 기초해서 전한다. 그러면서 그것이 '천국의 기적은 아니지만 지옥의 기이한 현상'

북쪽으로 더 올라가 잉글랜드 남부에 나라를 세웠다. 제프리 몬머스가 12세기에 펴낸 『브리타니아 열왕기*Historia Regum Britanniae*』에는 더 자세한 이야기가 실려 있다. 브루투스가 아직 어머니 뱃속에 있을 때 그의 아버지 아스카니우스는 마법사에게 태어날 아기가 부모를 모두 죽게 할 것이라는 예언을 들었다. 실제로 어머니는 브루투스를 낳다가 죽었고, 아버지도 그가 잘못 쏜 화살에 맞아 죽었다. 그 일로 이탈리아에서 추방된 브루투스는 그리스로 건너갔다가 그곳에서 노예상태에 있는 트로이인들을 만났다. 브루투스는 그들을 그리스 왕의 압제에서 해방시킨 뒤 함께 모험을 떠났다. 그 뒤 그는 티레니아해 연안에서 살고 있는 또 다른 트로이인들을 만나 함께 골 지방으로 건너갔다가 다시 배를 타고 잉글랜드 남부 해안에 도착했다. 그리고 그곳에 살던 거인들에게 승리한 뒤 '새로운 트로이'라는 뜻의 트리노반툼(Trinovantum)이라는 도시를 세워 브리타니아를 건국했다고 한다. Nennius, Gildas, Geoffrey of Monmouth, Ethelwerd, John Asser, Richard of Cirencester, *Six Old English Chronicles*, ed. J. A. Giles(London: Henry G. Bohn, 1848), pp. 91-113, 387-391 참조.

이고, 교황 그레고리우스 1세의 『대화』 제4권을 읽지 않은 사람들만 그 이야기를 '믿을 수 없다'고 생각할 것이라고 적는다.[8] 하지만 그는 잉글랜드 사람들이 죽은 알프레드 대왕의 '혼'이 시신에서 벗어나 밤마다 집들 주위를 배회하고 있다고 주장하거나 알프레드 대왕만이 아니라 다른 죽은 자들도 악령의 힘을 빌려 소생하거나 배회한다고 조금도 의심하지 않고 믿고 있다면서, 그들의 '어리석음'과 '경솔한 믿음'을 신랄하게 비판한다.[9] 그가 보기에 그런 사건들은 악령이 만들어낸 환상일 뿐이다. 그러나 모순되게도 죽은 자가 자신의 출현을 입증하기 위해 목격자의 몸에 물질적인 흔적을 남길 수 있다고 밝히기도 한다.[10]

앞서 살펴보았던 성당참사회원 윌리엄 뉴버그(1136~1198)는 『잉글랜드 역사*Historia rerum anglicarum*』의 마지막 권에서 '우리 시대에 대거 일어난 기억해 두어야 할 사건들'에 관심을 보인다. 그것들에는 기상이변, 기근과 역병, 우물을 팔 때 생긴 치명적인 사고, 1196년 런던에서 발생한 민중봉기, 1198년에 내린 피의 비, 그리고 무엇보다도 '그 시대에 버킹엄 백작령에서 일어난 기이한 현상' 등이 포함된다. 유령에 관한 이 마지막 이야기는 잉글랜드의 북쪽 끝인 요크셔와 연관된 다른 3편의 유사한 이야기들에 이어서 나온다. 이 4편은 하나로 이어진 짧은 보고서와 같은 성격을 지니고 있는데, 윌리엄은 연대기의 원래 줄거리로 돌아가기 전에 그 이야기들이 모두 같은 맥락에 있다고 강조한다.[11]

윌리엄은 4개의 사건이 모두 최근에 일어났으며, 대부분 교회 관계자인 목격자들이 직접 자신에게 알려준 이야기라고 밝힌다. 최초의 사건은 〔잉글랜드 남부〕버킹엄셔에서 일어났지만 나머지 3개의 사건은 잉글랜드 북부에서 일어났다. 무대가 된 곳은 요크셔의 아난트 성과 그보다 북쪽의 멜로즈 수도원, 그리고 스코틀랜드와의 국경에 있는 트위드 강가의 베릭이라는 마을이다. 이 이야기들에 등장하는 유령들은 가경자 피에르의 기록에 나온 유령들과는 매우 다르다. 가경자 피에르의 이야기에서는 저승에서 고통 받고 있는 영혼이 이승으로 돌아와 정중하게 산 자한테 중재를 요청한다. 하지만 윌리엄의 이야기에 등장하는 죽은 자들은 스칸디나비아 사가에 묘사된 유령들과 흡사한 모습의 사악한 존재들이다. 윌리엄은 연대기에서 그 유령들을 '끔찍한 괴물들'이라고 부른다. 그들은 혈육뿐 아니라 이웃에 사는 모든 사람들을 두려움에 떨게 하며, 개들이 밤마다 울부짖게 만든다. 유령들은 공기를 더럽히고, 병을 퍼뜨리며, 인간의 피를 마신다는 비난을 받는다. 그들 중에는 말 그대로 '흡혈귀(sanguisuga)'라고 불리는 죽은 자도 둘이나 있다. 그들의 무덤을 파헤쳐보면 피로 얼룩져 있으며, 부풀어 오른 시신의 얼굴은 불그레하고, 수의도 갈가리 찢겨져 있다.

윌리엄은 그 지역의 '민간 속설(popularis opinio)'을 자세히 기록할 뿐 아니라, 그들의 조치를 교회 상부가 권하던 것들과 비교한다. 각 지역들에서 교회 당국은 어쩔 줄 몰라 하면서 단호하게 나서지 못하고 머뭇거리고만 있는 것처럼 보인다. 첫 번째 이야기에 등장하는 (윌리엄 뉴버그에게 정보를 제공해준 인물이기도 한) 부주교 스티븐은 어떻게 괴물을 퇴치해야 하는지를 묻는 주민들의 질문에 선뜻 판단을 내리지 못하고 망설이다가 성자로 명성 높던 주교 휴 링컨에게 편지를 보내 조언을 구한다. 마지막 이야기에서는 그 지방의 성직자들이 한자리에 모여 오랜 시간에 걸쳐 대책을 논의한다. 어떤 경우든 성직자들이 끝내 선택한 해결책은 무덤을 파헤쳐 사면을 알리는 내용을 적은 글을 죽은 자의 가슴 위에 놓아두는 것이었다. 성직자들은 마을사람들, 특히 마을의 젊은이들이 공포심을 극복하고 실행했던 방법을 '도가 지나친 저속한' 행위로 보았다. 마을사람들은 (10인 안팎으로) 무리를 이루어 묘지로 갔다. 그리고 죽은 자의 시신을 무덤에서 파내 조각조각 잘라 마을 밖에 쌓아둔 장작에 올려 불로 태웠다. 이때 시신에 심장이 남아 있으면 불에 타지 않는다며 마을사람 가운데 한 명이 미리 심장을 꺼냈다.

마지막 이야기에서도 젊은이들은 성직자들보다 먼저 행동한다. 그만큼 그들은 성직자들이 권하는 원만한 조치로는 효과를 거둘 수 없다고 생각했던 것이다. 성당참사회원이었던 윌리엄 뉴버그도 주민들이 보인 신속한 행동에 대해 전혀 부정적인 시각을 드러내지 않고 있다. 그는 기이한 이야기를 좋아하는 작가로서 마을사람들의 놀라운 행동을 기록으로 남기는 것에 만족했고, 그들 덕분에 평온한 밤과 맑은 공기가 마을로 되돌아왔다고 생각했다.

궁정성직자들

하지만 누구보다도 기이한 이야기를 높이 평가했던 것은 궁정성직자들이었으며, 그들 가운데에서도 월터 맵·제럴드 웨일스·저버스 틸버리가 특히 중요하다. 그들은 모두 한때 플랜태저넷 왕조의 헨리 2세와 그 자식들을 가까이에서 섬겼으며,[12] 수도사가 아니라 학교나 대학에서 학위를 따고 몇 개의 성직록*을 가지고 있던 재속 성직자들이었다. 그들 가운데 교회의 위계에서 가장 높은 직위에까지 오른 사람은 없다. 그들의 사회적 지위는 그들이 종사했던 군주의 인심으로 주어진 것이었지, 교회의 권위에서 비롯된 것이 아니었다.

월터 맵은 웨일스의 혈통을 가지고 있었다. 그는 1130년에서 1135년 사이에 헤리퍼드 남쪽을 흐르는 와이 강의 잉글랜드 쪽 연안에서 태어났다. 그는 파리에서 공부를 한 뒤 (헤리퍼드와 런던에서) 주교 제라드 폴리오트에게 종사했으며, 1170년 무렵부터는 헨리 2세의 궁정에서 일했다. 옥스퍼드의 부주교와 런던 세인트폴 성당의 참사회원을 지냈던 그는 특히 황태자 헨리의 측근으로 활동했다. 하지만 황태자 헨리가 1183년에 죽고, 국왕도 1189년에 이 세상을 떠나면서 그의 출세

---

* 성직록(prébendes) : 성직자가 받는 고정수입이나 그것을 받는 직책

의 희망은 무산되었다. 그와 고향이 같았던 제럴드 웨일스도 마찬가지였다. 그는 웨일스에 있는 세인트데이비드의 주교가 되기를 열망했지만, 꿈을 이루지 못했다. 중세에는 보기 드물 정도로 수명이 길었던 월터 맵은 1209년부터 1210년 사이에 이 세상을 떠났다.

월터 맵의『궁정해학집*De nugis curialium*』은 1181년에서 1182년 사이에 집필된 것이 거의 확실하다고 여겨지고 있는데,[13] 최초의 원본이 전해지고 있지는 않다. 이 작품은 어떤 하나의 문학 장르로 명확히 정의하기 어렵다. 기이한 이야기의 모음집과 유사하지만, '군주의 귀감'*이라는 다른 장르를 본뜨고 있는 것처럼 보이기도 한다. 그것은 궁정과 (특히 시토회를 중심으로 한) 수도회, 그리고 당시 사회를 풍자적으로 묘사하고 있는 작품인데, 풍부하게 인용되어 있는 기이한 이야기와 우화들 가운데에는 (작가가 직접 발레리우스 막시무스를 따라하고 있다고 밝히고, 호라티우스나 오비디우스를 빈번히 인용하고 있는 것처럼) 고전고대의 문화로 거슬러 올라가는 것도 있고, 지방의 구비전승에서 비롯된 것도 있다.[14] 그래서 '환상적인' 존재의 출현이 많이 언급되고 있는데, 월터 맵은 그것을 악마와 관련된 적대적인 존재들로 해석한다. "환영*(fantasma)*이란 악령이 신의 허락을 받아서 만들어낸 한순간의 환상*(fantasia)*일 뿐이다. 그러한 환상 가운데에는 악의 없이 만들어낸 것도 있지만, 사람에게 해를 끼치려고 만들어낸 것도 있다."[15] 예컨대 어느 마상창시합에 신비로운 기사 하나가 등장해서 하루 만에 자신에게 맞서는 모든 상대를 꺾었다. 그가 마침내 죽자 사람들은 그의 몸에서 투구를 벗겨냈다. 하지만 아무도 그가 누군지 몰랐다. 가장 많이 발견되는 사례는 멜뤼

---

* 군주의 귀감(specula principum) : '군주의 거울'이라고도 한다. 왕과 군주들이 갖추어야 할 덕목과 바람직한 태도를 밝히고 있는 책으로 중세 초부터 르네상스 시대까지 독자적인 영역을 이루며 유행했다.

진*의 경우처럼 초자연적 존재가 출현해 인간과의 사이에서 많은 자식을 낳은 뒤 홀연히 모습을 감춘다는 이야기이다. '죽은 여자에게서 태어난 자식들'에 관한 이야기도 이에 해당한다. 죽은 아내를 매장한 직후에 남편은 아내가 다른 여성들과 춤추고 있는 모습을 보았다. 그는 춤추는 대열에서 아내를 끌어내서 다시 그녀와 결합해 많은 자식을 얻었다. 그 자손들이 월터 맵의 시대까지 여전히 이어지고 있었다고 한다. 월터 맵은 '죽은 여성에게서 태어난 자식들'이 살아 있는 증인으로 존재하고 있지 않았다면 이 이야기를 믿기 어려웠을 것이라고 썼다.

이처럼 이 작가가 살았던 시대의 사람들이 사용했던 언어에서 '환상적(fantasticus)'이라는 낱말이 의미하는 것은 우리가 '환상' 문학이나 '판타지' 영화에 관해 말할 때 떠올리는 이미지와는 부분적으로만 겹친다. 이러한 문학이나 영화가 다루는 것은 사물의 일상적인 흐름에 갑자기 초자연적인 것이 침범해오는 현상이다. 중세에도 이 낱말은 신기함의 정도가 가장 높은 것을 나타낼 때 쓰였다. 하지만 '기이함'과는

---

* 멜뤼진(Mélusine) : 유럽의 민간전승에 등장하는 '뱀 여인'이다. 초자연적 존재인 그녀는 인간 남성과 결혼하지만 남편의 배신으로 비극적인 운명을 맞는다. 14세기의 프랑스 작가 장 다라(Jean d'Arras)가 남긴 이야기에 따르면, 멜뤼진은 어머니에게 저주를 받아 토요일마다 하반신이 뱀으로 변했다. 그녀는 인간 남자와 결혼해 죽을 때까지 함께 해야 저주에서 벗어나 구원을 받을 수 있었다. 어느 날 레이몽이란 젊은이가 멜뤼진의 아름다움에 반해 청혼했다. 그녀는 그에게 토요일에는 자신을 만나지 않겠다고 약속하면 결혼하겠노라고 했다. 레이몽은 약속했고 둘은 한동안 행복하게 살았다. 그러나 자식들이 모두 기형으로 태어나자 레이몽은 아내가 토요일마다 부정을 저질렀기 때문이라고 생각했다. 그는 결국 약속을 어기고 숨어서 아내를 감시했고, 그녀가 욕조에서 뱀으로 변해 있는 모습을 보았다. 레이몽은 그 일을 비밀로 하겠다고 결심했으나 어느 날 화가 나서 아내에게 "내 눈에서 사라져! 이 사악한 뱀아! 네가 내 아이들을 오염시켰어!"라고 소리쳤다. 그러자 멜뤼진은 기절했다가 일어나 남편의 가문을 저주하고 울면서 창밖으로 사라졌다. ed. Carl Lindahl, John McNamara, John Lindow, *Medieval Folklore: a guide to myths, legends, tales, beliefs, and customs*(Oxford; New York: Oxford University Press, 2002), pp. 130-131.

달리 '환상적'이라는 말에는 가치판단도 담겨 있었다. (무엇보다도 꿈을 매개로 출현했던) 악마의 환영일 수 있다는 오랜 의혹이 이 낱말을 무겁게 짓누르고 있었기 때문이다.[16]

제럴드 웨일스(1146~1223)는 노르만인 아버지와 웨일스인 어머니에게서 태어났다.[17] 따라서 그도 잉글랜드와 웨일스가 맞닿은 변경 출신이었다. 세인트데이비드의 주교를 지냈던 외삼촌 데이비드 피츠제럴드는 제럴드를 파리로 유학 보냈다. 웨일스로 돌아와 브레콘의 부주교가 된 제럴드는 외삼촌의 뒤를 이어 세인트데이비드의 주교가 되기를 간절히 바랐다. 그는 이 주교구를 대주교구로 승격시키고 싶어했는데, 그의 야망은 (1176년, 1198년, 1215년에) 잇달아 좌절되었다. 이루지 못한 소망은 그의 꿈에 영향을 끼쳐 (1208년에 쓴 『자서전De rebus a se gestis』과 1216년에 쓴 『비난De invectionibus』이라는) 자전적인 저작들에서 핵심 내용을 이루게 되었다. 그는 이밖에도 10편이 넘는 작품을 남겼는데, 그것들도 모두 그의 실제 체험과 밀접히 연관되어 있다. 헨리 왕자와 존 왕자를 잇달아 섬겼던 그는 1185년 아일랜드를 방문했던 경험을 『아일랜드 지리지Topographia Hibernica』로 써서 헨리 2세에게 바쳤다. 그리고 1169년에는 잉글랜드의 아일랜드 정복을 묘사한 『아일랜드 정복기Expugnacio Hibernica』를 사자왕 리처드에게 바쳤다. 1188년 캔터베리 대주교가 십자군에 참가할 지원병을 모집하기 위해 설교를 했을 때 제럴드는 그와 함께 웨일스로 갔다. 그 여행에서 탄생된 것이 (1191년의) 『웨일스 여행기Itinerarium Kambriae』와 (1194년의) 『웨일스 풍토기Descriptio Kambriae』이다.

이 저작들 가운데 어떤 것도 유령의 출현을 체계적으로 다루고 있지는 않다. 하지만 그가 방문했던 아일랜드나 웨일스에는 유령에 관한 풍습이 있었다. 그는 아일랜드 정복에 관해 서술하면서 그곳 주민들이 자신들이 본 환시나 꿈에 관해 즐겨 말하곤 하는 것에 깊은 인상을 받아 자신의 이야기에도 이 문제에 관한 논의를 포함시키기로 했다고 밝힌다. 처음에 그는 당연한 의무처럼 몇몇 고대인의 저술을 인용한다. 예컨대 발레리우스 막시무스의 이야기에서는, 어느 그리스인의 꿈에 여관 주인에게 살해된 친구의 유령이 나타나서 자신을 죽인 범인에게 복수해달라고 부탁한다. 그리고 시인 시모니데스가 물에 빠져 죽은 어떤 사람의 시신을 매장한 뒤에 꿈에서 그 사람을 보았다는 이야기도 인용한다. 시모니데스는 다음날 항해를 떠날 예정이었는데 죽은 자가 꿈에 나타나 그에게 어떤 위험이 기다리고 있는지 경고해주었다.

그러나 제럴드의 의도는 이러한 과거의 사례보다 오히려 최근에 일어난 사건을 알리는 데 있었다. 아일랜드를 정복할 때 그의 이복형제인 월터 드 바리는 전투가 시작되기 전날 밤에 (제럴드의 생모인) 죽은 의붓어머니의 꿈을 꾸었다. 그녀는 꿈에 나타나 전쟁터로 나가려는 생각을 바꾸라고 충고했다. 월터에게 꿈에 관한 이야기를 들은 그의 아버지도 죽은 아내의 조언을 따라야 한다고 설득했다. 하지만 월터는 '진실한(vrai)' 꿈의 충고에 귀를 기울이지 않았고, 그날이 가기도 전에 전사하고 말았다.

그러나 다른 경우에는 꿈은 거짓이므로 믿지 않는 것이 좋다.[18] 제럴드가 『비난』에 수록한 31편에 이르는 꿈 이야기는 모두 그 자신과 관련되어 있는데, 그가 직접 꾼 것이거나 다른 사람이 그에 대해 꾼 꿈이다. 그리고 어떤 경우든 모든 꿈들은 그가 도덕적으로 우월한 인간임을 증명하고, 그의 출세욕을 만족시키는 내용으로 되어 있다. 세인트데이비스성당 참사회원의 꿈에 나타난 유령 이야기를 예로 들어보자. 생전에 수도사였던 그 유령은 사후세계에서 비참한 상태에 놓여 있었다. 하지만 유령은 제럴드의 처지가 머지않아 좋아질 것이라는 생각 때문에 위로를 받고 있다고 밝힌다. 이 이야기를 들은 제럴드는 주저하지 않고 꿈 내용이 자신의 승진에 관한 것이라고 해석하고는 자신이 머지않아 대주교로 임명되리라고 생각했다.[19]

저버스 틸버리도 젊은 왕 헨리를 가까이에서 섬겼고, 어떤 일에 관해서든 호기심 많은 성직자의 범주에 속해 있었다. 그는 월터 맵의『궁정해학집』과 매우 유사한 성격을 지닌『재담집Liber facetiarum』[20]을 젊은 왕 헨리에게 바쳤다. 저버스는 법학을 전공했고, 이탈리아식의 교육을 받았다. 그는 볼로냐에서 로마법과 교회법을 공부했고, 1183년에 그의 최초의 후견인이었던 헨리가 죽자 잉글랜드 국왕의 조카였던 〔신성로마제국의 황제〕 오토 4세의 궁정으로 출사해 아를 왕국에서 황제의 권한을 대신하는 최고심판관을 지냈다. 그리고 시칠리아의 심판관과 프로방스 백작령의 상급재판소 심판관을 지내기도 했다. 그는 1211년에 『황제의 여흥Otia imperialia』이라는 제목의 책을 황제에게 바쳤는데, 이 책은 그가 앵글로노르만 왕국과 프로방스, 피레네 산맥, 알프스 산맥, 이탈리아 등지를 여행했을 때 수집했던 (유령이야기와 전설, 진기한 자연현상 등) 기이한 이야기들을 묶어놓은 것이다. 지형地形과 관련된 신비가 이 책의 핵심을 이루고 있는데, 특히 죽은 자와 관련된 이야기가 많다. 〔프랑스 남부〕 아를 근교 알리스캉 묘지에 묻히는 시신은 특별한 은총을 받아 '악마의 속임수'에서 벗어날 수 있다.[21] 〔이탈리아 남부〕 캄파니아 지방의 포추올리에서는 주교가 죽은 자의 영혼이 (가까운 베수비오 화산에 있다고 여겨진) 연옥에서 벗어날 수 있도록 1년 동안 기도를 한다.[22]

저버스 틸버리는 '아내였던 여자를 죽인 망자'[23]의 경우처럼 홀로 출현한 유령에게도 관심을 기울인다. 아를 백작령에 살던 기욤 드 모스티에르라는 기사는 약속을 어기면 죽는다는 가혹한 조건까지 붙여서 아내에게 자신이 죽은 뒤에도 다른 남자와 재혼하지 말도록 명령했다. 과부가 된 그녀는 몇 년 동안은 남편과의 약속을 잘 지켰다. 하지만 '죽은 자들은 해코지를 하지 못한다'는 친구들의 말에 넘어가 재혼하기로 결심했다. 교회에서 열린 결혼식을 마치고 집으로 돌아온 그녀는 함께 집에 온 다른 부인들에게 둘러싸인 채 자리에 앉아 있었다. 그런데 갑자기 그녀는 이렇게 외쳤다. "아, 애석하다. 부부의 충실한 약속을 어기다니. 남편이 절구로 나를 죽이려고 지금 여기에 와 있구나!" 죽은 자의 모습을 본 것은 그녀뿐이었다. 하지만 곁에 있던 사람들도 보이지 않는 힘이 절구를 들어 올려 그녀의 머리를 박살내는 광경을 목격했다. 그 순간에 죽은 자가 실제로 그곳에 있었음은 아내가 외친 소리로 증명되지만, 저버스가 이 이야기에서 신기하게 여겼던 것은 공중에서 저절로 움직인 것처럼 보인 절구의 이미지였다. 하지만 그에 못지않게 중요한 것은 이 이야기가 제시하고 있는 행동의 규범과 징벌의 도구이다. 이야기에서 죽은 자는 과부의 재혼에 대해서 (당시의 교회보다도 더) 엄격한 태도를 보이고 있으며, 그러한 금제를 지키게 하려고 절구라는 조리용 도구를 살상무기로 사용한다.[24] 14세기 초 이후에는 냄비나 프라이팬을 시끄럽게 두들겨 재혼을 비난하는 샤리바리라고 불리는 풍습이 생겨났는데, 거기에서도 마찬가지로 조리용 도구가 본래의 용도에서 벗어나 사용되었다.

보케르의 유령

저버스 틸버리가 묶어놓은 기이한 이야기들 가운데에서 가장 길이가 긴 것은 1211년 7월부터 9월 29일 사이에 (프랑스 남부) 보케르에 살던 소녀에게 젊은 사촌오빠의 유령이 여러 차례에 걸쳐 나타났다는 이야기이다.[25] 그 사건은 일어나자마자 큰 화젯거리가 되었으므로 당시 아를 왕국의 제국재판소 최고심판관으로 있던 저버스도 유령에 관한 소문을 듣고는 곧바로 유령과의 대담에 참석했다. 저버스는 이 이야기를 길고 자세히 다뤄 죽은 자가 이 세상으로 돌아와 산 자에게 계시를 전할 수 있다는 사실을 믿지 않는 사람들에게 반론을 가하려고 했다. 따라서 이 왕국에서는 아직 그런 생각이 보편적인 믿음으로 정착해 있지 않았다고 짐작해볼 수 있다.

작가는 죽은 자의 입을 빌려 보편신앙, 더 구체적으로는 기독교적 사후세계의 표상을 확고히 할 수 있기를 바랐다. 그러므로 이 이야기는 일종의 신학 강의이지만, 정치적 예언이라는 성격도 지니고 있다. 실제 저버스 틸버리는 유령의 출현에 관해 공식적으로 보고하면서, 황제와 직접 관련된 계시 내용에 관해서는 따로 아뢸 계획이라고 오토 4세에게 밝혔다. 이 제2의 문서는 (그것이 실제로 존재했는지도 확인되지 않고 있지만) 아직 발견되지 않고 있다. 하지만 저버스가 황제 개인을 대상으로 한 비밀 계시에 관해 언급하고 있다는 사실 자체가 13세기 초를 기점으로 당시 형성되던 국가 이데올로기에서 비술이나 점성술, 정치적 예언 등이 중요한 비중을 차지하고 있었음을 증명한다.[26]

젊은 죽은 자의 이름은 기욤이었다. 그는 (프랑스 남동부) 압트라는 마을의 훌륭한 집안에서 태어났으나 폭행사건에 연루되는 바람에 고향을 떠나 보케르에 사는 숙부한테 오게 되었다. 그리고 보케르에서 시끌벅적한 난투극에 휘말려 목숨을 잃었다. 이렇게 젊은 나이에 비명횡사한 것이 그가 죽은 뒤에 유령이 되어 이 세상으로 돌아오게 된 원인이었다. 하지만 그는 (고해와 종부성사라는) 교회의 의식을 치르고 자신을 죽인 자를 용서한 뒤에 완벽하게 기독교도다운 죽음을 맞이했다.

유령이 나타난 것은 죽은 지 3일에서 5일이 지난 뒤부터였고, 유령의 출현을 목격한 것은 그의 사촌누이인 11세의 소녀였다. 유령을 맞이하는 특권이 소녀에게 주어진 것은 젊은 두 사람의 강렬하고 순결한 사랑 때문이었다. 대부분의 유령이야기의 등장하는 상투적 어구처럼, 그녀는 죽음을 앞두고 자리에 누워 있던 사촌오빠에게 가능하다면 죽은 뒤에 자신에게 나타나 저승에서 그가 맞이한 운명에 관해 알려달라고 간청했다. 그러므로 유령의 출현은 예상된 것이었다. 죽은 청년이 사촌누이에게 다 해어진 옷을 입고 거의 벌거벗은 모습으로 나타났을 때 그녀는 침실에 등불을 켠 채 뜬눈으로 그의 방문을 기다리고 있었다. 소녀는 유령의 모습을 보고 두려워했으나, 그는 그녀를 안심시키고 대화를 시작했다. 옆방에 있던 소녀의 부모에게는 그녀의 말소리만 들렸다. 그래서 걱정이 된 부모는 소녀의 방문 앞까지 와서 성호를 그었다. 하지만 부모에게는 유령의 모습이 보이지 않았고, 유령은 곧바로 사촌누이에게 작별을 알리고 모습을 감추었다.

7일 뒤에 유령이 다시 사촌누이에게 나타났을 때 그녀의 부모는 그를 위해 기도를 올리려고 프리골레의 생미셸 수도원으로 가 있었다. 유령은 비로소 이러한 경건한 행동의 은혜에 감동하기 시작했다. 하지만 그의 곁에는 아직도 뿔이 달린 악마가 달라붙어 있었는데, 소녀가 성수를 뿌리자 그제서야 악마가 떨어져나갔다.

며칠 사이에 유령에 관한 소문이 퍼졌고, 이웃들이 달려왔다. 그 뒤 소녀는 영매가 되어 죽은 자에게 묻고 싶은 것이 있는 사람들을 위해 중개자의 역할을 했다. 맨 처음에는 저버스의 친구이자 생질에 사는 평신도였던 기사가 질문을 했다. 기사는 자신이 최근에 남모르게 가난한 사람들에게 했던 자선행위에 관해 알고 있는지를 물어 유령을 시험했고, 그 질문에 대한 유령의 대답이 맞음을 확인했다.

두 번째 질문자는 성직자였다. 마을의 한 구역, 나아가 마을 전체를 떠들썩하게 만든 유령에 관한 소문이 평신도들 사이에만 오래 머물러 있을 수는 없었다. 성직자들은 곧바로 이 사건에 관한 자신들의 권리를 주장하려고 찾아왔다. 타라스콩의 수도원장은 소녀의 중개를 통해 유령에게 질문을 던져 공박했는데, 유령의 모습을 볼 수는 없었다. (그는 까딱하면 유령의 발을 밟을 뻔했다!) 사촌누이는 유령이 이제는 성 미카엘의 보살핌을 받고 있으며, 그녀의 모친이 예전에 그가 입었던 옷을 가난한 사람에게 준 뒤로는 그 옷을 입고 있다고 말한다. 유령은 불타오르는 허리띠로 고통을 겪었으나, 생전에 그가 허리띠를 빌렸던 정당한 소유자인 압트의 한 시민에게 허리띠를 되돌려주자 고통에서 벗어났다고 밝혔다. 여기에서 우리는 이승에서 죽은 자를 대신해서 행하는 선행이 저승에서 죽은 자가 벗어난 고통과 상징적인 의미에서든 양적인 의미에서든 등가의 관계를 이루고 있음을 확인할 수 있다. 게다가 ('옷과 허리띠'라는) 물질적인 사물은 ('죽은 자가 착용하고 있는 옷과 허리띠'라는) 상상 속의 모상과 정확히 일치한다.

그 뒤 며칠 동안 소녀는 수도원장과 이름이 밝혀지지 않은 다른 교양 있는 사람들을 대신해서 죽은 자와 계속 대화를 나누었다. 이 대화는 "학식이 풍부하고 품행이 단정하며 신을 경건하게 섬기는" 어떤 사제가 중개자 없이 직접 유령한테 말하면서 새로운 국면으로 접어들었다. 그 뒤 죽은 자와의 대화는 '신의 은밀한 계획'까지 다루는 고상한 논의로 바뀌었다. 끊임없이 이어진 짧은 질문과 대답은 심문(inquisitio)의 양상을 띠고 있는데, 저버스 틸버리는 사제의 구술을 기초로 자초지종을 글로 남겼다. 직접 그곳에 올 수 없었던 오랑주의 주교 기욤은 사람을 시켜 질문을 적은 글을 보내오기도 했는데, 유령은 보기도 전에 이미 그 내용을 알고 있었다고 한다.

유령이 전해준 계시에서 가장 중요한 부분은 죽음 이후에 맞이하는 망자의 운명에 관한 것이다. 유령의 증언과 비교하거나, 아니면 그것을 뒷받침하려고 저버스는 여러 차례 교황 그레고리우스 1세의 『대화』를 언급한다. 하지만 그는 그레고리우스 1세의 권위에 무조건 굴복하지만은 않는다. 저주받은 자들과 구원을 약속받은 자들의 영혼은 죽은 뒤에 최후의 심판을 기다리면서 어디에 머무르는가? 저버스는 이런 곤란한 문제에 관해서는 그레고리우스 1세의 저작에서 명확한 답을 얻을 수 없으므로, 죽은 자가 전해준 계시의 내용에 특별히 주의를 기울여야 한다고 생각한다. 이런 문제에 관해서는 죽은 자가 "경험을 바탕으로 더 많이 알고 있기 때문이다."

유령은 우선 '죽음의 공포'를 뒷받침하는 말을 한다. 유령은 소녀에게 '죽음'이라는 말을 듣는 것만으로도 견디기 어려우므로 '타계'라는 말로 계속 완곡하게 표현해 달라고 부탁한다. 마카브르*와 '죽음의 공포'가 유행하기 전에도 필리프 아리에스가 말한 이른바 '길들여진 죽음'에는 한계가 있었음이 분명하다. 유령은 숨이 끊어질 때의 마지막 고통을 잊지 못한다. 그는 선한 천사와 악한 천사가 자신의 영혼을 놓고 다투다가 결국에는 선한 천사가 자신의 영혼을 인도하는 것을 보았다. 이러한 다툼은 영혼에 내려지는 개별의 심판을 대신하는 것이었는데, 여기에서는 그리스도의 중재나 성모의 중재도 언급되지 않고 있다. 세상을 떠난 뒤 죽은 자의 영혼은 4일이나 5일 동안 떠돈다. 이것은 대체로 유령이 사촌누이에게 처음 나타날 때까지 걸린 시간에 해당한다. 요컨대 여기에서는 [프랑스 남서부] 몽타이유의 어느 영매도 밝혔던 '유령의 배회'가 다시 문제로 되고 있는데, 이것은 죽은 뒤에 영혼이 곧바로 연옥으로 간다는 사고방식과는 대립된다. 그러나 보케르에서는 이러한 배회가 다음 만성절을 기다릴 필요 없이 겨우 며칠 만에 끝나버린다.

이것 말고도 보케르의 유령이 말한 사후세계에는 몇 가지 특이한 점이 있다. 성인이 아니고 지옥으로 떨어지지도 않은 망자의 영혼은 며칠 뒤에 (13세기 초 이후에 불리게 된 명칭으로는) 연옥에 도달한다. 연옥은 공중에 있는데, 이것은 연옥의 위치로 제시되곤 했던 몇몇 장소들 가운데 하나이다. 이 이야기의 고유한 논리에 따르면 연옥은 무엇보다도

---

* 마카브르(macabre) : 해골이나 시체 등 죽은 사람의 모습이나 죽음과 연관된 상징들을 문학이나 그림으로 표현하는 사체 취미의 경향이다. 해골이나 시신들이 춤을 추거나 행진하면서 다양한 계층의 사람들을 무덤으로 인도하는 '죽음의 무도'라는 소재가 널리 알려져 있다. 14~15세기에 흑사병과 백년전쟁으로 죽음의 불가피성에 대한 인식이 높아지면서 성행하기 시작했으며, 16세기까지 문학·음악·건축 등 다양한 분야에서 폭넓게 나타났다. 19세기 낭만주의의 확산과 함께 다시 유행하기도 했다.

영혼이 잠시 머무는 임시거처이다. 실제로 유령은 2개의 다른 공중 임시거처가 있다고 증언한다. 지옥으로 떨어진 자들에게는 '공중의' 지옥이 최후의 심판 뒤에 가게 될 지하지옥의 맛보기이다. 의인들은 '아브라함의 품'으로 들어가게 되는데, 이것은 최후의 심판으로 성인들이 본연의 영광스런 신체를 되찾고 신의 완전한 모습을 직접 볼 수 있게 되는 '본' 천국의 맛보기라 할 수 있는 공중의 '예비' 천국이다.

이 이야기에 묘사되어 있는 사후세계의 모습은 당시 교회가 일반적으로 인정하고 있던 내세의 이미지와는 다른 몇 가지 특징을 지니고 있다. 먼저, 이 이야기에서는 영혼이 죽은 뒤에 가는 장소가 3개가 아니라 5개이다. 그리고 성인을 위해서도 연옥과 같은 장소가 존재하고, 그들조차도 단계적으로만 〔신을 직접 마주하며 천국의 행복을 누리는〕 지복직관(Visio Beatifica)에 도달할 수 있다는 사고방식이 엿보인다. 이와 같은 생각은 1세기 뒤에 커다란 논쟁을 일으켜서 같은 지역에 있던 아비뇽 교황청을 떠들썩하게 만들었다.* 그러나 보케르의 유령은 이견을 인정하지 않는 모습은 아니다. 오히려 유령은 모호하게 말하는 경우가 많은데, 연옥이 천국에서 멀리 떨어져 있다고 밝히기도 하고, 연옥이 천국과 지옥 모두에 가깝다고 말하기도 한다.

유령은 자신의 체험을 말하고 있으므로, 공중의 연옥에 있는 영혼의 상태에 관해 유독 자세히 말한다. 그 '장소'는 지상처럼 시간의 지배를 받아 (지상의 밤만큼 캄캄하지는 않지만) 낮과 밤이 교차한다. 그리고 고통에 시달리는 영혼에게는 토요일 저녁부터 일요일 저녁까지 안식일의

---

* 아비뇽의 제2대 교황인 요하네스 22세(재위 1316~1334)의 재위 기간에 벌어진 논쟁을 가리킨다. 요하네스 22세는 1331년과 1332년의 설교에서 아무리 성인이라 할지라도 최후의 심판을 받은 뒤에야 지복직관이 허락된다고 주장했다. 이러한 교황의 주장은 신학자들 사이에 격렬한 논쟁을 불러일으켰다. 결국 아비뇽의 제3대 교황인 베네딕투스 12세(Benedictus XII, 재위 1334~1342)는 의로운 영혼은 죽음 이후에 곧바로 지복직관에 이르게 된다는 칙서를 1336년에 발표해 논쟁을 종식시켰다.

휴식이 주어진다. 해마다 (9월 30일인) 성 미카엘의 축일에도 마찬가지로 휴식을 취할 수 있다. 성 미카엘은 특정한 천사를 가리키는 것이 아니라, 고통 받는 영혼을 수호하는 역할 자체를 뜻하는 이름이다. 요컨대 모든 영혼에게는 각각의 '성 미카엘'이 딸려 있다. 기욤의 유령에 딸려 있는 성 미카엘은 사촌누이와 사제에게 어떻게 대답하면 좋을지 그의 귓가에서 속삭이며 알려준다. 유령은 교황 그레고리우스 1세의 『대화』에 나오는 내용에 기초해서 연옥의 불은 형체가 있지만 그것으로 고통을 받는 영은 형체가 없다고 말한다. (여기에서 아우구스티누스의 영향이 드러나는데) 유령은 본연의 육체를 지니고 있지 않으며, 단지 '육체의 모상(effigiem corporis)'일 뿐이라는 것이다. 그렇지만 육체적인 행위에 반응하는 모든 감각을 잃은 것은 아니다. 예컨대 사제가 유령의 어깨에 (성직자가 목에 걸쳐 늘어뜨리는 띠 모양의 천인) 영대를 걸려고 했을 때 유령은 그 무게를 견딜 수 없었다.

유령이 연옥에서 겪는 고통은 서서히 줄어드는데, 산 자가 하는 기도와 자선, 미사, 성수뿌리기 등의 행위는 그 과정을 더욱 줄여준다. 앞서 보았듯이 나중에 출현했을 때 유령의 모습이 좋게 바뀌는 것은 산자가 행한 중재의 효과로 저승에서 그의 처지가 좋아졌음을 뜻한다.

유령은 스스로 예언능력이라고 말하지는 않지만, 인간의 능력을 뛰어넘는 뛰어난 예지력을 지니고 있음을 집요하리만치 강조한다. (수도원장이 보케르의 마을로 들어와서 학교 교사와 와인을 마신 모습을 보았듯이) 죽은 자의 영혼은 지상에서 일어나는 모든 사건들을 볼 수 있다. (기욤은 사촌누이의 비밀을 수도원장에게 밝히려 하지 않았지만) 죽은 자의 영혼은 산 자의 마음속까지도 알 수 있다. (유령이 중개자인 사촌누이를 통해서 자신의 숙부와 사촌형제에게 아비뇽에서 그들을 습격하려고 음모를 꾸미던 적들의 존재를 미리 경고할 수 있었던 것처럼) 죽은 자의 영혼은 미래의 사건도 예견할 수 있다. 죽은 자의 영혼은 (지상에서 만난 적이 없으면 누군지 알지는 못하지만) 다른 죽은 자의 영혼이 찾아오는 것도 알아챈다. 그들은 공중의 연옥에서 서로의 모습을 확인하지만 지상에서 이미 본 적이 있는 경우에만 누군지 알 수 있다. 죽은 자의 영혼은 지옥으로 떨어진 자가 겪는 시련과 축복받은 자의 환희를 목격한다. 그리고 축복받은 자와 함께 신의 영광을 기리는 찬송가를 부른다. 죽은 자의 영혼은 신과 성모도 볼 수 있지만, 연옥에서 벗어났거나 최후의 심판을 받은 뒤가 아니면 신과 성모를 또렷하게 직관하지는 못한다.

유령은 대부분 산 자가 알지 못하는 사이에 그들의 곁에 나타난다. 하지만 신의 허락을 받으면 유령은 동시에 두 곳에, 심지어 다른 방법으로 출현할 수도 있다. 어떤 날 사제가 론 강 부근에서 졸고 있을 때 꿈에 유령이 나타나 그를 깨웠다. 같은 순간에 유령은 눈을 뜨고 있던 보케르의 사촌누이에게도 나타나 사제에게는 다른 영으로 알렸으므로 느지막이 찾아올 것이라고 알려주었다. 실제로는 그 자신이 동시에 두 곳에 나타난 것인데, 사촌누이에게는 사제가 낮잠을 자고 있었다는 사실을 밝히지 않았던 것이다.

유령은 저승의 비밀을 밝히는 것만으로는 만족하지 못한다. 유령은 육체적인 것보다 영적인 것에 관해 더 즐겨 말했지만, 산 자의 사회에 관해서도 나름의 판단을 내린다. 자신만 사랑하도록 사촌누이에게 요구하고, 순결을 잃으면 다시는 그녀를 찾지 않겠다고 경고하는 유령의 말 속에서는 도덕적인 질서가 엿보인다. 유령이 내세운 엄격한 요구에는 민간전승에서 젊은 여성의 처녀성에 부여했던 카리스마적인 능력이 반영되어 있다. 더 심층적인 정서의 측면에서 유령의 요구를 이해해볼 수도 있을 것이다. 그것은 마음속으로 처음 사랑의 감정을 품었던 남성에 대한 소녀의 은밀한 정절의 서약이 죽은 자의 입을 빌려서 표현되고 있는 것처럼 보이기도 한다.

당시 교회가 규정하고 있던 교리나 신조를 기준으로 살펴보면 이 문

헌은 총체적으로 어떻게 평가될 수 있을까? [프랑스의 중세사학자] 앙리 브
레스크는 사제의 영대를 '악마의 멍에(vinculum diaboli)'라고 부른 유령
의 말에서 이단의 영향을 읽어낸다.[27] 하지만 유령이 사용한 표현은 사
제와 악마를 동일시하고 있는 것이 아니다. (만약에 그랬더라면 신성을 모
독하는 발언으로 여겨졌을 것이다.) 오히려 사제가 영대를 사용해서 악마
를 구속할 수 있음을 뜻한다. 유령은 전혀 흠잡을 수 없는 정통 신앙의
소유자이다. 사제가 (때마침 같은 시대에 지리상으로도 매우 가까운 곳에서
일어난 사건인) 알비파*에 대한 박해를 어떻게 생각하느냐고 묻자, 유령
은 신의 뜻에 그보다 더 잘 부합되는 일은 없을 것이라고 대답한다. 그
리고 화형대의 불도 이단자를 기다리는 지옥의 불에 비하면 보잘것없
다고 덧붙인다.[28]

하지만 그는 성인을 숭배하거나, 기원과 감사를 위해 재물을 기부하
거나, 수호천사의 존재를 믿거나, 집에 보관하고 있는 나무십자가와
성수를 악마 퇴치의 용도로 사용하는 것에 대해서는 너그러운 태도를
보인다. '민속신앙'을 연구하는 역사가들에 따르면, 그러한 관습과 도
구가 실제로 사용된 증거는 더 뒷시대가 되어서야 비로소 많이 발견된
다. 그런데도 유령은 그것들에 관해 자세히 묘사하며 언급하고 있다.
각각의 기독교도들에게 개별적으로 도움을 주는 수호성인에 관한 유
령의 말은 특히 독창적이다. (그 지방의 성인 이름에서 따온 것이 많은) 개
인의 이름과 수호성인과의 사이에 특별한 관계가 인정되지 않는 한,

* 알비파(Albigeois) : 12~13세기 프랑스 남부에서 성행한 이단 분파로 카타르파
(Cathares)라고도 불린다. 동유럽에서 건너온 이원론 교리체계에 교회 개혁을 향한 서
유럽 사회의 열망이 더해지면서 생겨난 종파이다. 프랑스 남부에서 다양한 계층에게
폭넓은 호응을 얻었으나 정통 가톨릭 교리와 다른 교리, 프랑스 북부와 남부 사이의
갈등, 이단탄압을 정치적으로 이용하려 했던 지배세력 등의 요인 때문에 박해의 표적
이 되었다. 13세기 초 로마 교회와 왕을 중심으로 한 프랑스 북부세력은 군대와 이단
재판관으로 이루어진 '알비 십자군'을 조직해 이들을 대대적으로 탄압했다.

모든 사람들은 자신의 수호성인이 누구인지 알아두고 그들에게 보살 핌을 빌어야 한다고 유령은 밝힌다. 숙부와 사촌형에게는 각각 성 귈 레무스*과 (아비뇽 다리의 건설자인) 성 베네제**에게 기도하라고 중개자 인 사촌누이를 통해서 조언한다.

저버스 틸버리의 이야기는 상세한 심문의 형태로 전해지는데, 거기 에서 우리는 한 집안에서 일어난 사건이 소문의 힘으로 사회적인 사건 으로 커진 모습을 확인할 수 있다. 그리고 그 한편의 이야기는 서로 이 질적이지만 반드시 모순적이지만은 않은 다양한 관습과 신앙들을 통 합하고 있다. 그레고리우스 1세에 관한 명확한 언급과 지복직관에 단 계적으로 도달한다는 생각에서 드러나듯이 뚜렷하게 학문적 전통에서 비롯된 것도 있다. 하지만 젊은 여성의 처녀성에 특별한 가치를 부여 한다거나 죽은 자의 영혼이 배회한다는 사고방식에서 드러나는 것처 럼 '민간' 신앙을 표현하고 있는 것도 있다. 13세기와 14세기에 교회는 민간에 퍼져 있는 이러한 사고를 배격하기 위해 온힘을 기울였다.

저버스의 이야기가 흥미로운 또 하나의 중요한 이유는 유령이 증언 을 하면서 자주 망설이고 있다는 점이다. 연옥의 위치를 말할 때는 유 독 그런 느낌이 강하다. 이런 망설임은 문화가 서로 다른 계층 사이에 서 생긴 부조화를 표현하고 있는 것일 수 있다. 동시에 13세기 초에는 저버스 틸버리와 같은 지식인에게도 여전히 연옥에 대한 여러 가지 표

---

* 성 귈레무스 젤로넨시스(St. Guillelmus Gellonensis, 750?~812?) : 북프랑스에서 태 어나 남프랑스에서 활동한 성인으로 기욤 드 겔론(Guillaume de Gellone)이라고도 불 린다. 12~13세기 유행한 무훈시들에서 카롤루스 대제에게 충성하는 전쟁영웅이자 이 교도들을 무찌르는 종교영웅으로 등장한다. 귈레무스는 중세에 폭넓은 인기를 누려 그의 유해가 보관되어 있다고 알려진 생길렘르데제르(Saint-Guilhem-le-Désert) 수도 원은 주요 순례지 가운데 하나였다.
** 성 베네제 다비뇽(St. Bénézet d'Avignon, 1165~1184) : 남프랑스 출신의 성인이다. 본래는 양치기였으나 1177년에 신의 계시를 받고 홀로 거대한 돌들을 날라 아비뇽에 론 강을 건너는 다리를 세웠다고 전해진다.

상이 유연하게 서로 공존하고 있었음을 알려주는 것이기도 하다.

　그러나 이 이야기에서 다른 어느 것보다 중요한 것은 11세의 소녀가 맡았던 역할이다. 학식 있는 작가가 대신 라틴어로 전하고 있지만, 그녀가 겪은 일이 진실임은 의심의 여지가 없다. 소녀는 젊은 사촌오빠를 소중히 여기고, 아마 변치 않을 사랑을 맹세했을 것이다. 저버스의 이야기는 그녀가 사촌오빠의 갑작스런 죽음으로 마음에 깊은 상처를 입었다는 사실을 충분히 전해준다. 그녀는 착란 상태에서 처참하고 잔인한 죽음으로 중단된 사촌오빠와의 대화를 이어가려고 한다. 하지만 그녀가 살고 있던 사회에서는 죽음이 계속해서 '개인적인' 일로만 머물지 않는다. 소문이 재빨리 세상으로 퍼져가고, 사람들에게는 예정된 역할이 저절로 할당된다. 소녀는 영매의 기능을 떠맡게 되고, 처음에는 가까운 사람들 사이에서만 공유되었던 그녀의 계시는 곧바로 성직자들에게 수집되고 이용된다. 그런 성직자들 가운데 한 사람은 사후세계에 관한 여러 사실들을 적절하게 옮기기 위해 그녀의 대역이 되기도 한다. 이 놀라운 사건에 매료된 저버스 틸버리는 그런 일들이 벌어지는 동안 미래에 관한 예언을 주의 깊게 듣고, 그것을 주군인 황제에게 전하려고 노력한다.

＊　　＊　　＊

　민간에 전승되었던 기이한 이야기는 정치적인 기이한 이야기로 변형될 가능성을 지니면서 다른 전통, 곧 국왕이나 황제, 교황 등 이 세상의 군주들을 향한 계시의 전통으로 이어졌다. 그것들에서는 사후세계의 환시, 예언, 그리스도와 천사의 출현이 중요한 역할을 맡았고, 중세 말기의 사람들은 유령한테 점점 더 귀를 기울이게 되었다.

5

헬레퀴누스 일당

기이한 이야기는 홀로 출현하는 유령만 다루고 있지는 않다. 거기에는 무리를 지어 나타나는 죽은 자들에 관한, 훨씬 더 흥미로운 민간전승도 포함되어 있다. 12세기에 들어서면서 그러한 문헌들에는 '헬레퀴누스 일당'이라는 이름이 등장하기 시작한다. 그 이름은 다양한 형태로 바뀌어 지금까지도 전해지고 있는데, 가장 먼저 그 이름을 언급한 것은 앵글로노르만의 수도사인 오더릭 비탈리스(1075~1142)이다.

오더릭 비탈리스의 증언

오더릭의 아버지는 원래 [프랑스 중북부] 오를레앙에서 태어난 성직자였지만, 잉글랜드 정복 이후에는 [잉글랜드 중남부] 머시아에 정착한 노르만인 귀족을 섬겼다. 오더릭은 웨일스와 맞닿아 있는 그 지역에서 태어나 유년기를 보냈다. 10세가 되던 때에 그는 노르망디와 연이 닿아 있던 아버지의 뜻에 따라 [프랑스 북부] 리지외 교구에 있는 생테브룰 수도원으로 보내졌다. 그 뒤 오더릭은 이 수도원에서 삶을 보냈다. 오더릭이 살았던 시대에 생테브룰 수도원은 (굴리엘모 다 볼피아노에 의해 개혁된) 페캉 수도원과 클뤼니 수도원의 영향을 받아 노르망디 지역의 수도원 개혁에서 중요한 구실을 했다. 오더릭은 1132년에 가경자 피에르가 수도원장으로 있던 클뤼니 수도원에 사절로 파견되기도 했다.[1] 당시 생테브룰은 수도원의 독립을 위협하는 두 세력에 맞서고 있었다. 하나는 리지외의 주교였고, 다른 하나는 인근 지역의 영주들이었는데, 영주들 가운데에서도 로베르 드 벨렘이 특히 두려운 상대였다.

　오더릭은 생테브룰 수도원에서 『교회사Historia Ecclesiastica』를 집필하기 시작했는데, 그것은 노르만인의 역사를 13권에 이르는 방대한 분량으로 기록한 것이었다. 그는 이 역사서가 베다의 『교회사』가 잉글랜드인에게 했던 것과 같은 역할을 노르만인에게 할 수 있기를 바랐다.[2] 오더릭은 기록된 자료를 수집해서 정리했을 뿐 아니라, 3권에서는 그 시대에 입으로 전해지던 증언들도 많이 실어 놓았다. 정보를 제공해준 것은 주로 생테브룰의 수도사들이었지만, 인근 지역의 귀족과 기사들의 증언들도 수록했다. 오더릭은 노르망디에 관한 기억에서는 귀족과 기사가 가장 좋은 정보원들이고, 그들이야말로 기억의 뼈대를 이루고 있는 정복과 방어, 전쟁과 동맹, 지위계승 등을 이야기하기에 가장 적합한 인물들이라고 생각했다.[3] 노르만인의 역사에서 중요한 역할을 맡았던 것은 원래부터 대공과 귀족들이 아니었던가? 오더릭은 자신의 개인적인 추억도 소재로 활용했다.[4] 그는 1123년에서 1137년 사이에 작품의 대부분을 썼고, 우리의 논의와 직접 연관된 제8권의 중요한 부분은 1133년부터 1135년 사이에 집필했다.[5]

　제8권 16장과 18장의 서두 부분에서 오더릭은 로베르 드 벨렘이 약 45년 전에 저질렀던 여러 가지 나쁜 짓을 잇달아 기록하고 있다. 로베르는 참으로 끔찍한 영주였는데, 오더릭은 그에 관해 극악한(pessimus) 몹쓸 인간(nequissimus)이라고 말한다. (죄수들을 학살한) 그의 어머니 마벨 정도만 잔인한 면에서 그와 견줄 수 있었다. 로베르 드 벨렘은 1091

년에 쿠르시를 포위해 자신의 맞수이자 생테브룰의 보호자였던 위그 드 그랑메닐을 공격했다. 이런 배경 속에서 같은 해 같은 지역에서 나타난 헬레퀴누스 일당의 이야기가 언급되고 있는 것이다.[6]

오더릭은 목격자인 젊은 사제에게서 직접 이야기를 들었다. 발슐랭 이라는 이름의 그 사제는 앙제의 생토뱅 수도원에 속한 본느발 교회에서 복무하고 있었다. 그는 1091년 1월 1일 밤에 그의 교구에 있는 병자를 돌보고 홀로 돌아오는 길에 마을에서 멀리 떨어진 곳에서 '대규모 군대'가 가까이 다가오는 무시무시한 소리를 들었다. 그는 로베르드 벨렘의 군대가 쿠르시를 공격하려고 이동하고 있다고 생각했다. 그날 밤은 달빛이 환했고, 젊은 사제는 용감하고 건장했다. 그는 네 그루 모과나무 뒤로 몸을 숨겼다. 그리고 필요하다면 상대와 싸워 자신을 지키겠다고 단단히 마음을 먹었다. 그 때 그의 앞에 곤봉을 든 거인이 나타나서는 '군대(exercitus)'가 차례로 무리를 이루어 지나갈 때까지 그곳에서 꼼짝하지 말고 있으라고 발슐랭에게 명령했다.

맨 처음 나타난 무리는 가장 잡다한 사람들로 이루어져 있었다. 그들은 '걸어서 이동하는 대규모 집단'으로 온갖 집기와 옷가지를 실은 가축을 이끌고 있었는데, 자신들이 빼앗은 물건의 무게를 견디지 못하는 노상강도 무리처럼 보였다. 그들은 신음소리를 내면서 잰걸음으로 지나갔는데, 사제는 무리 안에서 죽은 지 얼마 지나지 않은 이웃들의 모습을 발견했다.

그 다음에 나타난 것은 '상여꾼들의 무리(turma vespillionum)'였는데, 대열에는 거인들도 있었다. 그들은 둘씩 짝을 이루어 50대의 상여를 옮겼는데, 상여 위에는 머리가 괴상망측하게 크고 항아리(dolium)처럼 생긴 난장이들이 타고 있었다. 그리고 검은 악마와 같은 형상을 한 2명의 에티오피아인이 거대한 통나무를 들고 지나갔다. 그 위에는 악마가 끔찍한 몰골을 하고 앉아서는 나무에 묶여 있는 어떤 남자의 허리와 등을 새빨갛게 달군 박차로 때리고 있었다. 불쌍한 남자는 상처를 입고 고통을 참지 못해 비명을 질러댔다. 발슐랭은 그 가여운 남자를 본 적이 있었다. 남자는 2년 전에 에티엔이라는 이름의 사제를 살해하고 속죄하지 않은 채 죽은 자였다.

그 뒤로는 말에 올라탄 여자의 무리가 지나갔다. 그녀들은 불에 달구어진 못이 솟아 있는 안장 위에 비스듬히 앉아 있었는데, 참혹하게도 바람이 쉬지 않고 그녀들을 〔50센티미터 정도인〕 1큐빗*의 높이로 들어올렸다가 안장 위로 떨어뜨렸다. 가슴에는 불로 시뻘겋게 달궈진 못이 몇 개나 박혀 있었고, 그녀들은 그 못 때문에 비명을 질러대면서 자신들이 저지른 잘못을 고백하고 있었다. 발슐랭은 그 여자들의 무리에서도 아는 몇몇 귀부인들의 모습을 찾아냈는데, 모두 방탕하고 사치스럽기 짝이 없는 삶을 살았던 사람들이었다.

겁에 질린 사제는 그 다음에는 지팡이**를 치켜든 주교와 수도원장에게 인솔되고 있는 '성직자와 수도사의 무리'를 보았다. 재속 성직자들은 검은 망토를 걸쳤으며, 수도사들은 두건이 달린 검은 수도복을 입고 있었다. 자신들의 불행한 처지를 한탄하던 그들은 발슐랭의 이름을 부르며 자신들을 위해 기도해달라고 간청했다. 사제는 무리에서 (1077년에 죽은) 주교 위그 드 리지외와 (1089년에 죽은) 생테브룰의 수도원장 메네, 생방드릴의 수도원장 게르베르 등 생전에 그에게 존경을 받았던 사람들의 모습을 발견하고는 무척 놀랐다. 하지만 신만이 인간의 깊은 속마음을 알아채서, 죄인을 '연옥 불길의 정화작용'에 맡기는 결정을 내릴 수 있는 법이다.

---

* 큐빗(Cubit) : 가운뎃손가락 끝에서 팔꿈치까지를 기준으로 삼는 길이의 단위이다. 고대 근동과 유럽 지역에서 사용되었으며, 지역과 시대에 따라 구체적인 수치는 45~53cm로 다양하게 적용되었다.
** 교구 통치와 권위의 상징인 지팡이를 가리킨다. 기독교도들에 대한 사목의 권한을 나타내기 때문에 '사목의 지팡이(Baculus pastoralis)'나 목장(牧杖)이라고 불린다.

다음에 나타난 무리는 그들에 대한 묘사가 가장 많은 분량을 차지한 것이 충분히 납득될 정도로 훨씬 더 무시무시하다. 그들은 온몸을 검은 옷으로 감싸고 불을 내뿜고 있는 '기사 군대(exercitus militum)'였다. 그들은 마치 전쟁터에 나가는 것처럼 커다란 전투마를 타고는 온갖 무기와 검은 깃발을 들고 있었다. 사제는 그들의 무리에서 백작 질베르 드 브리온의 자식들 가운데 '최근에' 죽은 리샤르 드 비앵페트와 보두앵 드 묄, 그리고 오르벡의 '자작이자 후견인'이었던 랑드리의 모습을 보았다. 죽은 지 1년도 되지 않은 랑드리는 자신의 아내에게 전령으로 가라고 발슐랭에게 호통을 치며 명령했다. 하지만 주변의 유령들은 그를 타락하고 인정머리 없는 벼락출세한 자라고 부르면서 거짓말쟁이의 말에는 귀를 기울일 필요가 없다고 발슐랭에게 충고했다.

수천 명의 기사들이 지나간 뒤에 발슐랭은 자신이 본 자들이 '헬레퀴누스 일당(familia Herlechini)'이라는 사실을 깨달았다. 많은 사람들이 그 무리를 보았다고 했지만, 그는 그 말을 믿지 않거나 어리석은 소리라고 비난해왔다. 자신이 본 것이 진실임을 입증할 확실한 증거(certum specimen)를 가지고 돌아가지 않으면, 이번에는 자신이 불신을 당하게 될 것이 불 보듯 뻔했다. 그래서 그는 기사가 타고 있지 않은 검은 말 한 마리를 붙잡아 가려고 했다. 첫 번째 말을 놓친 그는 두 번째 말이 다가오자 앞길을 막아섰다. 말은 그를 태우려는 듯이 멈춰 서서는 코에서 떡갈나무만 한 커다란 불길을 구름처럼 뱉어냈다. 사제는 등자에 발을 올리고 고삐를 쥐었으나 곧바로 발에 타는 듯한 통증이 느껴졌으며, 손에는 말로 표현하지 못할 차가운 기운이 느껴졌다. 하는 수 없이 말을 놓아주자 4명의 기사가 뛰쳐나와 자신들의 재산을 도둑질하려 했다며 그를 나무랐다. 그리고 그에게 따라오라고 명령했다.

하지만 그때 네 번째 기사가 중재를 하였다. 사제를 시켜서 자신의 아내와 자식들에게 말을 전하려고 했기 때문이었다. 발슐랭이 그가 누군지 모른다고 말하자, 기사는 옛날 기욤 드 브르퇴유와 그 아버지인 기욤 헤리퍼드 백작의 시종이었던 바르농 드 글로의 아들 기욤 드 글로라고 자신을 소개했다. 고리대에 손을 댄 것이 기욤이 저지른 가장 큰 잘못이었다. 그는 담보로 잡았던 제분기를 부당한 방법으로 차지하고는 빌려준 돈을 돌려받기 어렵다는 사실을 알고 자신의 상속인들에게 그것을 유산으로 물려주었다. 그 대가로 그는 제분기의 쇠로 된 중심축을 입으로 물어서 옮기고 있었다. 쇠는 검붉게 달궈져 있었는데, 그는 그것이 "루앙의 탑보다도 무겁다"고 말했다. 기사는 발슐랭에게 자신의 아내인 베아트리체와 아들인 로제에게 가서 자신의 영혼을 구원하기 위해 제분기를 원래 소유자에게 돌려주라는 말을 전해달라고 부탁했다. 하지만 사제는 죽은 자를 만났다는 사실을 알리려고 하지 않았다. 그는 기욤 드 글로의 아내와 아들에게 이미 죽은 그를 만났다고 해봤자 미친 사람 취급만 받게 될 것이라고 말했다. 그러자 죽은 자는 징표가 될 만한 여러 일들을 알려주었고, 사제는 그것을 들은 뒤에야 비로소 설득되어 유족에게 전해야 할 말에 귀를 기울였다. 하지만 발슐랭은 다시 생각을 바꾸었다. 죄 지은 자의 전령이 되는 것을 탐탁지 않게 생각했기 때문이다. 죽은 자는 분노에 휩싸여 타오르는 듯한 뜨거운 손으로 발슐랭의 목을 움켜쥐었다. 그래서 사제의 목에는 죽은 자의 출현이 진짜임을 뒷받침하는 징표로 지워지지 않는 화상자국이 남게 되었다. 사제가 성모의 이름을 부르자, 한 명의 기사가 칼을 높이 치켜들고 끼어들면서 네 명의 기사를 향해 자신의 동생을 죽일 작정이냐고 힐책했다. 그제서야 죽은 자는 움켜쥐었던 손을 풀었다.

새로 등장한 기사는 자신이 발슐랭의 친형이자 로돌프 르 블롱의 아들인 로베르라고 자신의 이름을 밝혔다. 그는 자기 말이 진실임을 보여주는 '징표(signa)'로 어린 시절의 추억을 말해서 발슐랭에게 둘이 공유하고 있는 과거의 기억을 상기시켰다. 발슐랭은 그 일들을 잘 기억하고 있었지만, 마치 생각나지 않는 것처럼 행동했다. 형은 배은망덕하다고 그를 책망했다. 부모가 죽은 뒤에 발슐랭이 프랑스로 건너와 공부할 수 있었던 것은 형 덕분이 아니었던가? 발슐랭은 울음을 참지 못하고 마침내 그 기사가 자신의 형이라는 사실을 인정했다. 기사는 발슐랭이 (아직 아무도 감히 시도한 적이 없었던) 죽은 자의 재산(res nostras)을 훔치려 했던 행위 때문에 죽은 자와 마찬가지의 고통을 맛봐야 했으나, 그 날 부른 미사곡이 그를 살렸다고 말했다. 죽은 형은 매우 무겁고 타는 듯이 뜨거운 무구를 몸에 지니는 벌을 받고 있었다. 로베르는 발슐랭이 잉글랜드에서 사제 서품을 받고 맨 처음 미사곡을 불렀을 때 그들의 죽은 아버지 로돌프가 저승의 고통에서 해방되었다고 말했다. 형도 그 순간에 그를 괴롭히고 있던 방패에서 벗어날 수 있었다. 하지만 그는 여전히 뜨겁게 달궈진 칼을 들고 있었는데, 그 해가 가기 전에 그 고통에서도 벗어날 것이다. 그런데 그의 박차는 말라붙은 핏덩어리로 덮여 있었다. 발슐랭이 그 까닭을 묻자 기사는 그것이 피가 아니라 불이며, '성 미카엘 산보다도 무겁게' 느껴지는 그 불로 자신이 생전에 경솔하게 사람을 죽이고 피를 흘린 것에 대한 벌을 받고 있다고 알려주었다. 마침내 대화를 마치고 죽은 자의 대열로 돌아가야 했던 기사는 동생에게 자신의 일을 결코 잊지 말고, 다음 종려주일*로부터 1년 안에 자신이 고통에서 벗어날 수 있도록 기도와 자선으로 중재를 해달라고 부탁했다.[7] 그리고 기사는 발슐랭도 이 세상을 떠날 날이 멀지 않았으니 참회를 해야 하며, 이 날 보고 들었던 일을 3일 동안은 아무한테도 말해서는 안 된다고 했다. 그리고 이 말을 마지막으로 남기고 로베르는 사라졌다.

---

* 종려주일(Dimanche des Rameaux) : 예수가 십자가의 고난을 앞두고 예루살렘에 입성한 것을 기념하는 날로 부활절 1주 전의 일요일이다. 기독교에서는 이 날부터 7일 동안을 성주간이나 고난주간이라고 부르며 예수의 수난과 죽음, 부활을 기린다.

그 날부터 1주일 동안 사제는 매우 심하게 앓았다. 병에서 회복되자 그는 자신을 몸소 간병해주었던 주교 질베르 드 리지외에게 그 이야기를 했다. 발슐랭은 그 뒤 15년 정도를 더 살았다. 그래서 오더릭 비탈리스는 그에게 직접 이야기를 들을 수 있었고, 죽은 기사의 손이 닿았던 곳에 남은 끔찍한 화상자국도 직접 보았다. 오더릭은 자신이 사제의 증언을 충실히 글로 남긴 것은 독자들을 교화하기 위해서라고 밝힌다. 그리고 중단했던 쿠르시 포위사건 이야기로 다시 돌아간다.

헬레퀴누스 일당에 관해 기록한 이 최초의 증언은 다양하게 해석할 수 있다.[8] 오더릭의 연대기 안에 포함되어 있다는 점에서 이 이야기도 앵글로노르만인 성직자들이 관심이 많았던 기이한 이야기의 하나라고 볼 수도 있다. '헬레퀴누스 일당'이라는 명칭 자체도 그렇고, 네 그루의 모과나무라는 세부 묘사나[9] '영혼의 전령'이라는 젊은 사제의 역할도 이 문헌의 민간전승적인 측면을 부각시킨다. 하지만 작가와 기록된 언어, 지옥의 온갖 고통들이 '콩크 성당의 〔문 위 반원형으로 된 부분인〕 팀파눔'에서와 같은 전통적인 방식으로 열거되고 있는 점,[*] (이야기의 일관성을 높이고 있다고 보기는 어렵지만 이데올로기적인 내용을 강조하는 데는 유효한) 이야기 구조 등을 놓고 볼 때 이 문헌은 지적 문화의 산물임이 분명하다. 죽은 자의 대열이 3개의 커다란 집단으로 구성되어 있다는 것도 주목할 만하다. 10세기 말 이후 북프랑스 성직자들이 규정한 사회의 '세 위계'[**] 도식과 쉽게 연관 지을 수 있기 때문이다.[10] 하지만 그에 못

---

[*] 12세기에 프랑스 남부 콩크의 생트푸아 수도원에 만들어진 팀파눔을 가리킨다. 최후의 심판 장면이 로마네스크 양식으로 조각되어 있는데, 한가운데의 예수를 기준으로 위를 가리키고 있는 예수의 오른손 쪽에는 성인과 천사들이 있는 천국이, 아래를 향하고 있는 왼손 쪽에는 악마에게 갖가지 방법으로 고문당하고 있는 죄인들로 가득한 지옥이 묘사되어 있다. 자세한 내용을 다음을 참조할 것. 권이오, 「콩크 성당의 팀파눔」, 『프랑스어문교육』, 제38집(2011년), 253-273쪽.

[**] 세 위계(Trois Ordres) : 11~12세기 유럽에서 형성된 사회 이데올로기. 사회의 계층

지않게 주목해야 할 것은 '3개의 신분'이 동일하게 취급되고 있지 않다는 점이다. 이것은 죽은 자의 유형에 따라 달라지는 서술 분량이나 발슐랭의 태도에서도 드러난다.

맨 처음 집단은 가장 잡다한 인상을 준다. 그들은 제3신분들로 이루어져 있다. 도보로 이동하는 이 평민집단(*turba, turma, cohors, agmen*)에는 이름이 알려지지 않은 이웃들과 (비록 고귀한 신분이기는 했으나) 여성들이 포함되어 있다. 그들은 (도둑질을 할 정도로) 모두 물질적인 부에 집착하고, 육체적인 쾌락이나 일상생활에서 사용했던 (장비, 도구, 그릇 등과 같은) 물건에 대한 애착을 버리지 못한다. 이러한 죽은 자들과 발슐랭 사이에는 대화가 전혀 오가지 않는다. 발슐랭은 단지 그들 가운데에서 몇몇 아는 사람의 모습을 확인하고 있을 뿐이다.

뒤이어 나타난 집단에 대한 서술은 훨씬 논리적으로 정돈되어 있으나 묘사는 매우 간결하다. 수도사와 성직자로 구성된 제1신분에 해당하는 집단(*agmen*)은 3인을 제외하고는 이름이 알려져 있지 않다. 그리고 보통 수도원 안에서 축복을 받아 환한 빛으로 둘러싸여 나타나는 수도사의 무리(*turba*)와는 대조적으로 검은 옷을 입은 모습으로 묘사되어 있다. 그 가운데 누군가가 발슐랭의 모습을 알아보고 이름을 부르지만, 발슐랭은 그들과도 대화를 나누려 하지 않는다.

하지만 '기사 집단(*exercitus, militum, cohors, agmen, phalangis*)'의 경우에는 매우 다르다. 이 집단은 벼락출세를 한 사람이 하나 섞여 있기는 하지만 사회적으로 균질적이어서 그들은 모두 자신들의 사회적 기능을 상징하는 (말·무기·깃발과 같은) 공통의 표지를 지니고 있다. '군

이 제1신분인 '기도하는 자(성직자)', 제2신분인 '싸우는 자(기사)', 제3신분인 '일하는 자(평민)'로 나뉜다는 사고로, 각 계층이 맡은 역할을 성실히 수행하는 것이 신의 뜻이고 그래야 세상이 제대로 돌아간다고 보았다. 이것은 중세시대에 제1신분과 제2신분이 제3신분을 억압하는 일종의 지배이데올로기로 작용했는데, 특히 성직자들은 세 위계의 이데올로기를 통해 자신들의 사회적 지위를 가장 높은 곳에 두려고 했다.

대(exercitus)'라고 진짜로 불리는 것은 이 집단뿐이며, 다른 경우에는 죽은 자의 행렬 전체를 나타낼 때만 이런 표현이 사용되고 있다. 로베르 드 벨렘 군대와의 유사성을 고려하면 '헬레퀴누스 일당(familia Herlechini)'이라는 명칭도 이 집단에만 적용되어야 하는 것은 아닐까 하는 생각마저 든다. 로베르 드 벨렘의 군대도 영주를 중심으로 모여든 기사인 '가신단(mesnie)'을 뜻하는 '파밀리아(familia)'라는 명칭으로 불리기 때문이다. 어쨌든 오더릭 비탈리스가 특별한 주의를 기울인 것은 이 기사 집단이다. 그는 기사들이 저지른 죄와 벌을 강조하지만, 동시에 속죄의 조건도 중요하게 언급한다. 발슐랭은 무명의 집단에서 빠져나온 기사의 유령하고만 이야기를 나눈다. 하지만 죽은 자와의 대화는 그다지 원활하게 진행되지 않는데, 이야기는 이 시점에서 미묘한 서열에 주의를 기울인다.

랑드리 자작은 발슐랭에게 말을 전해달라고 부탁하려고 한다. 하지만 비교적 집안이 좋은 발슐랭은 다른 죽은 기사들과 마찬가지로 벼락출세한 자작에 대해 편견을 가지고 있는 듯하다. 그래서 그의 바람을 받아들이지 않는다. 기욤 드 글로에 대한 태도도 마찬가지로 냉담하다. 발슐랭은 그에 대해서는 더욱 거리를 두고 있다. 그래서 그의 간청에 귀를 기울이는 것까지는 승낙하지만, 그 뒤 그와의 관계를 모두 끊어버린다. 결국 발슐랭이 대화를 나누는 데까지 이른 유일한 상대는 친형인 로베르이다. 두 사람 사이에는 혈연관계가 존재할 뿐 아니라, 발슐랭에게는 형이 죽은 뒤 자신이 형에게 받았던 도움에 대해 영적인 차원에서 교환을 행해야 할 책무도 있다. 그리고 죽은 자의 고통이 미사로 줄어든다는 사실이 증명되는 것으로 죽은 자와 산 자 사이에 교환관계가 성립된다.

여기에서 독자의 '교화'를 위해 오더릭 비탈리스가 수록한 이야기의 교훈이 얼마나 엄격한 것이었는지가 확인된다. (비록 이야기 안에 분명히 서술되어 있지는 않지만) 수많은 망자들로 구성된 행렬은 대체로 최후의 징벌을 향해 나아가고 있었다고 볼 수 있다. 이 행렬은 세 위계의 도식에 기초해 정해진 죄와 벌의 사회적 유형론을 드러내고 있으며, 그것은 살아서나 죽어서나 변하지 않는다. 그리고 산 자에게 중재를 간청하는 죽은 자는 다수이지만, 그러한 요구에 산 자가 유효하게 대처할 수 있는 상황은 매우 한정되어 있다. 구원의 희망이 오직 한 사람의 죽은 자에게만 주어진 것은 혈연관계 때문인 것으로 보인다. 발슐랭은 사제의 자격으로 죽은 형의 의뢰를 받아들이기는 하지만, 두 사람이 같은 아버지에게서 태어난 형제라는 사실도 중요하게 작용한다.

죽은 자의 무리 안에서 군사적인 집단이 유독 강조되고 있는 것은 두 주인공의 사회적 신분 때문이다. 하지만 일반적으로 확인되는 다른 증언들에서도 죽은 자의 무리는 대부분 봉건 군대의 지옥판이라고 할 수 있는 '죽은 자들의 군대(exercitus mortuorum)'로 묘사된다. 당연히 오더릭의 이야기에서도 헬레퀴누스 일당은 벨렘의 영주가 이끈 끔찍한 군대를 반영한다. 개혁파 수도사였던 오더릭 비탈리스는 도적이나 살인자와 그다지 다르지 않은 탐욕스런 기사들에게 내려진 벌을 환상적인 광경으로 상세히 묘사하고 있는데, 이러한 서술은 당시 교회가 '신의 휴전'과 '신의 평화'를 강조하기 위해 사용했던 이데올로기적 장치의 일부였다.[11] 저주받은 기사들은 교회가 온갖 방법을 사용해 억누르고 바람직한 방향으로 이끌려고 노력했던 기사의 야만성을 상징한다. 교회는 평화의 제도들, 십자군, 저주와 기적,[12] '정의로운 전쟁'이라는 한정된 개념의 사용, 성 베르나르의 인가를 받은 선한 '의용대'인 성전 기사단 모집 등의 방법으로 그들을 통제하려 했다.

헬레퀴누스 일당에 관한 전승을 기초로 베르나르 드 클레르보의 유명한 저작 『새로운 기사단에 대한 찬사De Laude Novae Militiae』도 새로운 관점에서 볼 수 있지 않을까? 1129년에서 1136년에 걸쳐 집필된 이 글에서는 '기사단(militia)'과 '악의(malitia)'라는 유음어類音語가 중의적으로 사용되고 있다. 베르나르가 묘사하고 있는 세속의 기사들은 '격분(furor)'에 사로잡혀 있고, 살상무기와 마구를 갖추고 있으며, 문장紋章을 내세우고, (머리를 길게 늘어뜨려 여자와 같은 행색을 하고) 여색을 밝힌다는 점에서 헬레퀴누스 일당에 포함된 망령들과 잘 분간되지 않는다. 이웃을 죽이는 큰 죄를 범하든, 스스로 전쟁터에서 목숨을 잃든, 그들이 악마의 먹잇감이라는 점은 바뀌지 않는다. 이들이 머지않아 말 탄 저주받은 자들의 행렬에 끼게 된 것은 아닐까?

이러한 '범죄자, 믿음이 없는 자, 강도, 신성을 모독한 자, 살인자, 서약을 어긴 자, 간통을 한 자'들을 몰아내고, 그들이 구원을 받을 수 있도록 인도하는 유일한 방법은 그들을 성전기사단에 참여시키는 것뿐이었다. 그들은 그곳에서 머리를 짧게 자른 채 여성과의 교제나 사냥이 가져다주는 헛된 쾌락을 모두 끊고 수도회의 규율에 따르게 된다.[13] 12세기에 들어서면서부터 포악한 죽은 자의 무리에 관한 언급이 늘어난다는 사실과, 같은 시대에 봉건귀족의 세력을 억제하고 그들이 행하는 전쟁과 약탈을 제한하기 위해 마련된 모든 조치와의 사이에 연관성이 있다는 점은 의심의 여지가 거의 없다.

유령들의 사냥은 언제 시작되었나

'헬레퀴누스 일당'과 '유령들의 사냥'*에 관한 전설이 현대의 민간

---

* 원문에는 '야만의 사냥(Chasse sauvage)'으로 되어 있으나, 이 책에서는 의미를 명확히 하기 위해 '유령들의 사냥'이라고 옮겼다. 마귀와 망자들로 이루어진 헬레퀴누스 일당은 일종의 사냥꾼 무리로 여겨지기도 했다. 그들이 지나갈 때면 개 짖는 소리가 끊이지 않고 거친 비바람이 몰아쳤는데, 인간이 그들을 목격하거나 행렬이 지나는 길목에 서 있으면 죽임을 당한다고 전해졌다. 이 사냥꾼 무리의 등장은 전쟁이나 전염병처럼 수많은 죽음을 불러오는 재앙의 조짐으로 여겨졌다. 이러한 전승은 시대와 지역에 따라 다양하게 불렸는데, 프랑스에서는 환상 사냥(Chasse fantastique) · 공중 사

전승에도 살아 숨 쉬고 있다고 생각하는 역사가와 민속학자들은 대부분 이러한 전설들이 매우 오래된 것이라고 주장해왔다. 무리를 지어 나타나는 이 유령들은 군단과 같은 성격을 지니고 있으며, 그들을 이끌고 있는 것은 헬레퀴누스라는 신화적 인물이다. 이러한 점에 착안해서 연구자들은 그것을 고대 게르만 사회에 있었던 '청년전사단(Mannerbünde)'의 흔적이거나 인도유럽어족이 분화된 제2시기의 잔재로 보기도 한다.[14] 노르망디에서 맨 처음 출현했으며, 그 뒤 잉글랜드에도 등장한 ('Herlequin · Helething'이라고도 하는) '헬레퀴누스'라는 명칭이 게르만어에서 '군대(Heer)'와 (무기를 지닐 수 있었던 집단인) '자유민(thing)'을 뜻하는 말에서 비롯되었음은 분명하다.[15] 그리고 아주 오래 전부터 구전되던 것이 12세기 초가 되어서야 비로소 기록되기 시작했다는 점도 의심의 여지가 없다. 하지만 역사가에게 중요한 것은 어떤 전승이 얼마나 오래되었느냐가 아니라, 그 전승이 당시에 어떤 의의를 지니고 있었는가 하는 점이다. 죽은 자의 군대에 관한 가장 오래된 증언을 찾으려는 노력은 그것이 12세기 이후의 방대하고 내용도 훨씬 명료한 증언들보다 드물게 존재하고 있으며 암시적인 언급에 그치고 있다는 사실을 확인하는 데 그칠 것이다. 진짜 해석을 필요로 하는 것은 사료의 변모 안에서 이데올로기와 사회의 변화를 읽어내는 일이다.

〔죽은 자의 군대와 관련된〕 일련의 증언들 가운데 가장 오래된 것은 타키투스가 『게르마니아Germania』에서 하리(Harii) 족에 관해 언급하고 있는 부분이다. 매우 모호하게 서술되어 있는 그 내용에 따르면, 하리 족은

냥(Chasse aérienne) · 밤 사냥(Chasse de nuit) · 악마의 사냥(Chasse du Diable) 등으로 불렸다. 독일에서는 야만의 사냥(Wilde Jagd) · 야만의 군대(Wildes Heer) 등으로 불렸으며, 이탈리아에서는 망자들의 사냥(Cascia Morta) · 악마의 사냥(Caccia del diavolo) · 야만의 사냥(Cazza selvadega) 등으로 불렸다. 영어로는 야만의 사냥(Wild hunt) · 악마의 멋진 개들(Devil's Dandy Dogs) · 보단의 사냥(Woden's Hunt) · 카인의 사냥(Cain's Hunt) 등으로 표현된다.

유령의 군대와 같은 모습으로 캄캄한 밤을 골라 전투를 벌였다. 이러한 유령의 군대에 관한 서술은 중세 초기에는 그다지 많이 나타나지 않는다. 6세기 그리스 작가인 다마스쿠스의 다마스키오스는 로마가 〔훈족의 왕〕 아틸라에게 포위되었을 때에 '영혼의 모상(eidōla tôn psuchôn)'이라고 부르는 것이 더 적합할 죽은 전사의 영혼들이 살아 있는 인간들보다 훨씬 더 격렬하게 3일 밤낮을 쉬지 않고 싸웠다고 전했다.[16] 서유럽에서는 아우구스티누스가 『신국De Civitate Dei』에서 악령들의 군대가 두 편으로 나뉘어 싸우면서 전쟁터에는 시신과 말들이 산처럼 쌓였다고 기록했다. 그는 악령들의 전투가 머지않아 인간들이 벌일 전투의 징조라고 말했다.[17] 몇 세기 뒤에 파울루스 디아코누스(720?~787 이후)는 『롬바르드인의 역사Historia Langobardorum』에서 6세기에 유스티니아누스 역병*이 유행했을 때 전염병의 출현과 함께 '군대가 웅성거리는 소리'가 들렸다고 전했다.[18]

여기에서도 마찬가지로 서기 1천년 무렵이 되면서 변화가 생긴다. 서기 1천년 이후의 서술도 유령의 출현과 인간끼리 벌인 실제의 전쟁

---

* 역사상 가장 규모가 컸던 전염병 가운데 하나로, 비잔티움 제국의 황제 유스티니아누스의 재위 시기인 540년 무렵에 창궐해서 유스티니아누스 역병(Peste de Justinian)이라고 불린다. 연구자들은 선페스트의 일종인 이 역병 때문에 당시 비잔티움 제국과 사산 제국, 인근 지중해 항구 도시들에서 2천5백만 명에서 5천만 명 가량의 사람들이 죽었다고 추정하고 있다. 파울루스 디아코누스는 당시의 상황을 이렇게 묘사했다. "전염병을 피해 사람들이 떠난 자리에는 개들만 남아서 집을 지키고 있었다. 가축 떼는 돌보는 양치기 없이 들판에 방치되었다. […] 추수철이 되었는데도 거두는 사람이 없어서 곡식들이 그대로였다. 잎이 떨어진 포도밭은 열매를 매단 채 겨울을 맞았다. 밤이고 낮이고 전사들의 나팔소리가 울려 퍼졌다. 마치 군대가 웅성거리는 것 같은 소리도 들려왔다. 지나가는 이의 발자국도 없었고 살인자도 보이지 않았지만 죽은 이의 시체는 셀 수 없을 정도로 많았다. […] 그러는 동안 유스티니아누스 황제는 세상을 떠났고 유스티니아누스 2세가 콘스탄티노플의 통치권을 물려받았다." Paulus Diaconus, *History of the Langobards*, trnas. William Dudley Foulke(Philadelphia: Dept. of History, University of Pennsylvania; New York: Sold by Longmans, Green, 1907), pp. 56-58.

을 연관시켜 망자의 군대와 '사악한 영혼'의 군대를 동일시하고 있다는 점에서는 다르지 않다. 하지만 서기 1천년을 지나면 그러한 서술의 숫자가 전보다 늘어나고 내용도 풍부해진다. 그리고 유령의 종류도 여러 유형으로 편성된다. 예컨대 탄식하는 소리를 내면서 기도를 간청하는 회개한 죽은 자들의 행렬로 이루어진 슬픈 망령들의 무리도 있다. 무기와 장비를 갖추고 말과 사냥개를 데리고 시끄럽게 공중을 가로지르는 사납고 무시무시한 죽은 자의 무리도 있다. (라울 글라베르와 같은) 어떤 작가는 그런 유령 집단들을 차례로 묘사한다. 다른 작가는 (셀레스타 생트푸아의 기적이야기에서) 그것들을 최종적으로 결합시킨다. 죽은 자의 무리는 뚜렷이 묘사되어 있지는 않지만 이야기에서 개별 유령의 배경으로 자주 언급된다.[19] 이미 오더릭 비탈리스에게서 나타나고 있듯이 특정한 죽은 자가 유령 집단에서 벗어나 목격자와 둘이서만 대화를 나누는 경우도 드물지 않다. 이제 그러한 증언을 살펴보자.

선택받은 자와 저주받은 자

라울 글라베르는 1028년에 〔프랑스 중동부〕 디종에 있는 생베니뉴 수도원에서 『역사Historiarum』를 쓰기 시작해서 1049년에 클뤼니에서 죽기 직전까지 계속 썼다.[20] 작품은 초자연적인 현상에 관한 이야기와 악령이나 천사의 출현에 관한 이야기, 나아가 기근의 발생이나 사라센인의 침입 등 집단적인 재난에 관한 기록들로 가득 차 있다. 낭만주의 시대의 역사가들은 이 작품에서 되살아난 '새 천년의 공포'와 그것을 극복하기 위한 '교회라는 순백의 울타리'에 둘러싸인 기독교 세계의 희망에 찬 이미지를 찾아냈다.[21]

이러한 격변의 시대 한복판에서 〔프랑스 동부〕 랑그르 교구의 수도사이자 수도원의 의사였던 불셰르는 성령강림축일 7일 뒤 일요일인 삼위일체축일 동틀 무렵에 〔성무일과인〕 새벽기도를 마친 뒤 홀로 교회에 남아 차분히 기도를 올리고 있었다. 그러다 그는 갑자기 흰 옷을 입고 목에 붉은 영대를 두른 사람들이 엄숙한 표정을 짓고 교회에 가득 들어차는 모습을 보았다. 십자가를 들고 맨 앞에 서 있는 인물은 자신이 수많은 '소교구(*multarum plebium*)'를 관장하는 주교라고 밝혔다.[22] 그들은 자신들도 수도사들 모르게 새벽기도와 아침기도를 함께 올리고 있었다고 했다. 주교는 곧 순교자 성 모리스의 제단에서 삼위일체의 미사를 올리기 시작했다. 죽은 자들은 불셰르의 질문에 대답하면서 자신들이 신앙을 지키기 위해 사라센인들에게 죽임을 당한 기독교도들이라고 밝혔다. 순교했기 때문에 그들은 축복받은 자들의 나라로 가는 길인데, 이 지역을 지나는 도중에도 죽은 자들이 새로 대열에 합류했다고 말한다. 주교는 미사를 마치고 보좌한 사람들에게 평화의 입맞춤을 한 뒤에 수도사에게 어서 오라는 몸짓을 했다. 곧이어 죽은 자들이 모두 자취를 감추자 불셰르는 죽을 날이 가까이 왔음을 깨달았는데, 그것은 사실이었다. 5개월 뒤인 12월에 불셰르는 병든 수도사들을 돌보려고 오세르로 갔다. 해질 무렵에 도착한 그는 곧바로 병자들을 만나겠다고 했으나, 다른 수도사들은 다음날까지 기다리는 것이 좋겠다고 주장했다. 그로부터 머지않아 불셰르는 갑작스러운 임종의 고통을 겪으면서 성모의 모습을 두 번 보았다. 성모는 그가 신의 은총으로 이제까지 아주 적은 사람들한테만 허락되었던 환시를 보게 되었고, 그 때문에 그는 곧 죽을 운명이라고 알려주었다. 하지만 심판의 순간 그는 성모의 보호를 받았다. 그의 영혼을 빼앗으려 했던 악마의 시도는 무산되었고, 3일째 되는 날 밤에 그는 종소리와 함께 이 세상을 떠났다.

라울 글라베르는 제5권에서도 악령이 나타나서 목격자에게 남은 삶이 얼마 남지 않았음을 알려주는 사건과 같은 초자연적인 현상들을 기록했다. 예컨대 글라베르는 그가 기록하기 25년 전쯤에 그 고장에서 일어났다는 어떤 사건에 관해 말한다. 사제인 프로테리우스는 〔프랑스 중북부〕 토네르 인근 교외지역에서 일요일 저녁식사를 마친 뒤에 '전쟁터로 향하는 기사들의 무리(acies equitum veluti in prelium pergentes)'가 북쪽에서 나타나 서쪽으로 가는 것을 창문 너머로 보았다. 그는 그들을 불러서 무슨 일인지 사정을 물어보려고 했으나 소용없었다. 그가 소리를 내어 부르자 무리가 순식간에 자취를 감추어버렸던 것이다. 사제는 두려운 나머지 눈물을 참지 못했다. 그로부터 1년도 되지 않아 사제는 죽었다. 사제의 이야기를 들은 사람들은 무리의 출현이 무슨 일이 일어날 것임을 미리 알려주는 것이라고 생각했다. 글라베르는 〔1015년인〕 그 이듬해에 앙리 1세가 쳐들어오는 바람에 그 지방에 희생자가 많이 생겼다고 적었다.*

죽은 자 무리의 출현에 관해 말하고 있는 이 2편의 유령이야기는 거의 모든 점에서 대조적이다. 첫 번째 이야기에 등장하는 죽은 자들은 자신들의 신앙을 지키기 위해 이교도에 맞서다가 순교자가 된 옛 수도사들로 축복을 받은 자들이다. 그들이 전사이자 순교자였던 성 모리스와 관계를 맺고 있는 것도 그 때문이다. 두 번째 이야기에서는 죽은 자들이 전쟁터로 향하고 있는 기사들이고, 〔그리 재수가 좋은 방위는 아닌〕 북쪽에서 와서 축복된 공간인 교회 내부가 아니라 그 바깥을 빠른 걸음으로 이동해간다. 자신들의 처지를 설명하려 하지도 않고, 자신들을

---

* 라울 글라베르는 이렇게 썼다. "이듬해 로베르 왕의 아들이자 왕위계승자인 앙리가 대군을 이끌고 그곳으로 맹렬하게 쳐들어왔고, 두 진영 모두에서 많은 사람들이 죽었다." Raoul Glaber, *Les cinq libres de ses histoires(900~1044)*, publiés par Maurice Prou(Paris: Picard, 1886), p. 118. 그러나 실제로 부르고뉴를 점령한 것은 앙리 1세가 아니라 그의 아버지인 로베르 2세였다. 1002년 부르고뉴 공작 오토앙리(Otto-Henri I)가 친아들을 남기지 못하고 죽자, 그의 조카인 로베르 2세는 부르고뉴의 정당한 계승자는 오토앙리의 양아들 오트기욤(Otte-Guillaume)이 아니라 자신이라고 주장하고 나섰다. 결국 1015년 로베르 2세는 디종을 점령하고 부르고뉴를 손에 넣었다.

불러 세우려는 산 자와의 대화도 거부하는 그들은 저주받은 무리이다.

그러나 이 두 개의 유령 무리에는 어떤 공통된 특징이 있다. 첫 번째 집단은 사라센인의 침략으로 벌어진 학살 때문에 이 세상에 나타났고, 두 번째 집단은 카페 왕조의 침략 때문에 앞으로 벌어질 학살을 예고한다. 두 집단 모두 전쟁의 양극단을 드러내고 있는 것이다. 한쪽은 신앙을 위한 전쟁이다. 궁극적으로는 순교에 이르는 그 전쟁은 십자군으로 구체적인 모습을 갖춘다. 다른 한쪽은 지옥으로 떨어질 위험을 무릅쓰면서 기독교도끼리 벌이는 골육상잔의 전쟁이다.

전쟁은 과거와 미래, 지상에서의 삶과 저승에서의 구원, 역사와 종말론을 하나로 잇는 상징이다.[23] 그리고 저승의 문을 열고 나타난 유령들은 연대기 작가 라울 글라베르가 정치적 과제로 삼은 '기독교 세계의 평화(pax christiana)'를 확립하는 데 장애로 작용하는 사건들을 표현하고 있다. 라울 글라베르가 이해하기에 전쟁과 평화의 의의는 '역사'의 초월적인 의미에 달려 있기 때문에, 정의로운 것이든 그렇지 않은 것이든 모든 전쟁이 환시를 통해 이야기된 것이다.

색을 지니게 된 영혼들

『콩크 생트푸아의 기적Livre des miracles de Sainte-Foy de Conques』은 11세기 초부터 기록되기 시작했다. 그 필사본 가운데 한 권에 〔프랑스 북동부〕 알자스 지방에 나타난 망자의 무리에 관한 2편의 이야기가 수록된 것은 1108년에서 (1138년이나) 1155년 사이였을 것으로 추정된다.[24] 이 유령이야기는 멀리 떨어진 〔프랑스 남서부〕 루에르그 수도원에 기원을 두고 있다고 전해지는 〔알자스 지방〕 셀레스타의 생트푸아 수도원에 관한 것인데, 1095년 알자스의 수도원에 땅을 기증하겠다고 밝힌 기부증서의 '기원설화'라고도 볼 수 있다. 수도사들이 자신들의 공동체에 자랑스

러워할 만한 기원이 있음을 입증하고, 대귀족의 보호가 앞으로도 계속
될 것임을 보증하는 이 '신화'를 기록하고 공표한 이유는 짐작하기 어
렵지 않다. 하지만 이 이야기의 기능은 그것에 그치지 않으며, 호엔슈
타우펜 왕가가 제위에 오른 일과도 관련되어 있다. (가경자 피에르가 남
긴 기록의 사례처럼) 이미 되풀이해서 보았듯이 유령이야기는 평신도와
성직자를 포함해 모든 인간의 이해관계가 교차하는 장소인 것이다.

　이야기에서 수도원의 유력한 보호자로 등장하는 인물들은 매우 고
귀한 가문에 속한 네 형제이다. 그들은 바로 하인리히 4세의 사위가 된
슈바벤의 공작 프리드리히 폰 뷔렌(1079~1105), 슈트라스부르크의 주교
오토 폰 뷔렌(1100년 사망), 발터라는 이름의 동생, 그리고 1094년에 죽
은 콘라트 백작이다. 프리드리히와 오토, 콘라트는 [스페인 북서부] 산티
아고데콤포스텔라로 순례여행을 하던 길에 [프랑스 남부] 콩크에 들렀
다. 그들은 거기서 수도사들의 형제회에 가입해 (영적인) 은총을 누릴
수 있게 되었다. 수도사들은 고귀한 방문자를 위해 기도를 했고, 세 형
제는 수도원에 후한 기부를 하는 것으로 그에 보답했다. 영지로 돌아
간 세 사람은 그들과 그들의 어머니인 힐데가르트 백작부인이 [예루살렘
에 있는 예수의 무덤인] 성묘를 기리기 위해 1087년에 세운 인근의 교회를
콩크에 기증했다. 설립자들의 요청을 받은 콩크의 수도원장 베공(1087
~1108)은 새로운 공동체를 만들기 위해 베르트람이라는 이름의 수도사
를 서둘러 알자스로 보냈다. 뒤이어 두 번째 수도사 에티엔도 알자스
로 향했다. 하지만 텅 빈 수도원에서 2년 넘게 굶주림과 갈등, 추위에
시달린 두 사람은 모든 것을 내팽개치고 콩크로 돌아가려 했다. 바로
그때 이런 이야기에 등장하는 익숙한 반전처럼, 성녀 푸아의 호의로
기적이 일어났다.[25] 이야기의 논리에 따르면 유령의 출현이라는 기적
은 힐데가르트 백작부인과 아들 콘라트 백작이 죽은 1094년보다는 뒤
에, 남은 형제들이 셀레스타의 생트푸아 수도원을 위해 기부증서를 작

성한 (1095년의) 날보다는 앞에 일어난 사건으로 보인다.

　한때 콘라트 백작의 가신이었던 발터 폰 디볼스하임이라는 기사는 밤에 수도사들이 교회에서 기도를 하는 동안에 수도원 밖에서 맨발로 거친 고행복을 입은 채 자신의 죄를 회개하곤 했다. 어느 날 밤, 두 개의 서로 다른 무리가 나타나는 바람에 그는 기도를 방해받았다. 한 무리는 흰 옷을 입고 순례자의 지팡이와 걸망을 지닌 수많은 순례자들이었다. 그들은 회랑과 작업장이 있는 수도원 안뜰로 모여들었다. 다른 무리는 새빨간 옷을 입고 붉은 말을 탄 기사들이었는데, 수도원 아래쪽으로 난 '공용도로'를 지나갔다. 흰 옷을 입은 무리를 진짜 순례자들로 생각한 발터는 그들에게 수도원 입구를 알려주었다. 그러자 무리에서 한 사람이 그의 이름을 불렀고, 두 사람 사이에 대화가 오갔다.

　발터가 "감히 내게 명령을 내리려 하다니 당신은 도대체 누구입니까"라고 묻자, 흰 옷을 입은 사람이 "나는 너의 영주인 죽은 콘라트 백작이다"라고 대답했다. 콘라트는 발터에게 자신이 생전에 다른 가신들보다 그를 더 후하게 대우해주었던 일들을 상기시켰다. 그러자 발터는 놀라서 땅에 나자빠졌다.[26] 죽은 자는 발터를 안심시켰다. 그리고 자신이 '환영(fantasma)'이 아니라 신의 허락을 받아 그에게 말을 걸었다는 사실을 증명하기 위해 예전에 함께 했던 겨울사냥의 추억에 관해 말하기 시작했다. '징표(signum)'가 있으면 콘라트의 세 형제도 발터의 말을 믿을 것이기 때문이다. 발터는 자신이 전에 영주에게 했던 '충성서약(perfidei sacramentum)'을 지키고, 영주에게 받은 은혜에 보답하기 위해서라도 전령으로 형제들에게 가 달라는 유령의 바람을 받아들일 수밖에 없었다. 주군에 대한 가신의 의무는 죽음으로도 해소되지 않는다. 가신은 주군이 죽은 뒤에도 그의 명령에 복종하고, 기도라는 방식으로라도 주군을 도와야 할 의무가 있는 것이다.

　콘라트는 슈트라스부르크의 주교 오토가 행한 기도와 자선으로 저승에서 구원을 얻었다. 하지만 발터는 오토에게 콘라트의 상속 재산을 생트푸아 수도원에 기증하도록 요청해야 했다. 발터가 전한 두 개의 추억이야기가 징표들(signa)이 되어준 덕분에 오토는 발터가 거짓말을 하고 있지 않다는 사실을 알 수 있었다.[27] 이 두 개의 징표에는 다음과 같은 예언도 덧붙어 있었다. 주교는 죽기 전에 예루살렘 순례를 완수하고 2년 뒤에 돌아오게 될 것이다. 그때까지 콘라트가 상속받기로 되어 있던 재산을 생트푸아 수도원에 기증하면 오토는 신의 은총이 가득한 죽음을 맞이할 수 있을 것이다. 하지만 그렇게 하지 않으면 정해진 것보다 일찍 그에게 죽음이 찾아올 것이다. 실제로 주교 오토는 교황 우르바누스 2세의 호소에 호응해서 제1차 십자군에 참가했다가 그로부터 얼마 지나지 않은 1100년에 죽었다고 알려져 있다.[28]

발터는 자신과 이름이 같은 콘라트의 형제에게는 값비싼 의상이나 말, 무기에 대한 집착을 버리라고 경고해야 했다. 형제들 가운데에서 발터가 가장 먼저 콘라트의 뒤를 따라 저세상으로 떠나게 될 것이므로 죽음을 맞이할 준비를 해 두어야 했던 것이다. 기록에 따르면 그는 1105년 이전에 죽었다.

발터가 말을 전해야 했던 가장 중요한 사람은 프리드리히 공작이었다. 모든 형제들 가운데 가장 끝까지 살아남아서 가문(familia)의 대를 잇게(superstitem et heredem) 되는 것은 그였기 때문이다. 발터는 프리드리히가 콘라트와 함께 황제의 궁정에 갔을 때 두 사람이 남몰래 나누어 남들은 알지 못하는 비밀을 상기시켜 자신의 말이 진실임을 증명하는 징표(signum)로 삼았다. 그리고 발터는 다음과 같은 예언을 프리드리히에게 전했다. 프리드리히의 자손들(progenies)은 더할 나위 없는 부와 영광을 누릴 것이다. 그의 자손들은 로마인들의 왕이 되고, 황제의 자리에 오를 것이다. 실제로 프리드리히 폰 뷔렌의 자식인 콘라트 3세는 1138년에 슈타우펜 가문에서 처음으로 왕이 되었다. 그리고 그의 조카인 프리드리히 3세는 1152년에 국왕의 자리에 오른 뒤, 1155년에는 붉은 수염왕 프리드리히 1세라는 이름으로 황제의 자리에 올랐다. 하지만 자손들의 이러한 운명은 일정한 조건을 충족시켜야만 비로소 실현될 수 있는데, 콘라트는 그것이 무엇인지 다음과 같이 알려주었다. 프리드리히는 형제들과 함께 창설한 생트푸아 교회를 보호하고, 그것의 자유를 보장해야만 한다. 그리고 그들의 공동재산(commune predium)을 교회에 기증하면 프리드리히는 가문의 안녕을 얻고, 죽은 형제가 지옥으로 떨어지지 않게 할 수 있다.

영주의 명령을 따르기 전에 발터는 흰 옷과 붉은 옷의 무리에 대해 더 자세히 알려달라고 요청했다. 그래서 콘라트는 말을 계속 이어갔다. 흰 옷을 입은 자들은 청빈한 삶을 살고 이승에 있을 때 죄를 참회한 사람들의 영혼이다. 그들은 성녀 푸아가 태어난 곳을 순례하며 공물을 바쳤기 때문에 성녀에게 도움을 받을 수 있게 되었다. 하지만 그들은 지옥의 형벌은 벗어났으나[29] 아직 영원한 안식을 얻지는 못했다. 그래서 그들은 성녀 푸아의 인도를 받으며 지복을 향해 가고 있는 것이다. 콘라트는 이렇게 말하며 발터에게 흰 옷의 무리가 막 들어서고 있는 수도원 입구에 기대선 성녀 푸아의 빛나는 모습을 보여주었다. 반대로 붉은 옷의 무리는 지옥의 불길에 던져질 운명이다. 그들은 신의 계율과 인간 사회의 법을 어기고, 전쟁터에서 죽거나, 참회를 하지 않고 이승을 떠난 사람들이다. 만일 콘라트가 교회에 기부를 하지 못해 성녀 푸아의 너그러운 도움을 받지 못하게 된다면, 그도 흰 옷의 무리에 들지 못하고 붉은 옷의 무리와 함께 고통을 받게 될 것이다. 붉은 옷의 무리는 '저 멀리 지옥의 산에 있는 니벨'까지 가야 한다.[30]

유령은 이렇게 말하고 곧 사라졌다. 혼자 남은 발터는 콘라트의 영혼이 나타난 장소를 2개의 돌로 표시해 두었다. 그러나 그 돌이 어디에 있는지는 아무한테도 말하지 않아 유령이 나타난 장소는 알 수 없다.

(수도사인) 작가는 그곳에서 강령술이 행해질 것을 우려해서 이렇게 쓴 것일까?

얼마 뒤 형제들이 유산을 분배하려고 모였다. 유령의 출현에 관해 아직 알지 못했던 수도사들은 방앗간과 정원, 농장과 작은 숲을 물려 받는 것만으로도 충분히 만족했다. 형제들은 제각기 자신들이 상속받 은 땅에 사는 기사와 농민들에게 충성서약을 받았다. 하지만 그 때 기 사 발터가 그들을 한 사람씩 찾아가서 콘라트의 유령이 출현했던 일에 관해 말했다. 그리고 그것을 확인시켜줄 증거와 계시를 그들에게 알려 주었다. 세 사람은 자신들에게 전해진 징표를 모두 알아보고 죽은 형 제를 위해 눈물을 흘렸다. 그리고 죽은 형제와 선조의 영혼을 구원하 고 자신들의 죄를 씻기 위해 나누었던 재산을 다시 모아 토지와 거주 민들(predium et homines)을 생트푸아 수도원에 기증했다. 이렇게 해서 수도사들은 성녀 푸아의 기적 덕분에 원래 받기로 되었던 얼마 되지 않는 몫이 아니라 "모든 재산을 물려받아 부유하게 되었다." 실제로 콩크의 토지대장에는 1095년 7월 23일 날짜의 기부증서가 있는데, 거 기에는 수도사들에게 유산으로 남겨진 모든 재산의 목록과 함께 콘라 트와 그의 어머니가 죽은 일이 기증의 이유로 기록되어 있다.[31]

몇십 년 전의 증서에 신화적인 해설을 덧붙이고 있는 이 이야기는 다음과 같은 세 가지 기능을 하고 있다. 죽은 자의 개인적인 구원을 보 증하고, 가문의 지위가 상승된 것을 소급해서 정당화하고, 교회가 물 질적인 후원을 제공받아야 한다는 사실을 인정하는 것이다. 이 기능들 은 서로 밀접하게 연관되어 있다.

이 특이한 이야기가 당시 널리 퍼져 있던 다양한 이미지들을 사용하 면서 (지옥으로 떨어질 것이 확실시되는 죽은 자의 무리와 콘라트처럼 잠재적 으로 구원을 받은 죽은 자의 무리라는) 2개의 죽은 자 집단을 사회적인 유 형·복장·색채·지금 있는 장소와 앞으로 갈 장소로 구조적으로 대비시키고 있다는 점도 중요하다. 한 세기 전의 라울 글라베르의 경우와 마찬가지로, 이 이야기에서도 죽은 뒤 곧바로 영혼에 부여되는 집단적인 운명의 이미지가 강조되고 있다. 하지만 이 이야기에서 그 운명은 그다지 결정적이지는 않다. 흰 옷의 죽은 자들이 구원을 약속받고 있기는 하지만 아직 완전히 구원을 받은 것은 아닌 것처럼, 그 운명이 꼭 최후의 심판과 일치하는 것은 아니다. 죽은 자의 영혼에 집단적으로 주어진 운명이 죽음의 순간에 각 영혼의 향방을 결정하는 개별의 심판과 반드시 일치하는 것도 아니다. 콘라트와 같은 흰 옷의 죽은 자들은 일종의 '연옥'을 거치고 있다고 할 수도 있을 것이다. 하지만 그것은 이동식이고 심지어 고난이 따르지 않는 기묘한 '연옥'이다. 그래서 12세기 말 이후에 보급되는 고정되고 폐쇄된 고통의 장소로서의 '연옥'하고는 많이 다르다.

붉은 옷의 죽은 자 무리와 흰 옷의 죽은 자 무리라는 구분은 13세기 초에 기록된 저버스 틸버리의 저술에서도 발견된다. [이탈리아 북부] 토리노 주교구에는 성 콘스탄티누스와 '테베군단'* 순교자들의 성유물을 간직하고 있는 수도원이 있었다. (저버스가 말하고 있는 것은 분명히 생모리스다곤 수도원일 것이다.) 이 수도원 근처에 있는 산에서는 해마다 성인의 축일이면 온몸을 흰 옷으로 감싼 사람들의 행렬과 붉은 옷으로 감싼 사람들의 행렬이 순례자들에게 목격되었다. 하지만 누군가 산에 올라가려고 하면 행렬은 금세 자취를 감추었다.[32] 색채에 관한 오래된 분

* 테베군단(Theban Legion) : 스위스의 아가우눔(Agaunum)에서 신앙을 위해 6천여 명의 부대원이 모두 순교했다고 전해지는 로마의 군단이다. 순교의 배경에 관해서는 여러 가지 전설이 전해진다. 기독교인의 탄압을 거부했기 때문에 순교했다는 이야기도 있고, 우상 숭배를 거부해서 부대원 모두가 처형되었다는 이야기도 있다. 테베군단에 예수의 옆구리를 찌른 성창(론기누스의 창)이 전해져왔다는 이야기도 널리 퍼져 있었다. 군단의 지도자로 전해지는 성 모리스는 신성로마제국 황제들의 수호성인이 되었으며, 아가우눔에 세워진 생모리스다곤 수도원은 주요 순례지 가운데 하나였다.

류법에서 붉은색과 흰색은 검은색과 함께 중요한 역할을 맡았다. 그러나 색채의 상징체계는 역사적으로 여러 다양한 방법으로 해석되며 변화하지 않는 것이 아니다. 저버스의 이야기에서는 이 두 가지 색채가 지옥으로 떨어진 자를 구분하기 위해서가 아니라 두 종류의 성인을 표현하고 있는 것으로 보인다. 요컨대 붉은 옷을 입은 사람들은 순교자를 표현하고 있는 것으로 해석된다.

같은 시대에 서술된 다른 이야기들에서는 죽은 자의 무리가 하나만 등장하는데, 긍정적인 이미지로 묘사되고 있는 경우도 있지만 대부분 부정적인 의미를 지닌다. 구별에 사용된 기준은 매우 이데올로기적이다. 거룩한 수도사들의 무리가 포악한 약탈자들인 기사의 무리와 대비되고 있는 것이다.

선택받은 자들과 저주받은 자들의 행렬

선택받은 자들의 영혼이 집단으로 출현한다는 이야기는 수도원에서 기록된 문헌들에서 많이 발견된다. 축복받은 자들은 수도사들의 영혼인데, 그들은 수도사가 축복받은 신분임을 동료에게 확신시키고, 수도원의 규율을 어기지 않도록 충고하려고 이 세상에 출현한다. 따라서 수도사들에게 '귀감'이 되는 이 이야기들은 자기 정당화의 기능을 담당한다. 이런 이야기들은 수도원에서 편찬된 기적집과 성인전에 수록되어 있는데, 12세기 초에 기록된 『베르나르 드 티롱의 생애*Vie de Bernard de Tiron*』도 그 가운데 하나이다.

베르나르는 〔프랑스 중서부〕 푸아투에 있는 생사뱅 수도원의 원장이었다. 해가 저물 무렵부터 수도원의 교회에서 홀로 조용히 기도를 올리고 있던 베르나르는 '눈처럼 새하얀 옷을 입은 수도사의 무리'를 목격했다. 그들은 집회를 열고 있었는데, 베르나르도 거기에 참석했다. 무리를 이끌던 한 망자가 수도원에 속한 19인의 수도사들이 머지않아 죽을 운명이므로 죽음을 맞이할 준비를 할 필요가 있다고 베르나르에게 알려주었다. 베르나르는 죽음의 예고를 받은 수도사들에게 그 사실을 전해주었지만, 그들 가운데 한 사람은 베르나르가 본 것이 악몽에 지나지 않는다며 믿으려 하지 않았다. 베르나르는 그가 가장 먼저 죽게 될 것이라고 예언했다. 베르나르의 예언은 적중했고, 유령의 출현이 진실이었음이 밝혀졌다.[33]

〔프랑스 북동부〕 마르무티에에서 편찬된 기적집의 (1137년에 기록된) 마지막 이야기도 유사한 내용으로 되어 있다. 전에 클레르몽의 부주교를 지냈던 사람이 수도사가 된 지 얼마 지나지 않았을 때 겪은 일이다. 그는 만성절 밤에 교회 안에서 수도원의 세 수호성인인 성 마르티누스와 성 풀젠시우스, 성 코렌티누스의 모습을 보았다. 세상을 떠난 순서대로 서 있는 그들 뒤에는 죽은 수도사들이 줄지어 서 있었는데, 그들 가운데 몇몇은 수도사에게도 낯익었다. 죽은 자들은 그와 함께 망자들을 위한 찬송가를 불렀고, 그에게 수도원장 오동이 머지 않아 죽게 될 것이라고 알려주었다. 수도사는 곧바로 다른 수도사들을 깨우러 갔다. 그 가운데 한 사람인 가르니에가 얼마 뒤 오동의 자리를 잇게 되었고, 잠에서 깨어난 수도사 가운데 몇 사람은 죽은 자들의 행렬이 사라지기 전에 그들의 모습을 목격했고, 소리도 들었다.[34]

이러한 사례들과는 반대로 대부분의 이야기들은 곧 지옥으로 떨어질 죽은 자들의 말 탄 행렬을 묘사한다. 12세기 초에는 헬레퀴누스 일당에 관한 오더릭 비탈리스의 증언이 결코 희귀한 것이 아니었다. 죽은 자의 무리는 처음에는 특정한 명칭을 지니지 않는 경우가 많았으나 12세기 말이 되면서 사정이 바뀐다. 죽은 자의 무리는 그 시대에 일어난 재난이나 악마의 모략과 관련되거나 다른 기이한 현상에 비유되어 간략하게 언급될 뿐이었으나, 그 자체가 독립된 이야깃거리가 되자 더 자세히 서술되기 시작했고 문학작품의 소재로도 각광을 받게 되었다.

역설적이게도 (오더릭 비탈리스의 증언보다도 몇 년 더 앞서는) 현전하는 가장 오래된 이야기가 구전되던 이야기를 기록한 것과 문학적 형식의 측면에서는 가장 차이가 크다. 그것은 오히려 기이한 이야기의 장르에 속하며, 민간전승만이 아니라 고전고대의 신화도 소재로 가져다 쓰고 있다. 윌리엄 맘즈베리가 1125년 무렵에 기록한 그 이야기는 민담에 고대 우화의 옷을 입힌 듯한 느낌을 준다. 그가 쓴 『잉글랜드 왕들의 사적』에는 (뒷날 프로스페르 메리메의 작품으로 유명해진) '일르의 베누스Vénus d'Ille' 이야기의 지금까지 알려진 것들 가운데 가장 오래된 판본이 삽입되어 있다. 그런데 윌리엄은 특이하게도 이 이야기를 죽은 자 무리의 출현과 연관 짓고 있다.[35]

이야기의 무대는 고대 로마이다. 무도회가 열리고 있을 때 젊은 신랑 하나가 베누스 여신의 조각상 손가락에 자신의 결혼반지를 끼웠다. 여신이 반지를 돌려주지 않는 바람에 젊은이는 결혼을 완수할 수 없었다. 마술사이기도 한 사제 팔룸부스의 조언에 따라 밤에 네거리로 간 젊은이는 기사와 보병이 뒤섞인 잡다한 무리가 베누스에게 인솔되어 지나가고 있는 모습을 보았다. 베누스는 온몸을 매춘부처럼 치장하고 암컷 노새를 타고 있었다. 주변을 에워싸고 있던 악령들은 사제 팔룸부스가 읊는 주문에 속박되어 베누스에게 반지를 돌려주라고 재촉했다. 이 마술사 팔룸부스는 나중에 로마 민중들에게 살해당한다. 이 이야기에서는 죽은 자의 무리라는 소재가 문학적으로 더 정교하게 다듬어지면서 한밤의 행렬이 명백히 악마화되기에 이른다.

이와는 달리 그 시대에 구전되던 것에 더 가까운 이야기를 전하고 있는 문헌들도 있다. 1169년 아일랜드 원정 때의 일이다. 〔아일랜드 남부에 있던〕 오스라이게 왕국을 포위한 잉글랜드 군대가 밤에 쉬고 있는데 수천 명의 전사들이 공격하면서 내는 시끌벅적한 무기소리가 허공을 가득 메웠다. 제럴드 웨일스는 아일랜드를 원정할 때마다 이런 '환영 (phantasma)'들이 나타나곤 했다는 설명을 덧붙이고 있다.[36]

잉글랜드 노샘프턴 부근의 피터버러 수도원에서 편찬된 『앵글로색슨 연대기』는 496년 체르딕이 이끈 색슨인이 침공한 뒤에 이 지역에서 펼쳐진 역사를 기록하고 있다.[37] 어느 시대나 왕의 행적이나 업적이 이야기의 핵심을 이루고 있다. 예컨대 1125년에 피터버러의 수도원장이 죽자 헨리 1세는 2년 뒤인 1127년에 자신의 친척인 앙리 드 푸아투에게 수도원을 증여했다. 당시 앙리는 이미 클뤼니 수도회의 생장당젤리 수도원의 원장으로 있었다. 연대기 작가는 교회에서 여러 직위를 겸하고 있으면서 클뤼니의 수도원장 가경자 피에르와 국왕에게 거짓말을 일삼던 이 고위성직자의 탐욕을 매우 매섭게 비판한다. 연대기를 기록한 수도사는 앙리 드 푸아투가 피터버러 수도원한테는 "꿀벌이 사는 벌집으로 날아든 못된 땅벌"과 같은 존재였다고 썼다. 앙리가 수도원에 온 뒤〔부활절을 60일 앞둔〕육순절이던 1127년 2월 6일 일요일 밤에 수많은 평신도와 수도사들이 피터버러의 사슴사냥터, 그리고 '마을'과 스탬퍼드 사이의 넓은 숲에서 20~30명의 사냥꾼을 목격하고 그들이 내는 소리도 들었다. 그들은 키가 크고 검은 옷을 입은 섬뜩한 모습이었는데, 커다란 눈을 가진 검고 추악한 사냥개 무리를 데리고 뿔피리를 불면서 말이나 (숫염소나) 암염소를 타고 있었다. 사순절을 지나 부활절이 될 때까지 이런 현상이 계속되었고 언제 끝날지도 알 수 없었다. 연대기 작가는 조금 뒤에서 그런 현상이 언제 끝났는지 기록한다. 1132년에 왕은 마침내 앙리 드 푸아투의 불성실함을 알아채고는 그를 수도원장의 직위에서 내쫓고 국외로 추방시켰다. 그리고 품성과 행실이 올바른 마르탱이라는 인물을 새 수도원장으로 임명했다.

이 이야기에서 처음으로 사냥이라는 소재가 등장하고 있으며, 왕권의 무능함과 '유령들의 사냥'이 서로 연관되어 이야기되고 있다는 사실에 주목할 필요가 있다. (실제 12세기의 잉글랜드에서 나타났던 것처럼) 좋은 쪽으로든 나쁜 쪽으로든 왕권의 존재감이 커져가면서 지옥의 왕권을 거울에 반사시킨 것처럼 죽은 전사나 사냥꾼의 무리는 점차 봉건군주와 동일시되는 경향을 보였던 것이다.

같은 시기에, 하지만 이번에는 유럽 대륙에서 〔프랑스 북서부〕 르망의 역대 주교들에 관한 연대기가 지역 주민들을 괴롭혔던 재난과 전쟁, 기근들에 관해 기록했다. 1135년에 '믿기 어려운 괴이한 현상'이 발생했는데, 연대기 작가는 그 일이 악마가 꾸민 수많은 계략을 입증하는 사례라고 적었다. 주교좌성당의 참사회 주임이던 니콜라의 집에 유령이 출현했다. (연대기를 쓴 작가는 여기에서 '목신牧神'을 뜻하는 라틴어 어휘를 사용하고 있다.) 유령은 시끄러운 소리를 내면서 식기를 옮기거나 니콜라의 아내가 천을 짜려고 준비해 놓은 실을 엉클어뜨리는 등 짓궂게 집안사람들에게 장난을 쳤다. 한 사제가 퇴마의식을 하자 유령은 모습을 드러내지는 않은 채 자신의 이름을 밝혔다. 그는 니콜라의 죽은 형제인 가르니에로 집안사람들에게 미사를 행하거나 가난한 자들에게 자선을 베풀어 자신을 구원해달라고 요청하기 위해 출현했다. 이런 중재가 있으면 가르니에는 그 집에 불행을 가져다주려고 그에게 달라붙어 함께 온 '해로운 무리'에서 떨어져 나올 수 있었다.[38] 이 문헌에는 (악령들이나) 죽은 자의 무리에 관한 묘사는 등장하지 않는다. 이따금 그러하듯이 이 이야기에서는 유일하게 (목소리로) 출현한 죽은 자의 배후에서 무리의 존재가 막연히 상기되고 있을 뿐이다.[39]

이 시대에 죽은 자의 무리에 관해 가장 명확하게 증언하고 있는 문헌은 독일 프랑켄 지방에서 에케하르트 폰 아우라안데르잘레가 기록한 연대기이다. 이 연대기는 마지막 몇 쪽을 이용해 1122년의 보름스 협약*과 1125년 황제 하인리히 5세가 죽을 때까지 계속된 교회와 황

---

* 보름스 협약(Concordat de Worms) : 성직자 임명권을 놓고 1122년 보름스에서 교황

제의 권력다툼을 묘사하고 있다. (1125년을 끝으로 연대기의 서술은 중단된다.) 여기서도 종교적이고 정치적인 혼란이 일어날 때면 (트리어 주교구를 덮친 폭풍우나 작센에 나타난 유성과 같은) 악천후, (풀다 수도원에서 일어난 탑의 붕괴와 같은) 사고, 불안과 공포심을 일으키는 환시 등 온갖 기이한 현상들과 징조들이 발생한다. 우리 눈에는 서로 이질적인 것으로 보이는 온갖 기이한 현상들이 이 연대기 안에서는 서로 연관된 것으로 기록된다.

1120년 작센에서는 밤에 환한 빛을 내는 남자가 2개의 요새 사이에 있는 들판을 가로질러 가는 것이 며칠 동안 계속 초병들에게 목격되었다.[40] 1123년에는 작센에서 시작된 반란이 독일 전역으로 확대되면서 말 탄 도적떼가 마을과 교회로 쳐들어와 농민들의 재산을 빼앗고 식량을 훔치고 곡식창고에 불을 질러 기근을 발생시켰다. 그로부터 얼마 뒤에 보름스의 주교구에서는 '단단히 무장한 떠돌이 기사들'이 무리(turmas)를 지어 산에서 나타났다가 〔오후 3시 무렵인〕 제9시과時課에 다시 산으로 돌아가는 모습이 며칠 동안 계속해서 목격되었다. 십자가를 든 주민들이 무리 가운데 하나(persona)에게 묻자 기사는 자신들은 (악마가 불러온) 환영(fantasmata)이 아니므로 안심하라고 대답했다. 하지만 그들은 실재하는 기사(milites)가 아니라 전사한 지 얼마 지나지 않은 기사들

칼릭스투스 2세와 신성로마제국의 황제 하인리히 5세가 맺은 타협안이다. 11세기 말에 하인리히 4세는 교회와 세속군주 가운데 누가 성직자 임명권을 가질 것인가를 놓고 교황 그레고리우스 7세와 격렬하게 대립하였다. 결국 그레고리우스 7세는 1076년에 하인리히 4세를 파문했다. 이 일로 영주들이 반란을 일으킬 움직임을 보이자 황제는 어쩔 수 없이 카노사로 교황을 찾아가 용서를 빌었다. 그 뒤 파문은 철회되었으나 갈등은 다음 황제인 하인리히 5세 때에도 계속되었다. 교황에 대한 위협과 감금, 황제에 대한 파문이 다시 되풀이되었고, 1122년에 양쪽의 합의로 보름스 협약이 체결되었다. 그에 따르면 황제는 교회법에 따른 성직자 선출에 동의해야 했다. 그러나 독일 안에서는 주교와 대수도원장 선거에 황제가 참석하는 것이 인정되었고, 후보자가 여럿일 경우에는 황제에게 선출권이 주어졌다.

의 영혼이었다. 생전에 그들이 죄를 저지를 때 사용했던 무구와 옷, 말은 이제 새빨갛게 달궈진 고문도구가 되어 그들을 괴롭혔다. 1117년에 전사한 에미호 백작도 그들의 일원으로 모습을 드러냈고, 산 자의 기도와 자선이 있으면 자신이 저지른 죄를 용서받을 수 있다고 말했다고 한다.[41] 이처럼 이 세상에 나타났다가 사라지는 환상의 기사 무리는 실재하는 도적기사단의 모상이다.

이런 모든 증언들에서 환영의 무리는 특정한 명칭을 지니지 않는다. 그런데 오더릭 비탈리스의 증언이 있은 지 반 세기 정도 지나서 앵글로노르만 지역에서 헬레퀴누스 일당이라는 명칭이 다시 문헌에 등장한다. 이런 명칭이 매우 한정된 지역에서만 나타난 것은 앵글로색슨인과 스칸디나비아인이 차례로 이 지역으로 이주해온 일과 분명히 연관이 있을 것이다. 하지만 그 배후에는 그 지역에 내려오던 전승을 라틴어로 기록할 가치가 있다고 생각한 성직자들의 판단도 있었다. 수도사들, 특히 변경에 살면서 민족과 언어의 다양성을 목격한 프랑코노르만 · 앵글로노르만 · 앵글로웨일스의 성직자들이 그러한 전승에 흥미를 가졌다. 그들 가운데 몇 사람은 그 시대에 가장 화려하고 다양성이 풍부했으며, 어떤 궁정보다도 논쟁이 활발했던 플랜태저넷 왕조의 궁정에 속해 있었다.

헬레퀴누스 일당의 정치적 용도

신학자이자 바스의 부주교와 국왕의 고문을 맡고 있던 피에르 드 블루아는 1175년에 앵글로노르만 궁정에서 일하던 전속신부들에게 보낸 편지에서 세속적 야망에만 빠져 있는 궁정성직자(curiales)들을 신랄하게 비판했다. 피에르는 그러한 성직자들을 "당대의 순교자들, 세속의 선생들, 궁정의 사도들, 헬레퀴누스의 기사들"이라고 잔뜩 비꼬아 불렀다. 피에르는 그들이 천국으로 부름을 받은 진짜 순교자들과는 반대로 지옥의 고통을 향해 가고 있다고 했다. 부주교가 보기에 궁정성 직자들은 이 세상을 떠도는 저주받은 자들의 무리와 흡사하다.

월터 맵도 『궁정해학집』에서 2개의 장에 걸쳐 이렇게 비유하고 있는 것을 보면, 이런 비유는 당시 꽤 널리 알려져 있었던 것 같다.[42] 시작 부분부터 월터 맵은 끊임없이 이곳저곳으로 옮겨 다녔던 헨리 2세의 궁정을 "죽었다고 알려진 사람들이 마치 살아 있는 듯한 모습을 보이는"'헬레퀴누스 일당의 배회(cetus et phalanges Herlethingi)'로 비유해 나타낸다. 헨리 2세가 왕위에 오른 그 해부터(1154~1155년) 헬레퀴누스 일당은 자취를 감추었다. 마치 국왕의 궁정이 유령의 무리를 대신한 듯하다. 그 전까지 헬레퀴누스 일당은 잉글랜드에서 '널리 알려져 있었고', 웨일스나 헤리퍼드 변경 지역에서도 목격되고 있었다. 브르타뉴에서는 (오더릭 비탈리스의 이야기에 등장한 발슐랭처럼) 죽은 자가 소유한 말을 빼앗으려다가 목숨을 잃은 사람도 있었다. 그러나 월터 맵의 글에서 가장 흥미로운 점은 헬레퀴누스 일당이라는 명칭에 해설을 덧붙이고 있다는 점이다. 그는 그런 이름이 비롯된 일당의 우두머리에게 구체적인 형상을 부여하면서, 틀림없이 그레이트브리튼 섬의 원주민인 켈트족에게서 비롯되었을 기원설화를 전하고 있다.[43]

월터 맵은 일당의 명칭이 아주 오랜 옛날에 존재했던 브리튼인의 왕 헤를라(Herla)에게서 비롯되었다고 전한다. 헤를라는 (월터 맵이 '피그미'라고 부르고 있는) 소인족의 왕과 계약을 맺었는데, 이 소인족은 사실 죽은 자들이었다.[44] 헤를라가 프랑크 국왕의 딸과 결혼했을 때 결혼식에 초대된 소인족의 왕은 그에게 막대한 선물을 주었다. 1년 뒤에 이번에는 헤를라가 동굴에 있는 소인족 왕의 웅장하고 아름다운 궁전을 방문했다. 그곳에서는 소인족 왕이 자신의 혼례를 축하하고 있었다. 헤를라가 귀국길에 오르자 소인국의 왕은 그에게 "말, 개, 매 등 사냥개를 사용한 사냥과 매사냥에 필요한 모든 것들"을 선물했다. 소인족 왕이 건넨 선물 중에는 피에 굶주린 작은 개*도 있었다. (영어의 '블러드하운드'라는 명칭은 이 동물의 잔인함을 나타내는 '피에 굶주린 개*canis sanguinarius*'라는 라틴어 명칭을 충실히 옮긴 것이다.) 헤를라는 개를 말에 태워 데려가야 했는데, 헤를라와 그의 가신들은 개보다 먼저 말에서 내려서는 안 된다는 경고를 받았다. 그렇게 하지 않으면 잿더미가 되어버린다는 것이었다. 지상으로 돌아와 한 양치기를 만난 헤를라는 자신이 동굴로 여행을 떠난 지 3일 정도밖에 지나지 않았다고 생각했으나 실은 200년 정도의 시간이 흘렀다는 사실을 알게 되었다. 브리튼인의 나라는 이미 새로운 주민인 색슨인에게 점령되어 있었다. 개가 땅으로 내려가려고 하지 않았으므로 헤를라는 자신의 무리와 함께 영원히 계속 떠돌아다녀야 했다. 헤를라의 배회는 죽은 자들의 왕과 계약을 맺은 것에 대한 벌이었는데, 월터 맵은 그것이 헨리 2세의 궁정에 닥칠 수많은 고난을 예고하고 있다고 말한다.

이 이야기가 (이승과 저승의 시간이 다른 것과 같은) 민담에 나오는 소재들을 풍부히 이용하고 있다는 사실은 쉽게 확인된다.[45] 그런데 주목해야 할 것은 산 자와 죽은 자 사이에 맺어진 계약이라는 소재이다. 이것이 이 이야기의 가장 핵심적인 요소이다. 죽은 자와의 계약을 받아들인 것이 헤를라가 저지른 근본적인 잘못이고, 그가 벌을 받게 된 원인이라고 서술되어 있기 때문이다. 이 계약은 악마와의 계약을 상기시킨다. 하지만 월터 맵이 악마에 관한 언급을 피하면서 이야기에 모호함을 남겨두고 있다는 점에 주목할 필요가 있다. 헤를라가 저지른 잘못은 무엇보다도 죽은 자와의 교환이 불균등했다는 사실에 있다. 소인족

---

* 프랑스어판에는 '불독(bouledogue)'으로 되어 있으나, 월터 맵의 원문에는 "피에 굶주린 작은 개"라고 되어 있다. 불독과 후각이 발달한 사냥개인 블러드하운드는 다른 품종이므로 한국어판에서는 원문을 살려서 옮겼다.

의 왕은 선물을 곱절로 늘려서 자신이 처음에 제안했던 상호성의 관계를 깨버린다. 선물을 준 사람이 답례를 기다리지 않고, 오히려 주는 것을 곱절로 늘려 상대를 선물로 압도해버린 것이다. 헤를라 왕은 선물을 준 사람의 관대함에 제압당해 말 그대로 옴짝달싹도 못하게 되어 말에서 내리는 것조차 할 수 없게 되었다. 그래서 그는 죽은 자의 배회라는 운명을 짊어지게 된 것이다.

헤를라와 소인족 왕의 잘못된 교환이 가져온 결과를 살펴보는 것으로 산 자와 죽은 자 사이에 교환이 이루어지지 않은 다른 위험한 상황들에 대해서도 이해할 수 있다. 예컨대 오더릭 비탈리스의 이야기에서는 발슐랭이 죽은 자가 소유한 말을 빼앗으려고 하다가 하마터면 목숨을 잃고 죽은 자들의 무리에 끌려갈 뻔했다. 13세기 초에는 저버스 틸버리가 잉글랜드와 브르타뉴의 무모한 패거리 가운데 몇 사람이 똑같은 잘못으로 희생되었다고 증언한다. 물질적인 증여와 영적인 응답이 완전히 일치하는 상호의존의 관계만 유익한 결과를 가져올 수 있다. 발슐랭은 형의 영혼을 구원하기 위한 미사를 올려서 생전에 자신의 프랑스 유학비용을 부담해주었던 형에 대한 빚을 갚을 수 있었다. 그렇게 교환은 완전한 것이 되어 죽은 자는 1년 뒤에 고통에서 벗어나고 (발슐랭이 죽은 자와 만난 뒤에도 삶을 이어갔듯이) 산 자도 구원을 받는다. 하지만 이로써 그런 교환이 어떤 사회적 조건에서 가능한지도 드러난다. 미사에 바치는 공물과 기도만이 물질적인 은혜를 영적인 은혜로 바꿀 수 있다. 그렇다면 그런 활동을 독점해서 수행하고 있는 교회의 중재가 산 자와 죽은 자 사이의 모든 관계에 반드시 개입될 수밖에 없는 것이다.

'헬레퀴누스 일당'에 관한 언급이 나타나는 지리적 범위는 13세기 안에 프랑스 동부와 이탈리아까지 넓혀졌다. 지식인들 사이의 정보의 순환도 이러한 전파가 이루어진 하나의 원인으로 생각해볼 수 있을 것이다. 하지만 '헬레퀴누스 일당'이라는 명칭은 현상 그 자체와 마찬가지로 지적 문화가 인지하기 전부터 이미 존재하고 있었음이 분명하다. 13세기가 되자 이 명칭은 새롭게 변화했고, 성직자들은 점차 그 어원에 흥미를 갖기 시작했다. 한때는 재속성직자였던 [프랑스 북부] 보베 주교구의 시토회 수도사 엘리낭 드 프루아드몽(1230년 사망)은 『자신에 대한 앎De cognitione sua』이라는 제목의 자전적 작품 안에서 헬레퀴누스 일당에 관해 매우 분명하게 언급하고 있다.[46] (아벨라르의 간접적인 계승자이자 죽음에 대해 노래한 음유시인이기도 했던) 엘리낭은 모름지기 인간은 죽은 뒤 자신의 운명에 관해 알고 싶어한다고 이야기한 대목에서 헬레퀴누스 일당에 관해 말한다. 그는 논의과정에서 교황 그레고리우스 1세의 『도덕Moralia』과 베르나르 드 클레르보의 『숙고에 대해서De consideratione』와 같은 작품만이 아니라 이교 작가들도 끌어들인다. 하지만 그는 베르길리우스에 대해서는 이렇게 반론을 제기한다. 베르길리우스는 죽은 영웅들이 생전에 자신의 소유였던 옷을 입고 있는 산 자에게 모습을 나타내고, 죽은 뒤에도 생전에 가지고 있던 말과 무기, 전차를 걱정한다고 말하고 있으나 이것은 잘못된 것이다. 따라서 '헬레퀴누스 일당(familia Hellequini)'에 대한 '민중들(vulgus)'의 잘못된 생각은 베르길리우스에게서 비롯된 것이다. 이렇게 쓴 뒤 엘리낭은 가까운 사람들에게서 들은 2편의 이야기를 소개한다.

보베의 주교와 형제 사이인 오를레앙의 주교 앙리 도를레앙은 오를레앙의 주교좌성당 참사회원이던 장이라는 사람한테 들은 놀라운 사건에 관해 이렇게 말했다. 장은 자기 밑에서 일하던 성직자인 노엘에게 로마까지 피지의 부주교 부르샤르를 수행하라고 명령했다. 부주교를 보호하고 그를 위해 장부를 정리하는 것이 노엘의 임무였다. 언젠가 장은 노엘하고 둘 중 먼저 죽은 사람이 30일 이내에 남은 사람(socius)을 찾아오자고 약속한 적이 있었다. 그리고 죽은 자가 찾아와서 죽음 이후의 상황을 알려주어도 상대를 두려워하지 말고 충고를 받아들이자고 했다.

두 여행자가 로마에 거의 다다랐을 때 둘 사이에 돈 문제로 다툼이 생겼다. 노엘은 저주를 퍼부으며 자신의 몸을 악마에게 팔아넘겼다. 같은 날 강을 건너다가 노엘은 물에 빠져 죽었다. 다음날 저녁에 장은 어둠이 무서워서 침실에 등불을 켜둔 채 뜬눈으로 침대에 누워 있었다. 그런데 갑자기 노엘이 우비로 쓰는 납빛의 아름다운 망토를 걸친 모습으로 장의 눈앞에 나타났다. 장은 노엘이 너무 일찍 여행에서 돌아와 깜짝 놀랐다. 그러자 노엘은 장에게 자신이 이미 죽었고, 사고로 물에 빠져 죽기 전에 저주를 퍼부었기 때문에 지독한 고통을 겪고 있다고 말했다. 마지막 고해를 한 뒤에 그가 유일하게 저지른 그 잘못이 없었더라면 그런 시련을 겪게 되지는 않았을 것이다. 그가 몸에 걸치고 있는 망토는 이상하리만치 무거워서 차라리 〔이탈리아 북부〕'파르마에 있는 탑'을 두 어깨에 짊어지고 있는 편이 나을 정도였다. 하지만 망토의 아름다움은 마지막으로 행한 고해 덕분에 그가 머지않아 사면을 받을 수 있을 것이라는 희망(spes veniae)을 상징하고 있다.

장은 노엘을 돕겠다고 약속했는데, 그 전에 그가 '헬레퀴누스 군단(militia Hellequini)'의 일원인지를 물었다. 노엘은 그렇지 않다고 대답하며 "군단은 이미 모두 참회해서" 요즈음에는 배회를 멈추었다고 알려주었다. 죽은 자는 나타났을 때와 마찬가지로 홀연히 자취를 감추었다. 하지만 그 전에 그는 장에게 민간에 전해지고 있는 '헬레퀴누스(Hellequinus)'라는 호칭이 잘못된 것이므로 '카를레퀴누스(Karlequinus)'라고 불러야 하며, 그 이름은 '카롤루스 퀸투스(Karolus Quintus)'** 왕에

---

* '퀴누스(quinus)'와 '퀸투스(quintus)'는 라틴어로 다섯 번째라는 뜻이다. 13세기 초에 작성된 문헌임을 고려하면 샤를 5세(1338~1380)가 아니라 카롤루스 왕조의 어떤 왕을 가리키고 있는 것으로 보이지만, 누군지는 확인되지 않는다. 이 책 5장의 원주

게서 비롯된 것이라고 알려주었다. 왕은 오랫동안 자신이 저지른 온갖 죄의 대가를 치렀는데, 최근에야 성 디오니시우스의 중개로 고통에서 벗어날 수 있었다고 한다.

엘리낭은 두 번째 이야기를 지금은 죽은 (프랑스 북동부) 랭스의 대주교 앙리의 집사였던 삼촌 엘르보에게 들었다. 엘리낭의 삼촌은 대주교의 명령으로 시종과 함께 말을 타고 (프랑스 북부) 아라스로 향하고 있었다. 정오를 알리는 종이 울릴 무렵 두 사람은 숲에서 말이 울고 무기가 부딪치며 시끄럽게 싸우는 소리가 들려오는 가운데 망령과 악마의 무리를 만났다. 무리는 아르크 주교좌성당의 참사회 주임이 나중에 자신들에게 합류하고, 랭스의 대주교도 머지않아 자신들과 한패가 될 것이라고 말했다. 엘르보와 그의 시종은 십자가를 들고 가까이 갔다. 그러자 '망령들'은 자취를 감추었고 말소리도 더 이상 들려오지 않았다. 단지 무기와 말들이 내는 잡다한 소리만 남아 있을 뿐이었다. 랭스로 돌아온 그들은 대주교가 병석에 누워 있다는 사실을 알게 되었다. 대주교는 그로부터 2주가 지나가기도 전에 죽었고, 그의 영혼은 악령에게 끌려갔다. 망령의 무리에서 죽은 자의 영혼을 태우고 있는 말은 악령이 모습을 바꾼 것임이 분명하다. 그리고 죽은 자가 착용하고 있는 무거운 무기와 장비들은 그들이 저지른 죄의 무게에 해당한다.

이 2편의 이야기에는 엘리낭 드 프루아드몽이 설명하려고 의도했던 것 말고도 두 가지 흥미로운 점이 있다. 죽은 자의 복장이나 타고 있는 말이 그들이 생전에 소유하고 있던 것이 아니라 악령이 그들에게 준 시련을 나타낸다는 점이다. 그리고 일당의 명칭에 관한 지적인 해설은 '헬레퀴누스'와 '카롤루스 퀸투스'가 유음어의 관계에 있다는 사실에 기초해 있다. (카페 왕조의 수호성인인) 성 디오니시우스의 이름이 거론

47번과 Felix Liebrecht, *Des Gervasius von Tilbury Otia Imperialia in einer Auswahl neu herausgegehen*(Hannover: Rümpler, 1856), p. 198 참조.

되고 있다는 점에서도 이 이야기에서 카롤루스 왕조의 왕은 막연히 언급된 것에 지나지 않는다는 사실이 확인된다. 카롤루스 왕조의 왕들이 저세상에서 고통을 겪고 있다는 것은 오랫동안 환시를 다룬 수많은 이야기들에서 묘사되어왔던 소재이기 때문이다.[47]

월터 맵의 경우와 마찬가지로 이 이야기에서도 헬레퀴누스 일당이 최근 배회를 멈추었다고 나온다. 이것은 (오늘날 우리들이 제1차 세계대전 이후에는 볼 수 없게 된 과거의 전통에 대해서 말할 때와 마찬가지로) 민간전승을 먼 과거의 사건으로 치부하려는 이야기 관습 가운데 하나일까, 아니면 신앙 자체에 나타난 객관적인 변화가 반영되어 있는 것으로 보아야 할까? 엘리낭의 경우를 놓고 보면, 헬레퀴누스 일당이 자취를 감추었다는 발언은 이 일당을 저주받은 자들의 무리보다는 오히려 일종의 '이동연옥purgatoire itinérant'처럼 보는 사고방식과 일맥상통한다. 실제로 이 무리의 특징은 지옥을 떠올리게 하면서도 때로는 무리에 포함된 죽은 자의 영혼에 구원의 희망을 제공하기도 한다는 양면성을 지니고 있다는 점이다. 12세기 말에 이루어진 '연옥의 탄생'이 죽은 자 무리의 악마화를 촉진하고, 나아가 죽은 자 무리가 소멸했다고 확신하는 사람까지 나타나게 한 것은 아닐까? 참회의 기능을 지닌 연옥이 탄생한 이상, 이제 죽은 자들의 무리가 존재해야 할 이유가 없어졌기 때문이다.

거의 같은 시대에 마찬가지로 시토회의 수도사이자 [프랑스 동부] 쥐라에 있는 모르 수도원의 수도원장 직위를 맡고 있던 에르베르 드 클레르보(1190년 사망)도 자신이 쓴 『기적서Liber miraculorum』에서 헬레퀴누스 일당에 관해 언급하고 있다.[48]

[프랑스 중북부] 욘에 있는 볼뢰장 수도원에 소속된 수도사 가운데 한 명인 자카리는 젊었을 때 본 환시에 관해 다음과 같이 이야기했다. 그는 그 때 본 환시를 계기로 수도사가 될 결심을 했다고 한다. 아직 농부였던 자카리는 활을 들고 밤에 수확물을 지키고 있었다. 그런데 들

판 한가운데에 그가 확실히 안다고 생각한 여인이 나타났고, 그 다음에 '사람인 듯한 자(quasi homo)'가 나타났다. 자카리는 그를 도둑이라고 생각했다. 여인은 헬레퀴누스 일당이 곧 그곳에 도착할 것이라고 자카리에게 알려주었다. 실제로 참고 듣기 어려울 만큼 시끄러운 소리가 들려왔고, '대장장이, 금속 장인, 세공사, 석공, 무두장이, 직조공, 〔직물을 가공하는〕 축융공 등 온갖 종류의 직공들'의 '환영'이 보였다. 그들은 혹독한 고문을 당하면서 땅을 딛지 않고 공중으로 떼를 지어 이동해가고 있었다. 그때 무리에서 어깨에 숫양을 짊어진 한 사람이 자카리에게 다가와 말을 한 마디도 해서는 안 된다고 충고하면서 자신의 정체를 밝혔다. 그는 자카리의 옛 친구(sodalis tuus, familiariter in amicitia iunctus)로 가난한 과부에게서 숫양을 훔친 적이 있었다. 그는 자카리가 대신 주인에게 양을 돌려주면 자신은 시련에서 벗어날 수 있을 것이라고 말했다. 그는 죽은 자의 무리와 함께 자취를 감추기 전에 자카리에게 '다른 많은 것들'에 관해서도 이야기해주었다.

우리에게 산 자와 죽은 자의 상호의존 관계는 이미 익숙한 소재이다. 마찬가지로 (이 이야기에서 산 자가 말을 하지 못하게 하는 것과 같은) 금기와 공중비행이라는 소재도 수행인원 모두에게 땅에 내려서는 것이 금지되었던 헤를라 왕의 고난을 상기시킨다.[49] 하지만 이 이야기에서 독창적인 것은 헬레퀴누스 일당이 '제3의 직무'에 속하는 사람들로 구성되어 있다는 점이다. 이것은 오더릭 비탈리스의 이야기에서는 단지 가능성만 엿볼 수 있었던 측면이다. 목격자도 평범한 농장지기이고, 그가 목격했던 죽은 자의 무리 안에는 말이나 사냥개, 기사는 없고 직공들의 모습만 발견된다. 그들은 콩크의 팀파눔에 조각되어 있는 저주받은 죽은 자들처럼 생전에 즐겨 사용하던 도구들로 고통을 받고 있다.[50] 그러나 왠지 이 불행한 죽은 자들은 특정한 죄를 저질러 벌을 받고 있는 것처럼 보이지는 않는다. '직공'이라는 신분 자체가 큰 죄라고 말하고 있는 것일까?

그래도 교회에게는 여전히 '제2의 직무'야말로 진짜 위험한 존재들이었고, 무시무시한 무리에 관한 상상에서는 대부분 폭력적인 활동을 좋아하는 기사들이 주인공들이었다. 기사들을 특징짓는 것은 무엇보다도 전쟁이었으나 사냥이라는 소재도 자주 나타난다. 그 다음으로 많이 나타나는 소재는 마상창시합이다.

시토회 수도사였던 체사리우스 폰 하이스터바흐는 (1223년 무렵에 쓴)『기적들에 관한 대화Dialogus miraculorum』의 (죽은 자에 관한 부분이 포함된) 제12권에서 〔벨기에 중부〕 브라반트의 빌레르 수도원에 소속된 한 수도사의 증언을 인용해 마상창시합에 관한 2편의 이야기를 소개하고 있다. 하나는 루즈 백작의 시종이 전날 밤 피가 흥건하도록 전투가 치열하게 벌어졌던 장소에서 '악령들의 마상창시합'이 열리고 있는 것을 보았다는 이야기이다. 다른 하나는 어떤 사제가 밤에 들판 한가운데에서 죽은 지 얼마 되지 않은 기사들이 '죽은 자의 마상창시합(tomamentum mortuorum)'을 즐기고 있는 모습을 보았다는 이야기이다.[51]

죽은 자 무리의 악마화

13세기 초에 저버스 틸버리는 자신이 편찬한 기이한 이야기 모음집에 유령이 무리를 지어 나타난 이야기를 많이 실었다. 〔스페인 북동부〕 카탈로니아에는 꼭대기가 평평하게 생긴 바위가 있는데, 정오가 되면 거기에서 신비한 기사들이 일대일로 결투를 벌인다. 그러나 사람들이 가까이 가면 자취를 감춘다.[52] 시칠리아 섬의 에트나 화산은 고대부터 지옥의 입구로 여겨져 왔다. 11세기 초 그 화산 중턱에 거처하던 은둔수도사는 악령들이 탄식하는 소리를 들었다. 악령들은 지옥의 불길 속에서 고통을 받는 죽은 자들의 영혼이 클뤼니 수도사들이 올리는 기도의 힘으로 자신들의 손에서 벗어나는 것을 탄식하면서 슬퍼하고 있었다.

저버스 틸버리는 '그 시대' 그곳의 '현지인들', '민중들'은 '위대한 아서 왕'이 그곳에 출현한다고 말했다고 전한다. 〔에트나 산 기슭에 있는〕 카타니아 주교의 젊은 마부는 도망친 말을 쫓아서 깎아지른 듯이 험한 좁은 길을 따라 가파른 벼랑까지 갔다. 그곳에는 드넓은 고원이 펼쳐져 있었는데, 마부는 그곳에 궁전이 세워져 있는 것을 발견했다. 궁전에는 아서 왕이 왕좌에 앉아 마부가 도착하기를 기다리고 있었다. 아서 왕은 마부가 그곳에 온 이유를 묻고는 말을 돌려주면서 카타니아 주교에게도 많은 선물을 주었다. 그리고 왕은 자신이 이 비밀 궁전에 머무르고 있는 까닭은 조카인 모드레드와 색슨인의 대공 칠데릭에게 받은 상처를 치료하기 위해서라고 밝혔다. 상처는 해마다 아물었다가 다시 벌어졌다.[53]

12세기 이후 아서 왕 전설은 이탈리아, 특히 노르만 기사단의 영향을 받은 이탈리아 남부와 시칠리아 섬까지 퍼졌다.[54] 〔이탈리아 남동부〕 오트란토 대성당의 모자이크 바닥에는 아서 왕의 모습이 묘사되어 있는데, 1165년 무렵에 제작된 것으로 알려진 이 작품은 아서 왕 전설이 이탈리아에 전파된 상황을 알려준다. 인물상 옆에 '아서 왕(rex Artus)'이라고 적혀 있으므로 여기에 묘사된 것이 아서 왕임은 분명하다. 왕은 왕관을 쓰고 곤봉 같은 것으로 무장했으며, 오른팔을 치켜든 채 염소를 타고 있다. 그리고 그 주위에는 왕의 모습을 곁에서 바라보고 있는 듯한 벌거벗은 인물, 염소 앞에 서 있는 고양이처럼 보이는 동물, 한 남자를 넘어뜨리고 있는 개(?)의 모습이 보인다. 이 모자이크는 아담과 이브가 지상의 낙원에서 추방되는 장면과 카인과 아벨이 신에게 공물을 바친 뒤 아벨이 카인에게 살해되는 장면 사이에 놓여 있다.**그림 7**

여기에 묘사된 아서의 형상에 관해서는 지금까지 다양한 해석이 제시되었다. 특히 저버스 틸버리의 이야기에 나오는 아서 왕 궁전의 부

그림 7
Otranto, 모자이크,
(1175년 무렵)

유한 모습과 상통하는 긍정적인 인물상으로 해석하려는 경향이 가장 많았다. 모자이크에서 아서 왕의 모습이 아벨이 바친 공물 부근에 묘사되어 있는 것도 이러한 가설을 지지하는 근거로 여겨져 왔다.[55] 하지만 그러한 해석을 채택하면, 주위에 묘사되어 있는 장면들이나 전설의 왕에 관한 동시대의 다른 이야기는 물론이고, 아서 왕이 타고 있는 동물이 갖는 매우 부정적인 의미도 너무나 쉽게 간과되어 버린다.[56] (월터 맵의 이야기에서는 소인족의 왕이 염소에 타고 있다.)

　1223년에 시토회 수도사 체사리우스 폰 하이스터바흐는 기적이야기라고 밝힌 2편의 이야기를 전했는데, 하나는 볼로냐의 참사회원에게서, 다른 하나는 〔신성로마제국의 황제〕 프리드리히 2세의 (이탈리아인이 대부분이었던) 궁정에서 일한 두 명의 수도원장에게서 자신이 직접 들었다고 밝혔다.[57]

　〔이탈리아 시칠리아의〕 팔레르모 주교 밑에서 일하던 시종 가운데 하나가 에트나 화산(*mons Gyber*) 중턱에서 도망간 말을 찾고 있을 때 한 노인이 나타나서는 자신의 주군인 아서 왕이 화산 안에서 말을 돌보고

있다고 알려주었다. 노인은 시종을 시켜서 주교에게 혹독한 벌을 받고 싶지 않으면 14일 뒤에 아서 왕의 궁정으로 출두하라고 명령했다. 팔레르모로 돌아온 시종은 주교에게 말을 전했으나 주교는 무시했다. 그러자 노인이 정한 그 날 주교는 죽었다.

두 번째 이야기에서는 에트나 화산 중턱에서 몇몇 사람들이 죽은 지 얼마 지나지 않은 베르톨프 공작의 영혼을 태우려고 불길을 일으키고 있는 악령들의 소리를 들었다. 체사리우스는 (클뤼니에서 기록된『성 오딜롱 전기』의 내용에 암묵적으로 이의를 제기하며) 에트나 화산은 '지옥의 입구'이지 '연옥'은 아니라고 주장했다. 교황 그레고리우스 1세의『대화』(제4장 30절)에 나오듯이 고트족의 왕이었던 테오도릭을 비롯해 신에게 버림받은 자들만이 그곳으로 갔기 때문이다.

체사리우스가 전한 이 두 편의 이야기를 비교해보면 흥미롭다. 첫 번째 이야기에서는 아서 왕이 월터 맵의 이야기에 등장하는 소인족 왕처럼 죽은 자의 왕으로 묘사되어 있다. 그리고 헤를라가 소인의 초대를 받아들여 지하의 궁전으로 갔듯이 팔레르모의 주교도 에트나 화산 속에 있는 아서 왕의 궁전을 방문해야 했다. 그렇게 하면 주교는 잃어버린 말을 찾아서 돌아올 수 있었을 것이다. 하지만 그에 대한 대가로 그도 영원히 배회해야 하는 운명을 떠안게 되었을 것이다. 두 번째 이야기에는 아서 왕의 이름은 등장하지 않지만, 무대는 똑같은 에트나 화산이다. 여기에서는 에트나 화산을 지옥으로 본 옛 전승이 발견된다. 이런 내용은 이야기의 해석을 부정적인 방향으로 틀어서 아서 왕을 악마와 연관 짓게 한다.

죽은 자의 나라를 지배하는 왕으로서 아서는 (오트란토의 모자이크나 저버스 틸버리의 이야기, 그리고 체사리우스 폰 하이스터바흐의 첫 번째 이야기에서 선악을 판단하기 어렵게 나타나듯이) 양면성을 지니고 있었다. 그러나 헬레퀴누스 일당이 부정적인 의미가 강해진 것처럼 (체사리우스의 두 번째 이야기에서 그러하듯이) 점차 악마로서의 양상을 나타내게 되었다. 그리고 이러한 이중의 변화와 더불어 많은 증언들이 헬레퀴누스와 아서의 이름을 노골적으로 연관시키거나 혼동했다. 카타니아 주교의 도망친 말 이야기는 잉글랜드 출신의 저버스 틸버리에게 브르타뉴와 잉글랜드에 퍼져 있던 헬레퀴누스 일당의 출현을 상기시켰다. 브리튼 섬뿐아니라 (브르타뉴 지방인) '소 브리튼'에서도 삼림감시인들이 정오나 보름날 초저녁에 사냥꾼 무리가 사냥개를 이끌고 뿔피리를 불면서 나타나는 모습을 목격하거나 들었다는 이야기는 흔했다. 이런 증언들에 따르면, 사냥꾼들은 '아서의 일당이나 그 패거리'라고 불렸던 듯하다. 여기에서 아서의 이름이 헬레퀴누스의 이름과 뒤바뀌고 있는 것이 명백히 드러난다. 월터 맵의 이야기에 등장하는 헤를라와 마찬가지로 아서도 '아주 먼 옛날 브리튼인의 왕'으로 알려져 있었다.[58]

헬레퀴누스와 아서는 13세기 중엽 리옹의 도미니크회 수도사이자 설교가인 에티엔 드 부르봉(1261년 사망)이 기록한 교훈예화에서 더 뚜렷하게 일체화된다.[59] 여기서는 두 사람의 이름이 나란히 등장하고, 지하의 왕국이라는 소재와 연결된다. 그러나 이야기의 이데올로기적인 틀은 월터 맵과 저버스 틸버리가 제시한 것과 크게 다르지 않다. 이야기의 재미는 스콜라적인 논증으로, 기이한 이야기가 지닌 양면성은 모든 현상에 일방적으로 악마적인 의미를 부여하려는 의지로 대체되고 있기 때문이다. (이런 의미를 받아들이게 하는 것이 설교에서 교훈예화가 맡았던 역할이었다.) 설교가이자 종교재판관이었던 에티엔은 민중(vulgus)이나 농민(rustici), 특히 나이 많은 여성(vetulae)이 꿈에 보내는 신뢰에서 악마가 만들어낸 환영의 영향 아래에 있는 '고대의 미신'이나 이교의 잔재를 감지한다. 실제로 악령은 소박한 사람들을 더 교묘하게 속이기 위해 때때로 '헬레퀴누스나 아서 왕'의 무리 안에서 사냥을 하거나, 마상창시합을 즐기는 기사의 모습으로 변신하기도 한다.

에티엔 드 부르봉이 들은 바에 따르면, 달빛을 받으며 샤 산 중턱에서 나뭇짐을 옮기고 있던 [알프스산맥 북쪽] 쥐라 지방의 농부는 (일부는 말에 타고 일부는 걸어서 이동하고 있는) 사냥개와 사냥꾼의 무리가 지나가는 것을 목격했다. 그들의 뒤를 따라간 농부는 '아서 왕'의 웅장한 궁전에 도착했다. 그곳에서는 기사와 귀부인들이 춤추고 놀이를 즐기며 잔치를 열고 있었다. 농부는 그들 가운데 놀랍게 아름다운 한 귀부인을 따라 침실로 갔다. 그녀의 침대에서 잠든 농부는 다음날 아침 눈을 떴을 때 자신이 '악마에게 속아서' 장작 위에 누워 있는 모습을 보았다. 다른 농부도 말 탄 똑같은 기사들의 무리가 "이 두건이 내게 어울리는가?"라고 서로에게 돌아가면서 묻고 있는 모습을 목격했다. 두건과 망토는 망자가 입는 의상이고, 그들이 겪는 고통의 도구이기도 했다.[60]

에티엔 드 부르봉의 이야기에서는 지금까지의 어떤 경우보다 죽은 자가 악마와 혼동되고 있다. 죽은 자들이 머무는 궁전의 화려함과 환락은 더 이상 신비한 이야기를 위한 무대장치가 아니었다. 그것은 꿈과 마찬가지로 새벽에 순식간에 사라져버리는 악마의 위험한 '환영 (fantasmata)'이 되었다.

헬레퀴누스, 헤를라, 아서라는 이름은 모두 신화 속의 동일인물, 곧 죽은 자들의 왕의 명칭이다. 그는 용맹하게 무리의 맨 앞에 서서 한밤에 숲속이나 대로를 말을 타고 지나가기도 하고, 때로는 웨일스의 변경이나 에트나 화산, 샤 산 등의 지하궁전에 있는 왕좌에 앉아서 삶과 죽음이 걸려 있는 교환행위로 산 자를 끌어들인다.

그렇지만 반세기가 지나 기이한 이야기를 즐기던 궁정성직자들 대신 스콜라 신학을 익힌 설교가들이 등장하면서 죽은 자들의 왕은 악마로 바뀐다. 그들은 포악한 무리가 참회의 의미를 지닌다는 (그래서 무리의 몇몇에게는 구원의 희망이 남아 있다는) 점을 완전히 부정하지는 않았지만, 고통 받는 영혼을 위한 중재 시스템의 지배를 받는 물질적인 세계와 상상의 세계에서 헬레퀴누스 일당을 점차 몰아낸다.

이 세대에 속한 위대한 신학자 가운데 하나이자 파리의 주교를 지냈던 기욤 도베르뉴는 (1231년에서 1236년 사이에 쓴) 『세계에 대하여*De universo*』에서 헬레퀴누스 일당에 관한 실질적인 이론을 처음으로 제시해서, 당시에 나타난 그러한 변화를 머뭇거리는 태도로 입증한다.[61] 기욤은 2개의 해석 사이에서 태도를 결정하지 못하고 있는 것처럼 보인다. 헬레퀴누스 일당은 연옥의 고통을 겪고 있는 망령들일까, 아니면 밤이 되면 기사 무리로 모습을 바꾸는*(similitudines)*, "프랑스에서는 헬레퀴누스라고 부르고, 에스파냐에서는 옛날의 군대*(exercitus antiquus)*라고 부르는"[62] 악한 망령[63]의 무리인 것일까? 어쨌든 눈에 보이는 것은 진짜 말도, 진짜 무구도 아니며, 말에 진짜로 올라탄 것도 아니다. 악한 사람을 겁주고, 죽은 자의 영혼을 위해 중재를 촉구하는 '징표'에 지나지 않는다. 이러한 '징표'가 사거리에서 자주 나타나는 것은 그곳이 모든 계층의 사람들이 많이 오가는 장소이고, 들판보다 '더럽혀진' 곳이기 때문이다. (신학은 생태학을 소홀히 하지 않는다!) 산 자는 이러한 더럽혀진 장소에서 악한 자가 저승에서 받고 있는 징벌이나 그들이 고통을 받는 원인, 그리고 그들에게 알맞은 중재에 관해 계시를 받는다.

기욤 도베르뉴가 '지상의 거처'라고 정의하고, 오직 한 곳밖에 존재하지 않는다고 주장한 '속죄의 장소*(locus purgatorii)*'인 연옥은 죽은 자에게 현세에서 참회하지 못한 죄에 따라 형벌을 내린다. 신이 헬레퀴누스 일당의 출현을 허가한 것은 무기를 남용하고*(abusores armorum)* 살인이나 강도를 저지른 자들에게 생전에 똑같은 짓을 한 사람들이 저승에서 받고 있는 벌을 보여주어 두려움을 느끼게 하려는 이유에서이다. 폭력을 생업으로 하는 사람들에게 보내는 도덕적인 본보기라는 이와 같은 설명만큼 교회가 헬레퀴누스 일당에게 부여한 이데올로기적 기능을 명확히 정의하고 있는 것은 없다.

이러한 목적을 위해서 기욤 도베르뉴는 마치 죽은 자의 무리가 정기적으로 연옥에서 벗어나 나타나는 것처럼 서술해 둘 사이에 분명한 관계가 있음을 보여준다. 그러나 연옥을 죽은 자의 영혼이 저세상에서 개별로 죗값을 치르는 고정되고 특정한 장소로 정의하는 교리가 발달할수록 이동연옥의 가능성도 부정되지 않았을까? 그렇다면 다음과 같은 선택지밖에 남지 않을 것이다. 요컨대 (월터 맵과 엘리낭 드 프루아드몽이 주장했던 것처럼) 헬레퀴누스 일당이 모습을 감추게 하거나, 그렇지 않으면 일당을 완전히 악마화하는 것이다. 죽은 자의 영혼이 연옥의 고통 속에 개별로 유폐되어 있다는 사고방식은 '사악한 망령'의 무리가 난폭하게 배회하고 있다는 사고방식과 양립할 수 없다.

이처럼 13세기가 되면서 헬레퀴누스 일당이라는 소재를 종교적이고 도덕적으로 해석하려는 사고방식이 강해졌다. 그 전까지의 이야기들에서 헬레퀴누스 일당이라는 소재는 권력의 세속적인 전략과 왕권 이데올로기 모두와 동시에 관련되어 있었다. 셀레스타의 생트푸아에서 그것은 수도원 창설과 관련되어 있으며 호엔슈타우펜 왕가에 이로운 정치적 예언을 소급해서 뒷받침하는 데 이용되었다. 피터버러의 앵글로색슨 연대기에서는 헨리 1세가 부적격자를 수도원장으로 임명하는 잘못된 선택을 했을 때 무시무시한 무리가 출현했다. 국왕의 고문이었던 피에르 드 블루아에게 헬레퀴누스 일당은 타락한 궁정 사람들에 대한 비유였다. (브리튼인의 왕인 헤를라가 등장하는) 월터 맵의 이야기에서는 브리튼인 왕국에서 색슨인 왕국으로 이어진 잉글랜드의 역사 속에 플랜태저넷 왕조가 놓인다. 저버스 틸버리의 이야기에서는 국왕의 삼림감시원들이 '아서의 일당(familia Arturi)'을 목격하는데, 그것은 마치 같은 사냥터를 전설의 왕과 실재의 왕이 함께 관리하면서 지배권을 주장하고 있는 것처럼 보인다. 신중하게 지켜온 숲이라는 공간에서 죽은 자들의 왕이 지닌 신화적인 힘은 산 자를 다스리는 왕권의 정당성과 효력을 강화하는 역할을 맡았던 것은 아닐까? 자신이 소유하는 숲, 그리고 사냥을 독점할 권리를 지키기 위해 왕은 헬레퀴누스 일당이 신하들의 마음속에 불러일으키는 공포를 교묘하게 이용한 것처럼 보이기도 한다.

그에 비해 교훈예화집에서 '헬레퀴누스나 아서'와 연결된 유일한 왕은 지옥의 군주인 악마이다. 여기에서는 이미 그 기준이 왕권이데올로기가 아니라 도덕적인 신학, 다시 말해 설교가와 고해사제들이 (1215년에 열린) 제4차 라테란 공의회의 방침에 따라 '기독교도 민중'의 마음속에 심으려고 했던 참회의 태도와 '자신의 죽음'에 대한 불안감이다. 그리고 마침내 (혼미함만이 가득했던 미남왕 필리프 치세의 마지막 몇 년에 해당하는) 14세기 초 파리에서 도덕적인 풍자와 정치적인 이데올로기, 민속적인 의식인 '샤리바리'가 하나로 융합되어, 죽은 자의 왕인 동시에 가장행렬의 왕인 헬레퀴누스의 이미지가 『포벨이야기*Roman de Fauvel*』라는 문학적 형식 안에서 등장했다.

6

길들여진 상상

13세기 초에 들어서면서 기독교 세계 전체는 '새로운 말'[1]의 세례를 받았다. (왕실 회의에서 작게는 시 평의회에 이르는) 다양한 '의회'들과 (사법논쟁, 흥정, 대학에서의 학술토론, 거룩한 말의 공표 등) 말을 주고받는 여러 장소들로 기독교 세계는 활기가 넘쳤다. (교회 안팎에 설치된 돌로 된 단상이든 광장이나 들판 한복판에 놓인 나무로 만든 이동식 단상이든) 설교단說 敎壇은 그러한 흘러넘치는 말의 주요한 원천이자 상징이었다. '말씀의 종교'인 기독교는 이렇게 해서 잠재된 영감을 다시 회복했으며, 서구 세계는 도시의 부흥과 도시 인구의 비약적인 증가로 변화를 겪었다.

본래의 의미에서 '기독교도 민중peuple chrétien'이 형성되고 그 모습이 뚜렷해진 것은 이 시기가 처음이지 않을까? 이 시기에는 그 단어가 단지 세례 받은 자 전체를 막연히 가리키던 때와는 달리 현실에 존재하는 수많은 평신도들이 교회 안에서 발언권을 지닌다고 생각하게 되었다. 그리고 도덕적으로 개혁하고 사도들의 이상으로 돌아가자는 구호에 공감했다. 진실에 가깝게 보이는 말에 현혹되어 이단에 빠지는 자도 적지 않게 존재했다.

새로운 말과 설교가

이러한 민중의 열망에 부응하고 이단을 반박하기 위해 새롭게 장려되고 조직된 것이 탁발수도회였다. 이 새로운 조직을 대표했던 것은 프란체스코회와 도미니크회 수도사와 설교가들이었다. (재속성직자들과는 평신도에 대한 사목활동을 공유하면서 같은 영역에서 경합하고, 수도사처럼 수도생활을 하지만 수도원 울타리 안에 영원히 구속되지는 않기 때문에) 그들은 재속성직자와 전통적인 수도사가 뒤섞인 듯한 존재였다. 탁발수도사의 주된 활동영역은 도시·시민사회·대학이었고, 그들의 무기는 무엇보다도 말, 곧 설교였다.

탁발수도사들과 그들의 영향 아래 설교는 13세기 이후 양과 질이 모두 크게 변화했다. (수십만 개에 이르는) 수많은 설교들이 필사본으로 남아 있는데, 그것들은 실제로 행해진 설교 가운데 극히 일부에 지나지 않으며 그것도 고정된 형태만을 전하고 있을 뿐이다. 설교의 수사법은 최대한의 효과를 노리며 체계화되었다. 요점이 간추려졌고, 단락 구성은 고정되어 있었으며, 논증은 3단 논법을 따라야 했다. 먼저 성서나 기독교 저술가들에게서 가져온 '권위(*auctoritates*)'가 인정된 여러 전통들을 (서로 모순되더라도) 표현한다. 그리고 신앙이 없는 자나 이단에 반박하기 위해 그러한 전통이 진실임을 증명한다. 이것이야말로 탁발수도사가 대학에서 배운 논리학에 기초한 '이성(*rationes*)'이 맡은 역할이다. 끝으로 간결하고 구체적인 내용을 지닌 이야기, 곧 전설이나 일화 등의 교훈예화(*exempla*)로 선행을 쌓는 것이 기독교도에게 이로운 까닭을 설명한다.[2]

우리가 이미 살펴보았듯이 기적이야기와 교훈예화를 분명하게 구분하기는 결코 쉽지 않다. 더구나 (독일의 수도사) 체사리우스 폰 하이스터바흐가 13세기 초에 쓴 『기적들에 관한 대화』라는 책의 제목에서도 드러나듯이 어휘 자체가 유동적이었다. 시토회 수도사였던 체사리우스는 자신이 몸담고 있는 수도원의 수련수도사들을 위해 이 책을 썼다. (그들을 지도하는 것이 그의 공적인 임무였다.) 그의 저작은 다른 모든 교훈예화집들과 마찬가지로 이야기집으로 편찬되었는데, 교황 그레고리우스 1세가 쓴 『대화』의 전통을 좇아서 교사와 생도가 주고받는 교육적 대화라는 형식을 띠고 있다. 하지만 그것은 곧바로 재속성직자든 탁발수도사든 모든 설교가들이 이용하는 중요한 원전 가운데 하나가 되었고, 수도사들만이 아니라 평신도를 대상으로 한 설교에 삽입되는 교훈예화의 중요한 출처가 되었다.

하지만 기적이야기와 교훈예화를 구별할 필요는 있다. 형식의 측면에서 교훈예화는 대체로 기적이야기보다 간결하며, 특정한 장소나 인물에 대해 분명하고 자세하게 언급하기를 피하는 경향이 있다. 교훈예화는 전형적인 인물이나 보편적인 상황을 잘 표현하는 것을 목적으로 하고 있기 때문이다. 교훈예화는 이야기의 소재도 다양하지 않고, 구조도 반복적이고 고정되어 있다. 그래서 학식이 없는 청중이 들었을 때도 기억하기 좋고 영향을 받기도 쉬웠다. 체계화되고 양산되었으며 되풀이된 새로운 설교는 인간의 영혼을 회개시키기 위한 거대한 장치와 같았고, 기록과 구전의 사이에 위치한 교훈예화는 그것을 구성하는 중심축 가운데 하나가 되었다. 이와 같은 이야기는 목차와 색인이 첨부되고 주제나 알파벳 순서로 편찬되어 있는 이야기집 안에 몇백 편이라는 단위로 실려 있다. 여기에서는 스콜라 시대를 특징짓는 결정적인 새로움 가운데 하나로 꼽히는 지적인 기법을 엿볼 수 있다.

교훈예화는 설교단 주위로 모여든 기독교도 청중 개개인의 구원을 목적으로 한다. 따라서 설교, 특히 교훈예화에는 죽음, 죽은 뒤에 죄지은 자 개인들을 대상으로 이루어지는 심판, 저세상에서의 환희와 고난, 그리고 종말의 순간에 이루어질 최후의 심판과 죽은 자의 부활이 포함되게 마련이다. 끔찍한 것이든 원만한 것이든, 죽음과 망자는 (숨을 거두는 마지막 순간도 죄를 참회하기에 늦은 것은 아니라는 사실을 알려주려고 여러 사례들을 인용한 것처럼) 청중에게 희망을 주기 위해서나, (지옥의 징벌을 매우 상세히 묘사한 것처럼) 공포심을 부추기기 위해서 수많은 이야기들 안에서 자세히 묘사되고 있다. 따라서 교훈예화 안에는 유령이 머무르는 거처가 마련되어 있고, 유령은 이런 종류의 이야기에서 가장 많이 등장한다. 이런 점에서도 유령을 묘사한 교훈예화는 같은 주제를 다룬 기적이야기와 다르다. 기적이야기는 '죽은 자를 위한 전례'를 강화하는 것을 목적으로 하고 있지만, 교훈예화는 기독교도들에게 '좋은 죽음'에 대한 준비를 촉구하는 것을 목적으로 하기 때문이다.

교훈예화에 등장하는 유령들은 가경자 피에르와 같은 인물이 기록한 기적이야기에 등장하는 유령들과 마찬가지 방법으로 출현하고, 산 자에게 같은 의뢰를 한다. 그러나 그들은 전에는 없던 특징을 지니고 있다. 교훈예화에는 산 자는 물론 죽은 자의 평신도 사회도 포함되어 있다. 여전히 수도사와 기사가 주요 등장인물이지만, 점차 도시나 농촌의 서민·남자와 여자·그리고 당연히 탁발수도사가 모습을 나타낸다. 포악한 죽은 자의 무리는 상대적으로 적게 묘사되고, 이야기의 관심은 오히려 가까운 친지나 소교구의 주임사제에게 미사·기도·자선을 요구하는 죽은 자 개개인에게로 향해진다. 교훈예화는 죽은 자가 어디에서 온 것인지도 밝힌다. 대부분 그것은 연옥이다. 연옥은 점차 개별화되고 장소도 한정된다. 자크 르 고프의 말처럼 사후세계의 제3의 장소가 맡은 기능은 '유령의 유폐'[3]에 지나지 않는 것일까? 실제로 연옥은 유령의 불확실한 방황에 마침표를 찍었다. 도시와 왕권이 신앙을 지니지 않고 거처도 없는 부랑자의 증가를 두려워하고 있던 시대에 연옥은 고통 받는 영혼에게 고정된 거처를 제공했다. 현실에서 그러한 영혼을 목격하는 것은 내키지 않는 사건이지만, 그것이 어디에서 오는

지가 거의 확실해지면 적어도 불안감을 줄일 수는 있다. 이렇게 해서 유령의 배회에는 일정한 방향성이 부여되었지만, 그렇다고 배회 자체가 부정된 것은 아니었다. 오히려 이제까지 (유령을 소재로 한 문헌이나) 유령의 숫자가 이토록 많았던 적도 없었다.

중재를 요청하는 유령에 관한 이야기는 평신도 사회에서 산 자와 죽은 자의 관계를 관리하는 전례의식과 예배의식이 늘어나고 확산된 것에 비례해서 증가했다. 클뤼니가 확립했던 전례의 규범은 탁발수도회가 제공한 규범으로 바뀌었다. 클뤼니의 전례 규범에서 수도사의 기도는 유족이 승인한(laudatio parentum) 토지의 기부와 교환되어 독실한 귀족 후원자의 영혼이 구원받는다는 것을 보증했다. 탁발수도회의 규범에서는 죽음을 앞둔 자가 공증인이 입회한 상태에서 유언장을 작성해 한시라도 빨리 자기 영혼이 연옥에서 해방될 수 있도록 최대한 많은 미사를 최대한 많은 교회에서 올려달라고 돈을 개인적으로 기부했다. 한쪽에는 토지·수도사가 행하는 전례의식·귀족 가문의 집단적인 의지가 존재한다. 다른 한쪽에는 개인의 의지·화폐와 도시민이 맡은 역할·탁발수도사·자크 시폴로가 '저승의 회계장부'라고 부른 (미사와 기부로 사들인 연옥에서의 기간을 복식부기로 기입한) 장부가 존재한다. 이 모든 행위의 배경이 되고 있는 것은 산 자와 죽은 자의 지역공동체와 소교구, 마을이나 구역의 한복판에 위치한 교회와 묘지의 밀접한 결합이다. 이러한 배경 안에서 죽음에 대응하는 새로운 연대가 탄생한다. (귀족가문처럼) 조상의 계보에 의지할 수 없는 경우에는 직업, 교구, 주민 공동체, 탁발수도회의 수도원이 영향을 미치는 범위 등 다양한 테두리 안에서 이웃이나 같은 부류의 사람들이 결합한다. 자선이나 구호·기도에 종사하는 평신도회의 중요한 목적 가운데 하나는 회원들에게 죽은 뒤에 장례의식과 영혼의 구원에 필요한 중재를 적합하고 평등하게 보증하는 데 있었다.

13세기 초 이후에는 이런 사람들이 교훈예화, 특히 유령의 출현을 다룬 이야기에 득시글거리게 되었다. 이 이야기들을 모두 살펴보기란 애당초 불가능하다. 따라서 교훈예화라는 장르의 발달과 그것의 파급 범위라는 주제를 알아보기에 알맞은 몇 편만 골라서 살펴보도록 하자.

시토 수도회의 공헌

시토회 수도사들은 새로운 세계와 낡은 세계에 동시에 속해 있었다. 그래서 그들이 전한 이야기들도 기적이야기와 교훈예화라는 두 장르 사이에서 머뭇거리고 있는 것처럼 보인다. 수도사로서의 그들의 신분이나 그들이 죽음에 대해 행한 전례와 신앙생활은 클뤼니 수도사들과 그리 차이가 없었다. 하지만 둘 사이에는 분명히 구분되는 점도 있었다. 창설된 지 얼마 안 된 수도회에 속해 있던 시토회 수도사들은 화폐경제에 더 깊게 뿌리를 내리고 있었으며, 수도원 농장에서 일하는 보조수사나 고용인들이 퍼뜨린 온갖 이야기들에도 정통했다. 그들은 수도원의 폐쇄된 사회를 마을주민들의 사회, 때로는 도시와 연결시키는 구실을 했다.

시토회 수도사들의 강론이 탁발수도회의 설교를 불러왔다는 것은 유령이야기를 보면 분명히 확인된다. 성 베르나르 자신의 저작[4]과 뒤이어 나타난 이 클레르보 수도원 창시자의 『전기』에서는 성 말라기의 누이와 죽은 수도사 등 수많은 망자들이 홀연히 출현한다.[5] 콘라트 폰 에버바흐의 『위대한 창립 Exordium magnum』,[6] 에르베르 드 클레르보가 편찬한 『기적서』,[7] 보프레 수도원에 전해지는 간행되지 않은 사본,[8] 히머로트 수도원의 『기적서 Liber miraculorum』[9] 등 12세기 말에서 13세기 초에 걸쳐 시토회에서 편찬된 이야기집 안에는 수도사든 평신도든 평범한 인간이 죽은 뒤에 유령이 되어 나타난 사례가 크게 늘어난다. 이러한 이야기집의 대미를 장식하는 것이 라인 강 인근 지방의 시토회 수도사 체사리우스 폰 하이스터바흐의 저작이다. 그는 유령이 등장하는 교훈예화를 60편이나 기록으로 남겼다.

체사리우스는 1180년 무렵에 〔독일 라인 강 유역의〕쾰른에서 태어났다. 그곳 주교좌성당 부속학교에서 공부를 한 그는 1199년 하이스터바흐에서 수도사가 되기 전에 개심을 하여 〔프랑스 남서부〕로카마두르에 있는 성모 마리아의 성소로 순례를 떠났다. 그의 저작이 지닌 두드러진 특징인 성모 마리아 신앙과 마찬가지로 수도회로의 입회도 개인적인 결단에 기초한 것이었는데, 그것은 20세 때에 이루어졌다. 이는 시대의 경향을 그대로 보여주고 있는데, 체사리우스가 '신의 부름'을 받아 수도생활을 하게 되는 과정은 어려서부터 수도원 울타리 안에서 자란 오틀로 폰 장크트엠메람이나 기베르 드 노장, 가경자 피에르 등의 삶과는 분명히 다르다. 수도사가 된 지 얼마 지나지 않아서 체사리우스는 하이스터바흐의 수련수도사들을 지도하는 교사가 되었다. 그는 그 경험에 기초해 1219년과 1223년 사이에 (그 자신인) '교사(magister)'와 '수련수도사(novicius)'의 대화라는 형식을 지닌 『기적들에 관한 대화』라는 중요한 책을 썼다. 1227년에 수도원장이 된 그는 시토회 대수도원장과 함께 (마리엔슈타트, 에버바흐, 아이펠 산맥에 있는 히머로트 등) 각지의 수도원들을 순방하면서 〔지금의 네덜란드 지역인〕저지대의 여러 지방들까지 여행을 했다. 그리고 기록으로 전해지는 것만이 아니라 구전되던 것까지 포함한 방대한 양의 정보를 수집했다. 이러한 정보들은 뒷날 그가 행한 수많은 설교들 안에서 발견된다. 그는 1240년 무렵에 다양한 내용을 담고 있는 중요한 저술들을 남기고 이 세상을 떠났다. 여기에서는 그러한 저술들 가운데 유령을 언급하고 있는 교훈예화들만 골라서 살펴볼 것이다.[10]

『기적들에 관한 대화』에 실려 있는 대부분의 이야기들은 수련수도사의 교육, 개인이나 집단의 독서, 앞으로 행해질 설교를 고려해서 편찬되었다. 책은 모두 746개의 장으로 구성되어 있으며, 그것과 거의 같은 숫자의 이야기들이 실려 있다. 유령이야기는 모두 50편인데, 유사하거나 동일한 12편의 이야기가 도미니크회의 설교와 체사리우스가 1225년 이후에 기록한 「시편」에 관한 설교에서도 발견된다.[11]

『기적들에 관한 대화』의 서문에서 작가는 "우리 시대에 일상적으로 일어나는 기적적인 사건"에 관해 전하려 한다고 밝히고 있다. 따라서 여기에서 다루어지고 있는 것들은 '일상적인 기적'이지, 기이한 현상의 불가사의한 힘에 매료되거나 특정한 수도원에서 일어난 놀라운 기적을 칭송하려고 기록된 것들이 아니다. 오히려 이 책의 목적은 그것을 인식하는 모든 이들을 구원으로 이끄는 일상적인 징표를 밝혀내려는 데 있다. 시토회 수도사인 체사리우스가 유독 교훈적이고 교리적인 자신의 저술에서 언급하고 있는 '기적'은 '본보기'로서의 가치에 근거하고 있다. 체사리우스의 저술은 모두 12권으로 이루어져 있는데, (처음 6권의) 개심과 고해로 얻을 수 있는 '공덕'에서 (나중 6권의) 죽은 뒤의 '응보'에 이르기까지 기독교도가 걸어야 할 이상적인 길의 표지가 될 수 있도록 구분되어 있다. 그리고 이야기마다 '수련수도사'의 요구에 맞추어 '교사'가 인용하고 주석을 덧붙이는 방식으로 되어 있다.

유령이야기는 작품 전체의 약 6.6%를 차지하고 있다. 그리고 당연히 그 가운데 5분의 3이 마지막 권인 제12권에 실려 있다. 유령은 산 자에게 '죽은 자의 고난과 영광'을 알려주는 중요한 수단이기 때문이다. 죽은 자는 3개의 다른 장소에서 오는데, 그 장소들은 뒷날 사후세계의 지리학에서 천국·지옥·연옥으로 분명히 구분되었다. (대부분의 유령이야기는 연옥을 다루고 있는데) 연옥에 있는 영혼이 압도적으로 많은 까닭은 그들의 잠정적인 처지와 이 세상에 출현할 때 맡는 기능 때문이다. 연옥에 있는 영혼은 단지 산 자에게 저승에서의 상황을 알려주거나, 죽을 때가 다가왔음을 예고하거나, 죽은 뒤의 징벌에 대해 경고하려고 돌아오는 것이 아니다. 연옥에서 고통 받고 있는 영혼만이 기도나 자선, 그리고 무엇보다도 산 자의 의뢰를 받아 행해지는 미사로 처지를 개선시킬 수 있다. 그러한 중재는 선택받은 자들에게는 불필요하고, 저주받은 자들에게는 쓸모없다. 중재를 간청하는 망자들은 연옥에서 참기 어려운 고통에 시달린 나머지 자신들이 있는 장소를 '지옥의 밑바닥'이라고 잘못 부르기도 한다.[12] 하지만 체사리우스에게는 그들이 연옥 이외의 장소에서 오는 일 따위는 결코 있을 수 없다. 이 시토회의 교사는 지옥에서 돌아왔다는 죽은 자의 말에 서슴지 않고 이의를 제기한다. 가난한 자에 대한 자선이 가장 효과적인 중재라고 주장하는 죽은 자에 대해서도 미사가 더 효과 있다고 반박한다.[13]

유령이야기의 출전으로 인용되고 있는 책이라고는 이 시토회 수도사가 환시이야기를 묶어서 펴낸 것 하나뿐이다.[14] 나머지는 모두 체사리우스 자신이 시토회에 속한 수도원장과 수도사, 수녀들에게 직접 들은 증언들에 기초해 있다. 전해지는 이야기는 대부분 (라인 강 유역과 플랑드르 지역인) 그 지방에서 일어난 사건들이다. 하지만 자신이 여행지에서 들은 이야기나 대수도원장이 수도원장 총회에서 듣고 전해준 정보에 기초해 있거나 시토회가 시작된 시토나 클레르보처럼 멀리 떨어진 곳에 있는 수도원에 관한 이야기도 있다.[15]

체사리우스는 자신을 작품의 작가로 내세운다. 그는 '기록자(scriptor)'였고, (중세의 저술은 편찬 작업을 의미하기 때문에) 오늘날 우리가 '작가'라고 부르는 것과는 전혀 다르다. 하지만 체사리우스가 단순한 기록자 이상의 중요한 역할을 맡았던 것은 분명하다. 그는 이야기의 수집과 필사, 나아가 작품 전체를 집필한 것이 자신이라고 1인칭으로 진술하고 있다. 작품 안에서 대화를 이끄는 '교사(magister)'의 그림자에 숨어 있는 것도 체사리우스 자신이다.

하지만 이 책의 자전적 가치는 제한적이다. 가경자 피에르와는 달리 체사리우스는 자신이 본 유령에 관해서는 전혀 말하지 않는다. 이것은 어디까지나 객관적인 것을 지향하는 교훈예화의 특징이다. 전하고 있는 이야기가 '진실'임을 확실히 보증하기 위해 "나는 들었다(audivi)"나 "나는 읽었다(legi)"와 같은 표현으로 작가가 1인칭으로 개입하는 것이 중요하다. 하지만 그렇더라도 이야기에 묘사된 행위는 유별난 것이 아니라 기독교도라면 누구나 이해할 수 있는 것이어야 했다. 교훈예화는 신분이나 국가, 언어의 장벽을 뛰어넘어 폭넓게 전파되는 문화적인 산물이 되면서 비로소 신뢰성과 유효성을 얻을 수 있었다. 어떤 인간이든, 어디에 사는 사람이든, 누구나 교훈예화를 자기 것으로 만들고, 그 이야기에서 유익함을 얻을 수 있어야 했다. 따라서 교훈예화에는 가경자 피에르 같은 사람이 썼던 기적이야기를 지배하는 것과는 다른 논리가 작동한다. 가경자 피에르가 1인칭으로 말한 개인적인 꿈은 특정한 지역에서 일어난 특이한 체험으로 두 번 다시 되풀이될 수 있는 것이 아니었다. 그것은 수도원과 그것이 구현하고 있는 수도회의 정당성을 '지금 당장 이곳에서' 확인시키려는 것이었다. 체사리우스 폰 하이스터바흐의 저술에 그러한 자전적인 꿈이 포함될 여지는 없었다. 그가 전하고 있는 모든 이야기들은 제3자가 본 환시를 묘사하고 있으며, 더구나 그것은 대부분 꿈이 아니라 깨어있을 때의 환시에 관한 것이다. 교회의 전통에 따라 체사리우스는 꿈과 '공허한 몽상', '환상적인 이미지(visio phantastica)'를 신뢰하지 않는다. 그러한 이미지와 영감을 불어넣는 것은 악마가 아닌지 언제나 의심해 볼 필요가 있기 때문이다.[16] 그리고 자신의 체험을 말해야 할 경우에는 자기가 꾼 꿈에 관해 말하게 되지만, 사회적 가치관이라는 기준에 기초해 구전되는 이야기를 전할 때에는 다른 사람이 본 환시에 관해 말하게 마련이다.

체사리우스의 교훈예화집에서는 이 세상에 나타난 망자의 대다수가 수도사이고, 유령을 목격한 산 자도 대부분 수도사이다. 유령의 출현은 대체로 시토회의 영적인 친족관계의 틀에 맞추어져 있다. 유령이 출현하는 것은 수도사들에게 '가족적' 사건인 것이다. 그래서 이야기 구조도 훨씬 단순하다. 죽은 수도사는 '전령(*nuntius*)'과 '중개자(*internuntius*)'의 개입을 거치지 않고, 생전에 속해 있던 수도원 원장한테 직접 나타난다. 가경자 피에르의 이야기에 등장했던 기사들의 영혼이 전령을 통해서 구원에 필요한 미사를 요청했던 것과 비교된다.

마르무티에나 클뤼니의 기적이야기와 비교해 시토회는 여성이 (더 엄격히 말해 수녀가) 산 자와 죽은 자의 교환에 더 적극적으로 관여하고 있다는 특징을 지닌다. 체사리우스의 저술 이전에 마르무티에와 클뤼니 수도원에서 편찬된 기적집에는 유령이나 그것을 목격한 산 자 가운데 여성의 모습은 등장하지 않는다. 하지만 체사리우스 폰 하이스터바흐의 경우에는 놀랍게도 죽은 자 가운데 4분의 1 가량이 여성이고, 목격자의 다수도 시토회 수녀들이다. 유령의 출현과 관련된 사람들의 일부가 여성인 것은 시토회에서 (여성 지파인) '제2의 수도회'가 영향력을 지니고 있었던 것에서 비롯된다. 그리고 이것은 탁발수도회가 '여성에 대한 배려(*cura feminarum*)'를 더 실천하고 있었다는 사실을 알려준다. 이런 경향은 라인 강 유역과 플랑드르 지역에서 더 뚜렷하게 나타났는데, 그것은 그 지역의 폐쇄수녀원에 소속된 수녀들, 베긴회 수녀들, 여성 은둔수녀 등이 맡았던 역할 때문이었다.

이 여성들은 12세기 이후 환시 체험으로 널리 알려졌다. 대표적인 인물은 '성녀(*beata*)'라고 불리면서 체사리우스 책의 3개 장에서 4명의 유령을 목격하고 있는 수녀 아크젤리나이다.[17] (프랑스 북동부) 클레르보의 수도원장은 죽은 뒤에 천국에 갔을 것으로 여겨졌으나, 아크젤리나에게 나타나서는 수도원 재산을 늘리려고 '탐욕'의 죄를 저질렀기 때문에 연옥으로 보내졌다고 고백했다. 반대로 (독일 중서부) 본에 있는 디트키르헨 수녀원의 수녀원장 이르멘트루데 폰 디트키르헨은 죽은 뒤에 곧바로 천국으로 갔는데, 그로부터 30일이 지나서 아크젤리나에게 출현해서는 그녀가 쾰른의 11,000명의 처녀들*을 숭배하고 있는 것에 감사의 뜻을 나타냈다. 수녀 아크젤리나는 같은 시토회에 속한 그녀의 '영적인 자매'를 매우 사랑했다. 그래서 죽음을 앞두고 있는 그녀에게 죽은 뒤에 자신에게 나타나 저세상에서의 상황을 알려달라고 했다. 망자는 약속을 지켜서 자신이 구원되었음을 아크젤리나에게 알렸다. 끝으로 의로운 사람으로 이름이 높던 수도사 다비트가 시토회의 다른 수도원에서 죽었을 때, 때마침 그의 겉옷이 아크젤리나에게 전달되었다. 그로부터 얼마 지나지 않아 죽은 자가 아크젤리나에게 나타나 그 겉옷은 수도사인 게르하르트 바샤르트가 가지는 편이 낫다고 알려주었다. 겉옷을 받은 게르하르트는 하이스터바흐의 수도사 프리드리히에게 그것을 주었다. 그 뒤 그 겉옷은 성유물로 하이스터바흐에 안치되었고, 여전히 신비한 힘을 발휘해 기적을 일으키고 있다고 한다.

이 이야기들은 결코 마르무티에의 기적이야기처럼 수도원 담장 안에 머물러 있지 않다. (죽은 자의 약 30%가 평신도인 것에서도 드러나듯이) 오히려 평신도 사회로 폭넓게 열려 있다. 수도사든 수녀든 죽은 뒤에

---

* 11,000명의 처녀들(Undecium millium virginum) : 쾰른에서 성녀 우술라(Usula)와 함께 순교했다는 11,000명의 처녀들이다. 전설에 따르면 그녀들은 로마로 성지순례를 떠났다가 돌아오는 길에 쾰른을 장악하고 있던 훈족의 아틸라 왕에게 붙잡혔다. 우술라의 미모에 반한 왕은 그녀를 신부로 삼고자 했으나 거절당하자 우술라는 화살로 쏘아죽이고 그녀를 따르던 처녀들은 참수했다. 이 이야기는 중세는 물론 르네상스 시대까지 다양한 형태로 전해졌는데, 특히 여성 종교인들 사이에서 인기를 끌었다. 독일 베네딕트회의 수녀이자 신비주의자로 유명한 힐데가르트 폰 빙엔(Hildegard von Bingen, 1098~1179)은 이 처녀 순교자들을 기리는 찬미가를 만들기도 했다. 더 자세한 내용은 Scott B. Montgomery, *St. Ursula and the Eleven Thousand Virgins of Cologne: Relics, Reliquaries and the Visual Culture of Group Sanctity in Late Medieval Europe*(Oxford, Peter Lang, 2009) 참조.

도 여전히 가족이라는 혈연관계를 유지하고 있는데, 수도원의 영적인 친족관계로 대신한다고 해서 혈연관계 자체가 무효가 되는 것은 아니기 때문이다.

클레르보에서 보조수사가 된 어느 '귀족 청년'이 수도원 부속농장에서 양을 돌보고 있는데, 그의 죽은 사촌이 들판 한복판에 나타나서는 자기를 위해 미사를 3번 올리도록 수도원장에게 요청해달라고 말한다.[18] 하이스터바흐의 수도원장이 사순절 기간에 나자렛이라고 불린 시토회 수녀원을 방문했을 때에는 8년 전 (네덜란드 북부 해안지방인) 프리시아의 브레데호른에 있는 베네딕트회 수녀원에서 죽은 젊은 수녀가 꿈에 나타나 도움을 요청했다. 그녀는 (부모, 나자렛의 수녀가 된 이모, 시온의 시토회 수녀인 여자사촌, 결혼한 2명의 이모 등) 모든 친족들에게 방치되어 있었을 뿐 아니라, 종교적 자매였던 베네딕트회 수녀들도 그녀가 죽은 뒤에 아무도 그녀를 위해 기도를 올리지 않았다. 시토회 수도원장이 중재를 명령하면 육체적 가족과 영적인 가족이 모두 의무를 이행하지 않고 있던 상황이 해소될 수 있을 것이다. 이렇게 해서 체사리우스는 죽은 동료마저 소홀히 하는 (베네딕트회의) 검은 옷의 수도사들보다 (시토회) 흰 옷의 수도사들이* 훨씬 낫다는 결론을 이끌어낸다.[19]

(클뤼니가 이미 그러했듯이) 시토회 수도원은 인근의 귀족들과 관계를 폭넓게 맺고 있었으므로 평신도의 세상을 향해 열려 있었다. 하지만 『기적들에 관한 대화』에 등장하는 죽은 귀족이나 기사들은 대부분 산 자에게 어떤 기대도 품지 않는다. 그들은 이미 지옥에 떨어졌고, 산 자에게 출현한 것도 그들에게 앞으로 받게 될 지옥의 징벌을 경고하기

---

* 중세에는 수도복 색깔로 수도회를 구분했다. 예컨대 검은 옷을 입는 베네딕트회 수도사들은 '검은 수도사'로, 회색빛이 나는 흰 옷을 입은 시토회 수도사들은 '하얀 수도사'나 '회색 수도사'로 불렸다. 수도원에서 벗어나 사회에서 생활하는 탁발수도사들도 마찬가지였는데, 입는 옷의 색깔에 따라 도미니크회는 '검은 탁발수도사', 프란체스코회는 '회색 탁발수도사', 카르멜회는 '하얀 탁발수도사'라고 불렸다.

위해서일 뿐이다. 그들은 가경자 피에르의 이야기에 등장하던 과거의 기증자나 앞으로 기증을 기대할 대상들도 아니다. 시토회 수도원은 화폐경제와 상업경제 안에 들어가 있었으므로 수도원의 발전과 확대를 위해 클뤼니처럼 귀족의 경건한 기증에 의존할 필요가 없었다. 이제 귀족은 그 본연의 모습에 기초해 판단되었다. 그들은 전쟁을 생업으로 하는 죄 많은 인간들이자 약탈자일 뿐이었다.

기욤 드 쥘리에르 백작은 죽은 뒤에 당연한 응보로 끔찍한 운명을 겪게 되었다. 악마가 그의 가신이던 발터에게 그 사실을 알렸고, 그 뒤 지옥으로 떨어진 망자 자신이 슬픔에 잠긴 모습을 하고 은둔수녀에게 나타나 악마의 계시가 진실임을 증명했다. 그러나 모든 귀족이 똑같이 나쁘지는 않았다. 앞에 말한 발터의 아버지는 (너무 심하게 운 나머지 한 쪽 눈까지 실명한) 홀로 남은 아내와 아들인 티에리가 열심히 기도를 한 덕분에 21년 뒤에 악마의 손아귀에서 벗어날 수 있었다. 화가 난 악마는 시토회 수도사였던 티에리에게 '이가 들끓는 대머리'라고 부르며 욕을 퍼부었다.[20]

무장한 인간들이 저승에서 겪는 비참한 운명은 특히 두 가지 이유로 정당화된다. 하나는 가난한 자와 약자에게 행했던 폭력이고, 다른 하나는 마상창시합의 관습이다. 앞의 경우에는 죽은 자가 부당하게 빼앗은 재산을 그의 유산상속인이 원래 소유자에게 돌려주면 구원의 희망이 주어지게 마련이다. 이런 종류의 유령이야기에는 가경자 피에르의 경우와 마찬가지로 죽은 자와 산 자 사이를 중개하는 '전령(nuntius)'의 역할이 다시 도입된다. 수도원 안에서는 이러한 중개자의 기능이 필요 없지만, 평신도가 산 자와 죽은 자의 관계에 끼어들면 다시 필요해진다. 유령은 수도원장에게 가서 소중한 중재를 요청하게끔 자식들에게 자신의 말을 전해 달라고 전령에게 간청한다.

체사리우스가 하이스터바흐의 수도사 요한한테 들은 이야기가 이런 사실을 보여준다. 요한은 이 이야기를 (독일 서부) 안더나흐의 시민인 아버지 에르킨베르트한테 들었다고 한다. 에르킨베르트는 죽은 것이 분명한 기사 프리드리히 폰 켈레가 불길과 연기를 내뿜는 검은 말에 올라타고 있는 모습을 보았다. 죽은 자는 그에게 자기 자식들에게 가서 전에 그가 가난한 과부한테 훔친 양가죽을 돌려주라는 말을 전해달라고 부탁한다. (죽은 자는 그 양가죽을 걸치고 있었다.) 하지만 자식들은 그의 소망을 받아들이지 않아 아버지를 영원한 고통으로 몰아넣었다.[21]

고리대로 부를 쌓고 부당하게 취득한 재산을 자식에게 남긴 기사도 있었다. 그의 사후운명도 비참했다. 어느 날 밤, 그는 자신의 이름을 외치며 자기 집의 문을 세게 두드렸다. (체사리우스는 이야기가 너무 동일하게 반복되지 않도록 주의하고 있다.) 그리고 자신이 집의 주인이라고 주장했다. 열쇠구멍으로 내다본 자식의 시종은 죽은 자를 알아보았으나, 이 집의 주인은 이미 죽었으므로 문을 열어줄 수 없다고 대답했다. 죽은 기사는 하는 수 없이 자식을 위해 가져온 물고기를 출입구에 매달아 놓고 그곳을 떠났다. 다음날 아침에 자식은 '유황불로 조리된 이 지옥의 양식'이 두꺼비와 뱀으로 변해 있는 것을 보았다.[22] 이것만큼 자식의 온갖 저항에도 아랑곳하지 않고 어떻게든 이승으로 돌아오려고 하는 아버지의 충동적인 모습을 뚜렷하게 나타낸 이야기는 없다. 문을 '세게 두드리다(fortiter pulsans)'라는 표현도 이런 특성을 보여준다.[23]

지옥으로 떨어지는 것을 벗어나지 못할 운명은 마상창시합에서 목숨을 잃은 기사들도 위협했다. 그들은 죽은 뒤에도 엄청난 무리의 군대에 휩싸여 계속 시합을 한다. 이러한 기사에 관해 말할 때 체사리우스는 성 베르나르가 사용했던 비유를 답습하고 그것을 문자 그대로 해석하고 옮겨서 그들을 '악마의 군대'라고 부른다. 기사의 유령은 대부분 폭력적일 뿐 아니라 무리를 이루어 나타난다. 그리고 한밤에 숲이나 대로에 출현하거나 초원을 가로질러서 가는 모습이 목격된다. 그들이 출현하는 시각과 장소도 망자의 군대라는 주제와 무관하지 않다.

이런 유령을 목격한 사람은 오래지 않아 죽음을 맞이한다. 예컨대 1223년에 모젤 강 인근에서 '환영'들의 마상창시합이 목격되었다. (체사리우스는 그곳에서 싸우고 있던 것은 진짜 육체가 아니라 악마가 만들어낸 이미지라고 밝히고 있다.) 시합에 참여한 죽은 자 가운데에는 루트비히 폰 룬 백작과 그의 형제인 아르놀트와 하인리히, 기사인 티에리 하이거, 하인리히 폰 림바흐 등이 포함되어 있었다.[24] 어떤 사제가 해질녘 초원 한가운데에서 '죽은 자들이 대규모 마상창시합을 벌이는' 떠들썩한 소리를 들은 경우도 있었다. 그들은 "발터 폰 밀레네, 발터 폰 밀레네"라고 외치고 있었는데, 이름이 불린 기사는 얼마 전에 죽은 자였다. 사제는 유령이 나타났을 때 자기 둘레에 원을 그렸다. 그리고 날이 밝아올 때까지 그렇게 하고 있으면서 자신의 몸을 지켰다.[25]

체사리우스 폰 하이스터바흐의 이야기에는 평신도 사회 전체가 묘사되어 있다. 거기에는 '사제의 여인들', 평민자산가, 고리대업자, 도둑, 재속성직자, 성당참사회원 등 마을에 살고 있는 다양한 죄인들의 소우주가 생생하게 묘사되어 있다. 작가가 그들을 언제나 부정적으로만 묘사하고 있는 것은 아니다. 체사리우스는 평범한 여성들이 실천하고 있는 다양한 신앙의 형태를 인정하고, 그것들을 본받아야 할 모범으로 인용하기도 한다. (벨기에 동부) 리에주에 살던 고리대업자의 아내에 관한 감동적인 이야기가 그 예이다.

아내는 남편이 저세상에서 구원받을 가능성이 없다는 것을 알면서도 희망을 버리지 않았다. 그녀의 남편은 기독교도로 매장되는 것이 거부되었으나, 그녀는 가까스로 남편의 시신을 묘지에 묻을 수 있게 허가를 받았다. 그리고 자신은 은둔수녀가 되어 그 묘지에서 기거하며 남편의 영혼을 구원하기 위해 7년 동안이나 멈추지 않고 기도를 했다. 7년이 지나자 남편이 허름한 옷차림으로 그녀에게 나타나서는 포기하지 말고 기도를 계속해 달라고 간청했다. 그 뒤 다시 7년이 지나자 남편은 마침내 구원을 받아 흰 옷으로 몸을 감싸고 그녀에게 나타났다.[26)]

이 책에서는 하이스터바흐 부근에서 대도시 쾰른의 영향력이 커지고 있었다는 사실도 엿볼 수 있다. 쾰른의 한 시민은 혼자 있을 때마다 '아베마리아(Ave Maria)'를 찬송했다. 죽은 뒤에 그는 온몸이 성모송가의 글자로 둘러싸인 모습을 하고 조카딸한테 나타났다.[27)] 이런 종류의 이야기들은 토씨 하나 바뀌지 않은 채 탁발수도사의 교훈예화집에도 삽입되었다.

설교 기구, 탁발수도회

시토회에 이어서 탁발수도사들이 수집한 이야기도 셀 수 없으리만치 많다. 그 이야기들은 특정한 사회나 장소에 한정되었던 경향에서도 점차 벗어났다. 여전히 설교가들의 가장 주된 정보원은 같은 수도회에 속해 있는 선택받은 자들이었다. 하지만 이야기에는 기사·직인·고리대업자·어리숙한 농민·미신을 믿는 할머니·젊고 아름다운 여인 등 사회의 모든 신분과 연령대에 속한 사람들이 남녀를 가리지 않고 등장했다. 심지어 설교집 가운데에는 교회의 말을 사회의 새로운 현실에 맞추기 위해 '신분별(ad status)' 분류법을 채택한 것도 있었다.*

소재도 가리지 않았다. 결혼생활, 노동, 시장에서의 거래, 유곽에서의 일탈행동 등 일상적인 인간의 모든 삶이 설교의 소재가 되어 청중의 머릿속에 도덕적인 교훈을 새겨 넣기 위한 재료로 쓰였다. 탁발수도사들의 설교에는 수많은 유령이야기가 촘촘하게 짜인 일상적인 사

---

* 신분별 설교(sermones vulgares seu ad status)에 대해서는 대중설교가 자크 드 비트리(Jacques de Vitry, 1160?~1240)를 중심으로 13세기 설교형태의 변화와 특징을 다룬 다음 연구를 참조할 것. 유희수, 「대중설교에 나타난 교회이념과 민중문화」, 『사제와 광대: 중세 교회문화와 민중문화』(서울: 문학과 지성사, 2009), 17-46쪽.

회적 관계 안에 폭넓게 존재했다. 물론 설교가가 유령에 관해 말하는 것은 주로 죽음에 대한 준비의 필요성이나 운명과 미래의 불확실성을 알리기 위해서였다.[28] 유령은 어디나 교묘히 잠입하고, 사람들의 일상적 삶 한복판에 갑자기 출현했다. 그래서 모든 것에는 끝이 있으므로 언제나 마음속에 죽음을 준비해 두고 있어야 한다는 사실을 가장 예기치 못한 순간에 상기시켰다.

13세기 중엽에 이름이 전해지지 않는 잉글랜드 출신의 프란체스코회 수도사가 아일랜드에서 기록한 『교훈예화집Liber exemplorum』을 살펴보자. 작품은 두 부분으로 불균등하게 나뉘어 있다. 60개의 장으로 이루어진 제1부에는 '상급의 문제들'인 그리스도, 성모, 천사에 관한 교훈예화들이 수록되어 있다. 여기에 포함된 2편의 유령이야기는 성모가 죽은 뒤 영혼에 행할 수 있는 중재의 힘을 상기시키려고 기록된 것들이다.[29] 제2부는 152개의 장으로 이루어져 있는데, 여기에서는 '하급의 문제들', 곧 일상생활이 알파벳 순서로 분류된 악덕들에 따라서 고찰되고 있다.

이처럼 이제 유령은 모든 영역에서 산 자를 올바른 길로 인도하는 유용한 존재이다. 유령이 한 번이라도 나타나면 모든 것이 정리된다. (종교적인 의무를 게을리 하는) '태만(acedia)'의 죄를 저지른 젊은 여자와 (도를 넘게 먹거나 마시려고 하는) '탐식(gula)'의 죄에 빠져 마셔댄 남자는 유령을 본 뒤로 다시는 죽음의 존재를 잊지 않았다.

이와 관련된 두 가지 사례가 있다.[30] 교훈예화집의 작가가 7년 전 (아일랜드 남서부) 코르크의 수도원에서 낭독수도사로 있을 때였다. 어느 과부가 밤에 침실에서 강도에게 살해되었다. 며칠 뒤 그녀는 30세가 된 여동생에게 나타났다. 그리고 자신이 살아 있을 때 예배일마다 늘 영성체 의식을 하기 전에 교회를 나왔기 때문에 죽은 뒤 지옥의 불길에 타고 있다고 영어로 말했다. 프란체스코회 수도사인 작가는 유령의 말을 라틴어로 옮겨서 그녀의 자매인 선량한 여인(muliercula)에게 그 말의 의미를 설명했다. 사제가 미사에서 영성체 의식을 하는 것은 교구에 사는 모든 신자를 위한 일이므로 한 사람도 빠지지 않고 그 의식에 참석해야 한다.

조금 뒤에서 같은 인물을 주인공으로 한 유사한 장면이 다시 묘사되고 있는데, 거기에서 설교가는 죄 없는 사람의 재산을 노린 폭력에 관해 말한다. 살해된 과부는 다시 여동생에게 나타나 자신을 죽인 범인에게 복수할 생각을 하지 말라고 그녀를 설득한다. 그녀는 이제 검투사(pugillator)의 경호를 받고 있고, 그 검투사가 그녀를 위해 복수해줄 것이기 때문이다. 검투사의 정체를 묻는 여동생의 질문에 죽은 자는 이름이 '나자레우스(Nazareus)'라고 대답하는데, 여동생은 여전히 그 말의 의미를 이해하지 못한다. 작품에서 '어리석은 자(ydiota)'라고 불리는 이 여동생은 작가인 프란체스코회 수도사를 방문한 뒤에야 죽은 언니의 수호자가 그리스도임을 깨닫게 된다. 이런 설명에 뒤이어 설교가는 신의 정의와 자비에 관해 짧게 설교를 한다.

같은 시대에 플랑드르의 도미니크회 수도사 토마 드 캉탱프레가 교훈예화집이면서 도덕적인 백과사전이기도 한 『꿀벌의 우화에 나타난 보편적 선Bonum universale de apibus』*이라는 방대한 작품을 펴냈다.[31] 작품의 제목이 된 꿀벌의 비유는 매우 적절하다. 마치 벌통의 벌집구멍처럼 각각의 항목마다 새로운 이야기를 싣고 있기 때문이다. 이 작품도

---

* 토마 드 캉탱프레가 말년인 1260년 무렵에 쓴 책이다. 벌집 안의 꿀벌 공동체를 이상적인 기독교 사회의 모델로 상정해 놓고, 종교와 도덕에 관한 여러 이야기들을 풀어간다. 중세 수도원에서의 삶, 귀족들의 생활, 민중 축제, 북유럽 신화의 잔재 등을 다양하게 엿볼 수 있으며, "토마 드 캉탱프레가 직접 경험하거나 목격한 이야기, 혹은 다른 이로부터 들은 이야기들을 비롯하여 동시대의 모습을 많이 담고 있다는 점에서 귀중한 사료로서 가치를 지닌다." 이혜민, 「중세의 종교교육과 문자교육 - 〈시편집(psalter)과 소녀〉 교훈예화를 중심으로」, 『서양사론』, 116권, 2013, 175쪽.

길이가 불균등한 2개의 부분으로 이루어져 있다. (모두 25개의 장으로 구성된) 하나는 성직자(prelati)에 관한 것이고, (모두 57개의 장으로 구성된) 다른 하나는 '그 밖의 사람들'을 다룬다. 장마다 10여 개의 논점을 다루고 있으며, 논점들마다 '교훈예화들'로 설명을 하고 있다.

'죽은 자를 위한 중재'라는 문제는 늘 그랬던 것처럼 수많은 유령이야기들을 끌어들이는데, 이 작품의 참신함은 중재의 개념과 그 안에 포함된 항목의 목록을 확장시켰다는 것에 있다. 기도 · 자선 · 미사라는 전통적인 3요소 이외에 통곡 · 단식 · 철야와 애도 · 부당하게 취득한 재산의 반환이라는 4개 항목이 새롭게 추가되어, 7개의 죄악과 7개의 미덕, 성령의 7개의 선물처럼 죽은 자를 위한 7개의 중재가 탄생했다.[32] 죽은 자를 생각하는 것은 이미 시간적으로 한정된 활동이 아니었고, 전례의식에만 얽매이지도 않았다. 평범한 인간의 일상적인 활동 전체에 죽은 자에 대한 배려가 침투하면서 인간의 나약함 · 죄 · 참회에 대한 성찰과 마찬가지로 통곡과 고행을 특징으로 하는 물질적인 신앙심이 점차 형성되어가기 시작했다.

유령이야기들이 겉으로는 영적인 일이 돈의 힘에 좌우되는 현상을 슬며시 비판하면서도 그것과 모순되게 속죄의 경제적인 측면을 강조하고 있다는 점에 주목해야 한다. 이와 같은 사실은 『교훈예화집』에서도 확인되는데, 이 책은 그 시대에 〔아일랜드 북부의〕 얼스터에서 널리 알려졌던 사건에 관해 이렇게 전하고 있다. 그 사건을 목격했던 던컨이라는 수도사가 로버트 도딩턴이라는 수도사에게 그 이야기를 알려주었고, 로버트는 설교 중에 그 이야기를 했다. 어느 집안의 가장이 얼마 전에 죽은 자식의 구원을 위해 금전을 지불했다. 프란체스코회 수도사가 약간의 돈과 (오가는 가난한 여행자에게 적선하는 잠자리와 아침식사 같은 것을 의미하는) '하루치 와인(biberagium)'을 받고 그에게 면죄부를 판 것이다. 거래가 완료된 다음날 밤에 잠을 자고 있던 아버지에게 '자식의 영혼'이 자신이 구원되었다는 사실을 알리려고 광채로 둘러싸인 모습으로 나타났다. 아버지는 곧바로 집안에 있던 사람들을 깨웠는데, 그 중에는 영혼을 구원한다는 것이 헛된 약속에 지나지 않는다고 생각해서 면죄부를 팔았던 그 프란체스코회 수도사도 있었다. 그는 귀한 것을 팔아넘겼다고 후회하는 마음이 들어서 면죄부를 다시 사서 돌려받으려고 했다. 하지만 새로운 소유자는 이를 받아들이지 않았다.[33]

이 교훈예화는 양면적이다. 수도사 중에도 탐욕스러운 사람이 있음을 거세게 비판하고 있으면서, 동시에 면죄부나 자선이 연옥에 있는 영혼에게 유효하다는 것도 나타내고 있기 때문이다. 토마 드 캉탱프레가 (고리대의 담보물이나 폭리의 채권과 같은) 부당하게 취득한 재산을 원래 주인에게 되돌려주는(restitutio) 것으로 죽은 자를 고통에서 벗어나게 할 수 있다고 서술하고 있는 것도 이와 연관되어 있다. 어느 도미니크회 수도사가 토마에게 전한 이야기에 따르면, 그 수도사의 부친은 자신의 말에 편자를 박은 제철공에게 대금을 치르기 전에 세상을 떠났다. 죽은 자는 뜨겁게 달궈진 편자를 손에 들고 하인에게 나타나서는 도미니크회 수도사인 자식과 그의 아내에게 가서 대금을 지불하라는 말을 전해달라고 간청했다.[34]

동일한 소재와 교훈예화가 반복해서 여러 이야기책이나 설교에 등장하고, 분류와 논증의 체계 안에 삽입되면서 개개의 교훈예화들이 지니는 고유한 특징이나 놀라움을 주는 효과는 점차 옅어지는 경향을 보였다. 많은 문헌들에서 유령의 출현은 매우 놀랍고 두려운 현상으로 묘사되어 있지만, 그것은 대체로 똑같은 도식에 따라 전개되는 이야기에서 이미 알려진 역할을 수행하는 하나의 장치에 지나지 않았다. 그런 이야기의 형식은 이렇게 요약할 수 있다. (매우 드물게 자고 있는 경우도 있지만) 깨어있는 어떤 사람(quidam)에게 죽은 혈육이 나타난다. 죽은 자는 거만한 태도를 보이지 않고 목격자에게 직접화법으로 이렇게 말한다. "걱정하지 마라. 해를 끼치려고 온 것이 아니다. 나는 지금 연옥에서 끔찍한 고통에 시달리고 있다. 그래서 미사나 기도, 자선으로 나를 억죄고 있는 고통에서 벗어나게 해달라고 부탁하려고 온 것이다." 산 자는 유령이 진실임을 확인시키려고 내보이는 어떤 '징표' 때문에 설득되어 필요한 조치를 행하는 것에 동의한다. 머지않아 죽은 자는 빛나는 모습으로 혈육에게 다시 나타나 자신이 구원받았다는 사실을 알리면서 고마워한다.

유령이야기가 점차 진부한 것으로 변해간 경향은 결코 고립되어 나타난 현상이 아니었다. 이는 기독교도를 교화하기 위해 그들을 죽음과 죽은 자에 익숙하게 만들려고 했던 총체적인 전략과 연관되어 있었다. 그러한 전략은 이 밖에도 장례를 점차 의식화하거나, 산 자의 공동체 한복판에 마련된 거룩한 장소로 묘지 공간을 중시하거나, 죽은 자를 위한 예배에 참석하거나, 특권계급에서는 시도서時禱書를 매일 독송하는 것으로 조직적으로 실천되었다. 동업자조합이 죽은 동업자의 추모의식을 거행하고, 죽은 자를 위한 미사의 수가 수십 배에서 수백 배까지 증가했던 것은 집단적인 차원에서 그와 같은 흐름을 나타낸다.

내게는 수십 종이 넘는 교훈예화집이 되풀이해서 반복해서 수록하고 있는 2편의 이야기가 '기독교적인 죽음'이라는 커다란 이데올로기의 틀 안에서 패러다임을 대표하고 있는 사례로 보인다. 그것들을 각각 '두 친구의 약속'과 '묘지 통과하기'라는 이름으로 부르도록 하자.

첫 번째 유형의 이야기는 두 친구가 맺은 약속 때문에 죽은 자가 남은 친구한테 나타나 저승에서 맞이한 '상황'을 알려준다는 오래된 소재를 답습하는 내용으로 되어 있다. 친구끼리의 약속은 분명히 유령이 출현하기를 요구하는 것이므로, 유령은 기대하던 대로 모습을 나타낸다. 유령의 출현이 원칙처럼 미리 기대되고 있는 것이다.[35] 체사리우스 폰 하이스터바흐는 이런 형식을 적어도 4편의 이야기에서 반복해서 사용하고 있다. 하지만 이야기마다 등장인물의 사회적 신분은 바뀌는데, 두 사람의 성직자이거나 두 사람의 수도사, 아니면 두 사람의 수녀이거나 기사와 그 딸이다.[36) 다른 이야기집에는 학교의 교사와 학생, 아니면 두 명의 학생을 주인공으로 해서 똑같은 형식의 이야기가 등장한다.[37) 심지어 그런 형식을 기초로 나중에는 죽음을 무릅쓰고 재회를 맹세한 연인이라는 소재가 등장하기도 했다.[38)

실제로 이 소재는 교훈예화의 범주를 훨씬 뛰어넘어서 보급되었다. 작가가 알려지지 않은 『콜마르의 도미니크회의 연대기*Chronique du dominicain de Colmar*』(1308~1314)라는 작품의 속편을 쓴 사람은 살아남은 친구 쪽에게서 유사한 이야기를 들었다고 서술하고 있다. 세레리우스라는 이름의 그 남자는 유랑자였다. 그는 (프랑스 동부) 술츠마트의 어느 평민자산가의 아내에게 자신이 겪은 일을 들려주었다. 도미니크회 수도사인 연대기 작가에게 정보를 제공한 것은 바로 그 여자였다. 망자는 죽은 지 30일이 지나서 친구를 찾아오겠다고 약속했다. 악마와의 계약에 관한 이야기에 자주 나오듯이, 약속했던 그 날 세레리우스는 마을 술집에서 술을 많이 마시는 바람에 친구와의 약속을 잊어버렸다. 죽은 자는 인근의 빈 집에 나타나 지나가는 농부를 멀리서 불렀다. "술집에 가서 세레리우스에게 이 집에서 친구가 기다리고 있다고 전해주시오. 약속했던 대로 신앙심 깊은 죽은 자와 그렇지 않은 죽은 자가 저승에서 어떤 상황에 놓이게 되는지 알려주려고 이렇게 이 세상으로 돌아왔다고 전해주시오." 이 소식을 듣고 겁이 난 세레리우스는 "죽은 자가 말하는 것 따위는 듣고 싶지 않다"고 말했다. 그로부터 1시간이 지난 초저녁 무렵에 유령은 다시 다른 농부를 보내왔다. 세레리우스는 이번에는 화를 내며 이렇게 말했다. "그 녀석이 말하는 것 따위는 듣고 싶지도 대꾸하고 싶지도 않다." 며칠 뒤에 발을 적시지 않고 개울을 건너려고 다리를 찾고 있던 세레리우스는 말 탄 무리가 가까이 다가오는 것을 보았다. 그는 그들이 전쟁터에서 목숨을 잃은 기사들이라는 사실을 깨달았다. 그들은 모두 묵묵히 개울을 건넜는데, 그 가운데 한 사람이 그가 있는 쪽으로 다가왔다. 자세히 보니 그는 죽은 그의 친구였다. 세레리우스는 도망치려고 했으나 죽은 자는 그를 가로막았다. 그리고 죽음으로 위협하면서 자신이 말해야 하는 것을 억지로 들려주었다.[39]

유령이야기에는 교구의 묘지를 가로질러가는 이야기가 무척 많이 발견되는데, 이것이 중요한 두 번째 유형이다. 이와 같은 유형의 이야기는 특히 중세 중기 이후 산 자의 공간을 상징적으로 구조화하는 것에서 묘지가 맡게 된 중심적인 역할과 관련이 있다. 설교가는 묘지에 누워 있는 망자를 위해 기도를 하면 밤에도 두려워하지 않고 묘지를 가로질러 갈 수 있다고 되풀이해서 말한다. 죽은 자는 기도를 해준 사람에게 고마워하고, 때가 되면 그에게 도움의 손길을 내밀 것이다. 예컨대 묘지를 지날 때마다 버릇처럼 죽은 자를 위해 기도를 하던 사제에 관한 이야기가 전해진다. 어느 날 밤에 그는 기도를 끝마칠 때 죽은 자들이 입을 모아서 "아멘! 아멘!" 하고 외치는 소리를 들었다.[40] 묘지로 와서 죽은 자를 위해 기도를 하던 기사가 어느 날 적에게 쫓겨 도망을 치자 망자들이 무덤 밖으로 나와 도와주었다는 이야기도 있다.[41]

하지만 반대로 죽은 자들이 기도를 게을리 한 사람에게 벌을 내리고, 도덕적인 규범을 어긴 사람에게는 자신들과 함께 저승으로 가자고 위협했다는 이야기도 있다. 널리 알려진 어떤 이야기에 따르면, 한 주교가 순박한 사제에게 죽은 자를 위한 미사를 금지한다고 우겨댔다. 그러자 죽은 자들은 무서운 벌을 내리겠다며 주교를 위협했다.[42]

마찬가지로 널리 알려졌던 또 다른 교훈예화에 따르면, 밤에 묘지를 지나가려고 했던 주정뱅이 하나가 땅바닥에 엎어져 있는 해골바가지에 걸려 넘어졌다. 그는 짜증을 내며 외쳤다. "왜 꾸물대고 있느냐, 이 비참한 해골바가지야. 내 집으로 와라. 함께 식사를 하지 않겠느냐."[43]

해골바가지는 초대를 받아들여 그에게 가겠다고 대답했다. 겁에 질린 남자는 집에 숨었고, 죽은 자가 '문을 세게 두드려도(ostium pulsans)' 집에 있는 사람들은 주인이 없다고 대답했다. ('문을 세게 두드리다'라는 말은 체사리우스 폰 하이스터바흐가 자식의 집에 물고기를 가지고 온 아버지의 영혼을 묘사하면서 썼던 것과 같은 표현이다.) 그래도 죽은 자는 이렇게 말했다. "집에 있다는 것을 알고 있다. 누가 뭐래도 집에 들어가겠다." 그제야 제정신을 차린 주정뱅이가 문을 열게 하자 '바싹 말라 조각난 뼈와 살점뿐인 끔찍한 모습을 한 죽은 남자의 참혹한 유령'이 집으로 들어왔다. (월터 맵의 이야기에 등장하는 헤를라 왕과 소인족 왕과의 만남처럼) 산 자와 죽은 자가 서로 상대를 초대해서 만난다는 이야기의 줄거리를 좇아서 죽은 자는 1주일 뒤에 자신의 집으로 와달고 주정뱅이를 초대했다. 이 교훈예화에는 환상설화의 모습이 엿보이는데, 죽은 자의 섬뜩함이 여기에서는 ('마카브르'가 일찌감치 나타난 것처럼) 뼈와 살만으로 이루어진 인물의 모습으로 적나라하게 표현되어 있다.

끝으로 루돌프 폰 슐레트슈타트가 쓴 진귀한 작품을 살펴보자. 루돌프는 1288년 이후에 [독일어에서는 슐레트슈타트라고 부르는] 셀레스타에 있는 도미니크회 수도원의 원장을 맡았던 인물로, 그의 작품에는 그 시대에 셀레스타 인근 지역에 전해지고 있던 56편의 이야기들이 실려 있다. 작품의 특징을 한 마디로 표현하기는 어려우며, 『기억할 만한 역사 Historiae memorabiles』라는 제목도 근대의 편찬자가 붙인 것이다. 실제로 그것은 소문이나 상상의 사건으로 가득 차 있는 한 지방의 연대기이며, 동시에 설교단상에서 이용할 수 있게 교훈예화를 모아놓은 것이기도 하다. 그 가운데 약 20편의 이야기는 유대인 박해, 곧 1298년에 [독일 남동부] 프랑코니아 지방에서 일어난 대규모 유대인 박해에 관한 것이다. 그래서 유대인이 [미사에서 성체를 대신하는] 성면을 모독했다는 소문과 유대인이 의식을 위해 기독교도의 어린아이들을 살해하고 있다는 전설이 곳곳에서 발견된다.

유령이야기는 모두 6편이 실려 있는데, 몇 편은 유독 환상적이다.[44] 예컨대 (독일 북부) 뤼베크의 주교가 무덤에서 나와 주교 자리에 적합하지 않은 자신의 후계자를 큰 촛대로 때려 교회에서 쫓아냈다는 이야기가 있다. 그리고 도적기사인 스비게루스가 '망자의 무리'에서 비쩍 마른 자기 말의 영혼을 알아보았다는 이야기도 있다. 귀족인 베르톨트 폰 슈타우펜에게는 페터 샬러라는 평민자산가와 결혼한 뒤 곧바로 혼자 되어 (스위스 북부) 바젤에 살고 있는 누이가 있었다. 누이를 방문했을 때 베르톨트는 여인의 모습으로 변신한 악마에게 속을 뻔했다. 하지만 페터의 영이 침실에 나타나 가까스로 그를 악마의 유혹에서 구해냈다. 다른 이야기에서는 불성실한 관리였던 하인리히 폰 라이나우가 사위와 함께 말을 타고 가고 있었는데, 갑자기 말이 날뛰었다. 하인리히는 자기 곁에서 멀리 떨어지라고 사위에게 소리쳤고, 자신은 땅에 떨어져 팔을 크게 다쳤다. 그는 나중에 3명의 죽은 자에게 공격을 받았다고 말했다고 한다. 사위에게는 죽은 자의 모습이 보이지 않는데, 그 3명은 에베르하르트 폰 합스부르크와 평민자산가인 하인리히 폰 오르쉬빌레, 그리고 전투를 벌이다 죽은 하인리히라는 같은 이름의 기사였다.

나머지 2편의 이야기는 바젤의 주교좌성당 참사회원이자 주임 역할을 맡고 있던 부유한 티에리 폰 스페흐바흐를 주인공으로 하고 있다. 여러 개의 성직을 겸하고 있어서 부유했던 그는 맛있는 음식과 여자를 좋아했다. 성직록으로 받은 농지를 방문했을 때 티에리는 보좌신부의 집에서 밤을 보냈다. 그는 식사를 마치고 배가 부르자 한잠 잤다. 그리고 11시 무렵에 "눈을 뜨고 볼일을 보러 갔다가 침실로 돌아와 평온한 공기와 밤기운을 만끽하려고 창을 열어둔 채 다시 자리에 누웠다." 창은 묘지를 향해 있었는데, 그곳에 갑자기 횃불을 들고 춤추면서 독일어로 된 투박한 노래를 부르는 한 무리의 남자들이 나타났다. 그들이 부르고 있는 것은 탄식하는 노래였고, 티에리에게 충고를 하는 내용이었다. 필사본에는 노래의 가사와 박자를 적어 놓은 악보가 실려 있다.[45] 그로부터 얼마 지나지 않아서 늙은 주임은 자신의 행동을 고치지 않고 이 세상을 떠났다. 그가 죽고 며칠이 지나서 주교좌성당의 수도원장은 꿈에서 면도칼로 덮인 둥근 기둥 꼭대기에서 악마에게 고문을 받고 있는 그의 영혼을 보았다. 이번에는 죽은 주임이 노래할 차례였다. 성직자였으므로 그가 부른 노래는 가사가 라틴어로 되어 있었다. 이 노래도 박자와 함께 필사본에 기재되어 있다. 수도원장은 그 노래를 잘 기억하고 있었으므로 참사회원들에게 불러줄 수 있었다.

숨을 곳이 없는 우리
황야에서 울부짖는 소리
황야에 있는 우리, 믿음을 저버린 자
분명 고통을 겪게 되리라.[46]

고통을 받고 있는 무명의 영혼 집단에게 죽음의 '황야'는 혈연관계의 상실을 의미한다. 그들은 서로 간에도, 산 자와의 사이에서도, 이미 그러한 인연을 두 번 다시 맺을 수 없게 되어버린 것이다.

루돌프 폰 슐레트슈타트가 쓴 이 이야기들은 오늘날 16세기에 필사된 한 사본을 통해서만 전해진다. 이 사본은 침머 백작에 의해 필사된 것으로, 그의 조카가 독일어로 쓴 『침머 연대기Zimmerische Chronik』 안에 부분적으로 인용되고 있다. 거기에는 도적기사인 스비게루스, 베르톨트 폰 슈타우펜, 묘지에서 '죽음의 무도(Totentanz)'를 목격했던 주교좌성당 참사회 주임 티에리 폰 스페흐바흐의 이야기가 다른 이야기와 뒤섞여 실려 있다.[47] 루돌프의 이야기가 오랜 시간이 지난 뒤에도 이렇게 수용되고 있었다는 사실은 중세 말기에 유행했던 (살점이 떨어져나가고 부패한 시신을 다루거나 '죽음의 무도'를 묘사하고 있는) '마카브르'가 13세기에 탁발수도회 설교가들이 퍼뜨리려고 했던 죽은 자 표상의 연장선 위에 놓여 있고, 그것을 증폭시킨 것이었음을 보여준다. 실제로 13세기와 14세기에 기록된 교훈예화는 대체로 유령이 가져다주는 공포심이나 죽음 그 자체가 지니고 있는 두려움을 강조하지 않는다. 오히려 교훈예화는 이야기가 자아내는 공포감을 최소한으로 억제해 '공덕과 중재' 그리고 '저승의 고통' 사이에 어떤 산술적 관계가 존재하는지를 분명히 보여준다. 죽은 자가 산 자에게 전하려 했던 교훈은 지옥으로 떨어지지 않을 가능성이 얼마나 있는지, 연옥에서 지내는 시간을 얼마나 줄일 수 있는지를 산 자 자신이 계산할 수 있게 하려는 것이었다. 그리고 교훈예화는 그런 죽은 자의 교훈을 독자들에게 상기시켰다.

이처럼 교훈예화는 어떤 종류의 작품에 삽입되는가에 따라 다양하게 굴절된다. 게다가 시간과 공간을 거치는 동안에도 여러 변화를 겪는다. 중세의 마지막 몇 세기에 기독교 문화가 유럽 전체에서 어느 정도 통일을 이루어낸 것은 매우 중요한 현상이다. 그러나 그러한 통일의 이면에 사회·문화적인 차이나 지역 간의 차이가 존재했다는 점도 놓치지 말아야 한다. 도시의 영향권이나 문화의 중추에서 멀리 떨어진 주변지역은 다른 지역들보다 탁발수도회가 둘러친 설교의 그물망에서 벗어날 가능성이 높았다. 그리고 1215년의 제4차 라테란 공의회에서 제시된 교리의 영향도 비교적 적게 받았다. 이런 지역들에서는 유령을 길들이려는 작업도 불완전하게 끝났다. 1세기 뒤에 서로 멀리 떨어진 3개의 지역에서 남겨진 기록들은 이러한 사실을 잘 보여준다. 이 지역들은 공통적으로 공식문화의 주요한 흐름이 다른 지역들보다 피상적으로, 그리고 매우 더디게 침투했다. 그 3개의 지역은 (프랑스 남서부) 피레네 산맥에 있는 아리에주 지방과 잉글랜드 왕국 최북단에 위치한 요크셔, 그리고 (프랑스 북서부의) 브르타뉴이다.

몽타이유의 배회하는 영혼들

14세기 초에 아리에주 지방에 나타난 유령에 관한 일은 〔프랑스 남서부〕 파미에의 주교인 자크 푸르니에가 쓴 이단심문 기록으로 전해진다.[48] 그러나 유령이야기가 오늘날까지 전해진 것은 그 고장 주민들에게 죽은 자를 보고 죽은 자와 의사소통을 할 수 있다고 인정을 받고 있던 여러 사람들 덕분이기도 하다. 그들은 '영매'나 '영혼의 전령'이라고 불렸는데, 그들 중에서도 '주류감독관'이란 별명으로 불리며 마스생탕토냉에 살던 아르노 젤리스가 특히 유명했다.

아르노는 어느 성당참사회원의 하인으로 성당에서 성구를 관리하는 일을 했다. 그는 죽은 자들에게 계시를 받아 슬픔에 잠긴 (특히 여성) 유족을 추모미사를 행하는 사제들에게 데리고 갔다. 그렇게 해서 아르노는 음식물이나 약간의 돈을 얻었다. 종교재판관의 추궁에 아르노는 20명 정도의 유령을 목격했다는 사실을 인정했다. 모두 깨어있는 상태에서 본 유령들이었다. 그에게 개별적으로 나타난 죽은 자들은 모두 전에 알고 있던 사람들이었으므로 아르노는 (위그 드 뒤포르, 위그 드 루, 아통 됭장, 피에르 뒤랑 등) 그들의 이름을 밝힐 수 있었다. 그 가운데 대다수는 성당참사회원이었다. 죽은 지 얼마 지나지 않았던 그들은 여전히 아르노에게 일을 시키려고 했고, 자신들을 위해 미사를 올릴 수 있게 준비해달라고 아르노에게 요청했다.

아르노는 혈육의 죽음 때문에 가정에서 해결되지 않은 상태로 남겨진 일들을 조정하는 역할도 맡았다. 바르셀로나라는 이름을 가진 여자 유령은 그에게 파미에에 사는 형제 아르노 드 칼멜한테 가 있는 그녀의 딸이 사위인 기욤 드 루방과 화해할 수 있게 도와달라고 부탁한다. 그러나 딸은 어머니의 뜻을 따르지 않았다. 아르노는 퐁 포르의 과부였던 바르셀로나라는 유령의 부탁을 받고 그녀의 어머니 브륀 데스코스를 찾아가 비단 블라우스를 포기하라고 충고하기도 했다. 그는 한꺼번에 여러 유령을 목격했던 적도 있었다. 퐁 브뤼라는 여성의 영혼이 포도 수확철에 그에게 나타났을 때였다. 아르노는 생마르탱드쥐약 교회에서 돌아오는 길에 그녀가 100명 정도의 유령과 동행하고 있는 모습을 목격하기도 했다.

아르노만 죽은 자 보는 일을 생업으로 삼고 있었던 것은 아니다. 벨카이르에 사는 아르노드 리브나 퐁 위공 드 라 포르스의 딸인 레몽드와 같은 '여자 영매'도 존재했다. 레몽드는 아르노 젤리스의 사촌누이였는데, 아르노는 그녀가 본 계시에서 도움을 얻기도 했다. 그녀는 자주 유령을 목격했고, 그들과 대화를 나누었다. '죽은 자와의 외출' 때문에 3일이나 4일 정도 집을 비우기도 했고, 그때마다 슬픔에 잠겨 집으로 돌아왔다.

여기에 묘사되고 있는 것은 '죽은 자와의 여행'의 '무속적'인 모델이다. 〔이탈리아 북동부〕 프리울리 지방의 '베난단티'*에서도 유사한 모습이 확인되는데, 뒷날 교회는 이를 '마녀들의 집회'라는 형태로 악마화했다.[49] 여행 도중에 레몽드는 아르노의 죽은 부모를 만나서 아르노에게 말을 전해달라는 부탁을 받았다. 모친인 루스는 아르노가 늙고 가난한 여인에게 좋은 면사포를 기부해주기를 바랐다. 부친인 레몽드 젤리스는 갚을 때가 된 빌린 돈을 자기 대신 갚아달라고 아들에게 부탁했다.

---

* 베난단티(Benandanti) : 이탈리아 북부 프리울리 지방에서 민속으로 전해지던 남녀 주술사이다. 모자처럼 머리에 막을 쓰고 태어나 다른 평범한 사람들과 구분되며, 사계 재일의 목요일 밤이 되면 육신은 집에 둔 채 영혼만 들판으로 빠져나가 사악한 마녀들과 전투를 벌인다고 여겨졌다. 그리고 이 전투에서 이기면 풍년이, 패하면 흉년이 든다고 믿었다. 그러나 가톨릭교회는 베난단티에 관한 민간의 풍요의식을 사악한 마녀들의 집회인 사바트와 동일시해서 이단심문관을 동원해 관련자를 처벌했다. 자세한 내용은 Carlo Ginzburg, *I benandanti: stregoneria e culti agrari tra cinquecento e seicento*, 조한욱 옮김, 『마녀와 베난단티의 밤의 전투』(길, 2004) 참조.

이단심문관이 조서를 작성한 이 증언들은 모두 영매의 특권적인 역할을 강조하고 있고, 눈에는 보이지 않지만 육체를 지닌 죽은 자가 어디에나 존재하고 있음을 인정하고 있다. 만약 걷다가 갑자기 팔이나 발을 앞으로 뻗으면 알지 못하는 죽은 자와 부딪칠 위험이 있었다. 몽타이유의 농민들은 1세기 전에 교회가 만들어낸 연옥의 표상을 결코 받아들이려 하지 않았다. 단지 한 명의 죽은 자만이 '연옥의 불길'로 고통을 받고 있다고 하소연했는데, 그는 파미에의 성당참사회원 피에르 뒤랑이었다. 나머지 죽은 자들은 마을 근처 '언덕과 황무지', 도로나 집 주변을 떠돈다. 그들은 즐겨 자신이 전에 속해 있던 교구의 교회를 방문한다. 그곳은 그들이 묻힌 장소이고, 친지들이 그들을 위해 기도하며 등잔에 불을 밝혀온 장소이기도 하다. 저주받은 죽은 자들은 악마에게 잡혀 골짜기로 끌려간다. 유대인도 죽은 뒤에 '안식의 장소'나 천국으로 가게 되는지는 확실치 않다. 다만 당장은 그들이 교회로 들어가지 않은 것만큼은 확실하다. 만성절에는 영혼의 무리가 모두 '안식의 장소'에 머물 수 있는데, 그곳은 최후의 심판으로 천국의 문이 열릴 때까지 영혼이 머무는 지상의 대기소로 고통이 없고 평온한 장소였다.

교회는 (연옥을 가운데에 두고 지옥에서 천국으로 올라가는) 저승의 '수직적인' 이미지를 내세웠다. 그러나 몽타이유 농민들은 (엠마뉘엘 르루아 라뒤리의 표현을 빌리자면) 가까운 죽은 자를 산 자 곁에 두어서 고통이나 멀리 떨어진 연옥으로의 유배에서 벗어나게 하려는 '수평적인 민속'에 기초한 사고방식을 지니고 있었다. 그렇지만 마을사람들이 특별히 반론을 제기하겠다는 의식을 가지고 있었던 것은 아니며, 단지 자신들의 신앙을 솔직하게 드러내고 있을 뿐이었다. 그들은 자신들이 사는 계곡에서 옛날부터 전해져 내려오던 믿음을 이어가는 것에 만족해 하고 있었다. 게다가 아르노 젤리스가 맡았던 역할에서도 알 수 있듯이, 그들의 다양한 신앙들은 적어도 이단심문관이 마을에 도착할 때까지는 서로 대립하지 않고 모두 평화롭게 공존하고 있었다.

요크셔에 나타난 영혼들

1400년 무렵 잉글랜드 최북단 요크 백작령에 있는 바이랜드의 시토회 수도원에서 있었던 일이다. 이름이 전해지지 않는 어떤 수도사가 수도원 장서실에 보관되어 있던 200년도 더 된 필사본을 보다가 두 군데에서 몇 개의 장이 공백으로 남아 있는 것을 발견했다. 필사본에 실려 있던 것은 (키케로*에서 후대의 호노리우스 아우구스토두넨시스**의 저작까지) 권위가 있는 작품들이었으나, 수도사는 거리낌 없이 자신이 인근에서 직접 들은 12편 정도의 유령이야기를 공백에 채워넣었다.[50] 그 앞뒤 장에는 수사학 저술이나 참회에 관한 진부한 가르침을 모아놓은 글이 기록되어 있다. 따라서 이 시토회 수도사가 이 이야기들을 교훈예화로 이용하려 했음을 짐작할 수 있다. 그러나 그가 말 그대로 환상적이고 기이한 이야기들에 매료되어 있었던 것은 분명하다.[51]

이야기들은 모두 그 고장에서 최근에 일어난 사건들에 관한 것이었는데, 자신이 직접 목격한 것은 없고 모두 전해들은 이야기들이다. 이야기는 매우 친숙한 풍경 속에서 펼쳐져 리엘보 시토회 수도원·앰플포스 마을·요크 시 등 바이랜드 인근에 위치한 장소들의 이름이 등장한다. 바이랜드의 수도사는 '공공연한 소문(dicitur, referunt aliqui)'이든 '오래된(veteres, seniores, antiqui)' 증언이든 그것들을 정확히 보고하기 위

---

* 키케로(Cicero, BC 106~BC 43) : 고대 로마의 정치가이자 학자로 철학과 정치, 수사학에 관한 여러 저술들을 남겨 고전 라틴 산문의 창조자로 평가된다.

** 호노리우스 아우구스토두넨시스(Honorius Augustodunensis, 1080~1154) : 잉글랜드와 독일 등에서 활동한 수도사이다. 기독교에 관해 일반인들도 쉽게 이해할 수 있게 글을 써서 민간 신학자라고 불린다. 교리해설(Elucidarium)·성모의 비밀(Sigillum Sanctae Mariae)·교회의 등불(De luminaribus ecclesiae)·영혼의 보석(Gemma animae)·세계의 모상(Imago mundi) 등 다양한 주제의 저서들을 남겼다.

해 꼼꼼히 주의를 기울일 작정이라고 밝히고 있다. 그러나 교훈예화집 작가와는 달리 그는 정보제공자의 이름을 밝히지 않는다. 그는 자신의 이야기에 교회의 보증을 내세우려고 애쓰지도 않는데, 어쩌면 이 이야기들을 공적 문화의 틀에서 어느 정도 벗어나 자유롭게 말하려 했을지도 모르겠다. 그는 도덕적 설명을 덧붙이는 것도 삼갔다.[52]

12편 가운데 11편은 죽은 자의 출현에 관한 이야기인데,[53] 이야기의 구조는 다양하다. 그 가운데 어떤 것은 이미 우리가 살펴보았던 기적이야기나 교훈예화를 연상시키는데, 죽은 자와 목격자, 때로는 죽은 자의 메시지를 최종적으로 전달받는 사람이 각각 다른 역할을 맡고 있다. 등에 영혼을 짊어지고 있는 여성에 관한 이야기 등[54] '기이한 이야기(mirabili dictu)' 유형의 경우에는 줄거리에 새로운 내용이 전혀 없다. 반대로 다른 경우에는 이야기에 새로운 전개가 많이 나타난다.[55]

이 유령들은 언제나 깨어있을 때만 나타나며, 꿈에 나타난 이야기는 한 편도 없다. 유령은 홀로 출현하지만, 다른 이야기집에서도 그러하듯이 죽은 자의 무리가 배후에 있는 경우도 많다. 어떤 이야기에서는 눈에 보이지 않는 15인의 영혼이, 다른 이야기에서는 30인의 유령이 배후에 있지만, 모습을 드러내는 것은 오직 한 명의 유령뿐이다.[56]

어떤 이야기에서는 동물에 올라탄 죽은 자의 무리가 등장해 오더릭 비탈리스의 이야기에서 발슐랭에게 나타났던 죽은 자의 무리를 상기시키기도 한다. 리처드 라운트리 클리블랜드는 순례자의 무리와 함께 성지 산티아고로 향했다. 순례자들은 밤에 대로변에서 휴식을 취하고, '밤의 공포'를 경계해 번갈아 불침번을 섰다. 자신의 차례가 되었을 때 리처드는 죽은 자의 무리가 '모르투아리아(mortuaria)', 곧 장례의식을 할 때 교회에 바치는 말과 양, 소 등의 동물에 올라탄 채 큰 소리를 내면서 지나가는 모습을 목격했다.[57]

전체적으로 보면 유령이 출현한 원인이나 목적이 교회 이데올로기의 일반적인 도식에서 벗어나지 않는다. 유령은 이승에서 속죄하지 않은 죄 때문에 출현하고, 그러한 죄의 구체적인 예로 (임산부가 살해된 이야기처럼) 살인, (숟가락, 6드니에, 소에게 먹일 건초 등을 훔친 이야기처럼) 도둑질, 위증, 유산의 갈취, 사제와의 내연관계, (사생아로 태어난 기베르 드 노장의 이복형제 이야기와 마찬가지로) 세례를 받지 못하고 죽은 신생아 등이 거론된다. 많은 유령이 생전에 파문을 당한 뒤 교회와 화해하지 못한 채 이 세상을 떠났다. 그들은 고통에 시달리는 영혼이고, 산 자는 '유령을 쫓는' 의식으로 그들의 '이름(nomen)', 이 세상에 나타난 '이유(causam)', 그들이 필요로 하는 '구원방법(remedium)'을 이야기하게 한다. 여기에서 말하는 구원방법은 보통 사제가 행하는 '죄의 사면'을 뜻한다. 따라서 이 경우에도 성직자의 개입이 이루어진다. 그들은 기본적으로 유령이 전하려는 메시지의 최종 수신자로 등장하고, 죽은 자를 구원하기 위해 미사를 행해달라는 소망을 전달받는다.

이러한 이야기의 특징은 매우 일반적인 것들이지만, 이 이야기집은 환상적인 성격을 지니고 있다는 점에서 같은 시대에 나타난 많은 교훈예화집들과는 뚜렷이 구분된다. 2세기 전에 같은 요크셔 지역에서 윌리엄 뉴버그가 전한 이야기만 유령이 출현하는 형태와 그들을 내쫓으려고 산 자가 사용했던 수단에서 유사한 특징을 보이고 있다. 이 이야기들에 묘사되어 있는 것은 '연옥에 있는 영혼들'이 아니라 무덤에서 뛰쳐나와 묘지 주변을 배회하면서 마을사람들을 두려움에 떨게 하는 매우 실체화된 영혼들이다. 마을사람들은 그들의 정체를 쉽게 알아채고, 그들의 난폭함에 버금갈 정도로 격렬한 태도로 그들을 비난한다.

이 '영혼(spiritus)'들은 보통 인간의 모습으로 출현하지만, 놀랄 만큼 변신을 하는 영혼도 있다. 원래 리엘보의 '고용인'이었던 그 가운데 한 명은 처음에는 뒷발로 서 있는 말의 모습으로, 그 다음에는 가운데에서 빛이 나는 건초더미로 변신해 나타났다. 그리고 마지막에는 '인간의 모습'으로 어떤 남자에게 나타나서 그 남자가 운반하고 있던 누에 콩주머니를 대신 짊어지고 갈 수 있게 해 달라고 요청했다. (콩은 옛날부터 죽은 자와 연관되어 있었다.) 하지만 유령은 급류 너머로 건너갈 수 없었다. 여기에서 급류는 그가 건널 수 없는 일종의 상징적인 경계선을 표현하고 있다.[58]

교회에서 파문된 다른 죽은 자는 옆구리에서 불티를 흩날리며 죽음을 향해 이리저리 날아다니는 까마귀의 모습으로 스노우볼이라는 이름의 재단사에게 나타났다. 까마귀는 재단사에게 날아와 부딪쳤고, 재단사는 큰 상처를 입고 말에서 떨어졌다. 똑같은 영혼이 이번에는 목에 사슬을 감은 개로 변신해 나타났는데, 동물 모습을 하고서도 사람처럼 말할 수 있었다. 그는 스노우볼에게 사제에게 가서 자신을 위해 중재의 기도를 올리게 부탁해달라고 간청했다. 세 번째로 출현했을 때 유령은 염소의 모습을 한 채 "아! 아! 아!" 하는 신음소리를 내면서 땅에 쓰러졌다가 일어설 때는 몸집이 큰 남자로 변했다. 그리고 이야기가 진행되는 동안 또 다른 2명의 유령이 스노우볼을 따라다녔다. 스노우볼에게는 그들의 모습이 보이지 않았다. 하지만 처음에 나타났던 유령이 둘 가운데 하나는 아내를 죽인 남자로, 눈·입·귀의 형체를 갖추지 않은 어린 수컷 송아지와 같은 모습을 하고 있다고 알려주었다. 그리고 산 자와 대화할 수 없기 때문에 물리칠 수도 구원할 수도 없다고 말했다. 나머지 하나는 ('유령들의 사냥'을 상기시키는) 뿔피리를 부는 사냥꾼의 모습을 하고 있는 수도사의 유령인데, 그는 동정을 지니고 있는 사춘기 이전의 어린아이만 퇴치할 수 있다고 알려주었다.[59]

이 유령들은 중재를 요청하러 온 것이 분명한 경우에도 고압적인 태도를 보이기 일쑤이며, 위험하고 만만찮은 존재들이다. 까마귀가 스노우볼에게 안긴 상처는 협박의 수단이 되기도 하는데, 스노우볼이 사제에게 '죄의 사면'을 받아오지 않는 한 (급류 한가운데 평평한 바위 밑에 있는 모래로 몸을 비비면 나을 수 있다는) 상처를 치유할 마법을 알려주려 하지 않는다. 킬번에서는 로버트 볼테비의 자식인 로버트의 영혼이 밤에 묘지를 빠져나와 주민들을 공포에 빠뜨리고 개들을 짖게 만들었다.[60] 전에 커비의 주임사제였던 제임스 탱커레이의 유령은 생전에 내연관계에 있던 여성을 한밤에 찾아와 그녀의 한쪽 눈알을 뽑았다.[61] 앰플포스에서는 이름이 알려지지 않은 유령이 4일 동안 계속해서 밤마다 '호우! 호우! 호우!' 하고 세 번 외치면서 윌리엄 브래드포스의 뒤를 쫓았다. 그가 내는 끔찍한 소리는 산에 메아리쳐 울렸고, 윌리엄이 기르던 개는 공포에 사로잡혀 주인의 다리로 뛰어올랐다.[62] 같은 앰플포스에서 애덤 런드라는 사람의 누이의 영혼이 "밤마다 공포를 불러일으키고, 마을사람들을 겁주었다"[63] 클리블랜드에서도 파문당한 죽은 자의 영혼이 한 남자를 24마일이나 뒤쫓았다. 또 한 사람의 목격자가 '유령을 쫓는 의식'을 했으나 효과가 없었고, 쫓기던 남자는 유령에 의해 울타리 너머로 내던져졌다.[64]

이 죽은 자들 대부분은 이름이 밝혀져 있다. 한 명만 **빼고** 모두 남성이고, 주임사제와 성당참사회원 이외에는 모두 평신도이다. 유령을 목격한 사람들도 마찬가지로 모두 평신도인데, 같은 마을의 주민이지만 혈육인 경우는 거의 없다. 요컨대 다른 이야기집에서는 중요성을 지니고 있던 혈연관계나 영적인 친족관계가 여기에서는 이웃끼리의 관계나 주민들로 이루어진 공동체로 거의 대체되고 있다고 할 수 있다.

그렇지만 2편의 이야기에서는 친족관계에 대한 독창적인 관점을 찾아볼 수 있다. 리처드 라운트리는 산티아고로 순례를 가는 길에서 죽은 자의 무리와 마주쳤는데, 무리 속에서 양말에 담긴 신생아가 그의 발밑까지 굴러왔다. 어린 영혼은 리처드에게 자신이 조산 때문에 죽은 그의 자식으로 세례도 받지 못한 채 산파가 양말에 담아 매장했다고 밝혔다. 아버지는 자신의 셔츠를 벗어 자식의 영혼에 입혀주었고, 거룩한 삼위일체의 보살핌을 기원하면서 자식에게 이름을 붙여주었다. 그러자 곧바로 자식은 혈통이 인정된 것을 기뻐하면서 땅에서 일어섰다. 이것은 세례를 대신해서 '죽음 이후에(*post mortem*)' 즉석에서 행해진 약식세례를 묘사하고 있는 것으로 보인다. 아버지의 행위는 당시 보급되고 있던 '유예성소'*라는 관습을 떠올리게 한다. 부모들은 세례를 받는 데 필요한 잠깐의 시간만큼이라도 자식이 소생하기를 바라면서 그곳으로 죽은 아이의 시신을 옮겼다.[65]

마지막 이야기는 친족관계의 다른 측면, 곧 아내를 둘러싸고 발생한 인척과 친척 사이의 갈등, 다시 말하면 남편과 자식들의 가문과 처가 사이의 대립이라는 양상을 드러내고 있다. 애덤 런드의 누이는 남편의 땅문서를 오빠에게 넘겼다. (그녀의 출신은 아버지 쪽의 가계로 표시된다.) 그녀가 죽자 애덤은 누이의 남편과 자식들을 그들의 땅, 곧 '앰플포스에 있는 집과 땅(*toft*), 작은 농장(*croft*)과 부속건물, 그리고 헤슬러튼에

---

* 유예성소(sanctuaires à répit) : 세례를 받지 못하고 죽은 유아가 지옥으로 가는 것을 일시적으로 멈춰주는 성소이다. 주로 성모 마리아를 섬기는 예배당이 이런 기능을 했는데, 프랑스와 독일, 벨기에, 이탈리아 등 유럽 각지에 그 흔적이 남아 있다. 가톨릭 신학에서는 세례를 받지 못하고 죽은 사람은 지옥으로 간다고 여기는데, 그렇게 되면 세례를 받지 못하고 죽은 신생아들도 지옥에서 벌을 받는다는 결론이 도출된다. 이러한 불합리성을 해결하기 위해 림보(limbus)라는 개념이 생겨났다. 그곳은 예수를 미처 알지 못하고 원죄 상태로 죽은 사람들이 머무는 일종의 변옥이다. 그러나 부모들은 제대로 품에 안아보지도 못한 아이가 '지옥의 변방'에 머무는 것으로는 만족하지 못했다. 그들은 자식이 천국의 기쁨을 누릴 수 있기를 원했고, 그러한 소망이 '유예성소'의 관습을 만들어냈다. 아이가 죽으면 부모들은 되도록 빨리 아이의 시신을 유예성소의 성모 마리아 제단으로 데려간다. 그러면 성직자는 초를 밝히고 아이를 일시적으로 부활시키는 의식을 행한다. 그 뒤 아주 작은 생명의 기운 예컨대 호흡이나 얼굴색의 변화, 땀 등이 포착되면 이를 부활의 징표라 여기고 재빨리 세례를 행한다. 그런 다음 아이는 상징적인 두 번째 죽음을 맞이하고, 유예성소에 마련된 특별한 묘지에 매장된다. 이는 자식을 잃은 중세 부모들에게 작게나마 위안을 주었던 것으로 보인다. 13세기 말부터 나타난 이러한 관습은 민간신앙적인 요소가 지나치게 강하다는 이유로 한때 교회의 비판을 받기도 했으나 20세기 초까지 계속해서 행해졌다.

있는 약간의 토지와 부속건물'에서 쫓아냈다. 하지만 애덤의 죽은 누이가 윌리엄 트로워한테 나타나 애덤에게 가서 땅문서와 땅을 남편에게 돌려주라는 말을 전해달라고 부탁한다. 그렇게 하지 않으면 그녀는 "최후의 심판까지 안식을 얻지 못할 것이다." 애덤이 누이의 요구를 거부하자, 윌리엄은 다음날 저녁에 죽은 자를 직접 애덤의 침실로 '인도했다'. 애덤이 고집스런 태도를 굽히지 않자 누이는 그가 죽으면 이번에는 그가 그녀를 대신해서 고통을 겪게 될 것이라고 예고했다. 소문에 따르면 애덤 런드의 자식은 부친이 저승에 받게 될 고난을 줄이려고 결국에는 정당한 상속인에게 보상을 해 주었다고 한다.

이 이야기들은 언제나 '영혼'에 대해서 말하고 있는데, 여기에 등장하는 '영혼'들은 놀랄 만큼 '육체성'을 지니고 있다. 등에 영혼을 업고 집으로 돌아온 여성은 "손가락으로 영혼의 살갗에 박힐 정도로 세게 눌렀다. 그의 육체는 마치 썩어가는 환영 같아서 단단하지 않았다."[66] 재단사 스노우볼이 까마귀의 형상을 하고 나타난 영혼을 향해 칼로 일격을 가했을 때는 방석을 두드리는 것과 같은 소리가 났다. (체사리우스 폰 하이스터바흐의 이야기에서도 마찬가지의 상황에서 비슷한 소리가 묘사되고 있다.) 영혼들은 워낙 실체화되어 있어서 산 자는 그들을 잡거나 (comprehendere) 업을 수 있고, 그들과 격투를 벌일 수도 있다. 젊은 로버트 폭스턴은 주임사제가 마을 젊은이들(juvenes)에게 연락을 받고 유령을 쫓는 의식을 하기 위해 도착할 때까지 영혼 하나를 교회의 문짝 (kirkestile) 맞은편 묘지 출구에 붙들어 두었다.[67] 영혼은 말을 하지만 복화술처럼 기묘한 소리를 낸다. 한 영혼은 "빈 항아리 안에서 말하는 것처럼 몸속 깊숙한 곳에서" 소리를 냈으며 "혀를 사용하지 않았다."[68] 스노우볼은 자신에게 말을 걸고 있는 영혼의 입을 통해서 그의 '내부'를 들여다보았다. 영혼은 "몸속에서 소리를 내서 말을 하는 것이지 혀를 사용하는 것이 아니었다."[69]

모든 목격자들은 영혼이 밤마다 출현하는 것을 중단시키려고 한다. 흔히 사용하는 방법은 사제에게 알맞은 대가를 제공해 영혼을 위해 죄의 사면을 받는 것이다. 스노우볼은 자신에게 나타난 영혼을 구원하려고 요크의 사제에게 5수^{sou}의 화폐를 지불해 그 사제가 예전에 영혼에게 선고했던 파문을 철회시켜주었다. 사제가 행한 죄의 사면은 증서에 기록되었고, 스노우볼은 영혼의 "유골을 훼손하지" 않고, 그의 이름과 고통의 원인도 밝히지 않겠다고 약속했다. 뒤이어 그는 마을의 모든 탁발수도사들에게 부탁해 죽은 자를 위해 180회의 미사를 2~3일에 걸쳐 올리게 했다. 끝으로 그는 앰플포스로 돌아가 죄의 사면을 기록한 증서를 무덤 안에 묻었다. 이것은 이 기묘한 '고해'의 내용을 비밀로 묻고, 영혼에게 고통에서 벗어났음을 알리기 위한 것으로 보인다. 그동안 영혼은 "등을 대고 누워" 그의 모습을 몰래 관찰하고 있었다. 스노우볼은 영혼을 괴롭히고 있는 악령들의 모습도 보지 못했다. 악령들은 자신들의 먹이가 머지않아 손아귀에서 벗어난다는 사실을 알고 있었으므로 더 가혹하게 영혼을 괴롭혔다.

이 이야기에 묘사된 3단계로 이루어진 절차가 정당한 것이었음은 여러 성당참사회원들과 고결한 고해사제인 리처드 피커링이라는 수도사가 확인해준다. 윌리엄 뉴버그의 증언에서도 나타나듯이, 그 지역의 성직자들이 2세기 전에 장려했던 것도 똑같은 방법이었다. 하지만 죽은 자의 영혼을 더 신속하게 퇴치하는 방법이 1400년 무렵까지도 여전히 이어지고 있었던 것도 분명하다. 그러나 이제는 마을 젊은이들만 그런 방법을 채택해 사용하지 않았다. 윌리엄 뉴버그의 이야기에 나오는 것처럼 불로 태우지는 않았지만, (생전에 내연관계에 있던 여인의 한쪽 눈알을 뽑으려고 돌아온 유령인) 커비의 죽은 주임사제의 유해를 무덤에서 꺼내 관과 함께 고미르 연못으로 던져버리라고 명령했던 것은 바이랜드 수도원과 그곳의 수도원장이었다.

이처럼 수도사인 기록자는 마을의 소문을 전하는 해설자의 역할을 맡고 있다. 그의 목적은 수도원 공동체의 영적인 친족관계를 예증하거나, 수도사가 죽은 자를 위해 행하는 중재의 유효성을 수도원과 인연을 맺고 있는 귀족 집안에게 증명하는 데 있지 않다. 신도들을 교화하기 위해 틀에 박힌 교훈예화를 들려주려는 것도 아니다. 오히려 그는 자신이 살고 있는 지방에서 일어난 기이한 이야기에 깊이 빠져 있는 민족학자의 선구적인 모습을 보인다. 그가 기록으로 남긴 믿음과 관습에는 북유럽의 사가를 연상시키는 전승과 교회의 가르침이 밀접하게 얽히고설켜 있다.

브르타뉴의 유령

맨 마지막으로 소개할 목격자의 증언은 워낙 고립된 사례이므로 증거로서의 가치는 거의 없다. 그렇지만 그것을 바이랜드의 수도사가 전한 이야기와 비교해보는 것은 매우 흥미로운 일이다. 프랑스어로 기록된 이 교훈예화는 15세기 초에 필사된 설교집에 실려 있는데,[70] 브르타뉴에서 일어난 사건을 전하고 있다.

죽은 지 얼마 되지 않은 어느 제빵업자는 밤에 아내와 자식들을 도우려고 이 세상으로 돌아왔다. 그리고 그들과 함께 밀가루 반죽을 만들고, 열심히 일하는 가족들을 격려했다. 인근의 사람들이 이 '불가사의한 현상'을 보려고 몰려들자 가족들은 몸을 숨겼다. 이웃들은 커다란 소리를 내서 죽은 자를 쫓아냈는데, 죽은 자는 곧 다시 돌아와 그들을 향해 돌을 던졌다. 죽은 자는 도로를 벗어나 허벅지까지 진흙을 묻히고 왔으므로 더 무시무시한 모습이 되었다. 이웃들은 그가 '망자인지 악령인지' 알지 못했다. 마침내 그들은 죽은 자의 무덤을 파헤쳤다. 그러자 무덤 안에서 '길을 가던 죽은 자의 모습이 목격되었을 때와 마찬가지로 무릎과 허벅지까지 진흙투성이가 된' 유해가 발견되었다. 이웃들은 무덤 위에 흙을 두텁게 쌓았다. 하지만 그래도 유령의 출현을 막을 수는 없었다. 그래서 그들은 유해의 두 발을 잘랐고, 그렇게 한 뒤에야 죽은 자의 배회를 간신히 멈추게 할 수 있었다.

이 특이한 문헌을 찾아내 출판했던 에르베 마르탱이 썼듯이, 이 이야기는 친지에게 중재를 요청하는 보통의 교훈예화와는 많이 다르다. 이 이야기에서는 미사도 자선도 기도도 연옥도 심지어는 신의 은총마저도 문제로 되고 있지 않다. 이 이야기에서도 사람들은 여전히 유해에 물리적인 행위를 가해서 죽은 자를 무덤 안에 가둬두려고 한다. 마치 유령과 유해가 한몸이고, 유령이 몸에 묻은 진흙을 무덤 안까지 가지고 돌아간 것처럼 이야기가 전개되고 있다.

이 이야기에 등장하고 있는 유령은 위해를 가하는 죽은 자라는 점에서 그 시대에 요크셔에 나타났던 유령들과 같은 맥락에 있다. 지역 주민들에게 폭력적으로 다루어진 것도 매한가지다. 이 두 개의 사례에서 (설교가가 이 이야기들을 우리에게 전하고 있다는 사실을 감안하면) 교회가 여러 조치를 취했는데도 '죽음 이후에도 영혼이 존속한다는 옛날부터 내려온 믿음'이 여전히 뿌리 깊게 남아 있었다는 사실을 확인할 수 있다. 그리고 이 이야기들은 교회가 실천했던 것과는 전혀 다른 방식으로 해로운 죽은 자를 물리치는 의식이 행해지고 있었다는 사실도 보여준다. 그러한 의식을 용납하지 못하는 성직자도 있었지만, 15세기에 들어와서도 여전히 그 '놀라움'에 경탄을 금하지 못하는 사람도 있었다.

*　　　*　　　*

교회 조직이 통일된 뒤로도 서구 기독교 세계의 주변지역에서는 여러 신앙이나 관습이 여전히 쇠퇴하지 않고 남아 있었으며, (이단심문의 절차도 그 한 부분을 이루는) '설교 기구machine prédicante'가 그것들을 흡수하고 있었다. 이것이 이러한 문헌들로부터 우리가 알 수 있는 사실이다. 지배담론이 결핍된 곳에서 나타나던 규범의 일탈은 점차 모든 곳으로 퍼져갔다. 그러한 일탈은 때로는 기독교가 전파되기 훨씬 이전부터 존재하고 있던, 오래되고 견고한 문화의 지층에서 생겨난 것이었다. 하지만 그렇다고 해서 그것들이 모두 고대 이교의 수동적인 '잔재'이기만 한 것은 아니었다. 오히려 몇 세기를 거치면서 점진적으로 상호침투가 이루어졌다고 보아야 할 것이다. 머지않아 마녀재판이 맹위를 떨치는 시대가 찾아오겠지만, 이 시대에도 이미 이단심문관들은 걱정을 하고 있었다. 하지만 15세기에는 가장 '야만적인' 민간전승조차도 관용의 태도로 받아들여졌고, 그러한 전승을 호기심에 찬 눈으로 바라본 다수의 성직자들이 언제나 존재하고 있었다.

7

죽은 자와 권력

다른 이야기들과 길이와 형식이 뚜렷이 구별되는 (길이만 놓고 보면 소책자라고 부르는 편이 더 적합할 정도인) 3편의 긴 이야기가 있다. 유령과 오랜 기간 대화를 나누는 형식으로 된 이야기들인데, 유령은 일련의 체계적인 질문들에 대해 답변할 것을 요구받고 있다. 대화에서 주고받은 질문과 대답들은 이야기에 등장하는 죽은 자 개인의 상태만이 아니라 죽은 자 일반과 그들의 저승에서의 운명에 관한 것들이다. 이 대화들은 똑같은 주제에 관해 그 시대에 대규모로 진행된 논쟁들을 반영하고 있는데, 이런 사실은 신학적 고찰이 이야기라는 장르 안으로 침투했음을 보여준다. 대화 안에 다양한 시각들이 폭넓게 분포하고 있다는 점도 흥미롭다. 이 문헌들이 13세기 초에서 15세기 전반에 걸쳐 기록되었다는 점을 고려하면, 그런 다양성이 꽤 오랫동안 존속해 있었다고 할 수 있다. 그리고 이 문헌들은 황제나 교황에게 헌정하려고 기록된 것이므로 유령이야기의 정치적 기능도 살펴볼 수 있게 해준다.

이 유령이야기들 가운데에서 맨 처음 기록된 것은 저버스 틸버리가 13세기 초에 오토 4세를 위해 펴낸 기이한 이야기 가운데 하나로 앞에서 〔4장에서 '보케르의 유령'이라는 주제로〕 이미 살펴보았다. 이 이야기는 같은 작가가 기록한 다른 유령이야기들과는 길이 · 구조 · 헌정대상이 모두 뚜렷이 구분되며, 서사적이면서 교훈적인 장르의 기본적인 형태를 보여준다. 이번 장에서는 같은 장르를 표현한 다른 2편의 작품들을 살펴보도록 하자.

기 드 코르보의 영혼

저버스 틸버리가 활약했던 시대에서 약 1세기 뒤인 1324년이나 1325년에 〔프랑스 남부〕 알레스의 도미니크회 수도원에서 수도원장으로 있던 장 고비는 아비뇽 교황청의 교황 요하네스 22세에게 보케르의 유령이야기와 매우 유사한 사건에 관한 한 편의 보고서를 제출했다. 장 고비 자신이 그 사건에 관여한 지 얼마 지나지 않아서였다. 실제로 장 고비는 (복음사가 요한의 축일인) 12월 27일부터 〔1월 6일인〕 예수공현축일까지 12월 16일에 죽은 알레스의 평민자산가 기 드 코르보의 유령을 심문했다. 기 드 코르보가 죽은 뒤에 눈에는 보이지 않는 그의 영혼이 과부가 된 아내의 침실에 빈번히 출몰했다. 장 고비는 교황에게 보낸 간략한 사건 보고서에서 자신이 유령의 '눈에는 보이지 않는 소리'를 상대로 어떻게 심문을 했으며, 어떤 대답을 얻었는지를 1인칭의 시점으로 설명했다.[1] 그로부터 10년 정도가 지난 뒤에 이 간략한 보고서는 기다란 이야기로 늘어났고, 거기에서는 수도원장의 이름이 3인칭의 시점으로 표현되었다. 이 제2의 판본은 장 고비 자신의 저작이라고 단정할 수는 없으며, 다른 도미니크회 수도사가 수정한 것으로 보인다. 수정된 판본은 큰 인기를 끌어 라틴어로 된 원본은 유럽의 수많은 언어들로 번역되었고, 적어도 한 번 이상은 삽화들로 화려하게 꾸며졌다. 수정된 판본의 결론 부분에서 명확하게 시사하고 있듯이, 길이가 늘어난 이 문헌은 '지복직관'을 둘러싸고 1334년에 아비뇽에서 벌어진 논쟁을 배경으로 편찬되었을 가능성이 크다.[2]

장 고비는 세 차례에 걸쳐 유령을 심문했다. 12월 27일 밤에 그는 30개의 항목으로 이루어진 최초의 질문을 잇달아 유령에게 던졌으며, 유령은 질문들에 곧바로 대답해야만 했다. 두 번째 심문은 예수공현축일 전날 밤에 이루어졌는데, 이때는 장 고비가 유령에게 복종하라고 지시하는 것을 깜빡하는 바람에 심문이 짧게 끝나버렸다. 8개의 질문이 끝나자 유령은 불어오는 바람 속으로 교묘히 모습을 감추었다. 그들이 마지막으로 대화를 나눈 것은 그 다음날인데, 이번에는 두 사람의 처지가 바뀐 듯했다. 유령은 기세등등하게 사악한 설교가와 (자신이 과거에 저지른 잘못을 고백하고 있는 것인지) 많은 부부들의 방종한 생활을 책망하면서 아내에게 자신을 위해 300회의 미사를 올려달라고 요구했다. 그 뒤 유령은 자취를 감추었다. 그래서 장 고비는 그가 부활절에 연옥을 벗어나 천국으로 가게 되었을 것이라고 생각했다.

수도원장이 행한 액막이 의식은 온갖 예방책을 포함하고 있었다. 죽은 자의 아내에게 연락을 받은 장 고비는 신학교수, 수도원에 소속된 철학 강독사, 그리고 정식으로 조서를 작성하려고 공증인까지 데리고 현장으로 갔다. 도시의 감독관에게 지시를 받은 200명의 무장한 남자들도 장 고비와 함께 현장으로 가서 집의 모든 출입구를 지켰다. (남자들은 삼위일체에 경의를 나타내며 3인이 1조가 되어 임무를 수행했다.) 모든 사람들이 반드시 각자 고해를 하게끔 한 뒤에 수도원장은 진혼미사를 올렸다. 집안 구석구석에는 성수가 뿌려졌다. 한밤이 되어 빗자루 소리가 들리자 겁에 질린 아내는 그 소리로 눈에는 보이지 않지만 남편의 유령이 왔다는 사실을 알아챘다. 수도원장의 조언에 따라 죽은 자의 아내는 정체를 밝히라고 유령에게 요구했다. 유령이 요구에 따르자 장 고비는 죽은 자의 아내를 대신해 유령에게 말을 건네고, 자신에게 순순히 복종해 모든 질문에 대답을 하라고 유령에게 명령했다.

몇 가지 질문은 단지 상대가 '좋은' 유령인지 알아보려는 것이었다. 예컨대 유령은 수도원장이 그리스도의 성체를 보이지 않게 몸에 지니고 있음을 인정해야 했다. (사악한 영혼이었다면 대답을 회피하려고 몹시 애를 썼을 것이다.) 가장 독창적인 질문은 저승의 장소들에 관한 것이었다. 유령에게 연옥은 이중으로 존재했다*(duplex est purgatorium).* 그는 낮에는 지구의 중심에 있는 공통의 연옥에서, 밤에는 그가 전에 죄를 저질렀던 지상의 장소, 곧 자신의 침실에 있는 개별의 연옥에서 잇달아 고통을 겪었다. 뒷날 교회는 연옥이 이렇게 이중으로 존재한다는 것을 부정하게 되었지만, 이러한 발상은 위대한 알베르트*와 (토마스 아퀴나스의 제자들이 스승의 저작인 『신학대전*Summa theologica*』에 덧붙인)『부록*Supplement*』으로 대표되는 도미니크회의 스콜라 철학에서는 그리 낯설지 않은 일이었다.[3] 도미니크회 수도사였던 장 고비가 이러한 사상의 흐름을 알지 못했을 리가 없었다.

그렇지만 1세기 전에 나타났던 보케르의 유령이 했던 여러 주장들과 비교해 보면 알레스의 평민자산가였던 유령의 주장은 그 사이에 훨씬 명확해진 교회의 가르침에 훨씬 더 부합되는 내용으로 되어 있다. 지옥·연옥·천국이라는 3개의 주요 장소로 이루어진 사후세계의 시스템이 분명하게 인정되고 있는 것이다. 비물질적인 존재가 연옥에서 물질적인 불에 태워진다는 발상이나 죽은 자에 대한 중재의 유효성, 천사의 원조에 관한 생각 등 유령의 다른 대답들도 그 동안 확립된 사상을 강조하는 내용들로 되어 있다. 요컨대 장 고비가 기록하고, 나중에 수정된 이 문헌이 단지 기이한 사건을 나타낸 이야기가 아님은 분명

---

* 위대한 알베르트(Albert der Große, 1200?~1280) : 독일 도미니크회의 수도사이자 레겐스부르크의 주교였다. 스콜라 철학자로 명성을 떨쳤으며, 토마스 아퀴나스의 스승으로 알려져 있다.

하다. 그것은 무엇보다 교회의 교리를 확립하려는 목적에서 죽은 자의 유령과 우연히 나누게 된 대화라는 형식으로 기술된, 사후세계와 죄의 사면과 구원을 주제로 한 일종의 신학적 논증(disputatio)인 것이다. 따라서 이 작품은 저버스 틸버리가 쓴 '기이한' 긴 이야기와 꼭 동일한 목적을 갖고 있지는 않다. 저버스는 불가사의한 현상이나 망자의 계시가 지닌 예언적·정치적 의미에 상대적으로 더 강하게 끌리고 있었다.

그러나 두 이야기의 주인공이 각각 11세의 소녀와 과부임을 고려하면 유사성도 부정할 수 없다. 12월 27일에 친구·이웃들과 함께 알레스의 도미니크회 수도원의 원장을 찾아가 도움을 요청한 여성은 바로 얼마 전에 일어난 남편의 죽음 때문에 놀란 상태이고, 이제는 유령이 밤마다 출몰하는 부부의 침실에서 그녀가 남편과 함께 저질렀던 잘못을 떠올리며 심한 죄책감과 두려움에 시달리고 있다. 그 잘못의 내용은 고해의 비밀로 지켜지고 있으므로 기록에서는 드러나지 않는다. 그러나 유아 살해나 부부의 성적인 행위와 관련된 것임이 분명하다. 부부는 자신들의 잘못을 고백하고 참회했지만, 죽기 전의 남편도, 과부가 된 아내도 죄를 보상하지는 않았다. 매일 밤 계속되는 유령의 귀환은 강박관념이 되어 과부의 몸과 마음에 영향을 끼쳤다. 유령이 곁을 지나가는 것을 느끼면 그녀는 신음소리를 내면서 실신해 쓰러졌다. 그녀는 확실히 귀신에 씐 상태였는데, 그녀한테 달라붙은 것은 악마가 아니라 죽은 남편의 유령이었고, 그녀 자신의 회한이 만들어낸 환상이기도 했다. 이런 점에서 유령을 내쫓는 것은 도미니크회 수도사인 장고비가 이 부인을 위해 퇴마의식을 하는 것을 뜻했다.

이런 사실은 이 대화편의 프랑스어판 사본에 수록되어 있는 시몽 마르미옹*의 세밀화에 잘 표현되어 있다.[4] 이 삽화에서 과부와 다른 증

---

* 시몽 마르미옹(Simon Marmion, 1425?~1489) : 프랑스 출신의 중세 채색화가. 프랑스 대연대기(Grandes Chroniques de France)·트누그달의 환시(Les Visions du

그림 8
Simon Marmion?
(플랑드르, 1474년)
Malibu, J. Paul Getty
Museum, ms. 31, fol 7r.

인들은 유령이 있다고 생각되는 장소를 에워싸려는 듯이 침실 안에서 원을 그리며 서 있다. 그들이 물끄러미 시선을 두고 있는 그림 한가운데의 공백에는 눈에는 보이지 않는 유령이 있음이 분명하다. 뒤쪽에서 한 사람이 몸을 옆으로 기울여 유령을 보려고 시선을 집중하고 있지만 아무 것도 보이지 않는다. 오직 한 사람, 도미니크회 수도사만 원의 중심을 응시하지 않고 과부의 얼굴에 시선을 두고 있는데, 이로써 강박 관념이 진짜로 존재하고 있는 장소가 밝혀진다.그림 8 퇴마의식과 미사로 유령은 해방되고, 죄의 정화가 완수된다. 장 고비가 의식을 마치면서 이제부터는 정결하게 살아가라고 과부에게 권고했을 때, 자신이 저지른 죄의 중압감과 죄책감에서 벗어나기를 원했던 것은 누구보다도 바로 그녀 자신이었던 것이다.

아른트 부슈만의 할아버지

다시 한 세기가 지나서 40쪽 정도 분량의 다른 작품이 이번에는 독

---

chevalier Tondal) 등 중세의 유명한 필사본에 삽화를 그려 넣었다.

일어로 기록되었다.[5] 거기에는 하인리히라는 이름을 가진 죽은 자가 1437년 11월 11일부터 1438년 (부활절로부터 40일 째 되는 날로 5월 무렵인) 예수승천일까지 손자인 아른트에게 여러 차례 되풀이해서 나타났던 일이 상세히 보고되어 있다. 이 문서는 아른트 부슈만이 프레몽트레 수도회*에 들어가서 쓰는 법을 익힌 뒤에 유령의 명령을 좇아 직접 썼다고 한다. 그리고 아른트는 1450년에 로마로 성년 순례를 갔을 때 이 증언을 교황 니콜라우스 5세에게 바쳤다고 전해진다.

그러나 이 문서가 기록된 계기가 라인 지방 출신의 한 시골뜨기에게서 비롯된 것은 의심할 여지가 없는 사실이라고 해도, 분명히 그 자신이 그것을 썼거나, 아니면 적어도 그가 혼자서 그것을 쓰지는 않았을 것이다. 도미니크회 수도사였던 요한 폰 에센이 썼다고 되어 있는 라틴어판 문서가 그로부터 얼마 지나지 않아 유포되었고(1444년), 독일어판 텍스트도 세 군데를 제외하고는 일관되게 3인칭 시점으로 서술되어 있기 때문이다.[6] 스스로를 배우지 못한 사람이라고 부르고,[7] (그가 속한 마이데리히 교구의 주임사제나 쾰른의 사제 등) 여러 사제들에게 몇 번이나 연락을 취했다고 말하는 시골뜨기의 배후에는 문서를 집필했던 성직자가 존재하고 있었던 것이 거의 확실하다.

(아른트의 문서가 기록되기 한 세기 전부터 라틴어판과 독일어판이 모두 널리 보급되어 있었던) 장 고비와 기 드 코르보의 유령 사이에 이루어진 『문답집Dispute』을 비롯해서 다른 다양한 환시이야기의 영향이 뚜렷하게 나타나고 있다는 점에도 주목할 필요가 있다. 아른트가 할아버지의 유령에게 던진 다음과 같은 질문들은 대부분 먼저 나타난 문헌들에서 그대

---

* 프레몽트레 수도회(Prémontrés) : 1120년경 성 노르베르트(St. Norbert von Xanten)가 프랑스 북부 프레몽트레에서 창설한 수도회이다. 1126년 교황청의 승인을 받은 뒤 서유럽 전역으로 빠르게 퍼져나갔다. 12세기의 엄숙한 명상생활과 13세기 탁발수도사들의 적극적인 신앙생활을 접목시킨 수도회로 평가된다.

로 가져온 것으로 보인다. 할아버지의 유령은 혀가 없는데 어떻게 말할 수 있는가? 신은 왜 다른 유령이 아니라 할아버지의 유령이 이 세상으로 되돌아오도록 허락했는가? 유령은 왜 다른 사람이 아니라 아른트에게 모습을 드러냈는가? 저승에서의 고통을 피하려면 사회의 어느 신분에 속해 있는 것이 가장 좋은가?[8] 이런 질문들은 이미 장 고비가 알레스의 눈에 보이지 않는 유령에게 던졌던 것과 똑같은 것들이다.

자전적인 유령이야기에 관한 지식들도 우리에게 더 신중하게 고찰할 것을 촉구한다. 이제까지 우리가 살펴본 자전적인 이야기들은 모두 꿈꾸는 상태를 다루고 있었다. 그러나 반대로 이 이야기에서 아른트는 언제나 깨어있는 상태로 죽은 할아버지의 모습을 목격한다. 맨 처음 할아버지의 유령은 개의 모습으로 아른트에게 나타났다. 동일한 출현 방법은 바이랜드의 수도사가 썼던 이야기에서도 발견되는데, 이 이야기는 수도사가 인근 마을들에서 수집했던 구비전승에서 비롯된 것으로 집필자의 개인적인 체험에 기초하고 있지 않다.

40년 전에 죽은 하인리히 부슈만의 유령은 26주 동안 14회에 걸쳐 손자에게 모습을 나타냈다. (죽은 뒤에 이렇게 시간이 많이 걸려서 이 세상에 나타난 사례는 매우 드물다.) 유령이 나타난 기간은 크게 둘로 나뉜다. 첫 번째 기간은 겨울의 끝 무렵에 유령이 열 번째로 나타났을 때까지이다. 이 기간 동안 아른트는 할아버지의 유령을 퇴치할 방법을 찾으며, 한시라도 빨리 연옥(vegevur)에서 벗어나게 하려고 저승에서 받는 고통의 원인이 된 과거의 잘못에 대한 유령의 고백을 끌어내려고 노력한다. 그 뒤 하인리히의 영혼이 마침내 연옥에서 벗어나게 될 때까지가 두 번째 기간으로, 그 동안 산 자와 죽은 자의 대화는 막힘없이 자유롭게 전개된다.

유령이 두 번째로 출현한 (성 베네딕투스 축일인) 12월 5일에 아른트는 사제인 요한 폰 딘스라켄의 조언에 따라 죽은 자를 퇴치한다. 하인리히는 이번에는 개가 아니라 회색 옷을 입은 키 큰 노인의 모습으로 나타났다. 죽은 자를 달래려고 아른트는 두 번 잇달아 쾰른으로 가서 할아버지의 영혼이 구원되기를 빌면서 30회의 미사를 올렸다. 아른트는 자신이 살고 있는 마을 주임사제의 형제와 함께 엑스라샤펠로 순례도 떠났다. 이런 여행에서 아른트는 죽은 자가 연옥에서 벗어나는 것을 방해하려는 악한 영혼의 계략에 맞닥뜨린다. 그러나 그에 맞서서 착한 영혼이 흰 옷을 입은 인간의 모습으로 나타나 아른트를 도와주었다. 예컨대 조부를 위해 미사를 드리려고 준비했던 돈을 도둑맞았을 때 아른트는 착한 영혼의 도움을 받아서 돈을 되찾을 수 있었다. 그리고 돈을 찾을 때까지 수석사제인 장은 아른트의 자금이 부족하다는 것을 알고는 5회의 미사를 4회분의 요금만 받고 올리는 것에 동의해 주었다!

열한 번째의 출현 이후 유령과의 대화는 점차 밀도가 높아진다. 어떤 때는 (죽은 자를 위한 중재의 효과, 육체와 영혼의 관계, 가장 비난받는 잘못, 죄의 고해와 영혼의 구원 등) 연옥에서의 영혼의 상태와 관련된 일반적인 내용을 다룬다. 그리고 어떤 때는 하인리히와 아른트가 이름을 거론한 다른 죽은 자들 각자의 운명, 나아가서는 아른트 자신의 장래에 관한 내용을 다룬다. 하인리히는 자신이 이제 와서 손자에게 출현한 까닭에 관해 이렇게 밝혔다. 하인리히는 자신의 영혼을 구원하기 위해 사용해 주리라고 기대하면서 아들인 베른트, 곧 아른트의 아버지에게 유산을 물려주었다. 그러나 베른트는 아버지의 영혼을 구원할 겨를도 없이 이 세상을 떠났다. 그리고 하인리히의 다른 자식들은 악한 영혼의 꼬드김을 받아 아버지의 영혼을 구원하는 일을 무시하고 유산을 모두 착복했다. 그래서 하인리히는 손자에게 자신이 처한 곤경을 하소연할 수 있게 될 때까지 기다릴 수밖에 없었다.

그리고 하인리히는 자신이 지금 겪고 있는 고통이 주로 탐욕에서 비롯되었다고 밝혔다. 탐욕스러웠던 그는 아들이 재산이 없는 여자와 결혼하는 것에 반대했다. (하지만 그 여자의 아버지가 뒷날 부유해지는 바람에 하인리히의 판단은 잘못된 것이 되었다.) 그는 죽어가는 사람이 기부한 재산을 자신의 이익을 위해 착복하기도 했다. 게다가 젊어서 이주를 생각할 정도로 가난했던 그는 거지가 되는 것이 두려워 일요일에도 서슴지 않고 일했다. 20세 무렵부터 결혼한 30세까지는 방탕하게 살았는데, 처음에 개의 모습을 하고 나타났던 것은 그 때문이었다. 게다가 그는 88세에 죽을 때까지 성체성사를 한 번도 하지 않았다.

아른트는 다른 죽은 자들에 대한 정보도 많이 얻었는데, 어떤 자들은 그의 할아버지와 함께 연옥에 있었고, 어떤 자들은 지옥에 있었다. 하인리히의 조카딸 가운데 한 명은 생전에 마법(wichgelien)에 빠져 있었는데도 연옥에 있었다. 그녀는 '흰 옷의 귀부인들', 곧 고귀한 홀데 (Holde)*를 숭배했는데, 이 여인들은 사람의 발길이 닿지 않는 지하공간에 살면서 목요일 저녁에 자신들을 기려 청결함을 유지하고 식사를 차려 놓은 집들을 방문한다고 여겨졌다. 하인리히의 조카딸은 주임사제에게 주의를 받으면서도 그런 말과 행동을 계속했다. 하지만 하인리히가 보기에 그녀는 악령에게 속아 그것이 선한 믿음인 줄 알았던 것이다. 그래서 그녀는 지옥이 아니라 연옥에 있도록 허락받았다. 홀데는 실제로는 그들을 거역하면 신생아가 죽는다고 믿는 사람들의 어리숙한 맹신을 이용하는 악마들이었다.

세속어로 기록된 이 놀라운 문서에서 중세 말기 민간신앙의 형태를 그대로 전하고 있는 증언을 찾고 싶다는 생각에 빠질 수 있다. 하지만 이것도 마찬가지로 신중한 판단이 필요하다. 거기에서는 지식인 사이에서 퍼졌던 악마학의 영향이 뚜렷하게 드러나기 때문이다. 홀데가 등

---

* 흰 옷의 귀부인들(Dames blanches)은 중세 민간 신앙에 등장하는 초자연적인 존재이다. 독일에서는 홀데(Holde)나 훌다(Hulda)라고도 불리는 게르만 여신 홀다(Holda)와 동일시되었다.

장하는 부분에서는 (10세기의)『주교법령집』에서 비롯된 전통적인 단죄의 모습이 발견되고, 마법에 관한 스콜라 학파 문헌의 영향도 쉽게 확인된다. (특히 신생아에 대한 내용은 기음 도베르뉴의『피조물의 세계에 대하여』와 관련되어 있다.)

아른트는 마지막으로 자신의 운명과 장래에 관해 죽은 자에게 물었다. 자신은 죽은 뒤에 저승의 어떤 장소로 가게 될까? 하인리히가 구원을 받을 수 있도록 배려한 일로 아른트가 저승에서 받게 될 고통이 줄어들까? 죄를 짓지 않고 (바퀴를 돌려 연주하는 중세 현악기인) 교현금을 연주할 수 있을까? 영혼의 구원을 확실히 보장받으려면 수도사가 되어야 하는 것일까? 죽은 자는 이런 문제들에 대해 관용적이고 현실주의적인 태도를 보인다. 인간의 영혼을 구원하는 것은 그 인물의 신분이 아니라, 그가 개인적으로 행한 선행이다. 그리고 분별력을 가지고 연주하면 인간이 음악 때문에 지옥으로 떨어지지는 않는다. 세상은 앞으로 얼마 동안이나 존속될까? 적敵그리스도는 언제 나타나는 것인가? 유령은 이런 질문들에 대해서는 신의 비밀에 해당하는 것이므로 자신은 대답할 수 없다고 무력함을 인정한다.

이와 같은 대화를 거치면서 유령의 상태는 이 세상에 나타날 때마다 점차 나아진다. 어느 출현 이후에 그는 직접 그리스도 앞에 출두할 수 있게 되었고, 그래서 그 다음 이 세상에 나타났을 때에는 휘황찬란한 빛을 내뿜어 아른트의 한쪽 눈을 멀게 만들었다. 구원을 받은 유령이 자신의 계시를 공표하라는 말을 남기고 마침내 이 세상에서 자취를 감춘 뒤에야 아른트는 시력을 회복할 수 있었다.

이야기는 (독일 서부) 마이데리히에 살던 사람들이 보고된 사건이 진실임을 확인하는 증언으로 끝을 맺는다. 그들은 부슈만 집안의 식구들과 하인들, 아른트와 함께 엑스라샤펠로 갔던 주임사제의 형제였다.

영을 식별하는 능력

앞에서 짧게 간추려 살펴본 대화 형식으로 된 두 편의 긴 이야기에는 몇 가지 공통점이 있다. 그런 공통점은 저버스 틸버리가 전한 보케르의 유령에 관한 긴 이야기에서도 발견되는데, 문헌의 길이가 길고, (보케르의 유령이 6개월 동안 이 세상에 나타났던 것처럼) 유령의 출현이 비교적 오랜 기간에 걸쳐 되풀이되고 있으며, 문헌이 믿음에 대한 서술이자 교훈문학으로서의 형식도 지니고 있다는 점 등이다. 작가 자신이 목격자나 퇴마사이거나, 아니면 목격자 가운데 하나의 증언을 글로 옮긴 기록자로 사건 전개에 깊이 관여하고 있다는 점도 같다.

세 편의 이야기는 모두 그 고장에서 실제로 일어났던 사건을 배경으로 하고 있다고 볼 수 있다. 적어도 보케르와 알레스의 유령의 경우에는 사랑하는 사람과의 갑작스런 사별로 생긴 마음의 상처가 확인된다. 그리고 세 편 모두 처음에는 하찮은 사건이었을 것이 다양한 과장이 덧붙여지면서 소문이 불어나고, 그런 소문을 통해서 (마이데리히 교구와 보케르, 알레스 마을과 같은) 공동체 전체가 사건을 공유했으며, 그렇게 된 뒤에 문서로 기록되었다는 점도 중요하다. 성직자의 중개를 거치면서 문서의 형식과 의미에도 수정이 가해질 수밖에 없었을 것이기 때문이다. 이렇게 해서 저승을 대표하는 유령은 도덕적인 규범을 전하는 대변자가 된다. 유령의 메시지를 최초로 전달하게 되는 목격자에게 유령은 (안식일을 지키는 것과 같은) 기독교 윤리를 존중하고 선행을 하라고 촉구한다. 앞서 살펴보았듯이 3개의 증언들은 2세기에 걸쳐서 나타났지만, 질문과 대답이 모두 서로 통일되어 있다. 어떤 경우에는 거의 동일한 문답이 되풀이되고 있다고 해도 될 정도이다. 교훈예화에서와 마찬가지로 유령은 교회의 윤리적이고 종교적인 교화를 목적으로 한 전략적 도구로 활용되고 있었고, 그러한 전략은 이러한 문헌들을 통해 이야기라는 형식을 빌려서 사회에 널리 퍼져갔던 것이다.

　이러한 전략의 배후에는 이 시대에 뚜렷하게 발달했던 이론적인 문헌들의 도움도 있었다. 그러한 이론적인 문헌들의 핵심을 이루고 있던 것은 '영의 식별(discretio spiritum)'이라는 개념이었다. 이 개념은 (『코린토 신자들에게 보내는 첫째 서간』 제12장 10절에 표현된)* 사도 바울의 카리스마적 권위로 정당화되었는데, 역사적으로는 14세기 말에서 17세기까지, 곧 마법과 악마학이 성행하던 시대에 더욱 성행했다. 이에 관한 최초의 중요한 작품들은 대부분 제국의 영토에 뿌리를 두고 있었으며, 1397년에 죽은 (하인리히 폰 헤센이라고도 하는) 하인리히 폰 랑엔슈타인이 교편을 잡고 있던 빈 대학에서 주로 집필되었다. 하인리히 폰 랑엔슈타인의 저작『영의 식별De discretione spiritum』은 니콜라우스 폰 딩켈스뷜과 하인리히 폰 프리마르가 쓴 작품 못지않게 큰 영향을 끼쳤다.[9]

　1415년에 열린 콘스탄츠 공의회는 스웨덴의 비르기타가 받은 계시를 둘러싸고 벌어진 새로운 논쟁의 첫 무대가 되었다. 장 제르송이 파리대학을 대표해서『진정한 환시와 거짓 환시의 구별De distinctione verarum visionum a falsis』(1401년)의 속편인『영의 시험De probatione spiritum』을 쓴 것도 바로 이 무렵이었다.[10] 여기에서 제르송은 꿈만이 아니라 여성에 의한 계시에 대해서도 전통적인 불신감을 드러내고 있다. 그는 선한 영혼이든 악한 영혼이든 종류가 다르더라도 영혼의 출현방법은 모두 매우 유사하다며, 좋은 목격자임을 증명하는 덕목들을 제시한다. 예컨대 식사의 분별(discretio)도 그 가운데 하나인데, 이것을 기준으로 판단하면 음식물을 전혀 입에 대지 않는다고 큰소리치는 목격자들은 믿을 수 없다.[11] 더 일반화시켜 살펴보면, 환시나 유령의 출현은 각각의 사례

---

* "어떤 이에게는 기적을 일으키는 은사가, 어떤 이에게는 예언을 하는 은사가, 어떤 이에게는 영들을 식별하는 은사가, 어떤 이에게는 여러 가지 신령한 언어를 말하는 은사가, 어떤 이에게는 신령한 언어를 해석하는 은사가 주어집니다."

를 스콜라 학파의 전형적인 방식대로 '누가(Quis)', '무엇을(Quid)', '왜(Quare)', '누구에게(Cui)', '어떻게(Qualiter)', '어디에서(Unde)'라는 6개의 질문으로 이루어진 엄격한 일람표에 기초해 검토되어야 한다. 요컨대 당사자들의 사회적 지위, 사제라는 신분, 대학에서의 위치, 나아가 문서로 기록되고 정식으로 인증된 계시의 보고서만이 그러한 계시가 진실임을 뒷받침하는 가장 훌륭한 보증이 되는 것이다.

유령과 더 직접 관련된 다른 문헌도 있다. [폴란드 남부] 크라쿠프 대학에서 교편을 잡고 있다가 시토회에 속한 파라디스 수도원에서 수도원장을 지낸 뒤에 1465년에 [독일 중부] 에르푸르트에서 사망한 (야곱 폰 위테르보그라고도 불리는) 야곱 폰 파라디스가 쓴 『육체를 벗어난 영혼에 관한 논고Tractatus de animabus exutis a corporibus』이다. 이 논문은 오래된 판본에서는 알레스의 평민자산가인 기 드 코르보의 유령의 계시에 관한 장 고비의 작품과 함께 실려 있는 경우도 있다.[12]

작가는 서두에서 죽은 자의 유령이 언제나 눈에 보이는 형태로 나타나지는 않는다면서, 작은 돌을 던지거나, 항아리를 깨뜨리거나, 의자를 넘어뜨리는 것으로 자신의 존재를 알려서 주민들을 극심한 공포에 빠뜨리고 집에서 도망쳐 나오게 만들기도 한다고 밝힌다. "충돌음, 물건을 던지는 소리, 휘파람소리, 재채기소리, 신음소리, 흐느끼는 소리, 탄식하는 소리, 박수소리" 등이 눈에 보이지 않는 영혼의 존재를 알려준다. 산 자는 그러한 존재에 대해 심문해야 할 의무를 지니고 있다. 작가가 글을 쓴 목적은 신도들을 안심시키고, 그들에게 죽은 자의 영혼을 구원하도록 촉구하고, 그들 자신도 참회하라고 권하기 위해서이다.

야곱 폰 파라디스가 쓴 논문에서는 유령이 처음부터 끝까지 공식 종교의 체계 안에 놓인다. 그는 심지어 유령의 출현이 기독교에서만 나타나는 특징이라고 강조하기도 한다. 사라센인이나 유대교도에게 나타나는 것은 악마일 뿐이다. 연옥이 라틴교회의 발명품이라는 사실을 이보다 더 분명한 말로 표현할 수는 없을 것이다.

작가는 죽은 자의 영혼에 접촉하기 위한 구체적인 순서에도 각별히 관심을 기울인다. 낱말 그대로 '시험'과 '의식'과 '심문'이 필요한데, 그것들은 영혼을 복종시킨다. 그는 성서의 모범은 거의 참고하지 않았고, 기적이야기나 교훈예화 등의 교회 전통을 참고했다고 스스로 인정한다. 실제로 그의 논문 안에는 수많은 인용들이 삽입되어 있는데, 교황 그레고리우스 1세가 (토마스 아퀴나스와 피에르 드 타랑테즈와 같은) 스콜라 학자와 아리스토텔레스의 『윤리학Ethica』과 나란히 인용되고 있다. 그가 묘사하고 있는 의식은 장 고비가 알레스에서 행했다고 기록한 것과 세세한 부분까지 유사하다. 4~5명의 사제가 고해를 하고 미사를 올린 뒤에 유령이 자주 출현하는 곳으로 간다. 그들은 우선 '모든 미신적인 조사'를 철저히 중단시킨다. 곧 교회의 통제에서 벗어나 고대의 강령술을 떠올리게 하는 행위를 모두 금지시킨다. 그리고 그것을 대신해 고대 강령술과 매우 유사하면서도 유일하게 정당한 것으로 인정받고 있는 교회의 의식을 행한다. 작가는 '퇴마의식'이라는 말을 쓰지 않는다. 이 단계에서는 그러한 의식이나 퇴마사가 맡은 공식적인 역할이 아직 뒷날 지니게 되는 것과 같은 정체성을 확보하지 못했다.[13] 성촉절*에 미리 바쳐져서 신성하게 된 초를 가져오고, 성수를 뿌리고, 성호를 긋는다. 그리고 '시편 7편이나 요한복음서'를 읊으면서 향로를 흔든다. 야곱 폰 파라디스는 "[목에 걸치는] 영대도 쓸모없어 보이지는 않는다"고 밝힌다. 보케르의 유령도 영대를 '악마의 멍에'라고 부르지 않았던가? 그리고 나서 경건하게 유령이 참석자들에게 해를 끼치지 못하

---

* 성촉절(Chandeleur) : 성모 마리아가 유대교 율법에 따라 예수가 태어난 지 40일이 되는 날에 예루살렘 성전에 가서 봉헌의식을 치른 것을 기념하는 날이다. 4세기까지는 2월 14일에 실시되었으나, 542년 유스티니아누스 1세의 칙령으로 2월 2일로 옮겼다. 5세기 중엽 촛불을 켜고 축제를 거행하는 관습이 도입되면서 성촉절이라는 명칭으로 불리게 되었다.

게 하고, '그가 누구이고, 왜 이 세상에 나타났으며, 무엇을 바라는지' 밝힐 수 있게 허락해달라고 신에게 요청하는 내용의 기도를 한다. 이 질문들은 약간의 차이만 있을 뿐, '이름(Nomen)·원인(Causas)·해결책(Remedium)'이라는 점에서 바이랜드의 유령에게 던져진 질문과 완전히 똑같다. 기도를 한 뒤에는 액막이 의식이 계속되는데, 만일의 경우에 도움이 되도록 작가는 그때 사용된 양식을 기록으로 남기고 있다.

영혼이여! 예수 그리스도의 이름을 걸고 네가 누구인지를 즉시 밝히고, 우리 중에 네가 특별히 대답하고 싶다고 생각하는 사람이 있다면 그 사람의 이름을 말하거나 어떤 징표로 그것을 알려주길 바란다. 여기에 있는 아무개인가? 저기에 있는 아무개인가? 유령이 아무한테도 반응하지 않으면 계속해서 남은 모든 참가자들의 이름을 묻는다. 누군가의 이름을 불렀을 때 유령이 목소리나 물건을 두드리는 것과 같은 소리를 내면 그 인물이 유령한테 심문을 해서 다음과 같은 것들을 물어야 한다. 누구의 영혼인가? 왜 이 세상에 나타났는가? 무엇을 바라는가? 중재를 바란다면 미사를 원하는가, 자선을 원하는가? 미사를 바란다면 몇 번이 필요한가? 6회인가, 10회인가, 20회인가, 30회인가, 아니면 100회인가? 어떤 사제가 미사를 올려주기를 원하는가? 수도사인가, 재속성직자인가? 금식은 해야 하는가? 한다면 어떻게, 얼마나, 누가 금식을 해야 하는가? 자선을 원한다면 누구에게 주기를 바라는가? 구호소인가, 나병환자 수용소인가, 아니면 다른 걸인이나 가난한 자에게 주기를 바라는가? 저세상에서의 고통에서 벗어났을 때에는 어떤 징표로 알려줄 것인가?

그러나 작가는 죽은 자의 영혼이 출현할 때마다 늘 이와 같은 교회의 의식이 필요한 것은 아니라고 밝히고 있다. 가정과 가족의 테두리 안에서는 '죽은 남편이 아내에게, 죽은 아내가 남편에게, 아버지가 아들에게, 아들이 아버지에게, 엄마가 딸에게, 딸이 엄마에게, 형제가 형제에게 등과 같이' 직접 나타날 가능성도 있다. 작가는 우리가 지금까지 살펴보았던 모든 이야기들처럼 친족관계의 중요성을 강조한다.

그러나 교회가 보증하는 조건을 완전히 충족시키지 못할 때에는 유령의 출현이 '진실'임을 확인하려면 다른 기준을 사용해야 한다. (수태고지나 다니엘의 꿈과 같은) 성서에 기록되어 있는 사례들에 기초해서 살펴보면, 선한 영혼이 방문했을 때에는 목격자를 엄습하는 공포심이 오래 지속되지는 않는다. 형상(species)과 실체(res)가 일치된 모습을 하고 있는 것도 마찬가지로 좋은 특징이다. 요컨대 선한 죽은 자는 인간의 목소리와 겉모습을 유지하고 있지만, 악한 영혼은 사자나 곰, 개구리, 뱀, 검은고양이, 개, 심지어 검은 그림자 등으로 스스로 변신한다. 긍정적인 의미를 지니는 것은 흰 비둘기의 모습뿐이다. 유령의 말이나 몸짓도 확실한 징표이다. 그것들이 신앙과 도덕에서 벗어나 있다면 악한 영혼을 상대하고 있다고 판단할 수 있다.

이처럼 모든 절차에서 편집증이라고 할 수 있을 정도로 세세한 것에 집착함으로써 성직자는 초자연적 현상을 통제할 수 있고, 그러한 현상에 담겨진 의미의 양면성을 약화시킬 수 있게 된다. 이것을 통해 아우구스티누스의 시대에서 이 시대까지 얼마만큼 먼 거리를 걸어왔는지를 돌아볼 수 있다. 죽은 자가 산 자를 찾아올 가능성을 부정하는 것은 이미 논점조차 되고 있지 않다. 지금 살펴본 작가들도 눈에 보이는 유령의 출현이 드물다는 사실을 인정하고 있기는 하지만, 그들은 유령의 계시를 성서·전승된 이야기·교리적 전통만이 아니라 교회기구 전체까지 내세워 보증해주고 있다. 연옥·면죄부·미사가 하나의 조합이 되어 중세 말기 교회를 지탱하는 경제구조에서 없어서는 안 될 요소가 되었고, 유령도 그러한 구조를 작동시키는 하나의 톱니바퀴가 된 것이다. 이미 성직자들은 수집한 이야기를 기록하고 재생산하는 것만으로는 만족할 수 없게 되었다. 이승과 저승에 존재하는 영혼들을 총체적으로 관리하고, 물질적 측면과 영적인 측면이 나눌 수 없게 단단히 결합되어 있는 이익을 얻기 위해서, 성직자들은 이름을 숨긴 공인된 강령술사가 되어 유령의 계시를 앞장서서 찾아 나서게 된 것이다.

하지만 그 순간 성직자들에게 불안감이 없었던 것은 아니다. 완벽하게 확실한 징표는 결코 있을 수 없고, 악마는 아주 작은 실수라도 놓치지 않으려고 숨어서 기다리고 있기 때문이다. 머지않아 근대의 여명기를 특징 짓게 되는 악마학과 마법에 대한 집착은 이미 이 시대에도 곳곳에서 감지되고 있었다.

군주와 죽은 자

우리가 살펴보았던 유령과의 기다란 대화는 형식과 주제만이 아니라, 모두 교황과 황제에게 바치기 위해 작성되었고, 실제로 바쳐졌다는 점에서도 공통점을 지니고 있다. 이런 점에서 이 대화들은 이미 여러 번 논점으로 떠올랐던 다른 종류의 이야기, 곧 군주에 관한 죽은 자의 계시라는 유형에 속하기도 한다. 그런 이야기들에서 군주는 유령의 목격자이거나,[14] 죽은 자 자신이거나, 그렇지 않으면 환시의 내용을 최종적으로 알려야 하는 인물로 나타난다.

이와 같은 이야기는 전통이 매우 오래되어, 사울 왕의 요구로 엔도르의 무녀가 사무엘의 영혼을 소환한 것으로까지 소급할 수 있다. 중세 초기에는 (824년에 죽은) 수도사 베티누스 아우지엔시스가 썼다고 알려진, 카롤루스 대제가 저승에서 겪고 있는 고통을 묘사한 『베티누스의 환시*Visio Wettini*』를 본보기로 사후세계를 웅장하게 묘사한 '정치적' 환시이야기가 많이 나타났다. 그 뒤 얼마 지나지 않아 집필된 『로트카리우스의 환시*Visio Rotcharii*』는 거꾸로 황제가 그 뒤 구원받았다는 사실을 밝히려고 했다. 이런 유형의 환시이야기는 오토 왕조에 들어서면서 다시 유행했다.[15] 중세 말기가 되면서 군주들은 예언문학이나 스웨덴의 비르기타(1373년 사망), 시에나의 카테리나(1380년 사망)와 같은 신비주의 예언자를 통한 '계시'들에 각별히 주의를 기울이게 되었다.[16] 그 사이에 지복천년설*이 확산된 것도 언급해둘 필요가 있을 것이다. 그것은 죽음이 의문시된 '숨겨진 왕', 최후의 날에 구세주로 귀환하거나 새로운 군주의 몸으로 다시 태어난다고 기대되던 황제에 관한 전설이었다. 예컨대 황제 붉은 수염왕 프리드리히 1세가 1190년 십자군원정 도중에 갑작스럽게 죽자 민간에는 다양한 예언들이 퍼졌다. 그리고 프리드리히 2세가 30년 뒤에 황제로 즉위하자 로마교황청을 적대시하고 있던 황제의 진영과 요아킴주의자**들은 그에게서 타락한 교회를 벌주고 성령의 왕국의 도래를 알리는 '최후의 날의 황제'의 모습을 보았다.[17]

죽은 군주에 관한 유령이야기는 대부분 웅장한 규모나 중요한 쟁점을 포함하고 있지 않아, 이야기의 구조와 내용에서 보통사람들의 유령이야기와 거의 차이가 없다. 우리는 11세기의 마지막 3분기에 기록된 (갈리시아의) 『이리아 연대기』에 수록된 위대한 기적에 관해 살펴보면서 이미 그런 사실을 확인했다. 이 이야기에서 죽은 국왕 산초의 유령은

---

* 지복천년설(至福千年說): 종말의 날 그리스도의 재림으로 죽은 의인들이 부활하고 지상에 평화의 왕국이 천 년 동안 계속된다는 믿음으로 '천년왕국설'이라고도 한다. 「요한묵시록」 20장 1-6절을 근거로 삼고 있다. 중세에 다양한 교설과 운동으로 나타났는데, 적대자 때문에 생긴 위기상황을 구세주가 나타나 구원한다는 틀을 유지하면서 적대자와 구세주를 황제, 교황, 영웅 등 다른 인물들로 바꿔 표현하기도 했다.

** 요아킴주의자(Joachimites): 이탈리아의 신비주의자이자 묵시주의자인 시토회 수도원장 피오레의 요아킴(1132?~1202)의 3시대 역사 전개를 추종한 자들이다. 이들에 따르면 인류의 역사는 구약의 율법으로 살았던 '성부의 시대', 신약의 은총 아래 살았던 '성자의 시대', 구약과 신약에서 비롯된 영적 지성의 자유 속에서 살게 되는 '성령의 시대'로 나뉜다. 특히 1260년부터 시작되는 마지막 시대는 가시적인 교회나 성사가 필요하지 않은 영적인 교회의 시대이므로 수도원에서의 영적 생활이 주도적인 역할을 하게 된다고 보았다.

과부가 된 왕비 고도에게 나타난다.

이런 이야기에서 왕실 본연의 특징이 더 뚜렷해진 것은 뒷시대의 카페 왕조나 플랜태저넷 왕조 등 왕의 권력과 왕권의 이데올로기가 비약적으로 발전했던 다른 곳에서였다. 프랑스의 존엄왕 필리프(1223년 사망)가 죽은 지 얼마 지나지 않아서 『필리프의 환시*Visiones Philippi*』가 유포되었다. 여기에서 왕은 카페 왕조와 왕국의 수호성인이었던 성 디오니시우스의 보살핌을 받아 천국으로 인도되었다고 전해진다. 왕이 숨을 거두었던 바로 그 시각에 그곳에서 멀리 떨어진 이탈리아에서 빈사 상태에 있던 어떤 사람이 흰 옷을 입은 왕이 천사들의 인도를 받아 성 디오니시우스와 함께 나타나는 모습을 보았다는 것이다. 카페 왕조와 밀접한 관계를 맺고 있던 설교사나 기욤 르 브르통, 필리프 무스케와 같은 연대기작가들에 의해 순식간에 널리 퍼진 이 이야기는 생드니 수도원과 왕의 측근들에게서 비롯되었다.[18]

도미니크회 수도사 에티엔 드 부르봉은 죽은 왕의 누이인 시빌 드 보쥬에게서 직접 들었다는 이야기의 한 판본을 전하고 있다. 이 교훈예화에서 도미니크회 수도사는 성 디오니시우스의 말을 강조한다. 왕이 구원을 받은 것은 그가 생전에 언제나 "성인들과 그들의 축일을 공경했고, 교회와 성소에 경의를 나타내며 보살폈으며, 수도사들을 보호했기 때문이다."[19] 이토록 짧은 말로 정치적 기획과 성인전의 개요를 응축시켜 놓다니 놀라울 따름이다. 왕의 누이의 (아니면 도미니크회 수도사의) 말을 그대로 받아들이면 필리프 왕은 나무랄 데 없는 왕이었으므로 영혼의 구원을 빌 필요조차 거의 없었다. 왕은 거의 성인의 반열에 올랐고, 그의 이상은 뒷날 그의 손자뻘인 성왕 루이가 이루게 되었다.

(1270년 이후) 성왕 루이가 죽고, (1298년) 성인으로 인정되었을 때 그의 충실한 벗이었던 주앵빌은 죽은 왕의 꿈을 꾸었다. 꿈에 나타난 유령, 주앵빌이 남긴 자전적인 이야기, 왕과의 우정을 기린 『성왕 루이

행장기』, 주앵빌이 가질 수도 포기할 수도 없었던 성유물, 그가 제작을 맡기기로 결심했던 추모상, 이것들은 모두 성왕의 영광을 위해 세워진 '기억의 장소lieux de mémoire'**였다.

더 뚜렷하게 정치적이고 왕조적인 기능을 맡았던 이야기들도 있었다. 적어도 그 가운데 두 개의 사례는 유령이야기의 쓰임새가 의심의 여지도 없이 명확하다. 가경자 피에르가 1142년 봄에 살라망카에서 국왕 알폰소 7세를 만났을 때, 그는 국왕의 죽은 할아버지, 곧 카스티야레온의 왕이었던 알폰소 6세에 관해 어떤 유령이 전했다는 계시의 내용을 이용했다. 알폰소 6세는 클뤼니 수도사들의 기도로 저승의 고통에서 벗어났으므로 수도원장은 국왕에게 수도원에 지고 있는 부채를 갚으라고 요구할 수 있었다. 그리고 실제로 이러한 취지의 합의가 같은 해인 1142년 7월 29일에 이루어졌다. 알자스에서는 죽은 콘라트 백작의 유령이 가신인 발터에게 나타나 똑같은 역할을 해서 동일한 효과를 거두었다. 유령은 자신의 형제인 프리드리히 폰 뷔렌 공작과 슈트라스부르크의 주교 오토에게 전령을 보내 생트푸아 교회에 기부를 무척 많이 하라고 요구한다. 발터에게 주어진 사명이 성공으로 끝났다는 사실은 1095년 7월 23일 날짜로 작성된 기부증서로 증명된다. 아울러 이 기다란 이야기는 공작의 자손이 국왕이나 황제로 즉위할 것을 예고하고 있어서 왕조의 예언이라는 장르에도 속한다. 이 예언은 (콘라트 3세가 독일의 왕으로 즉위한) 1138년, 그리고 (슈바벤의 프리드리히 3세가 콘라트의 뒤를 이어 국왕으로 즉위하고, 뒤이어 황제인 프리드리히 1세로 즉위한) 1152년과 1155년에 각각 실현되었다.

---

* 프랑스의 역사가인 피에르 노라(Pierre Nora)가 제시한 개념이다. 집단 구성원의 정체성과 관련된 집단기억을 구성하는 다양한 상징과 표상을 이루는 물질적·비물질적 대상을 가리킨다. Nora Pierre(ed.), *Les lieux de memoire*, 김인중 외 8명 옮김, 『기억의 장소』 1~5권(파주: 나남, 2010) 참조.

군주를 독자로 상정하고 있는 유령이야기가 '군주의 귀감'이라는 기능을 담당한 사례들도 있다. 잉글랜드 궁정에서도 인기가 높았던 헬레퀴누스 일당 이야기가 왕에게 통치를 개선할 것을 권유하는 역할을 맡고 있지는 않았을까? 피터버러 수도원의 연대기는 환영들의 무리가 나타난 일과 1127년에 왕이 유감스럽게도 타락한 인간을 수도원장으로 임명했던 일이 분명히 연관되어 있다고 주장하고 있다. 플랜태저넷 왕조의 궁정에서는 전통적으로 정치적인 풍자를 목적으로 헬레퀴누스 일당이 언급되곤 했다. 1175년에는 왕의 고문인 피에르 드 블루아가 부패한 궁정 성직자들을 '헬레퀴누스의 기사들'로 비유했다. 월터 맵은 헬레퀴누스 일당의 우두머리를 '옛적 브리튼인들'을 다스리던 전설의 왕 헤를라의 모습과 겹쳐 놓고는 1155년, 곧 플랜태저넷 왕조의 헨리 2세가 즉위한 뒤로 죽은 자의 무리가 이 세상에서 자취를 감추었다고 서술했다. 그가 보기에 잉글랜드 왕궁은 옛날의 죽은 자 무리를 대체한 것이고, 왕궁에 걸린 저주를 벗어나는 길은 왕이 자신의 가신단 (*familia*)을 개혁하는 방법 말고는 없다.

이 이야기들은 여러 가지 점에서 유령의 계시를 군주의 권력을 위해 이용하고 있다. 저버스 틸버리와 장 고비, 아른트 부슈만이 쓴 3개의 보고서에는 이 유령이야기들과의 유사점과 차이점이 모두 나타난다. 3개의 보고서는 각각 다른 방향에서 군주에 대해 적고 있다. 저버스 틸버리는 『황제의 여흥』을 1214년에서 1215년 사이에 신성로마제국의 황제 오토 4세에게 헌정했는데, 이것과는 별도로 보케르의 유령에 관한 은밀한 보고서를 황제 개인에게 보냈다고 적었다. "저는 폐하에게, 어떻게 하는 것을 신이 좋아하고, 어떻게 하는 것을 싫어하는지, 제가 그에게 들었던 그대로를 은밀한 편지로 써서 충직한 사자를 통해 전해 드리겠습니다. 제가 이것을 보내드리려 한 까닭은 폐하께서 선한 의지를 가까이하고, 악한 의지는 참회의 명상으로 다스려서, 선을 발전시키기 위해 노력하고, 악을 시급히 멀리하고 속죄하실 수 있게끔 하기 위해서입니다."[20] 전쟁에 진 상태로 멀리 떨어진 영지 브라운슈바이크로 피신해서 다가오는 죽음을 예감하고 있던 황제가 짊어진 참회의 의무는 단지 개인적인 성격만 지니고 있는 것은 아니었다. (실제로 황제는 1218년에 죽었다.) 저버스 틸버리는 알비파에 대한 십자군 원정의 경과와 결과를 여러 차례 넌지시 언급하고는 신이 이단의 학살을 승인했다고 유령이 밝혔다고 쓴다. 나아가 뒤이어 나오는 문헌의 한 구절에서는 툴루즈 백작 레이몽 5세가 신을 모독해서 파문당했다고 밝힌다.[21] 이는 이 이야기가 기독교 세계 전체의 개혁을 위해 고심하도록 황제에게 호소하려는 목적에서 기록되었다는 사실을 알려준다.

장 고비와 아른트 부슈만이 기다란 유령이야기를 기록한 문헌을 보낸 상대는 국왕이나 황제가 아니라 교황이었다. 도미니크회 수도사 장 고비는 1325년 아비뇽에서 열린 추기경 전체회의에서 알레스 유령과의 대화를 기록한 짧은 보고서를 낭독했다. 『대화』의 이 짧은 판본은 두 개의 사본밖에 남아 있지 않다. 하지만 장 고비가 죽은 뒤에 기록된 긴 판본은 그보다도 훨씬 폭넓게 유포되었다. 이 제2의 판본은 그로부터 10년 뒤에 요하네스 22세가 깊게 개입했던 지복직관 논쟁과 관련되어 공표되었다고 볼 수 있다. 1437년에서 1438년까지의 기간 동안 죽은 할아버지 하인리히에게 계시를 받았다는 농부 아른트 부슈만은 할아버지의 명령에 따라 프레몽트레 수도회에 들어가 자신이 겪은 환시를 기록으로 남겼다. 그리고 그 작품을 1450년에 로마 교황 니콜라우스 5세에게 바쳤다. 따라서 이 3개의 기다란 계시는 중세 말기를 특징짓는 장르, 곧 자신의 왕국과 기독교 세계 전체를 대상으로 도덕적·정치적 개혁(reformatio)을 추진하려 했던 교황과 군주를 대상으로 그러한 노력을 지원하려는 목적에서 작성된 예언적인 보고서의 범주에 속한다고 볼 수 있다.

이런 점에서 이 시대 정치적 문학의 전형적인 특징이라고 할 수 있는 우의의 형식을 사용한 몇 개의 유령이야기를 이 3개의 계시와 비교해 볼 수도 있다. 그 하나의 사례로 1396년에 잉글랜드의 리처드 2세를 대상으로 작성된 『탄식과 위로의 편지Une epistre lamentable et consolatoire』를 꼽을 수 있다. '파리의 첼레스티노 수도회에 속한 고독한 노인'이라는 이름의 작가는 필리프 드 메지에르*임이 분명하다. 리처드 2세가 프랑스 왕 샤를 6세의 맏딸인 이자벨과 결혼한 지 얼마 되지 않았을 때 십자군은 니코폴리스에서 투르크 군대에게 괴멸되었다. 필리프 드 메지에르는 리처드 2세에게 프랑스와의 전쟁과 교회의 대분열을 끝내자고 호소했다. 필리프 드 메지에르는 이미 1389년에도 자신의 대표작인 『늙은 순례자의 꿈Songe du viel pelerin』에서 똑같은 탄원을 했었으나 효과가 없었다. 『탄식과 위로의 편지』의 마지막에는 환시가 묘사되어 있다. 패배한 십자군 원정에 참여했던 장 드 블레지가 작가에게 나타난다. 순례자 복장을 한 장은 피투성이였으며 왼쪽 옆구리에 큰 상처를 입고 있었다. 그는 '고독한 노인'에게 전투가 벌어지기 전날 밤 헝가리 왕의 진영에 신비한 귀부인이 나타났다고 말했다. '기사의 규율(Discipline de Chevalerie)'이라는 이름을 가진 이 귀부인은 '승리의 어머니'였다. 그녀는 '이중의 복종(Obédience double)'을 비유하는 (땅에 웅크리고 있는) 사냥개 한 마리를 데리고 있었다. 갑자기 폭풍우가 휘몰아치며 귀부인의 모습이 추하게 바뀌었다. 그것은 기독교도가 다음날 적에게 참패하리라는 것을 예고하는 것이었다. 살아 있는 시체였던 기사는 자취를 감추기 전에 '이 세상과 저세상에 유폐되어 있는 기독교도'를

---

* 필리프 드 메지에르(Philippe de Mézières, 1327?~1405) : 중세 프랑스의 기사이자 작가이다. 가난한 귀족 출신으로 젊은 시절에는 이탈리아 영주들의 기사로 복무했으며, 십자군 원정에 대한 주변국들의 참여를 이끌어내기 위해 노력했다. 1373년 파리의 첼레스티노 수도원으로 은퇴하고 나서도 한동안 정치적 영향력을 행사했다.

모두 구원해달라고 간청한다.[22]

　12세기 이후 (장르를 대표하는 최초의 작품인 존 솔즈베리의 『정치가들 *Policraticus*』과 마찬가지로) 중세의 정치사상은 저마다의 상황에 따라서 얼마간 교훈적이거나 철학적인 이론적 저작들로 표현되었다. 특히 13세기 이후 (토머스 아퀴나스와 에지디오 로마노와 같은) 스콜라학파 이론가들이 아리스토텔레스의 『정치학*Politika*』으로부터 영향을 받게 되면서 그러한 경향은 더욱 뚜렷해졌다. 그러나 중세에 발견되는 '정치적인 것'은 그러한 것들과는 성격이 다르다. 중세의 정치권력이나 군주의 신성함은 문장紋章이나 의식들을 빼 놓고서는 이해하기 어렵다. 나아가 (엔도르의 무녀에 의지한 사울의 불확실한 사례처럼) 군주의 권위를 보증하고 그의 운명을 예언하는 저승으로부터의 계시에 불안하게 귀를 기울이는 것도 빠뜨려서는 안 될 부분이다.

　'정치적인 것'에 관한 이러한 중세의 독특한 양식에서는 유령에게도 각 왕조의 수호성인과 전쟁터에 출현한 그리스도나 천사와 마찬가지로 고유한 역할이 부여된다. 14세기 초에 기록된 『포벨이야기』에서도 이러한 사실을 확인할 수 있다. 이 이야기에서는 죽은 자들의 왕인 헬레퀴누스가 악마에 홀린 샤리바리 행렬을 이끌고 찾아가는 대상이 프랑스 왕으로 등장한다.

포벨의 샤리바리

　샤리바리 의식에 관한 최초의 언급은 중세 말기의 문학작품인 『포벨이야기』에서 발견된다. (이것은 이 의식을 최초로 명확하게 묘사한 것이기도 하다.) 총 2권, 3280행의 8음절 시구들로 이루어진 이 로망*은 왕실 서기국의 서기였던 제르베 뒤 뷔스가 1310년과 1314년 사이에 쓴 것

---

* 로망(Roman) : 중세 로망어로 된 운문이나 산문 소설

이다. 현재 전해지고 있는 사본 가운데 하나(B.N., Ms. fr. 146)는 1316년에 추가로 기록된 부분이 몇 군데 포함되어 있는데, 여러 지방에서 대법관을 지낸 뒤에 개혁파 심문관이 된 (라울 샤유라고도 불리는) 샤유 드 페스탱이라는 인물이 덧붙인 것으로 추정된다. 그도 제르베 뒤 뷔스와 마찬가지로 왕궁의 가신 가운데 한 명이었다.

샤리바리의 묘사는 1316년에 추가된 부분에 포함되어 있다. 추가로 기록된 부분 가운데 가장 길이가 긴 이 구절에는 4장의 채색화가 운문으로 된 묘사 옆에 첨부되어 있다. 그리고 외설스런 내용을 담고 있을 뿐 아니라 두 가지 의미로 해석되는 가사와 악보가 첨부된 '멍청이의 노래'라는 제목의 노래가 실려 있어서 더욱더 귀중하게 여겨진다. 거기에는 '헬레퀴누스 일당에 관한 단시*lai des Hellequines*'도 담겨 있는데, 그것은 오히려 궁정풍 서정시의 형식을 잇고 있다.

> 이 감미로운 계절 여름, 5월의 한복판에
> 사랑이 많은 사람들의 마음을 낙담에 빠뜨릴 때,
> 헬레퀴누스의 여인들은 이 감미롭고 유쾌한 시를 지었도다.[23]

이처럼 샤리바리에 관한 구절 전체는 텍스트와 음악과 도상으로 이루어진 일종의 '종합' 기록으로 되어 있다. 게다가 의식으로서의 성격이 도드라진 부분은 '신화적'으로 표현된다. 시인이 샤리바리의 소란스러움을 헬레퀴누스 일당의 무질서한 난입에 비유해서 나타내고 있기 때문이다. 두 장의 소묘에 묘사된 죽은 자 무리의 우두머리는 새의 날개가 앞으로 뒤집혀 달린 커다란 모자를 쓰고는 걷거나 말에 올라탄 채로 변장한 행렬을 이끌고 있다.

소설의 제목은 주인공으로 나오는 우화적인 수컷 말의 이름에서 비롯되었는데, 포벨*(Fauvel)*은 아첨 · 탐욕 · 비열함 · 변덕 · 질투 · 게으름이라는 여섯 악덕의 첫 글자를 따서 이루어진 것이다. 세계와 왕국의 질서가 '뒤틀린' 책임이 포벨에게 있다는 것에서 '뒤집힌 세상'*이 주제임을 알 수 있다. 무질서는 본래 정치적인 것이다. 주인공은 '돋보이고', 왕과 교황과 귀족이 주인공의 비위를 맞추며 그의 어리석은 행동을 흉내내고 있기 때문이다. 궁정으로 옮겨와 살던 포벨은 제2권에서 '행운'을 아내로 맞이하겠다고 결심한다. 그러나 행운은 그의 청혼을 거절하고, 자기 대신 '허영'과 결혼하라고 권한다. 이처럼 불길한 조짐을 보이며 이루어진 결합에서 무수히 많은 '새로운 포벨들'이 태어나 이 세상에서 가장 아름다운 나라를 더럽힌다. 하지만 작가는 '순결한 백합'이 프랑스를 마침내 구원해 주리라고 기대한다.

추가로 삽입된 흥미로운 부분은 포벨이 허영과 '왼쪽 손으로' 혼례식을 올리는 장면이다. 신부와 신랑이 침실로 물러나자마자 이제까지 사람들이 보지 못했던 무시무시한 샤리바리의 소동이 '도로가 교차하는 마을 곳곳의 사거리'에서 시작되었다.

변장이나 언행이나
모든 면에서 이렇게 완벽한 샤리바리는
이제껏 보지 못했다.

샤리바리를 묘사한 여백의 삽화는 변장과 가면을 특별히 강조하고

---

* 13세기 이후의 삽화와 문헌들에 등장하는 소재이다. 주로 사람과 동물의 역할이 뒤바뀐 모습으로 표현되는데, 뒤집힌 세상에서는 사람이 말을 태우고 달리며, 소 대신 밭을 갈고, 노새의 짐을 나른다. 때로는 사물의 본성을 뒤집어 해와 달을 지상에 두거나, 겁 많은 토끼를 용감한 전사로, 달팽이를 재빠른 말과 같은 존재로 묘사하기도 했다. 『포벨이야기』에서 "포벨이 통치하는 세상은 사람이 짐승처럼 되고 포벨이라는 짐승이 인간처럼 되는 전도된 세상으로 그려진다."(홍용진, 「중세 말 프랑스 정치풍자서 포벨이야기」, 역사와 문화, 15호, 2015, 75쪽)

그림 9
Roman de Fauvel(파리, 1316년)
Paris, B.N., ms. 146, fol. 34r.

있다. 포벨의 결혼을 반대하는 무리들 가운데에는 겉옷의 '앞뒤를 뒤집어서' 입고 있는 자도 있고, 자루나 모자 달린 수도복을 입고 있는 자도 있다. 그들은 취한 척하면서 (프라이팬, 갈고리, 석쇠, 쇠솥, 양푼과 같은) 조리도구를 맞부딪치며 시끄러운 소리를 낸다. 그리고 어떤 자는 암소의 젖을 옷 위에 꿰매어 붙이고, 방울을 울리거나 (북, 심벌즈, 따르라기*와 같은) 타악기를 두드리고 있다.**그림 9** 그곳에는 '수레바퀴로 만든 기구'를 실은 마차도 있다. 그 바퀴는 6개의 철봉을 회전시켜 맞부딪치게 해 천둥과 같은 엄청난 소리를 낸다.**그림 10** '야만인'의 가면을 쓴 자들도 있다. 삽화는 창에 구경꾼이 늘어서 있는 도시의 광경을 묘

---

* 따르라기(crécelle) : 한쪽 방향으로만 회전하는 미늘 톱니바퀴의 원리를 적용한 따르륵 소리를 내는 도구로 장난감이나 타악기로 사용되었다.

그림 10
Roman de Fauvel(파리, 1316년)
Paris, B.N., ms. 146, fol. 34v.

사하면서 동물과 악마의 탈을 쓴 사람들이 난입하고 있는 장면도 그리고 있다. 거기에는 여장을 한 인물의 모습도 보인다. 텍스트는 그 모습을 자세히 서술하면서, 그들이 부르짖으며 내는 소리와 (엉덩이를 까 보이는 것과 같은) 음란한 몸짓, 문과 창을 부수고 소금과 〔가축의 분뇨로 만든〕 거름을 뿌리는 모습을 묘사한다. 그 뒤 이야기는 두 부분에서 샤리바리 의식의 장례의 성격을 뚜렷하게 드러낸다.

　　그들은 두 개의 관을 옮기고 있었다.
　　그 안에는 악마에게 노래를 잘 불렀던
　　사람들이 타고 있었다 [⋯]

　기록에 덧붙여진 그림을 보면 말에 올라탄 헬레퀴누스의 앞에서 네 사람이 2개의 '관'을 걸어서 옮기고 있고, 성유물함을 연상시키는 벽감

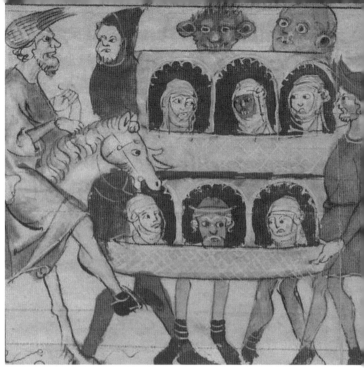

그림 11
Roman de Fauvel(파리, 1316년)
Paris, B.N., ms. 146, fol. 34v.

안에는 여러 남녀의 모습이 묘사되어 있다. 그 가운데 한 명은 검은색
으로 이빨을 내보이고 있는데, 이는 죽은 자들, 더 자세히 말하면 지옥
으로 떨어진 ("악마에게 노래를 잘 불렀던") 죽은 자들의 머리를 묘사하고
있다고 볼 수 있을 것이다.[24] 그 바로 뒤에는 죽은 자 무리의 우두머리
가 따르고 있다.^{그림 11}

> 거기에는 거인도 있었다.
> 그는 천을 두르고
> 큰 소란 속으로 나아가고 있었다.
> 내가 생각하기에 그것은 헬레퀴누스이고
> 사나운 모습으로 그를 따르고 있는 것은
> 헬레퀴누스의 일당들이었다. […]

그 뒤로 이어진 묘사는 헬레퀴누스가 타고 있는 '늙어빠진 말'의 비쩍 마른 모습을 강조한다. 따라서 말에 타고 있는 이 환상적인 인물도 마치 유배지에서 돌아온 유령처럼 여겨지게 된다.

마치 유배지에서 돌아온 것처럼.

그러나 시인의 결론에 따르면, 샤리바리의 시끄러운 소란스러움도 포벨의 결혼계획을 저지하거나 그가 '아내에게 경의를 표하는' 것을 포기하게끔 만들지는 못했다. 이 부분에서 샤리바리의 목적이 문제로 된 결혼을 실제로 방해하려는 것이 아니라, 신랑이 젊은이 무리에 배상금을 지불하게끔 유도해서 그 돈으로 술집 등에서 밤새워 즐기는 것에 있음을 상기해볼 필요가 있다.

오랫동안 역사가와 민속학자들은 유명해질 수밖에 없었던 이 구절을 가지고 샤리바리라는 의식의 기원과 기능에 관해 연구해왔다. 주된 연구대상이 된 것은 (중세 말기 이후 특히 프랑스에서 많이 발견된) 샤리바리의 목적이 어울리지 않는 결혼을 응징하는 데 있는 경우였다. 여기서 어울리지 않는 결혼이란 무엇보다 홀아비가 젊은 아가씨와 재혼하는 경우였는데, 그 마을이나 인근 마을에 사는 젊은이들에게 이는 자신들의 신부후보가 될 여성의 '재고'가 하나 줄어든 것을 의미했다.[25]

하지만 중세문학 전문가인 낸시 프리먼 레갈라도는 문학작품이 지닌 특수성을 고려해야 한다며 주의를 촉구한다.[26] 그녀는 선행 연구자들과 반대로 『포벨이야기』를 곧바로 민족학적인 책으로 읽어서는 안 된다고 해석한다. 그리고 그녀는 카를로 진즈부르그가 제시한 가설[27]을 뒤집어 헬레퀴누스를 명확히 언급하고 있는 샤리바리에 대한 묘사는 이 이야기 말고는 발견되지 않고 있다고 지적한다. 12세기 초에 오더릭 비탈리스가 최초의 증언을 남긴 뒤 헬레퀴누스 일당이라는 소재는 공포심을 일으키기보다는 오히려 조롱을 위한 문학의 주제로 바뀌어 있었다. 그 증거의 하나로 들 수 있는 것이 13세기에〔프랑스 음유시인〕아당 드라알이 쓴『잔디밭의 연극Jeu de la feuillée』이다. 여기서는 '헬레킨(Hellekin)' 왕의 사자인 크로케소스가 방울을 요란스럽게 울리면서 갑자기 무대에 등장한다.[28] 이렇게 진화한 결과〔16~17세기에 이탈리아에서 성행한 희극인〕코메디아 델라르테에서 헬레퀴누스는〔할리퀸(Harlequin)이라고도 하는〕아를레키노(Arlecchino)과 일체화한다. 이런 맥락에서 보면,『포벨이야기』의 추가된 부분에서 카를로 진즈부르그의 말처럼 민속적인 '의식'과 훨씬 오래전부터 존재해왔던 죽은 자의 집단적 귀환에 관한 '신화'의 융합을 읽어내는 것은 무모한 해석이라고 할 수 있을 것이다. 오히려 낸시 프리먼 레갈라도는 여기에서 여러 문학적 주제가 결합되어 있는 특징을 찾아내는데, 그것이 이야기의 최종적인 목적인 도덕적인 풍자와 군주 교육의 강화를 노리고 있음은 분명하다. 레갈라도에게『포벨이야기』는 '민속의 귀감'이 아니라 '군주의 귀감'인 셈이다.

사실 헬레퀴누스 일당의 인도유럽어족 (아니면 그보다도 더 오래된) 기원에 관해 추정해볼 만한 명확한 근거는 전혀 존재하지 않는다. 오히려 봉건제의 형성과 봉건영주의 전쟁에 대한 교회의 저항이라는 맥락 안에서 이 일당을 역사적으로 해석해 보아야 할 것이다. 마찬가지로『포벨이야기』에 대해서도 이것을 역사적 증언으로 파악하고, 그 특이성과 역사적 맥락을 고려하는 것이 중요하다. 레갈라도의 연구는 이런 방향에 놓여 있는데, 그녀의 주장에 담긴 독단의 색조를 조금 변화를 주면 논증을 더욱 진전시킬 수 있을 것이라고 생각한다.

조금 변화를 준다고 말한 것은 (최근의 민족학적 연구로 획득된 성과에 주의를 기울여보면)『포벨이야기』가 죽은 자의 무리와 샤리바리가 만나는 유일한 장소는 아니기 때문이다. 그것의 문학적인 소재는 민족학자가 자주 현장에서 발견하게 되는 믿음들로 이루어져 있다.[29] 재혼을 저지하기 위한 샤리바리의 이면에서는 샤리바리를 행하는 사람들이 달래려고 하는 죽은 배우자의 모습이 떠오른다. (보통은 홀아비의 죽은 아내이다.) 재혼을 통제해서 사회집단의 재생산과 관련된 근본적인 책임을 수행했던 젊은이들은 세대 사이만이 아니라 산 자와 죽은 자 사이에서도 다리의 구실을 했던 중개자이다. 의식에서 그들이 하는 행위는 (카를로 진즈부르그가 지적했듯이) 과거의 배우자에게서 떨어져야 하는 죽은 자만이 아니라, 공동체에 속한 죽은 자 모두를 대상으로 하고 있다. 변장한 상태로 지옥을 연상시키는 끔찍한 소동을 일으키고 있는 젊은이들은 죽은 자의 집단적 귀환을 모방하고 있는 것으로 보인다. (헬레퀴누스의 사냥은 이것의 가장 강력한 문학적 표현이다.) 그러나 단지 모방이라고 하기보다는 오히려 위반의 두 가지 형태 사이의 대응관계를 의식으로 표현하고 있다고 말하는 편이 더 적절할 것이다. 하나는 죽은 자 자신이 삶과 죽음을 가르는 경계선을 보통과 반대의 방향으로 건너올 때의 위반이고, 다른 하나는 가면과 변장으로 남성과 여성·인간과 동물·인간과 악령이라는 기독교적 문화인류학의 근본적인 구별을 없애는 것으로 표출되는 위반이다.[30] 이처럼 샤리바리의 가면과 변장을 통해 젊은이들은 사육제와 마찬가지로 죽은 자를 '연상'시키기보다는 오히려 죽은 자를 이 세상으로 불러온다. 그리고 그들이 적합하지 않거나 사회적·도덕적 규범에서 벗어난 혼인의 '난처한 결합'에 제재를 가하도록 촉구하는 것이다.

물론 여기서도 역사가가 손에 넣을 수 있는 것은 겨우 한 편의 이야기뿐이다. 그리고 그마저도 내용을 규정하고 있는 문학적 형식에 맞추어 쓰인 것이다. 이 이야기의 배경으로 당시 실제로 행해지고 있었고, 아마 그 시대에는 새로운 것이었을 의식의 영향도 찾아볼 수 있을 것이다. 하지만 그렇다고 해도 낸시 프리먼 레갈라도가 정당한 이유로 권했던 것처럼 『포벨이야기』에 전해지는 증언의 맥락을 정확하게 다시 살펴볼 필요가 있다.

이 점에 관해서 우리는 더 멀리 나아갈 수 있다. 미남왕 필리프의 치세를 연구한 역사가 엘리자벳 애트킨슨 래쉬 브라운은 『포벨이야기』에 나타난 샤리바리의 문학적인 묘사를 같은 시기에 프랑스 궁정을 지배하고 있던 위기상황과 연관지어 살펴볼 것을 제안한다.[31]

미남왕 필리프는 왕실 서기국의 일원이었던 제르베 뒤 뷔스가 그의 풍자적인 소설을 완성시킨 바로 그 해에, 곧 1314년 11월 29일에 세상을 떠났다. 그 뒤 왕의 3명의 자식인 루이 10세(재위 1314~1316), 필리프 5세(재위 1317~1322), 샤를 4세(재위 1322~1328)가 번갈아 즉위했고,[32] 그들의 누이인 이자벨은 잉글랜드 왕 에드워드 2세의 왕비가 되었다. 그런데 미남왕 필리프가 죽기 몇 개월 전인 1314년 봄에 이자벨은 이미 심신이 상당히 쇠약한 상태였던 늙은 왕에게 그녀의 올케들인 (루이 10세의 비) 마르그리트와 (샤를 4세의 비) 블랑쉬가 파렴치한 행동을 하고 있다고 밀고했다. 두 사람은 왕의 측근이던 젊은 두 기사와 밀통하고 있는 현장을 들켰고, 불륜관계가 3년 전부터 지속되어 왔다고 자백했다. 그래서 2명의 기사는 산 채로 가죽이 벗겨지는 형을 받았고, 2명의 왕자비는 머리카락을 짧게 잘린 채 가이야르 성에 유폐되었다. (2명의 기사는 형제였고, 그것이 그들의 범죄를 더욱 불명예스럽게 했다.) 나머지 한 명의 왕자와 결혼했던 잔 드 부르고뉴도 공범으로 추궁을 받았지만 석방되었다. (그녀와 블랑쉬는 자매였다.)

그런데 이 스캔들에서 문제가 된 것은 단지 결혼의 도덕만이 아니다. 궁정 로망에 즐겨 나오듯이 군주는 아내에게 속임을 당했다. 이 사건에서 군주에 대한 모욕은 왕가의 혈통이 더럽혀질 가능성과 겹쳐 있었으므로 왕위 계승의 정당성에 대한 커다란 위협으로 인식되었다. 결국 미남왕 필리프의 세 아들들은 모두 대를 이을 후계자를 얻지 못했고, 1328년에 그들의 사촌뻘인 발루아 가문의 필리프 6세가 샤를 4세의 뒤를 이어 왕위에 올랐다. 그렇게 해서 직계 혈통으로 왕위를 계승했을 때 발생할 여러 의심을 해소할 수 있었다.[33]

『포벨이야기』(1314년)와 거기에 포함된 샤리바리에 관한 추가된 부분(1316년)은 제르베 뒤 뷔스와 샤유 드 페스탱이 종사했던 궁정을 뿌리째 뒤흔든 이 스캔들과 정확히 같은 시기에 기록되었다. 이 작품의 정치적이고 풍자적인 측면을 고려하면 문학적으로 표현된 샤리바리가 두 명의 왕자비의 간통과 그 남편들의 어두운 눈을 완곡하면서도 모두가 이해할 수 있는 말을 사용해 비판하고 있는 것이라는 해석을 배제할 수 없다. 포벨과 '허영'과의 불길한 결혼에서 태어난 무수히 많은 작은 '포벨들'은 앞으로 왕비가 될 여성의 인간관계를 감시하지 않으면 큰 위험이 도사리고 있음을 분명하게 보여준다. 그리고 풍자로 가득한 이야기는 왕국의 창문 아래까지 샤리바리의 행렬을 주의 깊게 인도하는 역할을 죽은 자의 왕인 헬레퀴누스에게 맡겨서 그러한 위험을 독자들에게 교묘하게 상기시킨다.

8

시간, 공간, 사회

입에서 귀로 전달되고, 문서로 기록되고, 설교사들이 설교단상에서 다시 입으로 사람들에게 전한다. 논문에 실려 학식이 풍부한 사람들 사이에 퍼지거나, 기독교 세계의 가장 고상한 영역에 도달하기도 한다. 왕을 위해 작성된 편지나 작품에 삽입되는 것도 있다. 이처럼 유령 이야기는 실로 다양한 분야에 걸쳐 나타나고 작용한다. 유령이야기는 죽은 자의 이 세상으로의 귀환이나 연옥에서의 고난에 관한 다양한 신앙의 양식을 표현하고, 동시에 그러한 양식을 새롭게 만들어낸다. 도덕과 행동의 규범을 사람들에게 제시하는 것도 유령이야기의 목적 가운데 하나이다. 정치적 이데올로기의 발달에 크게 기여한 것도 있다.

중요한 등장인물인 유령과 유령의 계시에 담긴 명확한 메시지만 의미를 지니는 것은 아니다. 더 넓게는 이야기 전체에 의미가 담겨 있으며, 같은 줄거리가 유사한 형식으로 반복해서 사용되면서 청중과 독자의 세계관마저 구성한다. 이렇게 대량으로 유포된 유령이야기는 인식론적인 기능도 맡는다. 유령이야기는 이승과 저승의 공간적·시간적 구조를 나타내는 표상들과, 산 자만이 아니라 죽은 자의 이해관계와도 관련된 사회적 구조를 나타내는 표상들을 새로 만들거나 기존의 표상들을 확증해주기 때문이다. 마지막 장에서 살펴보겠지만, 인간을 (곧 영혼과 육체의 관계를) 표현하고, 보이지 않는 것을 지각해서 묘사하는 것도 유령이야기가 맡은 인식론적 기능이었다.

개인적인 시간과 집단적인 시간

유령이야기에는 시간과 공간에 관한 서술이 풍부하게 나타난다. 거기에는 다양한 시간의 논리가 담겨 있는데, (기일과 죽은 뒤 경과한 기간 같은) 죽은 자의 고유한 개인적인 시간은 1년이나 1주, 1일 가운데 특정한 시점에 가치를 두는 (전례의 시간과 같은) 집단적인 시간들과 연관되어 있다. 더구나 산 자는 죽은 자의 시간을 이중으로 상상하게 마련이다. 죽은 자가 침입해 온 이 세상의 시간과 유령의 거처인 저세상의 (특히 연옥의) 시간이 동시에 관련되어 있기 때문이다. 이러한 시간의 두 측면은 (예컨대 정죄의 불길 안에서 지내는 3일이 지상에서의 1천 년에 해당한다고 이야기되는 것처럼) 서로 대응하는 것으로 이해되거나 비례하는 것으로 나타나기도 한다.[1] 그래서 산 자가 죽은 자에게 유익한 행위를 할 수 있게 된다. 산 자가 획득한 면죄부의 기간과 똑같은 햇수나 그에 상응하는 햇수만큼 죽은 자가 연옥에서 고난을 겪는 시간이 줄어들기 때문이다.[2]

이러한 '연옥의 시간'은 (개인마다 길이는 다르지만) 더 넓은 의미에서는 죽은 자가 이 세상에 출현하기 쉬운 기간의 상한과 하한을 이룬다. 죽은 뒤 그의 영혼이 개별의 심판을 받은 순간부터 연옥에서 벗어나 천국으로 갈 때까지의 시간이기 때문이다. 그리고 그러한 각 개인마다의 시간은 죽은 자의 부활과 최후의 심판으로 끝을 맺는 (아니면 그것을 최종 목표로 하는) 종말론적 관점의 장기적인 시간 안에 포함된다.

대개 망자는 죽은 뒤 얼마 지나지 않아 이 세상에 나타나는 것으로 여겨진다. 그 인물과 면식이 있던 산 자의 기억이 '온기'를 잃기 전에 출현하는 것이다. 유령의 시간은 바꿔 말하면 치유되지 않은 기억의 시간, 친지에게 초상의 슬픔이 지속되는 시간, 상속문제를 놓고 친족 사이에서 생긴 다툼이 지속되는 시간이기도 하다. 이러한 시간은 유언장에 미리 분명히 밝혀서 적어 놓은 미사가 모두 완료되면 끝을 맺는다. 그 시간은 몇 개월이나 1년 동안 지속되기도 하지만, 그 이상인 경우는 드물다.

그래서 대부분의 유령이야기는 죽음이 최근의 사건인 것을 강조하고, 죽음 이후 경과한 시간을 분명히 밝히고 있다. 죽은 날로부터 '40년에서 12주가 모자란 시간'이 지나서 손자인 아른트에게 나타났던 하인리히 부슈만은 오히려 매우 드문 경우이다. 다수의 기적집과 교훈예화집이 존재하고 있으므로 우리는 몇 개의 숫자를 제시해볼 수 있다.

가경자 피에르의 기적집에서는 어떤 사람이 죽은 날로부터 그의 유령이 출현하기까지 걸린 시간은 (제1권 11장과 24장처럼) 몇 해가 걸려 길게는 6년에 이르는 것도 있다. 하지만 (제1권 27장과 28장처럼) 4개월 내지는 2개월이거나 (제1권 10장, 26장, 제2권 26장처럼) 겨우 며칠 정도인 경우도 있다. (제2권 25장처럼) 작가 자신이 꿈에서 본 유령의 경우에는 죽은 뒤 곧바로 나타난 것으로 되어 있다. 체사리우스 폰 하이스터바흐가 쓴 교훈예화에서는 5편이 죽은 뒤 몇 년이 지나서 유령이 출현한 것으로 되어 있다. 2편은 17년의 세월이 지났다고 전한다. 1편은 유령이 최초로 출현했던 것이 1년 뒤, 두 번째로 출현한 것은 그로부터 다시 1년 뒤였다고 서술되어 있다. 5편에서는 30일의 간격이 있고, 또 다른 5편은 20일 뒤나 7일 뒤, 겨우 4일 뒤, 그렇지 않으면 '며칠 뒤'에 유령이 출현했다. 나머지 3개의 사례에서는 죽은 다음날과 죽은 그날 저녁, 그렇지 않으면 '죽은 지 얼마 되지 않아' 출현했다. 따라서 대부분의 경우에 친지들은 아직 한창 초상의 슬픔에 빠져 있을 때 유령을 목격하고 있으며, 유령의 출현은 죽음이 산 자들에게 불러온 빈틈을 부각시킨다.

유령의 출현은 대부분 죽은 자가 세상을 떠난 날을 기점으로 3일이나 7일, 아니면 (30일간의 추모미사처럼) 30일 동안이나 (기일미사처럼) 1년 뒤에 집행되는, 죽은 자를 위한 기도와 미사로 이루어진 전례의 시간에 지배된다. 마르무티에의 수도사들은 잉글랜드에서 죽은 동료 수도사 한 사람이 그의 달력(kalenda), 곧 망자 명부에 기재된 그의 기일에 출현했다고 본능적으로 이해했다. 그러나 실제로 그의 영혼이 육신을 떠난 날은 1년 전이 아니라 바로 그 날이었다.

죽은 자는 저마다 다른 기간 동안 개개인의 영혼들에게 바쳐지는 기도와 미사의 은총을 받는다. 그리고 그 기간이 끝나면 중재의 효과를 알려주거나, 산 자에게 중재의 노력을 더 요청하거나, 마지막으로 자취를 감추기 전에 산 자의 원조에 감사의 뜻을 밝히기 위해 이 세상으로 돌아온다.

죽은 자들의 달력

죽은 날짜와 시간에 온통 의지하고 있는 죽은 자 고유의 시간은 달력과 축일, 요일, 낮과 밤 사이의 활동 분배와 같은 산 자의 집단적인 시간과 교차한다. 전해지는 말에 따르면, 만성절 다음날인 11월 2일로 정해진 만령절은 클뤼니의 수도원장 오딜롱에게서 비롯되었다고 한다.[3] 만령절을 기리는 관습은 1030년 무렵부터 문헌에 자주 등장한다.[4] 그러나 망자라는 특별한 존재들을 위해 마련되고, 만령절보다도 역사가 오래되었을 뿐 아니라 더욱 토속성이 강한 전례 관습에 기초한 다른 축일도 존재했다. 교회는 성 베드로 사도좌 축일을 2월 22일로 정해서 고대 로마의 파렌탈리아* 제의의 기억을 지우고, 망자의 무덤에 술을 바치는 관습도 없애려 했을 것이다. 11월 2일의 축일도 망자를 위해 행해진 중요한 기독교적 제의의 시기를 봄에서 가을로 옮겨서 같은 역할을 맡기려 한 것이다.[5] 클뤼니에서도 수도사의 죽은 혈육을 위한 추모는 2월 3일과, 사도 베드로와 바울 축일로부터 8일째에 해당하는 7월 6일에 행하고 있었다. 성령강림절로부터 8일째에 해당하는 목요일과 (9월 29일인) 대천사 성 미카엘 축일에는 수도원 묘역에 잠들어 있는 수도사들을 위해 기도를 올렸다. (프랑스 중남부) 라쉐즈디외의 베네딕트회 수도원에서는 1월 14일이 죽은 자를 위한 기념일이었다. 도미니크회 수도사는 2월 4일에 부모를 위해 특별한 기도를 올렸다.[6]

흥미로운 것은 이러한 축일들이 죽은 자의 출현을 재촉하는 특별한 계기가 되지는 않았다는 점이다. (만령절인) 11월 2일에 관해 말하자면, 이 축일은 비교적 새로운 것이었으므로 더더욱 유령의 출현은 이 날에 얽매이지 않았다. 11월 2일에 기념된 것은 죽은 자 전체였지만, 유령의 출현은 대부분 죽은 자 개인과 관련되어 있었다. (범위는 적지만 대다수의 다른 축일들도 마찬가지로 죽은 자를 기린다.) 게다가 죽은 자는 (몽타이유에서 소문이 났던 것처럼) 만성절이나 (보케르의 유령이 증언했던 것처럼) 대천사 성 미카엘 축일에 고난에서 벗어나 마침내 산 자의 주위에서 자취를 감추었다.

이처럼 유령이 출현하는 시간은 (중재의 기간이 사망일을 기준으로 30일이나 1년으로 정해지는 것처럼) 주로 개인적인 시간의 논리나, 아니면 교회의 전례에 부분적으로만 계승된 더 오래된 달력의 리듬에 기초해 있었다. 한 해 가운데 유령이 유독 잘 나타나는 특정한 시기가 있다면, 우리가 살펴본 중세의 이야기들에서는 성탄절, 그리고 성탄절에서 (1월 6

---

* 파렌탈리아(Parentalia): 고대 로마에서 죽은 자들을 기리기 위해 열렸던 제의. 2월 13일에 시작해 9일 동안 지속되었으며, 마지막 날인 22일에는 무덤에 공물을 바쳤다.

일인) 예수공현축일까지의 12일 동안, 나아가 더 넓게는 1년의 어두운 부분인 겨울이 그에 해당된다. 오더릭 비탈리스에 따르면, 발슐랭이라는 사제가 길 한복판에서 헬레퀴누스 일당과 마주친 것은 1091년 1월 1일이었다. 14세기 초 몽타이유에서는 영매인 아르노 젤리스가 정확한 날짜를 알려준다. 그는 같은 해 성탄절로부터 5일 뒤에 파미에에 살던 아르노 드 칼멜의 어머니인 바르셀로나의 영혼을 보았다고 했다. 이러한 유령의 (특히 집단적인) 출현과 죽은 자의 귀환에 적합한 시기로 여겨졌던 동지冬至 사이에는 분명히 연관성이 있을 것이다.[7] 고대 로마 세계에서는 1월 1일이 유사한 의미를 지니고 있었는데,[8] 교회는 그날 행해지던 가장행렬을 오랜 기간에 걸쳐 죄악시했다.

그러나 가장 먼저 살펴보아야 할 것은 유령이야기의 작가들이 이야기 안에서 밝히고 있는 이유이다. 그것은 죽은 아버지의 유령을 보았다는 어떤 목격자가 오틀로 폰 장크트엠메람에게 했다는 말에서 분명하게 드러나 있다. 아버지의 유령은 "죽은 날로부터 1년 동안 자주 자식에게 나타나" 기도를 올려 사후의 고통에서 구원해달라고 간청했다. 자식이 아버지의 구원에 무관심한 태도를 보였으므로 아버지는 "다음 성탄절에" 다시 그에게 모습을 나타냈다. 이때 유령은 성탄절을 선택한 이유에 관해 그 날 밤에는 산 자의 기도로 고통을 완화시킨 죽은 자의 영혼이 휴식을 얻을 수 있기(anime requiem habere merentur) 때문이라고 자식에게 설명한다. 그러나 중재를 게을리 하는 바람에 그가 겪는 고통은 자식에게 하소연할 만큼만 잠시 유예되었을 뿐이었다.[9] 여기에서는 시간의 두 가지 논리가 교차되어 있다. 하나는 사망일에서 기일에 이르는 죽은 자 개인에 대한 추모의 시간이고, 다른 하나는 죽은 자 전체에 대한 집단적인 추모의 시간이다. 성탄절에는 죽은 자들의 영혼이 아주 잠시 고통에서 벗어나 산 자를 방문할 수 있었다.

다른 이야기들은 성탄절 당일만이 아니라 더 넓게 성탄절 기간 전체를 언급하고 있다. 티트마르 폰 메르제부르크는 자신의 집에서 목격했던 소란스러운 유령의 출현을 정확히 12월 18일에 일어난 사건으로 기록하고 있다. (하지만 그것은 1012년 1월 18일에 일어난 것일 수도 있다.) 죽은 자가 되풀이해서 이 세상에 나타난 경우에는 성탄절과 연말연시가 중심이 된다. 예컨대 장 고비에 따르면, 기 드 코르보의 유령은 (12월 27일로 복음사가 성 요한 축일에 해당하는) 성탄절 다다음날에서 [1월 6일인] 예수공현축일 사이에 처음에는 그의 아내에게, 나중에는 장 고비에게 나타났다. 그들은 부활절에도 유령이 나타나리라고 기대했으나 유령은 더 이상 출현하지 않았다. 이로써 겨울이 끝남과 동시에 죽은 자가 연옥에서 벗어났다는 사실이 밝혀졌다.

하인리히 부슈만의 경우에는 (모두 14회에 이르는) 유령의 출현이 11월 11일에서 [5월 무렵인] 예수승천축일에 이르는 시기에, 곧 동절기 내내 지속되었다. 이 시기가 선택된 이유는 민속학적으로 설명할 수 있다. 성 마르티누스 축일인 11월 11일은 [프랑스 민속학자] 클로드 게뉴베가 '민중의 겨울'[10]이라고 부른 계절이 왔음을 알리는 날로, 곰과 야인野人은 그 날 죽은 자의 나라를 상징하는 굴에서 밖으로 나온다고 여겨졌다. 예수승천축일에 하인리히의 영혼은 그리스도의 발자취를 따라 하늘로 올라갔다. 그래서 아른트가 성령강림절에 다시 할아버지의 영혼이 출현하리라고 기대했는데도 모습을 드러내지 않았던 것이다.

아른트의 기대가 배신당한 일은 쉽게 설명된다. 대다수의 유령이야기가 봄으로 바뀌는 축일인 성령강림절에 주의를 기울이고 있기 때문이다. 라울 글라베르의 보고에 따르면, 무티에르생장의 수도사 불셰르는 성령강림절로부터 8일째가 되는 일요일인 (곧 성립강림절 이후 첫 번째 일요일인) 삼위일체주일 동틀녘에 축복받은 죽은 자들이 그가 속해 있는 수도원의 교회를 가득 메우는 모습을 목격했다. 그들은 사라센인의 침공으로 목숨을 잃은 기독교 순교자들로 교회의 영광과 상징적으로 결합되어 있었다.[11] 이 축일은 예로부터 장례의식과 연관된 특징을 지니고 있었다. 전해지는 말에 따르면 죽은 신자 모두를 위한 축일은 클뤼니의 오딜롱이 11월 2일로 옮기기 전까지는 성령강림절 다음날이 었다고 한다. 세비야의 이시도루스가 쓴 『수도 규칙Regula monachorum』에 는 수도원 묘역에 잠들어 있는 수도사들을 위한 기념일이 성령강림절 로부터 8일째 되는 일요일 다음날로 정해져 있었다.[12]

축일이 11월로 옮겨진 것을 정당화하는 이유 가운데 하나로 가을에 식량이 풍부히 비축되어 있기 때문에 수도원에 몰려드는 가난한 자의 무리에 효과적으로 대처할 수 있다는 사실이 거론되기도 한다. 가난한 자는 죽은 자를 대신한다고 여겨지고 있었고, 가난한 자들에게 제공되 는 물질적인 양식은 정신적인 '양식', 곧 죽은 자의 고난을 단축시키는 중재의 상징이었다.[13]

하지만 그렇다고 해서 원래의 축일이 없어진 것은 아니다. 디종의 생베니뉴에서는 수도사들이 '성령강림절에서 8일째가 되는 주, 곧 삼 위일체 주간의 두 번째 날(월요일)'에 죽은 자를 위해 기도를 올렸다. 새벽기도 때에는 12명의 가난한 자들에게 빵과 고기를 넉넉히 주었 고, 뒤이어 그곳을 찾아온 가난한 자 모두에게 빵과 포도주를 대접했 다. 클뤼니에서도 수도원장 위그가 수도원 묘지에 잠들어 있는 죽은 자들의 기념일을 목요일로 정했다. 위그는 그날은 '만성절과 마찬가지 로' 저녁기도 시각에 종을 치고, 12명의 가난한 자들에게 수도원 안에 서 식사를 제공해야 한다고 적었다. 앞서 살펴본 클뤼니의 유령이야기 에 등장하는 군인 귀족에게 성령강림절은 기사단의 대축일이었다. 젊 은 전사들은 그날 단체로 기사서임식을 했다. 일종의 통과의례이자 상 징적인 죽음이었던 기사서임식을 거치며 젊은이는 최초의 신분과 '결 별하고' 연장자의 지도와 가문·조상의 보살핌 속에서 기사 신분으로 '다시 태어났다'.[14] 이때 새로 서임된 기사는 마상창시합을 비롯한 전쟁놀이들을 즐겼다. 그러나 성직자들은 곧바로 그러한 의식의 폭력성을 단죄했고, 당연히 수많은 유령이야기들에 마상창시합에서 젊은 나이로 비명횡사한 기사들이 등장했다.

죽은 자들의 일주일

유령이 출현한 요일을 정확하게 기록한 이야기들도 많다. 오래된 전통에 따르면, 죽은 자들도 산 자와 마찬가지로 1주일 단위의 주기에 맞추어 생활하고 있으며, 7일째에는 휴식의 시간이 주어진다. 유대교에서도 죽은 자를 위한 안식일*이 지옥으로 떨어진 영혼의 고통을 잠시나마 멈추어준다고 여겼다.[15] 기독교도들은 당연히 일요일을 죽은 자를 위한 안식일로 선택했다.

외경인『바울의 환시*Visio Pauli*』에서 착상을 얻은 것이 분명해 보이는『성 브렌다누스의 항해*Navigatio sancti Brendani*』**는 지옥으로 떨어진 유다가 부근의 섬에서 간간이 짧은 휴식을 누린다고 전하고 있다. 유다는 섬을 방문한 사람들에게 자신이 그곳에서 평온하게 지낼 수 있는 것은 토요일 저녁부터 일요일 저녁까지와 성탄절 기간의 2주, 성모 마리아 축일 당일, 부활절, 성령강림절뿐이고, 나머지 시간은 아무리 성대한 축일이라도 멈추지 않고 지옥에서 끔찍한 형벌을 받고 있다고 설명한다.[16] 저버스 틸버리와 에티엔 드 부르봉이 전한 시칠리아의 전설에 따르면, 에트나 화산의 불길에 타고 있는 죽은 자의 영혼은 토요일과 일요일 사이의 밤부터 일요일과 월요일 사이의 밤까지 휴식을 얻는다.

---

* 유대교의 안식일은 금요일 저녁부터 토요일 저녁까지이다.
** 신의 계시를 받은 아일랜드 수도사 성 브렌다누스(St. Brendanus, 484?~577?)가 다른 수도사들과 함께 오랜 항해 끝에 '성자들의 약속의 땅'에 다녀왔다는 여행기이다. 환상의 섬들과 기이한 동물과 같은 경이로운 모험이야기가 담겨 있다. 오늘날 유럽 전역에 100여개의 필사본이 전해지는데, 가장 오래된 것은 900년 무렵에 작성된 것이다.

그리고 그 뒤 다시 1주일 동안 새로운 고통을 겪는다.[17]

　11세기 이후 이러한 전설과 관련되어 전례에 새로운 요소가 추가되었다는 사실이 라울 글라베르와 피에르 다미아니의 저작으로 입증된다.[18] 죽은 자에 대한 혹독한 형벌은 일요일과 월요일 사이의 밤에 다시 시작되므로 특히 그 순간에 죽은 자를 위해 기도를 올리는 것이 바람직하다는 것이다. 12세기와 13세기에 들어서면서 전례학자인 장 벨레트와 시카르도 다 크레모나, 기욤 뒤랑이 그런 주장을 펼쳤다.[19] 토마스 초밤과 같은 고해사제와 장 고비와 같은 설교가들은 묘지를 가로지르는 예배행렬, 묘지의 축성, 추모미사의 집전을 월요일에 해야 하는 일로 정해서 그러한 신앙을 보급하는 데 기여했다.[20]

낮과 밤

　하루 안의 시간대의 차이도 유령과 무관하지 않다. 티트마르 폰 메르제부르크의 조카딸 브리기테는 위트레흐트 주교에 관해 이야기하면서 "낮이 산 자를 위한 것이라면, 밤은 죽은 자를 위해 남아 있다"고 말했다.[21] 아주 일부의 예외를 빼면 유령은 밤에 나타난다. 경우에 따라 필요하면 꿈에 나타나기도 하지만, 해질녘, 달밤,[22] 자정이나 늦은 밤, 저녁식사 이후 10시나 11시 무렵,[23] 새벽기도를 마친 뒤[24]에 깨어있는 사람에게 모습을 드러내는 경우가 많았다. (꿈의 경우에는 새벽기도 시간대에 나타난 것이 가장 진실성이 높은 것으로 여겨졌다.) 바이랜드의 유령들도 마찬가지로 밤 시간을 좋아했다. 그 가운데 하나는 '밤마다' 무덤에서 '빠져나와' 인근 주민을 두려움에 떨게 했다.[25] 개중에는 오히려 동틀 무렵에 나타나는 유령도 있었다. 티트마르에 따르면 12월 18일 금요일의 동틀 무렵, 닭이 처음 울기 시작할 때쯤에 교회 전체가 환한 빛에 휩싸이며 죽은 자의 귀환을 알리는 격한 신음소리가 들려왔다고 한

다.[26] 유령이 정오에 깨어있는 사람에게 모습을 나타냈다는 사례도 있지만, 그런 일은 드물었다.[27]

그렇다면 왜 밤인가? 전통적으로 어둠은 악마와 악령, 그리고 지옥과 진배없는 장소들에서 고통을 받고 있는 유령과 같은 무시무시한 초자연적인 존재들한테 어울리는 것으로 여겨져 왔다. 하지만 중세 사람들이 밤에 대해 가지고 있었던 공포심을 과장해서는 안 된다. 중세에도 불안감 없이 아름다운 밤의 정적을 즐길 수 있었다. 예컨대 바젤 주교좌성당의 참사회 주임은 양껏 식사를 즐기고 한잠 푹 잔 뒤에 밤 11시 무렵에 '일어나 볼일을 보러 갔다'. 그러고는 다시 침상으로 돌아와서 정적에 감싸인 허공과 밤기운을 실컷 맛보기 위해 묘지 쪽의 창문을 열어놓았다.[28]

물론 주임의 무신경도 그의 잘못 가운데 하나였다. '밤의 끔찍한 공포'는 기독교도에게 그들이 짊어져야 할 의무를 가르치는 데 도움이 되었기 때문이다. 공포는 [종교사학자] 장 들뤼모가 '공포심을 부추기는 기독교'라고 표현했던 이데올로기적 기획의 일환이었다.[29]

바이랜드의 수도사는 요크셔를 출발해 산티아고데콤포스텔라로 향했던 순례자 일행이 교대로 불침번을 섰던 이야기를 전했는데, 그 이야기에는 사람들이 밤에 대해 품고 있던 일반적인 생각이 훌륭하게 묘사되어 있다. "그들은 대로 인근의 숲에서 밤을 보냈다. 밤의 공포 때문에(propter timorem nocturnum) 그들은 한 명씩 교대로 일정한 시간 동안 불침번을 섰다. 그래서 다른 사람들은 그 동안 안심하고 잠을 잘 수 있었다."[30]

성직자들은 밤에 대한 이러한 일반적인 공포심에 대해 신학적인 설명을 덧붙였다. 하인리히 부슈만이 손자인 아른트의 질문에 대답하며 했던 말에서도 그러한 설명의 영향이 엿보인다.

"왜 낮이 아니라 밤에 내게 나타나는가?"

그러자 유령은 대답했다.

"신에게 갈 수 없는 한, 나는 밤의 어둠 속에 머무른다. 그래서 낮보다도 밤을 선택해 지상에 출현하는 것이다."[31]

지상의 밤은 사람들을 가장 불안하게 만드는 존재가 출현하기 알맞게 죄악과 마찬가지로 어두컴컴했다. 그것은 유령이 이승까지 가지고 온 저승의 어둠처럼 까맸다. 저승의 어둠은 신과 직접 대면해 그 빛을 받을 수 없었던 영혼들의 거처였다.

유령은 어디에서 오나

유령이 두 종류의 시간과 관련되어 있는 것과 마찬가지로 죽은 자가 속한 공간도 3개로 나뉜다. 첫째는 시신이 썩고 있는 무덤이 있는 장소이다. 둘째는 죽은 자의 영혼이 (연옥처럼) 일시적이거나 (지옥이나 천국처럼) 최종적으로 머무르게 되는 상상의 세계에 있는 장소이다. 셋째는 산 사람이 한 명의 죽은 자나 죽은 자의 무리를 목격하는 지상의 장소이다. 이 3개의 공간은 서로 밀접히 연관되어 있다.

죽음의 순간에 이루어지는 영혼과 육체의 분리는 죽은 자가 시신과 별개로 (때로는 시신에서 멀리 떨어진 장소에서) 출현하는 것을 정당화한다. 이 세상에 출현하는 것은 순전히 모상일 뿐이라고 정의해서 시신에 대한 '관심'을 배제시키려 했던 교회의 가르침을 가장 충실하게 따른 유령이야기에서는 죽은 자가 '신의 허락'을 받아 아무런 제약도 받지 않고 출현한다. 이와 같은 유형은 고대로까지 거슬러 올라간다.『구약성서』에서도 (「사무엘기 상」 25장에 따르면) 라마에 묻힌 사무엘이 (「사무엘기 상」 28장에 따르면) 엔도르에서 나타난다. 가경자 피에르가 샤를리외에서 독살당한 수도원장 기욤의 영혼을 꿈에서 본 곳도 로마였다. 마르무티에서는 한 수도사가 그 날 잉글랜드에서 죽은 형제의 모습을 보았다. 성직자들은 유령이 지상에서의 육체의 무게에 얽매이지도, 공간이나 시간의 제약을 받지도 않는다고 설명했다. 저버스 틸버리의 이야기에 등장하는 압트에 살던 젊은이의 유령은 동시에 수많은 장소에 출현하는 능력까지 지니고 있었다. 그래서 그는 론 강의 왼쪽 지역에서 낮잠을 즐기고 있던 사제와 강의 오른쪽 지역인 보케르에 있는 어린 사촌누이를 똑같은 시각에 방문할 수 있었다.

그러나 모든 유령이 그렇게 쉽게 무덤을 벗어날 수 있는 것은 아니었다. 많은 유령들이 묘지의 자기 무덤 부근에서 출현했으며, 요크셔나 브르타뉴의 유령처럼 시신 자체에 물리적으로 힘을 가하지 않고서는 진정시킬 수 없는 영혼도 있었다.

죽은 자의 저 세상에 있는 상상 속의 거처와 유령이 되어 나타난 지상의 장소도 복잡한 연관성을 지니고 있다. 연옥을 사후세계에 있는 특정한 장소로 보는 교리가 형성되기까지는 확실히 오랜 시간이 걸렸다. 훨씬 시대가 지난 뒤에도 유령이야기에는 여전히 그러한 모색의 흔적이 나타난다. 12세기 중엽의 이야기에서는 죽은 자 하나가 수도사들이 올려준 기도 덕분에 끔찍한 고통을 안겨주던 '연옥의 불길'에서 벗어나 이제는 (위안의 공간인) '레프리게리움(refrigerium)'*으로 옮겨갔으며, 그곳에서 최후의 심판을 기다리면서 큰 행복을 맛보고 있다고 말했다고 나온다.[32] 연옥이라는 개념이 아직 모색되는 단계에 있었음을

---

* 라틴어 레프리게리움(refrigerium)에는 '청량함, 위안, 회복, (고통의) 경감, 완화'라는 뜻이 있다. 고대 로마에서는 레프리게리움을 제사 음식을 가리키는 말로 사용하였는데, 장례식 날과 이후 9째 되는 날, 그리고 1년째 되는 기일 등에 레프리게리움을 마련해 죽은 자에게 바쳤다고 한다. 테르툴리아누스(Tertullianus, 155?~230?)를 비롯한 초기 기독교 교부들은 선택받은 영혼들이 최후의 날 천국에 들어가기를 기다리며 휴식을 취하는 장소를 레프리게리움이라고 부르기도 했다.

보여주는 (그 시대에는 매우 일반적이었던) 이 이야기에서 죽은 자의 영혼은 테르툴리아누스까지 소급되는 역사적 전통에 따라서 '연옥의 불길'에서 정죄의 시간을 보낸 뒤 선택받은 사람들의 완전한 지복을 맛볼 수 있는 '위안'을 얻는다.[33]

13세기 이후에는 연옥을 이제 막 '고안'해낸 교회의 교리를 좇아서, 영혼은 연옥에서 고통을 겪는 동안 아주 잠시 그곳을 벗어나 자신에게 중재의 은혜를 베풀어줄 산 자에게 출현한다고 여겨졌다. 하지만 이 시대에도 모든 유령이야기가 이런 도식을 따르고 있었던 것은 아니다. 지옥으로 떨어진 영혼은 이미 산 자에게 아무 것도 기대할 수 없는 것이 원칙이었으나, 지옥에서 이 세상으로 귀환하는 경우마저 있었다.[34] 심지어 '연옥'이 언제나 그 이름으로 불리지도 않았다. 우리가 다루고 있는 유령이야기들은 『트누그달의 환시』나 『성 파트리키우스의 연옥』 등과는 달리 사후세계의 다양한 장소의 지리를 묘사하는 것을 목적으로 하고 있지 않고, 고통에 시달리는 영혼의 고난을 묘사해 산 자의 중재를 촉구하는 것에 주된 목적을 두고 있었기 때문이다. 요컨대 서기 1200년이 지나서도 연옥의 개념은 여전히 '공적인' 교리에 얽매이지 않은 채 다양한 변형을 겪고 있었던 것이다.

영혼이 '지상에서' 죄의 대가를 치른다는 교황 그레고리우스 1세의 전통적인 사고방식은 오랫동안 존속되었다. 죽은 자가 '죄를 저지른 장소'로 돌아오는 경우도 드물지 않았다. 가경자 피에르의 이야기에 등장하는 유령 하나는 "우리는 전에 죄를 저지른 장소에서 그 죄에 해당하는 벌을 받는다"라고 말한다.[35] 죽은 자는 자신들에게 매우 친숙한 장소에도 자주 출현한다. 예컨대 콘스탄츠 인근에서 기록된 『페테르스하우젠 연대기Chronicon Petershusanum』(1156년)에는 수도원 안에서 최근에 죽은 수도사 베른하르트의 유령을 목격한 수도사의 놀라움이 묘사되어 있다. 죽은 자는 신에게 벌로 '회랑을 뛰어다니며 구석구석을 살

피라는' 명령을 받았다고 밝힌다.[36)]

유령의 배회, 나아가 지상연옥이라는 개념이 별도의 표상으로 등장한 경우도 있었다는 사실을 떠올려보자. 14세기까지도 알레스에 살던 기 드 코르보의 유령은 낮에는 지구 중심에 있는 '공동의 연옥'에서 보내고, 밤은 '개별의 연옥', 곧 자신의 아내였던 과부의 침실에서 지낸다고 밝혔다. 그러나 보케르의 유령은 반대로 죽은 자의 영혼은 죽은 날로부터 3일이나 4일까지는 지상을 떠돌다가, 그 뒤에는 '공중의 연옥'으로 들어간다고 말했다. 몽타이유의 농부들도 영혼이 연옥에서 혹독한 벌을 받는 대신에 지상을 배회하다가 달콤한 '안식의 장소'로 향한다고 말하면서 정통 교의와는 뚜렷하게 구별되는 전설을 믿고 있었다.

유령이 연옥(vegevure)에 관해서 대략이나마 '올바르게' 말하는 것을 듣기 위해서는 15세기 전반에 하인리히 부슈만이 라인란트에 출현할 때까지 기다려야 했다. 하지만 이 유령마저도 여전히 연옥에서 벗어난 영혼이 '천사의 9계급'을 거치며 단계적으로 천국에 이르게 된다는 독창적인 견해를 펼쳤다. 하인리히의 유령은 최근에 죽은 아른트의 친구는 연옥에서 겨우 7시간을 보낸 뒤 곧바로 천사의 제3급에 도달할 수 있었다고 전했다. 그리고 어떤 과부는 이미 제8급까지 도달해서 성모 바로 가까이에 있다고 말했다.[37)] ("제가 가게 될 곳은 연옥인가요, 천국인가요?"라고) 아른트가 자신의 사후운명에 관해 묻자, 할아버지는 그에게 이렇게 알려주었다. 너는 "예수 그리스도가 아담과 이브, 그리고 그들과 같은 종류의 인간들을 지옥에서 구원해 하늘로 인도할 때까지 머무르게 하는 장소에서" 처음 10일을 지내게 될 것이다.[38)] 이 이야기의 독창성은 연옥과 천국 사이에 천국의 예비공간과 같은 장소를 만들어 놓고는, 아담과 이브를 비롯한 구약성서에 등장하는 의인들이 '지옥'이나 '족장들의 림보'라고 불리는 장소에서 그리스도에게 구출되어 그 예비공간에 머무르고 있다고 밝힌 내용에 있다.[39)]

이렇듯 사후세계의 공간에 관한 죽은 자의 계시는 신학자나 설교가와 같은 연옥 이론가들이 새로운 교의를 일반인들에게 보급하기 위해 만들어낸 일관되고 고정된 연옥의 이미지에 미묘한 의미의 차이들을 가져다주었다. 이러한 차이와 머뭇거림들 때문에 성직자들은 사후세계의 장소에 대한 통일된 이미지를 정착시키려고 더 열심히 노력했을 것이다. 연옥이라는 용어가 보급된 과정을 자세히 살펴보면, 연옥이 자신의 공간과 시간을 찾아가는 과정에서 다른 가능성도 오랫동안 함께 존재하고 있었다는 사실을 알 수 있다.[40] 유령이야기는 성직자의 저술과 속인들의 구비전승이 맞닿아 있는 지점에서 사후세계에 관한 중세의 표상이 훨씬 더 다양하고 유동적이었음을 우리에게 보여준다. 유령이야기가 흥미로운 것은 이 때문이다.

안과 밖

산 자에게 죽은 자를 어디에서 만나게 되는가 하는 문제는 죽은 자가 어디에서 오는가 하는 문제 이상으로 중요하다. 유령이야기에는 몇 개의 전형적인 장소가 묘사되어 있기 때문에, 유령이 홀로 나타나는지 집단으로 나타나는지, 꿈에 나타나는지 깨어있을 때 나타나는지 등에 따라 장소를 나눠볼 수 있다.

우선, 유령이 꿈에 나타나는 경우에는 집, 침실, 침대가 전형적인 장소이다. 깨어있을 때도 그 장소들에서 유령이 목격되는 경우가 많다. 하지만 유령이 홀로 모습을 나타내고, 개성이 명확히 부여되어 누군지 식별되는 경우에 한해서 그렇다.

집단으로 나타나는 유령은 가정적인 장소를 좋아하지 않는다. 그들은 집밖 야생의 공간을 좋아하는데, 거주자가 떠난 뒤 오래 방치된 폐가도 거기에 포함된다. 고대부터 이미 자주 묘사되었던 귀신들린 집이라는 소재는 (5세기에) 리옹의 콘스탄티누스가 쓴 『오세르의 성 게르마누스 전기*Vita Germani Autessiodurensis*』에서 〔15~16세기의〕 가일러 폰 카이저스베르크의 독일어 설교에 이르기까지 기독교 문학의 흐름 안에서 일관되게 나타나고 있었다.[41]

반대로 홀로 나타나는 죽은 자는 대부분 자기 집에서 가족의 일원에게 모습을 드러낸다. 유령이야기는 유령이 나타난 집의 내부모습을 상세히 묘사한다. 한가운데에 침대가 있고, 꿈을 꾸는 사람이 누워 있다. 반쯤 잠에 빠져 있거나, 눈을 완전히 뜨고 있는 사람이 누워 있는 경우도 있다. 그들은 자신의 눈앞에 갑자기 죽은 혈육이 서 있는 것을 목격한다. 기 드 코르보의 유령이 밤마다 미망인의 잠을 방해하러 왔을 때 미망인은 잠들어 있지 않았으나, 그 장면에서도 침대가 중앙을 차지하고 있다. 이 이야기에서는 전에 부부가 차마 말로 밝힐 수 없는 죄를 저지른 장소로 침대가 묘사되고 있고, 그 죄는 분명히 유령의 귀환과 무관하지 않다. 다른 이야기에서는 침실의 난로가 죽은 뒤에 맞이한 징벌의 불길을 연상시킨다. 몸이 꽁꽁 언 죽은 자가 난로에 몸을 녹이려고 붉게 달궈진 숯불을 익숙한 솜씨로 휘젓고 있는 이야기도 있다.[42]

집의 (문·문지방·창문과 같은) 물리적 경계도 두드러진 역할을 맡고 있다. 안(*intus*)과 밖(*foris*)의 대비는 중세 이데올로기에서 근본적인 도식을 이룬다. 따라서 이것은 집 안에 있는 산 자를 집 밖에 있는 퇴치해야 할 사악한 영혼이나 죽은 자로부터 분리시키고 보호하는 역할을 한다. 체사리우스 폰 하이스터바흐가 쓴 교훈예화에서는 죽은 집주인이 문을 두드리며 큰 소리로 불러도 문은 그대로 닫혀 있다.[43] 문지방은 유령이 출현하는 친밀한 공간의 경계를 나타낸다. 다른 산 자가 문지방 앞에 서도 아무도 보이지 않거나, 아니면 그 인물이 나타났다는 것만으로도 유령은 모습을 감추어버린다.[44] 어떤 사람은 집의 담장 밖을 내다보면서 집 바깥을 지나가는 무시무시한 죽은 자의 무리를 목격하고,[45] 창문 너머로 집 가까이의 묘지에서 춤을 추는 죽은 자의 모습을 관찰하기도 한다.[46] 가경자 피에르의 기적이야기에서는 거꾸로 피에르 앙겔베르와 죽은 하인 산초가 방 안에서 대화를 나누고 있는데, 죽은 자 하나가 집 밖 창틀에 기대선 채 참견을 한다.[47]

수도원에서 수도사들의 공동침실과 침대는 꿈을 묘사한 유령이야기에서 수도원 내부공간의 중심으로 표현된다. 깨어있을 때 나타난 유령도 대부분 밤에 모습을 드러내지만, 이 경우에는 오히려 교회가 무대이다. 새벽기도를 올리는 동안에 의식이 몽롱해져 있던 수도사한테 갑자기 죽은 수도사의 유령이 나타난다. 수도원에서 유령이 출현하기에 적합한 또 하나의 장소는 회랑이다. 현왕 알폰소 10세의 『성모 마리아 송가집Cantigas de Santa Maria』에는 두 사람의 동료 수도사에게 나타난 죽은 수도사의 이야기와 관련해 회랑이 묘사되어 있다. 영매 아르노 젤리스가 파미에의 성당참사회원 유령과 마주쳤던 곳도 역시 성당의 회랑이었다.[48]

묘지

묘지는 유령이 출현하기에 가장 적합한 장소 가운데 하나였다. 기원후 1천 년부터 18세기에 이르기까지 산 자의 공간과 죽은 자의 공간이 근접해 있었던 것은 유럽의 전통사회와 심성의 역사에서 나타나는 중요한 특징이다. 절대왕정의 말기에 도시에 있는 묘지에서 유골이 파헤쳐지고, 묘지는 교외지역으로 추방되었다.[49] 하지만 그 이전 시기, 곧 봉건영주와 마을들이 기반을 이루고 있던 유럽의 여명기에서는 마을이 세워지기 전에 묘지가 조성된 곳도 있었다. 〔프랑스 역사가〕 로베르 포시에가 "죽은 자의 주위로 그 자손들의 경작지가 모여 있었다"라고 썼던 것처럼,[50] 죽은 자 주위에 산 자가 모여 있었다고도 볼 수 있다. 오늘날에도 유럽의 많은 마을들에서 볼 수 있듯이 소교구의 교회를 중심으로 동심원을 그리듯이 무덤들이 밀집해 있었고, 묘지는 외벽으로 둘러싸여 있었다. (물론 우리가 다루고 있는 시대의 무덤은 모두 비슷비슷했고, 묘지로 이용되는 토지도 기껏해야 죽은 자 모두를 위해 세워진 커다란 십자가로 표시되고 있었을 뿐이었다.) 주교는 소교구를 돌아볼 때마다 거룩한 공간을 속된 공간으로부터 격리시키고, 동물들이 무덤 주위를 돌아다니지 못하게 막으려고 외벽의 보수를 게을리 하지 않도록 끊임없이 주의를 주었다. 이 '기독교도의 땅'에서는 (유대교도처럼) 세례를 받지 않은 자, 세례를 받지 않은 상태에서 죽은 어린아이, 구덩이로 스스로 뛰어들거나 강물에 몸을 던져 자살한 자들은 배제되었다. (세례를 받지 못하고 죽은 아이들을 위해서는 머지않아 사후세계에 있는 유아 림보의 지상판이라고 할 수 있는 '구석진' 땅이 마련되었다.) 묘지 밖으로 마을의 나머지 부분이 펼쳐지고, 그 맞은편에는 전통적인 농경지(*ager*)와 미개간지(*saltus*)*의 구분에 맞추어 농경지가 숲에 둘러싸여 있었다.

교회와 마을 사이에 자리하고 있는 묘지는 둘 사이를 중개하는 역할을 했다. 산 자는 교회에 다녀올 때만이 아니라 마을을 가로지를 때, 도시의 경우에는 어떤 구역에서 다른 구역으로 이동할 때마다 묘지를 지나다녀야 했다. 그들은 묘지의 주위를 따라서 걷거나 그것을 가로질러 갔다. 묘지 안에서 죽음이나 망자와 별로 관련 없어 보이는 놀이와 상행위도 했다.[51] 하지만 그런 활동이 묘지와 무관하다는 것은 신학자나 설교가의 생각일 뿐이었고, 마을 주임사제는 다르게 생각하기도 했다. 교회는 사람들이 교회와 묘지에서 춤추는 행위를 언제나 '이교적'이고 '미신적'이며 '저속한' 짓이라고 맹렬히 비난했다. 하지만 교회가 이를

---

* 로마인들은 농촌의 공간을 경작지인 '아게르(ager)'와 인간의 손길이 닿지 않은 '살투스(saltus)'로 구분했다. 라틴어에서 '아게르'는 '밭, 평지', '살투스'는 '숲, 삼림'이라는 뜻을 나타낸다.

금지한 것은 오히려 죽은 자의 공간을 각자의 방식으로 신성시하고 있는 두 가지 행동양식이 서로 경쟁하고 있었음을 증명해주는 것은 아닐까? 교회의 전례의식을 앞에 두고도 젊은 무용수들은 박자를 맞추어 죽은 자의 땅을 쿵쿵 구르며 죽은 혈육이나 조상과 소통하려고 했다. 죽은 자 자신이 밤이 되면 묘지에서 춤을 추기 시작한다고 이야기되고 있었던 것처럼, 그리고 묘지 안에서 원을 그리며 맴도는 '죽음의 무도'가 인근 교회의 외벽이나 묘지의 납골당에 그려지곤 했던 것처럼, 그들도 묘지 안에서 춤추며 흥겨워했다.[52] 이처럼 묘지는 속어문학에 자주 등장하는 (악령이 묘지를 에워싼 채 죄가 없는 영혼을 낚아채려고 엿보고 있는) '위험한 묘지'라는 주제가 잘 표현하고 있듯이[53] 몽환적이고 야릇한 장소였다.

기적이야기 중에도 유령 출현의 무대가 된 묘지 내부의 구조가 자세히 묘사된 것이 있다. 가경자 피에르에 따르면, 침대에서 잠자고 있던 클뤼니의 젊은 수도사는 전에 수도원장이었던 아샤르라는 이름의 죽은 숙부의 영혼에 이끌려 수도원 중앙의 회랑에서 의무실 회랑을 거쳐 묘지 입구에 당도했다. 그러자 죽은 수도원장의 영혼과 그의 조카 곁으로 죽은 수도사들의 영혼이 무수히 나타나 총회를 열었다. 묘지 한복판에는 '그곳에 잠들어 있는 신자들에게 경의를 나타내는' 죽은 자를 위한 등불이 눈부시게 빛나고 있었다. '존엄하고 거룩한 심판자'가 빛에 휩싸여 그곳에 앉아 있었고, 아샤르는 땅에 엎드려 그에게 늦게 온 것을 사죄했다. 총회를 마치자 죽은 수도사들의 행렬이 다른 문을 통해 묘지를 빠져나갔는데, 어떤 자는 재빠르게, 어떤 자는 천천히 거대한 불길 속을 걸어갔다.[54] 이처럼 이 이야기는 지상의, 특히 수도사들이 생활하고 있던 수도원의 묘지 공간 안에 심판의 이미지와 죄를 '정화하기' 위해 거쳐야만 하는 불의 이미지를 묘사해 놓고 있다.

야생의 경계

거주지를 벗어나면 유령이 홀로 출현하는 경우는 매우 드물어진다. 죽은 자가 들판 한가운데에 나타나는 경우도 있지만, 이런 경우는 매우 예외적이라고 할 수 있다.[55] 하지만 반대로 죽은 기사의 유령이 지옥의 마상창시합을 벌이는 것은 성 근처에 있는 들판이다.[56] 아리에주에서는 저 너머에 펼쳐진 야생의 장소, 곧 '골짜기와 숲'에서 죽은 자의 유령이 배회하고 있었다.[57] 왕국과 교구를 벗어나는 지점인 변경은 죽은 자의 무리, 곧 헬레퀴누스 일당이 출현하기에 맞춤인 장소였다. 월터 맵은 죽은 자들의 왕인 헤를라가 이끄는 환영들의 군대가 마지막으로 목격된 곳이 웨일스의 변경인 헤리퍼드 주였다고 기록했다. 웨일스의 주민들은 헤를라가 잉글랜드와의 경계에 있는 와이 강으로 뛰어드는 모습을 보았다.[58] 기독교도식의 매장이 금지된 자살자의 시신은 강물에 띄어 멀리 떠내려 보냈다.[59] 요크셔의 유령에게 넘을 수 없는 경계선이 된 것도 하천이었다.[60] 이처럼 하천은 어떤 때는 산 자의 나라와 죽은 자의 나라를 가르는 경계선이 되었고, 어떤 때는 앞서 말한 재단사 스노우볼의 모험이야기처럼 죽은 자가 있는 곳으로 통하거나 죽은 자에게 속한 것이 되었다.[61]

대로(via strata)도 죽은 자의 무리에 관한 수많은 유령이야기들에서 중요한 역할을 맡고 있다. 오더릭 비탈리스에 따르면, 주임사제인 발슐랭은 멀리서 말과 수레, 개들이 내는 떠들썩한 소리가 들리자 헬레퀴누스 일당이 다가오고 있다는 사실을 알고는 길가에 있던(procul a calle) 나무 아래 수풀 사이로 간신히 몸을 숨겼다. 이 이야기에서 특히 강조되고 있는 것은 그곳이 황량한 장소였다는 점이다. 그날 밤에 주임사제는 '그의 교구 끄트머리에 사는' 병자를 간호하러 갔다가 돌아오는 길에 '혼자서' '외진' 장소를 지나야 했다.[62] 대로는 배회하는 죽은 자를 끌어들이고, 무리에 고유한 리듬을 준다. 죽은 자의 무리가 큰 길을 통해서 최종 거처에 도달하기도 한다. 셀레스타의 생트푸아 수도 원 이야기에서 흰 옷을 입은 죽은 자의 무리는 천국을 약속받았지만, 기사 발터가 목격했던 붉은 옷을 입은 죽은 자의 무리는 큰길을 따라 북쪽으로 가서 지옥이 위치한 '니벨의 산'으로 들어갔다.

특히 교차로는 전통적으로 온갖 불길한 힘이 작용하는 장소로 두렵 게 여겨졌다. 사람들은 그곳에서 중세 초기에 폭넓게 비난을 받았던 점치는 행위에 몰두하기도 했다.[63] 어느 고리대업자의 경우처럼, 교회 에 파문당한 상태에서 죽은 죄인의 시신을 교차로에 묻기도 했다.[64] 13 세기에 파리의 주교였던 기욤 도베르뉴는 교차로가 사람들이 자주 지 나다녀 더럽혀진 장소이므로 악마의 환영이나 마상창시합을 즐기는 기사의 망령이 출몰하기 쉽다고 밝혔다. 생태주의자의 선구자라고도 일컬어지는 이 파리 주교의 견해에 따르면, 전원에서는 반대로 그런 일이 잘 일어나지 않는다. 전원은 '매우 청결한' 장소이기 때문이다.[65]

이렇듯 유령이야기는 모든 공간과 시간이 선험적이지도 중립적이지 도 않다는 사실을 우리에게 일깨워준다. 모든 사회는 끊임없이 믿음과 행동을 위한 기본적 준거의 틀로 공간이나 시간을 구성해간다. 사회는 자신의 가치관을 시간과 공간에 투영하고, 나아가 그것들을 이용하고, 그것들에 대해 고찰하는 것이다. 여러 물질적·상징적 수단들 중에서 도 특히 상상 속에 나타난 죽은 자의 이동은 인간이 자신의 이익을 위 해 사회적 공간과 시간을 사고하고, 그것들을 통제할 수 있게 한다.

유령이야기, 사회적 관계의 교차점

유령이야기에 묘사된 공간과 시간을 [가로의] 씨줄이라고 하면, 산 자 와 죽은 자의 관계가 [세로의] 날줄이 되어 그것과 엮여간다. 이야기와 이야기 장르는 다양하게 존재하지만, 산 자와 죽은 자의 관계는 일정한 형식이 되풀이되어 나타난다. 가장 단순한 것은 자전적인 꿈 이야기에 자주 등장하듯이 산 자와 죽은 자가 직접 대면하는 경우이다. 다른 경우에서는 유령을 목격한 사람이 단지 죽은 자의 메시지를 최종적인 수취인에게 전달하는 심부름꾼의 역할만 맡는다. (이를 가경자 피에르는 '전령*(nuntius)*'이라고 불렀고, 마르무티에에서는 '중개자*(internuntius)*'라고 나타냈다.) 몽타이유에서는 영혼의 전령이나 '영매'의 기능이 꾸준히 그 고장 전체에 알려져 있었다. 수도원의 기적이야기와 설교사의 교훈예화에서는 그에 못지않은 중요한 다른 역할이 교회에 맡겨졌다. 죽은 자의 뜻을 전달받은 수취인이 다시 교회를 대표하는 수도원장이나 탁발수도회의 수도원장, 소교구의 주임사제에게 죽은 자가 요청한 미사를 행해달라고 부탁해야 했기 때문이다.

더 자세히 살펴보면 유령의 출현으로 부여된 그런 역할과 유령이야기를 전한 역할이 서로 연관되어 있음을 알 수 있다. 유령을 목격한 사람이 직접 성직자에게 그 사실을 알리고, 성직자가 이를 문서로 남긴 경우도 있다. 아니면 죽은 자를 위해 미사를 올리는 역할을 맡았던 사제가 자신이 들은 유령에 관한 이야기를 증언으로 남긴 경우도 있다. 이 경우에는 사제의 이야기가 문서로 기록된다. 그러나 증인이 기록자에게 보고한 것이 출처가 밝혀지지 않은 소문일 뿐인 경우도 있다.

이처럼 유령의 출현에는 죽은 자 하나와 산 자 하나, 이렇게 둘만 관련되어 있지 않다. 목격자·중개자·정보제공자·기록자·설교가·청중과 같은 일련의 사람들이 관계를 맺고 있는 것이다. 유령의 출현은 어느 특정한 장소에 한정된 초자연적인 사건이라기보다는 오히려 사람들 사이에서 유포되는 과정을 통해 사회적으로 형성된 문화적인 산물이다. 그러므로 이야기 속의 행위자들과 이야기의 전파나 수용에 관여한 사람들을 잇는 모든 사항들에 주의를 기울여야만 한다.

유령의 목격자와 유령이 전하려 한 메시지의 최종적인 수취인, 그리고 증인, 이 3자가 자리하고 있는 위치는 결코 자의적이지 않다. 오히려 유령의 출현은 그 이전부터 이미 존재하고 있던 인간관계의 내부, 바꿔 말하면 한 명의 친지의 죽음으로 새로 접촉하게 된 여러 인물들이 맺고 있는 관계의 틀 안에서 이루어지고 있는 것이다. 그것은 정서적인 관계인 경우도 있지만, 대부분은 친구나 이웃, 어떤 공동체에 속한 주민이라는 사회적인 관계이고, 무엇보다도 육체적이고 (그리고/또는) 영적인 친족의 관계이다. 저버스 틸버리는 죽은 자가 '친족이나 친구(confinibus et amicis)'한테 출현한다고 말했다.[66] 로베르 뒤제스도 자신이 "혈육을 위해 기도를 올리고 있던" 바로 그 순간에 죽은 혈육의 영혼이 저세상에서 겪고 있는 고통의 환시를 보았다고 고백했다.[67]

하지만 여기에서 혈육관계를 유령이 출현하기 전부터 이미 존재하고 있었던 것일 뿐이라고 단순하게 생각해서는 안 된다. 오히려 유령이 출현해서 그런 관계가 새롭게 생겨나고 살아난다고 이해해야 한다. 죽은 혈육의 모습을 목격하고, 상대를 알아차리고, 그 이름을 부르면서 비로소 자신이 그의 자식이고, 형제이며, 가신이고, 같은 수도회의 '형제'라고 할 수 있게 되기 때문이다.

친족관계 - 부부

유령이야기에서는 부부 가운데 어느 한쪽의 죽음으로 단절된 혼인관계가 자주 묘사된다. 그런데 이런 이야기들은 대부분 살아남은 인물을 남편을 잃은 과부로 한정하고 있어서 문제가 된다. 교회에게는 여성 영혼의 구원도 남성 영혼 못지않게 중요했으므로 원리상으로는 유령이야기에 남성 유령과 같은 수만큼 여성 유령도 등장해야 마땅할 것이다. 유령이야기에서 나타나는 남녀의 불균형은 (젊은 아내가 나이 많은 남편보다 오래 살 확률이 높다는) 인구통계학적인 이유만으로는 충분히 설명되지 않는다. 그러한 불균형은 오히려 유산의 증여, 특히 교회에 대한 유산의 증여에서 남성이 당사자인 경우가 압도적으로 많았던 사실과 관련되어 있는 것으로 보인다. 남성은 죽자마자 자신이 남긴 유언이 잘 지켜지고 있는지 끈질기게 감시하며, 유족, 특히 아내에게 맨 먼저 나타나 그들의 의무를 상기시킨다.

여기에서 과부에게 주어진 상징적인 지위와 그녀의 재혼에 대한 혼란스러운 정서에도 주목해야 한다. 그녀가 다시 결혼할 만큼 충분히 젊고 재력이 있더라도 (교회는 부인했으나) 과부의 재혼은 금기를 위반하는 일처럼 여겨졌다. 과부들은 영원히 신앙에 몸을 바쳐서 죽은 자를 위해, 특히 죽은 남편을 위해 계속 기도하는 것을 자신의 의무처럼 여겼다. 그래서 우리가 살펴보고 있는 문헌들에서는 여성의 관점에서 결혼생활의 육체적·정서적 관계의 중요성이 강조되어 있다. 알레스의 눈에 보이지 않는 기 드 코르보 유령의 경우에는 죽은 남편의 영혼이 부부의 침실에 달라붙어서 떨어지지 않는다. 윌리엄 뉴버그가 전하는 버킹엄셔의 이야기처럼 남편의 영혼이 몽마(incube)처럼 과부의 침대로 들어가 그녀의 위에 포개져 누워 있는 경우도 있었다.[68]

유령의 출현은 남편과 사별한 과부에게 재혼을 하든가 종교에 귀의하든가 하는 2개의 선택지밖에 없다는 사실을 상기시킨다. 기베르 드 노장은 좋은 집안에서 태어났으나 젊어서 과부가 된 자신의 어머니에 대해 "남편과의 예전 육체적인 관계가 새로운 육체관계로 파괴"되지 않도록 죽은 남편의 조카뻘이 되는 사람과 그녀 자신의 친족들의 압력에 저항해야만 했다고 썼다.[69] 그로부터 한 세기 뒤에 나타난 체사리우스 폰 하이스터바흐의 교훈예화에서도 리에주에 살던 고리대업자의 과부가 자신을 "남편 육신의 일부"라고 선언하고 있다. 실제로 그녀는 기독교도로 매장되는 것이 거부되었던 고리대업자인 남편의 시신을 묘지에 매장할 수 있게 해달라고 밤낮을 가리지 않고 기도를 올려서 마침내 교황의 허락을 받아냈다. 그리고 자신도 은둔수녀가 되어서 남편 무덤이 있는 묘지에 머물렀다. 죽은 남편은 묘지 안에 있는 은신처를 찾아와 그녀가 기도를 계속할 수 있게끔 격려했다. 그리고 뒤에 다시 나타나 자신이 연옥에서 벗어났다는 사실을 알렸다.[70] 저버스 틸버리는 이 이야기들과는 반대로 남편에게 영원한 사랑을 약속했으면서도 남편이 죽은 뒤 재혼의 유혹에 넘어간 과부의 이야기를 전하고 있다. 죽은 자는 모습을 드러내지 않은 채 절구로 일격을 가해 그녀의 머리를 박살냈다.[71]

이런 이야기들은 모두 남편과의 사별로 생긴 심리적·사회적 고뇌를 극적인 방법으로 표현하고 있다. 현세의 유혹과 세상에서 격리된 기도생활이라는 극단적인 두 개의 갈림길 앞에서 과부는 양심의 가책과 망상에 시달렸다. 실제로 친척의 압력에 시달려 다시 결혼시장으로 끌려간 과부에게는 (그녀가 젊고 재산도 많은 경우에는) 수많은 구혼자들이 몰려들었다. 그녀는 과부가 되면서 새로운 사회적 관계를 형성할 기회를 얻게 된 것이다. 그러나 그보다 먼저 전 남편의 영혼을 달래고 '애도작업'을 완료해야만 했다. 유령이야기에 나온 절구의 위협은 샤리바리가 사회적 통제를 위한 관습적 절차로서 맡았던 역할과 같았다.

당시에도 결혼은 부부 간의 동의를 전제로 하고 있었으나, 실제로는 신부 아버지의 가문과 신랑의 가문이라는 두 가문 사이의 제휴를 전제로 해서 성립했다. 아내는 남편의 가문을 위해 자식을 낳으리라는 기대를 받으며 아버지에게서 남편에게 인도되었고, 과부가 되어서는 다시 아버지의 집으로 돌아왔다. 이처럼 아내는 남편과는 달리 두 가문 사이에 놓여 있으므로 누구의 이익도 침해하지 않도록 주의해야 했다. 14세기 피렌체에서는 아버지를 잃은 자식이 과부가 되어 친정으로 돌아간 어머니에게 버림받고 재산을 빼앗겼다고 비난을 퍼붓는 사례가 적지 않았다.[72] 1400년 무렵의 요크셔에서는 애덤 런드의 죽은 누이가 유령이 되어 출현했는데, 여기서도 같은 문제가 부각되어 있다. 그녀는 남편의 토지문서를 자신의 오빠에게 부정하게 넘겨 남편과 자식들에게 손해를 끼쳤다는 이유로 죽은 뒤에 유령이 되어 밤새도록 거리를 떠돌아야 했다. 원래 그녀의 남편과 자식들의 소유였던 집과 토지를 그들에게 처남과 외삼촌이 되는 애덤 런드가 빼앗았던 것이다. 그녀의 유령을 목격한 윌리엄 트로워는 죄를 저지른 애덤에게 집과 토지를 원래 소유자에게 돌려주라고 설득했으나 소용없었다. 다음날 저녁에는 그녀 자신이 직접 애덤에게 모습을 드러냈으나 이마저도 소용이 없었다. 사태는 다음 세대가 되어서야 가까스로 해결되었다.[73]

친족관계 - 부모와 자식

어린 나이에 죽은 알베르토 모렐리처럼 죽은 자식이 부모 가운데 어느 한쪽을 방문하는 경우도 있지만, 반대의 경우가 훨씬 일반적이었다. 이것도 인구통계학적인 이유만으로는 설명되지 않으며, 세대들에게 주어진 사회적인 역할과 연관되어 있을 것이다. 문헌에서는 아버지가 아들에게, 아버지가 딸에게, 어머니가 아들에게, 어머니가 딸에게 유령이 되어 나타나는 사례들이 모두 발견된다. 남녀를 가리지 않고, 죽은 자는 과거의 잘못된 행동이 원인이 되어 자신이 지금 어떤 벌을 받고 있는지를 알려주려고 나타난다. 반대로 지금의 잘못된 버릇을 바로잡지 않으면 나중에 똑같은 벌을 받게 된다고 경고하려고 가까운 혈육에게 나타날 수도 있다. 때로는 죽은 어머니가 살아 있는 딸에게 사랑 넘치는 조언자로 행동하기도 했다. 상대가 아들인 경우도 있는데, 아들이 사제인 경우에는 유독 그런 경향이 강했다.

잉글랜드의 연대기작가 라눌프 히그던은 뒷날 캔터베리 대주교가

되는 에드먼드(1240년 사망)가 아직 학생 신분일 적에 얼마 전에 죽은 어머니의 모습을 꿈에서 보았다고 기록하고 있다. 기하학적인 도형을 그리고 있는 에드먼드 앞에 어머니가 나타나 그 의미를 물었다. 아들의 대답에 만족하지 못한 어머니는 성부와 성자와 성령의 모습을 합한 삼위일체의 원을 손으로 그리면서 "이제부터는 이 도형에 주의를 기울이도록 하라"는 말을 덧붙였다. 죽은 어머니는 뒷날 고위성직자가 될 아들이 현세의 학문이 아니라 신의 학문에 관심을 갖게 하려고 했던 것이다.[74] 자식이 성직자나 수도사인 경우, 자식과 어머니 사이의 죽음도 초월한 특별한 관계는 뒷날 성직자가 될 인물의 인격형성 과정에서 어머니가 정서적으로 교육적인 역할을 맡고 있었음을 증명하고 있는 것은 아닐까? 수도사 기베르 드 노장과 같은 사람들에게는 육신의 어머니가 성모와 교회 등 다양한 모습으로 표현되는 영적인 어머니와 혼동되기도 했다.

한편, 아버지의 경우에는 유령이 되어 나타날 때에도 아들이나 딸에 대해 고압적으로 원망하는 태도를 보이거나, 자신도 속죄하지 않고 죽었으면서 아들과 딸의 행동을 심하게 비난하곤 한다. 예컨대 체사리우스 폰 하이스터바흐의 교훈예화에 등장하는 도적기사와 술주정뱅이, 고리대업자는 아들이나 딸을 괴롭힌다. 한 유령은 생전에 자신이 폭음을 할 때 썼던 맥주잔을 휘두르고,[75] 다른 유령은 지옥에서 잡은 물고기를 자신이 살던 집 대문에 매달아 놓았는데, 날이 밝자 그 물고기는 두꺼비와 뱀으로 변했다.[76]

가경자 피에르가 전한 2편의 기적이야기도 구조는 상대적으로 복잡하지만 죽은 아버지와 자식들 간의 관계는 별반 다르지 않다. (프랑스 북동부) 스뮈르의 영주 제오프루아는 수녀 알베레의 꿈에 나타나 자신과 같은 제오프루아라는 이름을 가진 아들에게 가서 생전에 자신이 영지의 주민에게 부과했던 부당한 액수의 조세를 폐지하도록 요청해 달라고 호소했다.[77] (프랑스 동부) 보쥬의 영주 기샤르도 죽은 뒤에 아들 윔베르에게 직접 나타나지 않고, 다른 죽은 자, 곧 예전 자신의 가신이었던 제오프루아 디옹을 대리인으로 선택한다. 그 제오프루아도 처음에는 기샤르의 아들이 아니라 다른 기사인 밀롱 당스를 찾아간다. (하나는 죽은 자이고 다른 하나는 산 자인) 이 두 명의 기사는 같은 신분에 속하고 같은 가신단의 일원이었다. 밀롱은 기샤르의 메시지를 영주인 윔베르 드 보쥬에게 전해달라는 부탁을 받았으나, 윔베르는 그의 말을 들으려 하지 않았다. 그러자 마침내 제오프루아가 윔베르에게 직접 나타나 죽은 아버지의 구원을 위해 노력할 것을 촉구했다.[78] 이 복잡한 이야기는 혈육끼리의 관계를 봉건적 군신관계와 교차시키고 있다는 점에서 흥미롭다. 봉건적 군신관계에 대해서는 뒤에서 다시 살펴볼 것이다.

유령이야기에는 이밖에도 형제, 자매, 남매, 숙부·숙모와 조카,[79] 사촌형제, (저버스 틸버리가 전한 보케르의 사건처럼) 사촌남매와 같은 다양한 형태의 혈연관계가 등장한다. 이처럼 유령은 모두 혈연관계가 영향을 끼치는 제한된 범위에서 출현하는데, 유산상속과 관련된 경우에만 그런 것은 아니다. (유산상속이 문제로 나타나는 경우는 대체로 부부나 부자관계로 한정된다.) 죽은 자의 아직 식지 않은 기억, 유족이 죽은 자에 대해서 품고 있는 (증오나) 애정, 죽은 자의 구원을 바라는 산 자의 배려, 죽은 자를 위해 영적인 의무를 맡아야만 한다고 생각하는 산 자의 생각, 죽은 자가 과거에 저지른 죄악에 관한 기억과 산 자 자신이 짊어진 죄악의 무게 등과 같은 사정들도 유산상속과 마찬가지로 유령이야기들에서 중요한 동기로 작용한다.

때로는 유령의 출현을 계기로 혈연관계의 폭넓은 구성이 확인되기도 한다. 예컨대 8년 전에 죽은 젊은 수녀가 시토회의 어느 수도원장에게 나타나 육체적 가족 모두에게 버림받았다며 한탄했다. 그런데 거기에는 그녀의 아버지와 어머니, 수녀였던 이모(matertera), 기혼자인 두

명의 이모와 그들 가운데 한 명의 딸까지도 포함되어 있었다.[80]

영적인 친족관계

중세 사회에서는 영적인 친족관계가 육체적 친족관계 못지않게 중요한 역할을 맡았다. 영적인 친족관계는 무엇보다도 산 자의 사고와 행동에 죽은 자에 대한 기억을 정착시킴으로써 다양하게 연결되어 있는 인간관계들을 서로 교차시키고 중첩시키고 확장시켜서 사회에 강한 일체감을 부여했다. 그런 모델들은 수없이 많이 존재했으며, 서로 보완적이었다. 애초부터 모든 기독교도들은 하나의 대가족으로 여겨졌으며, 세례를 받으면서 그 구성원들은 그리스도 안에서 '형제'와 '자매'가 되었다. 그들은 신에게서 비롯된 기독교적 동포애(caritas), 곧 이웃에 대한 사랑으로 서로 결합되어 있었다. 그리고 이 사랑은 가난한 자·병든 자·슬픔에 빠진 자를 위한 자선만이 아니라, 산 자와 죽은 자의 유대관계도 뒷받침했다.[81] 죽은 자를 위한 중재의 가능성, 나아가 중세 말기에 나타난 (죽은 자도 산 자를 위해 신에게 중재의 역할을 맡을 수 있다고 생각하게 한) '성인의 통공'*이라는 사고방식은 기독교적 동포애라는 개념 안에서 이념적인 정당성을 얻는다.

기독교의 처음 몇 세기 동안 수도원 제도는 기독교 세계 안에서 영적인 '가족'이라는 모델을 발달시켰다. 수도사와 수녀, 보조수도사와 보조수녀들은 특히 같은 수도회에 속해 있는 경우에 서로를 '형제'와 '자매'라고 생각해서 그렇게 불렀다. 그리고 수도원장과 수녀원장은 '아버지'와 '어머니'라고 불렸다. 이러한 영적인 친족의 관계망은 수

---

* 성인의 통공(Communio Sanctorum) : 통공(通功)이란 공덕이 서로 통한다는 뜻으로, 지상과 천국, 연옥 등에 있는 모든 신자들의 공로와 기도가 서로 통한다는 기독교의 믿음이다. 곧 살아 있는 신자들과 죽은 신자들이 모두 교회를 구성하는 일원으로 기도와 희생과 선행 등으로 서로 도울 수 있게 결합되어 있음을 뜻한다.

도원이나 수녀원끼리, 나아가 평신도 기부자의 가문과 서로 '우애관계'를 맺으면서 더욱 확장되었다. 아울러 죽은 구성원이 살아 있는 '형제'들 모두에게서 중재의 기도를 받을 수 있게 하면서 더욱 긴밀해졌다. 죽은 자의 이름을 망자 명부나 수도원 기일표에 기재하고, 모든 죽은 수도사의 '부고'를 기록한 책을 수도원끼리 회람하는 것으로[82] 그러한 유대관계는 전례로 실천되었다. 12세기 중엽에 마르무티에의 수도원에서 기록된 일련의 기적이야기에는 수도사가 죽은 동료들에게 해야만 하는 '형제로서의 의무(debitum fraternitatis)'가 뚜렷하게 밝혀져 있다.[83] 그 기적이야기들은 죽은 수도사의 영혼이 출현한 일이 다른 수도원들과 기도의 연합을 맺어 [프랑스 북서부] 망슈 너머까지 넓혀진 수도원 '가족'한테 얼마나 유익했는지를 잘 보여준다.[84]

수도원에서는 같은 수도회에 속한 '형제'나 '자매'의 영적인 친족관계가 그 이전부터 존재해온 육체적 친족관계와 결합되어 있는 일도 가끔 있었다. 유령이야기에서 ('그리스도의 품 안'이라는 의미에서든, 혈연관계라는 의미에서든, 그리고 같은 수도회에 소속되었다는 의미에서든 모두 형제인) 친족관계의 이러한 중첩은 죽은 자를 출현을 재촉하는 요인 가운데 하나로 등장한다. 마르무티에의 어느 수도사에게 같은 수도원에 소속된 '형제(frater)'의 영혼이 나타났는데, 그는 핏줄이 같은 진짜 '형제(germanus)'이기도 했다. 시토회 수녀원에도 같은 이야기가 전해진다. 이것은 광범위한 혈연관계를 자랑하는 귀족가문들로부터 둘째 이하의 딸을 수녀로 받아들이는 일이 많았기 때문이다.[85] 클뤼니에 속한 샤를리외 수도원에서는 젊은 수도사에게 친가(patruus)의 숙부뻘이 되는 죽은 고위성직자의 유령이 찾아왔다.[86] 종교 문헌들에서는 (예컨대 성 프란체스코와 아버지의 관계처럼)* 혈연관계와 수도원의 영적가족이라는 2

---

* 부유한 상인이었던 성 프란체스코의 아버지는 청빈한 삶을 살겠다는 프란체스코의 마음을 돌리려고 했다. 결국 프란체스코의 상속권을 놓고 재판이 열렸는데, 그 자리에

종류의 친족관계가 서로 상반된 제약을 부과하는 경우가 일반적이다. 하지만 유령이야기에서는 오히려 혈연에 기초한 정체성과 수도사로서의 정체성이 겹쳐질수록 죽은 자에게 도움을 주어야 할 유대관계의 의무와 망자에 대한 기억이 더 선명해지는 결과를 빚는다.

유령이야기에는 비교적 적은 사례이기는 하지만 세례를 매개로 생겨난 다양한 형태의 영적인 친족관계도 묘사되어 있다. 세례는 이중의 관계를 성립시킨다. 한쪽으로는 대부·대모와 대자·대녀의 관계가 생겨나고, 다른 한쪽으로는 진짜 부모와 대부모 간의 관계, 곧 같은 자식을 대상으로 한 육체적 부모와 영적인 부모 사이의 관계가 생겨난다. 대부모 제도는 6세기부터 이미 그 존재가 문헌으로 확인되는데, 중세 중기 이후가 되면 보호와 원조의 의무를 포함한 끈끈한 사회관계로 작동한다.[87]

민족학자들의 연구는 대부모와 대자녀의 관계만이 아니라 진짜 부모와 대부모의 관계도 모두 죽은 뒤의 중재를 보장하는 것으로 작동하고 있었음을 확인시켜준다. 이것은 오늘날까지 전해지고 있는 여러 유령이야기들로도 증명된다.[88] 우리가 살펴본 문헌들에서는 대체로 진짜 부모와 대부모의 관계가 두드러지게 나타난다. 11세기 이후에 나타난 몇 편의 유령이야기는 진짜 부모와 대부모 사이에 존재하는 관계의 끈끈함을 보여준다.[89]

피에르 다미아니에 따르면, 성모승천일의 밤에 로마에 살고 있는 여성에게 자식의 '또 다른 어머니'인 마로치아의 영혼이 찾아왔다. 1년 전에 죽은 마로치아는 바로 그날 성모의 도움으로 연옥에서 벗어났다. 두 사람 가운데 한쪽은 한 아이의 진짜 엄마이고, 다른 쪽은 대모이다. 두 사람이 맺고 있는 이러한 간접적인 관계는 죽음을 초월한 두 사람의 유대를 정당화하고 있다. 마찬가지로 어떤 사제는 자식의 '또 다

서 프란체스코는 상속권은 물론 부친과의 관계마저 포기하겠다고 선언했다고 한다.

른 아버지'가 그를 성인들의 집회로 인도하는 꿈을 꾸었다. 이 사제는
아마도 꿈에 나타난 죽은 자의 자식을 위해 대부의 역할을 맡았을 것
이다.[90] 12세기 중엽에 기록된 마르무티에의 기적이야기도 진짜 아버
지와 대부의 관계에 관한 흥미로운 이야기를 포함하고 있다. 현세에서
막대한 부를 쌓은 어느 사제는 자신의 구원을 위해 수도사들이 추모기
도를 올려주는 것을 조건으로 죽기 직전에 재산을 모두 수도원에 기증
했다. 그리고 그는 (대자의 진짜 아버지를 뜻하는) "또 다른 아버지이자 친
구(compater et familiaris)"가 남모르게 자신에게 지고 있던 60리브르의
부채를 약정한 날이 되면 수도사들한테 갚기를 바란다고 말했다. 그리
고 두 사람은 약속이 성립했다는 증거로 '신뢰와 평화의 거룩한 입맞
춤'을 나누었다. 채권자는 (두 사람은 같은 자식을 둔 아버지들이었으므로)
채무자에게 더 강한 구속력을 지닌 서약의 말을 강요하면 상대에 대
한 불신을 나타내는 것이 될 수 있다고 생각했기 때문에 그런 행위를
면제시켜주었다. 서로가 같은 자식의 아버지였다는 점이 예사 규범에
서 벗어난 특권적인 관계를 형성시킨 기반이 된 것이다.[91] (뒷날 교황 첼
레스티누스 5세가 된) 피에트로 다 모로네에 따르면, 죽은 그의 아버지는
대모에게 나타나 자신이 자식에 대한 교육을 얼마나 기쁘게 생각하는
지 과부가 된 아내에게 전해달라고 했다고 한다.[92] 이 이야기는 대모가
피에트로 가족의 일원이었으며, 아버지가 죽은 지 몇 년 뒤부터는 '영
혼의 전령' 역할도 했다는 사실을 보여준다.

봉건적인 군신관계에 기초한 가신단(familia)도 독특한 방법으로 일
종의 '가족'을 이루었다. 후한 대우와 봉사의 교환, 전쟁과 사냥에서의
공동의 활동, 그리고 장원의 지배에서 얻는 이익의 분배가 위계적이
면서도 평등한 가신단의 결속을 유지했다. 그리고 〔영주에 대한〕 충성서
약의 상징적인 몸짓*은 이러한 관계를 신성화했다.[93] 가경자 피에르가

* '주군과 봉신의 손잡기'와 '동의와 우정의 상징인 입맞춤'이 충성서약의 대표적인

전한 유령이야기에서도 나타났듯이 봉건적 군신의 친족관계는 어느 한쪽이 죽어도 없어지지 않는다. 보쥬의 예전 군주와 현재 군주, 곧 죽은 아버지와 살아 있는 아들은 하나는 죽은 자이고 다른 하나는 산 자인 두 가신의 중개를 거쳐서 서로의 관계를 확인한다. 셀레스타의 생트푸아 수도원과 관련된 같은 시대의 기적이야기에서는 죽은 콘라트 백작이 가신이었던 기사 발터에게 나타났다. "발터가 콘라트에게 한 충성서약과 그가 언제나 주군에게 받았던 후한 대우 덕분에" 죽은 자는 발터에게 살아 있는 형제에게 가서 새 교회에 막대한 기부를 하라고 요청해 달라고 맡길 수 있었다.[94]

(크리스티안 클라피쉬쥐베르가 지적했듯이 '집'이라는 말이 물질적인 의미와 상징적인 의미에서 모두 해석되어야 한다면) 같은 '집'에 살면서 말 그대로 '가문'을 구성한 가신단에서는 보수를 통한 종속관계가 진정한 의미에서 '일가'를 이루는 정서적 관계와 쉽게 구별되지 않는다.[95] 가경자 피에르가 전한 이야기에서는 한 가문의 가주인 피에르 앙겔베르에게 그의 '고용인', 곧 하인이었던 산초의 유령이 나타나 지불되지 않은 급여를 자신의 영혼을 구원하는 데 써 달라고 요구하는 장면이 나온다.[96] 마찬가지로 2세기 뒤에 요크셔에서도 '어떤 가주의 고용인'이 죽은 뒤에 나타나 목격자에게 중재를 요청했다. 영혼이 고통에서 벗어날 수 있도록 자신이 생전에 저지른 횡령죄를 용서해 달라고 가문의 가주에게 대신 요청해달라는 것이었다.[97]

그런데 희한하게도 어떤 종류의 영적인 친족관계는 중세 말기가 될수록 중요성이 점차 커져갔는데도 유령이야기에 등장하지 않는다. 그

상징적인 몸짓이었다. 두 사람이 서로 얼굴을 마주한다. 봉신이 두 손을 모으면 주군은 이를 자신의 양손으로 감싼다. 때로는 무릎을 꿇어 의미를 더욱 강조하기도 한다. 봉신은 자신이 복속되었음을 짧은 말로 선언한다. 그 뒤 두 사람은 동의와 우정의 상징으로 서로에게 입맞춤을 한다. Marc Bloch, *La societe feodale*, 한정숙 옮김, 『봉건사회』 1(한길사, 2001), 357쪽 참조.

것은 평신도들이 특히 도시 지역을 중심으로 결성했던 평신도회와 자선단체이다. 이러한 조직이 죽음을 앞둔 사람에 대한 원조, 죽은 자의 매장, 죽은 자의 영혼을 위한 기도에서 맡았던 역할은 분명히 지역마다 많은 차이가 있다.[98] 평신도회의 활동이 설교가의 사목활동으로부터 비교적 자율성을 지니고 있었던 점도 이 조직들이 유령이야기에 등장하지 않은 것과 그리 무관하지 않을 것이다. 교훈예화 문헌들에서 평신도회가 거의 묘사되어 있지 않은 것은 주목할 만한 사실이다. 하지만 교훈예화 문헌들에서도 우정을 지닌 두 사람 가운데 먼저 죽은 쪽이 살아남은 사람에게 유령이 되어 나타날 것을 약속했다는 이야기는 빈번히 등장한다. 이러한 주제는 평신도회 안에서 발달한 영적인 유대관계의 이상과도 어느 정도 연관되어 있을 것이다.

*　　　*　　　*

은둔수도사가 아닌 한, 중세의 인간은 결코 고립되어 존재하지 않았다. 12세기 지식인들이 어떤 형태로든 주체성을 체험했던 꿈속에서 조차도 그들은 당시 문헌에 가끔 나타난 표현을 빌리면 다른 '인격들(personae)', 곧 그들의 육체적이거나 영적인 '가족(familia)'의 일원인 죽은 자들과 만났다. 말이나 문자로 잇달아 전해지면서 확산된 유령이야기가 성공을 거둔 것은 (죽은 자와 산 자가 죽음을 초월해서 유대관계를 유지한다는 식으로) 언제나 적어도 두 명 이상의 인간들이 서로 관계를 맺고 있기 때문이라고 볼 수는 없을까?

9

유령의 모습

유령이 늘 눈에 보이는 것은 아니다. 장 고비와 그보다 이른 시기의 몇몇 증인들은 사물이나 사람의 소리가 들리는 것만으로도 유령이 내는 소리라고 생각했다. 이런 사례들은 티트마르 폰 메르제부르크에서 카를 4세에 이르는 자전적인 증언들에서 유독 두드러지게 발견된다. 자전적인 이야기는 오랜 세월 구전돼온 이야기들에 비해서 죽은 자의 출현에 관해 깨어있을 때 일어난 일이라고 밝히길 주저하는 경향이 있다. 시각을 통한 명확한 목격보다는 꿈이나 혼란스러운 인상, 사물이나 사람의 소리 등으로 유령이 인지되는 것이다. 그러므로 죽은 자의 가시성은 이야기의 사회적 구성이 가져온 효과라고 할 수 있다. 이야기가 사회적인 기능을 지닐수록 거기에 등장하는 유령도 더 객관적으로 묘사되는 것이다. 반대로 주관적인 꿈의 체험에는 죽은 자의 모습에 대한 모호하고 불확실한 표현이 더 어울린다.

가시성과 불가시성의 변증법이 이야기의 뼈대를 이루기도 한다. 처음에는 보이지 않던 유령이 산 자의 요청을 받아들여 모습을 드러내는 것이다. 교황 그레고리우스 1세로까지 소급되는 오래된 성인전의 모델을 좇아서 유령이 다른 사람들은 모두 배제하고 오직 한 사람한테만 모습을 드러내는 경우도 있다. (다른 사람들한테 유령의 소리가 들리는 경우도 있지만) 유령의 모습은 특정한 사람한테만 보이고, 불청객이 나타나면 유령은 자취를 감춘다. 보케르의 유령도 소녀의 부모가 침실의 문지방까지 다가오자 사라져버렸다.

유령의 형체

눈으로 목격되는 유령은 대부분 인간의 모습을 하고 있으며, 죽었을 때와 같은 나이와 특징을 지니고 있다. 그래서 유령을 목격한 사람은 그가 누군지 알 수 있다. 유령의 육체에 독특한 표지가 있는 경우도 있다. 예컨대 전쟁터나 마상창시합에서 죽은 기사의 몸에는 죽음의 원인이 된 상처자국이 여전히 치유되지 않은 채 생생하게 남아 있다.

하지만 유령이 늘 인간의 모습만 하고 나타나지는 않는다. 자전적인 이야기와는 달리 일부 구전된 이야기들에서는 (건초더미와 같은) 사물이나 (더 일반적으로) 동물, 이를테면 새와 개 · 파충류 · 말 등으로 변신한 유령의 모습이 묘사되어 있다. 그런 이야기들에서 유령은 결코 가치중립적인 용도로 쓰이지는 않았던 다양한 동물지들에서 자유롭게 소재를 골라 변신한다.

그런 변신이 죽은 자의 영적인 상태 변화를 표현하는 경우도 있다. 바이랜드의 수도사가 전한 증언에 따르면, 요크셔에서는 전에 리엘보에서 '고용인'으로 일했던 자의 유령이 처음에는 뒷발로 서 있는 말의 모습으로, 두 번째는 건초더미로, 세 번째에는 '인간의 모습'으로 변해 나타났다. 교회에서 파문을 당한 죽은 자는 불쌍하게 파닥이는 까마귀, 사람처럼 말할 수 있는 개와 염소, 마지막에는 몸집이 큰 남성으로 차례로 모습을 바꾸어가며 재단사 스노우볼에게 나타났다. 나이 많은 하인리히 부슈만의 유령도 처음에는 사나운 개의 모습으로 나타났다가 다음에는 죽었을 때와 같은 88세 노인의 모습으로 나타났다.

이런 이야기들에서는 영혼을 파충류나 조류와 같은 동물의 모습으로 묘사했던 오래된 전통의 흔적이 엿보인다.[1] 하지만 그런 변신을 단지 기독교가 전파되기 이전에 있었던 민속의 '잔재'로만 여겨서는 안 된다. 12세기까지는 기독교 예술에서도 흔히 혼이나 영을 새의 모습으로 묘사하곤 했다.[2] 나아가 성직자들에게도 (검은색에서 흰색으로의 변화로 두드러지게 나타난) 색채의 변화를 비롯한 죽은 자의 겉모습의 변화는 영혼이 겪는 고통의 경감 정도를 표현하는 것으로 인식되었다.

이처럼 기록과 이미지의 내용은 그것들이 포함되어 있는 문헌과 이야기, 도상들이 속한 장르의 고유한 논리, 그리고 그것들이 맡고 있는 기능과 결코 떼어놓고 생각할 수 없다. 이를 꼭 유념해 두어야 한다.

영적인 것과 육체적인 것

사람이 죽으면 육체와 영혼은 분리되고, 죽은 자의 부활과 최후의 심판 때까지 그 상태로 보존된다. 영혼은 '영적'이지만 (고통이나 기쁨 등을 느끼는) '감각이 있다'. 지옥이나 연옥에서 영혼은 불과 추위로 고통을 겪는다. 중세 사람들, 아니면 적어도 교황 그레고리우스 1세의 가르침을 따른 사람들은 그러한 불과 추위를 매우 구체적으로 상상한 나머지 그것들을 '물질적'으로 표현했다.

이처럼 중세 기독교는 자신을 작동시키는 2개의 근본적인 욕구들 사이에 존재하는 모순을 해결하지 못했다. 한쪽에서는 신과 더 가까워지기 위해 육체를 부정하고 '영적'인 것을 '비물질적'인 것과 동일시하려 했다. 하지만 다른 한쪽에서는 눈으로 볼 수 없는 것을 '상상(imaginer)'해서 공간과 시간 안에 위치시키고, 제외해야 마땅한 경우까지도 장소·형태·부피·육체를 부여하려고 했다. 아우구스티누스의 전통을 계승한 열렬한 '정신주의자'*였던 수도사 기베르 드 노장은 화가들이 영혼을 방금 죽은 사람의 입에서 빠져나오는 벌거벗은 작은 아이의 모습으로 그려놓았다고 해서 영혼이 육체를 지니고 있다고 상상해버리는 사람들을 비웃었다.[3] 그러나 그 유명한 『트누그달의 환시』와 같은 환시이야기와 저승여행기를 쓴 작가들은 지상에서의 삶과 기독교적 사후세계의 연속성을 확립하려 했다. 그래서 더 '정신주의적'이었던 신학자들의 견해와는 반대로 고통에 신음하는 영혼들에게 '육체성'을 부여하기 위해 애썼다.[4]

이런 모호함은 '영적'이라는 말 자체에서 비롯되었다. 중세에 '영적'이라는 말은 중간적이고 불분명한 것이었다. 12세기의 위대한 신학자 위그 드 생빅토르는 '영적 시각'이 '지성적 시각'과 '육체적 시각' 사이에 있는 것처럼, '영(spiritus)'도 '혼(anima, mens)'과 '육체(corpus)' 사이에 있다고 보았다. 사고와 상상력의 기능을 주관하는 산 자의 '영'이든 이 세상에 출현한 죽은 자의 '영'이든 모두 비물질적인 '순수한 영'이 아니다. 하지만 그것들은 개념 자체부터 이미 육체적이지 않다. 영은 중간에 있으므로 알셰르 드 클레르보가 당혹해 하면서 썼듯이 '어떤 것'이다. "육체가 아닌 '어떤 것'은 마땅히 '영'이라 부를 수 있다."[5]

이처럼 영은 육체가 아니지만, 육체와 밀접히 얽혀 있다. '영적인 이미지들', 곧 유령의 출현으로 나타난 '영적인 이미지들'도 다음 세 가지 방식으로 육체와 얽혀 있다.

– 꿈을 꾼 자와 목격한 자의 '영'만이 아니라 그들의 육체에까지 영향

---

* 정신주의자(spiritualiste) : 세계의 모든 것은 궁극적으로 정신에서 비롯되었다는 시각으로 유심론자(唯心論者)라고도 한다. 의식 외부에 독립적으로 존재하는 물질을 세계의 근원으로 보는 물질주의자(matérialiste, 유물론자)와 대립된다.

을 끼칠 수 있다.

− 완전히 비물질적이지는 않고 어떤 종류의 '육체성'을 지닌다.

− 죽은 자의 육체에서 완전히 분리되어 있지 않다. 특히 죽은 자가 홀로 출현하는 경우에는 그 인물의 시신과 연관성을 지닌다.

영적인 이미지들은 영혼에만 영향을 끼치는 것이 아니라, 그것을 인지하는 인간의 육체에도 작용한다. 앞에서 이미 살펴보았듯이 수도사 오틀로 폰 장크트엠메람은 『환시서』에서 자신의 참회 체험과 다른 수도사들과의 언쟁과 관련된 4개의 개인적인 꿈에 관해 이야기했다.[6] 어느 날 밤, 그는 한 '남성(vir)'에게 채찍으로 몹시 모질게 맞는 꿈을 꾸었다. 깨어난 뒤에도 통증이 남아 있었고, 등에는 피가 흘렀다. 어느 젊은 수도사에게 물어보니 밤에 소란스러운 소리는 전혀 나지 않았다고 했다. 오틀로는 그 말을 듣고 놀랐으나 금세 평정을 되찾았다. 그는 "영적인 것은 소리를 내지 않고 나타난다"는 사실을 깜빡 잊고 있었던 것이다. 영적인 것은 소리를 내지 않고서도 육체에 영향을 끼칠 수 있다. 오틀로의 등에 남아 있던 상처는 그가 꾸었던 꿈이 사실이었음을 입증한다.

다음 세기가 되자 기베르 드 노장이 똑같은 모순에 직면했다. 그는 산 자에게 모습을 드러낸 영혼은 '육체의 형상(species corporum)'을 갖추고 있을 뿐이라고 썼다. 하지만 그러면서도 자신이 아는 수녀가 꿈에서 2명의 악마가 같은 수녀원에 속해 있다가 지금은 죽은 다른 수녀를 망치를 두들기며 때리고 있는 모습을 보았다는 이야기를 전하고 있다. 잠자던 수녀는 망치를 두들길 때 생긴 불꽃이 눈에 튀는 바람에 통증을 느껴 잠에서 깨어났는데, 눈에 상처자국이 남아 있어서 꿈이 진실임이 확인되었다는 것이다.[7]

유령도 악마와 마찬가지로 이 세상의 물체와 산 자의 몸에 접촉할 때 물질적인 영향을 끼칠 수 있다.[8] 화상이 가장 대표적인데, 유령은 자신의 불쌍한 처지를 확인시켜줄 증거로 저승에서 자신을 괴롭히고 있는 '물질적인 불'을 이 세상의 산 자에게 가져온다. 13세기의 어느 유명한 교훈예화에서는 대학교수였던 세를로한테 죽은 학생의 영혼이 출현한다. 유령은 교수의 학식이 쓸모없음을 납득시키려고 그의 손에 빛나는 땀방울을 떨어뜨렸는데, 그 땀방울은 순식간에 교수의 손을 꿰뚫었다.[9]

윌리엄 뉴버그가 보고한 12세기 말 요크셔를 배경으로 한 이야기에서 유령의 육체성은 한 걸음 더 나아간다. 이 이야기에 묘사된 유령들은 중재를 구하려고 가여운 모습으로 이 세상으로 돌아온 고통에 찬 영혼이 아니다. 그들은 산 자에게 해를 끼치는 죽은 자들로〔북유럽 신화인〕사가에 등장하는 망령들과 유사하다. '치명적인 괴물들'이라고 불리는 그것들은 사람들을 습격해 죽이고 그 피를 마셨다.[10] 그로부터 2세기 뒤 바이랜드의 수도사도 이런 사실을 확인시켜주었다. 그는 커비의 주임사제였던 인물의 유령이 한밤중에 자신의 정부였던 여인에게 나타나 그녀의 한쪽 눈을 빼앗아갔다고 보고하고 있다.

정도의 차이와 혼란스러운 점은 있지만, 우리가 살펴보았던 유령이야기에 등장하는 죽은 자들은 산 자와의 육체적 접촉에서 부피·무게·탄력이 확인된다.

보케르의 유령은 사촌누이인 소녀의 질문에 대답하면서 유령의 본질이 어떤 것으로 이루어져 있는지 설명하는데, 자신은 '육체의 모상'이지 육체 그 자체는 아니라고 스스로를 정의하면서 '공기로 된 육체'라고 밝힌다.[11] 이런 개념들은 모두 아우구스티누스의 '영적 시각'에 관한 학설과 그의 악마학에서 비롯된 것들이다. 아우구스티누스의 악마학에 따르면, 악마는 '공기로 된 육체'를 가지고 있어서 지상의 인간보다 훨씬 빨리 대지 위의 대기 속을 돌아다닐 수 있다. 이 때문에 악마가 인간의 행동이나 생각보다 앞서갈 수 있는 것이다.[12] 나아가 보케르의 유령은 자신이 '육체'가 아니라 '영'으로서 고통을 느끼고 있다고 밝힌다. 그리고 섬세한 영이기 때문에 아무리 가벼운 것이라도, 심지어 사제가 그를 '구속'하기 위해 사용하려 했던 [목에 늘어뜨리는 장식천인] 영대조차도 버티지 못한다고 말한다. 눈에는 보이지 않았지만 알레스의 평민자산가 기 드 코르보의 유령도 자신이 '공기로 된 육체'라고 밝힌다. 그의 아내와 도미니크회 수도원장 장 고비는 유령이 자신들의 곁을 지나갈 때 공기가 움직이는 것을 느꼈다.

하지만 거의 같은 시기에 몽타이유의 아르노드 리브는 진짜 육체를 지닌 영혼이 배회하고 있는 것을 목격했다. 기욤 포르가 심문관에게 한 증언에 따르면, 아르노드 리브는 악인의 영혼들이 "살과 뼈, 모든 신체, 곧 머리와 손발 따위를 지니고 있다"고 말했다고 한다.[13] 1400년 무렵 요크셔의 유령은 더욱 육체적이다. 그들은 무덤에서 뛰쳐나와 묘지 주변으로 흩어져 마을사람들에게 물리적인 공격을 가했다. '영'을 업고 있는 한 여성이 목격되기도 했는데, 그녀는 손가락으로 유령의 몸을 세게 눌렀다. "유령의 육체는 마치 썩어가는 환영 같아서 단단하지 않았다."[14] 이렇게 '마치 … 같다'라고 바이랜드의 수도사는 썼다. 그것은 겉보기에는 시신처럼 보이지만, 실은 흐물흐물하거나 속 빈 육체와 같은 것이어서 때리면 방석이나 침대를 두들길 때와 같은 소리가 난다.[15] 이 유령들은 매우 실체적이어서 산 자는 유령을 잡거나 맞서 싸울 수도 있다. 실제로 로버트 폭스턴이라는 젊은이는 한 유령을 교회 문 맞은편 묘지 출구에 붙잡아두기도 했다.

이런 점에서 수많은 유령이야기들이 죽은 자의 출현을 무덤에 묻혀 있다가 밤이면 무덤을 빠져나오는 시신과 밀접하게 연관시켜 묘사하는 것은 그리 놀라운 일이 아니다. 마을 젊은이들은 시신이 확실히 무덤 안에 있는지 알아보려고 무덤을 파헤쳐 상태를 확인했다. 이것은 요크셔에만 한정된 일이 아니었다. 체사리우스 폰 하이스터바흐에 따르면, 어느 기사는 말을 탄 지옥의 기사에게서 죽은 여성을 되찾으려 했다. 하지만 손에 남아 있는 것은 그녀의 세 갈래로 땋아 늘인 머리카락 가운데 한 갈래뿐이었다. 다음날 그 여성의 무덤을 파보자 시신의 땋은 머리카락 가운데 한 갈래가 보이지 않았다.[16]

이러한 상호의존성, 곧 시신과 유령의 일치는 어떤 종류의 장례의식에서도 나타났다. 윌리엄 뉴버그와 그보다 뒷시대의 바이랜드 수도사는 요크셔의 젊은이들이 시신을 무덤에서 끄집어내 사악한 영혼이 이 세상으로 돌아오지 못하게 하려고 불태웠던 과정을 보고했다. 이들에 앞서 보름스의 주교 부르하르트(965?~1025)는 아이를 낳다가 죽은 여성이나 사산된 태아의 시신에 말뚝을 박아서 망자가 악령이 되어 이 세상에 나타나는 것을 막으려고 했던 불량한 기독교도들을 고발하기도 했다.[17] 이러한 행위와 이야기의 배후에 있는 것은 시신에 작용을 가하는 것으로 현세의 인간에게 해를 끼치는 죽은 자를 퇴치할 수 있다는 사고방식이다.

죽은 자는 계속해서 이 세상으로 돌아와 산 자의 공간에 들러붙을 뿐 아니라, (유령과 일치되어 있는) 그의 시신도 땅속에서 소멸되는 것이 허락되지 않는다. 고대부터 내려온 이런 생각이 기독교 바깥에서 비롯된 것임은 분명하다. 그러나 그것은 죽음에 관한 기독교적 표상 안으로 도입된 뒤 계속해서 성인의 유해에 관한 공식적인 표상의 맞은편에서 자리를 잡아왔다. 파문된 자와 같은 악한 죽은 자의 시신은 성인의 시신과 대칭을 이루었다. 성인과 악한 자의 시신은 선택받지 못한 평범한 기독교도 망자들과는 달리 둘 다 소멸되지 않는다는 점에서 유사한 운명을 겪었다. 성인의 무덤에서 나는 '거룩한 향기'는 그의 육신이 기적적으로 보존되고 있음을 증명하는 것으로 여겨졌다. 가장 선한 자인 성인의 시신과 가장 악한 자의 시신은 서로 대립되지만, 평범한 사람들과는 같은 거리를 두고 떨어져 있었던 것이다.

이들의 시신이 겪는 특이한 운명과는 달리 (성인도 파문된 자도 아닌) 평범한 대부분의 기독교도들은 공통의 법칙에 따라 3단계의 소멸과정을 겪는다. 맨 처음 그들의 물질적 유해가 무덤 안에서 소멸되고, 다음으로 그들의 영혼이 연옥에서 소멸되고, 마지막으로 그들에 대한 추억이 산 자의 영혼에서 소멸된다.

죽은 자의 언어

유령이야기에서 죽은 자가 말을 하고, 더구나 그 말들이 대부분 직접화법으로 전해지고 있다는 점도 유령이 물질적으로 존재하고 있다는 인상을 강화한다. 유령의 출현은 시각적이고 촉각적인 현상임과 동시에 청각적인 현상이기도 하다. 유령의 방문은 단지 사물의 소리나 간신히 알아들을 수 있는 정도의 말, 그렇지 않으면 수도사 기베르드 노장의 표현을 빌리자면 '말이 아닌 소리'에 지나지 않는 경우도 있다.[18] 어떤 경우에는 유령이 말하는 것이 또렷하게 들려서 상대의 모습이 보이지 않는 상태에서 유령과 대화를 나누기도 한다. 알레스의 도미니크회 수도원장 장 고비의 경우가 그랬다. 죽은 자는 과부에게 "소리로 나타났다(apparuit in voce)". 이것은 장 고비 이전에 라바누스 마우루스*가 사용했던 '소리의 모상'이라는 표현을 연상시킨다.[19]

유령이야기 가운데에는 유령의 출현이 단계적으로 변화하는 것도 있다. 유령이 처음에는 소리만 들리다가 나중에 모습을 드러내는 것에 동의하는 경우이다.[20] 그런 뒤에 산 자와 죽은 자 사이에 습관적으로

---

* 라바누스 마우루스(Rabanus Maurus, 780?~856) : 베네딕트회 수도사이자 신학자. 풀다 수도원의 원장이자 마인츠의 대주교였다. 카롤루스 왕조 시대에 가장 영향력 있는 학자 가운데 하나로, 『만물의 본성에 대하여De rerum naturis』 등을 집필했다.

반복해서 대화가 이루어지는 경우도 있다.

기록자들은 대부분 죽은 자의 말만 직접화법으로 나타내고, 산 자의 질문은 간접화법으로 전하고 있다. 그래서 역설적으로 죽은 자의 목소리가 가장 생생하게 재현된다. 사후세계에서 들려오는 권위 있는 말소리는 되도록 말한 그대로 충실히 보고되어야 했던 것이다. 그런 말소리가〔종교적 황홀경에 빠진 상태에서 내는〕방언을 특징으로 하고 있는 경우는 몇몇 예외에 지나지 않는다.[21] 그리고 죽은 자가 학식이 없어 라틴어를 알지 못한다고 해도 기록자가 사용하는 학식 있는 언어가 (곧 라틴어가) 죽은 자의 말을 기록하는 과정에서 세속어로 바뀌지도 않는다. 우리가 살펴본 성직자가 기록한 유령이야기들 가운데 세속어가 담겨 있는 것은 거의 없다.[22] 산 자가 죽은 자를 알아보기 쉽게 하려고 유령의 말투를 그의 생전 모습과 일치시켜 표현하는 경우도 있다. 예컨대 가경자 피에르는 죽은 수도사 기욤 드 로안이 꿈에서 한 말을 정확하게 기록하기 위해 생전에 말을 더듬었던 그의 특징 있는 말투까지도 충실히 재현했다.[23]

그렇다면 유령은 어떻게 말을 할 수 있는 것일까? 많은 유령이야기들에서 유령이 살아 있는 인간의 혀와는 다른 발화능력을 지니고 있다는 점이 강조된다. 성직자 라울이 집에서 애인이었던 세실리아의 시신을 지키고 있는데, 집 밖에서 이 젊은 아가씨의 영혼이 그를 부르는 소리가 들려왔다.[24] 알레스의 평민자산가 기 드 코르보의 영혼은 자신이 어떤 식으로 소리를 내는지 설명한다. 수도원장 장 고비가 "너는 말할 때 사용하는 입과 혀도 없으면서 어떻게 말을 할 수 있는가?"라고 물었다. 그러자 유령은 살아 있는 인간의 육체에서도 혀가 그 자체로 말하는 능력을 지니는 것은 아니라고 대답했다. 혀는 영혼의 도구일 뿐이며, 영혼 안에는 말하는 능력을 비롯한 모든 능력들이 갖추어져 있다. 따라서 영혼이 육체와 분리되어도 육체를 지니지 않은 천사와 마

찬가지로 말하는 데 전혀 지장을 받지 않는다는 것이다.[25] 영적인 것과
육체적인 것 사이의 모호함은 죽은 자가 지닌 육체적인 모습뿐 아니라
말소리에도 해당된다. 심지어 혀를 빼앗긴 상태에서도 말을 하는 유령
이 기록된 경우도 있다. 바이랜드의 수도사에 따르면, 재단사 스노우
볼이 "유령의 입을 통해서 속을 들여다보자 유령이 혀를 사용해서 말
하지 않고 몸속 장기로 소리를 내고 있었다."[26] 복화술을 하는 다른 유
령은 "혀가 아니라 몸속 깊은 곳에서 말소리를 내고 있었는데, 마치 속
이 빈 항아리 안에서 소리가 나는 것 같았다."[27]

죽은 자의 옷

옷은 단지 몸을 보호하는 것만이 아니다. 중세 문화에서 옷은 자신
이 속한 특정한 사회신분을 나타내는 표지였고, 개인이나 집단은 그것
을 통해 다양한 신분들(ordines)로 이루어진 위계제 안에서 자신들의 위
치를 나타냈다. 나아가 옷은 그 인물의 도덕적이거나 종교적인 가치를
표현하는 수단이기도 했다. 옷은 그것을 입은 인물과 일체화되어 마치
또 하나의 피부처럼 존재의 한 부분이 된다.[28] 그러나 옷은 갈아입거나
교환될 수 있는 피부이고, 그러한 역동성은 옷의 상징으로서의 표현
력을 더욱 높여준다. 실제의 사회적 행동에서든 상상에서든 옷을 입거
나, 벗거나, 갈아입거나, 옷에 변화를 주거나, 옷을 다른 사람에게 주거
나 하는 것들은 그 인물의 외형만이 아니라 그 인물의 가치와 영적인
현실의 변화들까지 구체적으로 드러낸다.

인생의 (탄생, 세례, 기사서임식, 수도사가 되는 '착복식', 결혼식 등과 같은)
여러 단계와 마찬가지로 죽은 자도 복장으로 특징을 나타낸다. (예컨대
수도사는 자신이 속한 수도회의 수도복을 입고 매장되도록 정해져 있었다.) 그
러나 특징적인 의상을 입는 것은 죽은 자만이 아니라 유족도 마찬가지

였다. (중세 말기가 되면서 적어도 일부 사회계층에서는 유족들도 상중임을 나타내는 색깔의 옷을 입게 되었다. 그 색깔은 점차 검은색으로 정해졌다.)[29]

옷은 장례의식만이 아니라 죽음과 사후세계의 상상과도 관련을 지니고 있었다. 생명의 마지막 숨과 함께 빠져나오는 영혼은 죽은 자의 입에서 나오는 어린아이의 모습으로 묘사되기도 하는데, 그 아이는 대부분 벌거벗고 있다. 영혼은 지옥이나 연옥에서 고통을 겪고 있을 때도, 죽은 자의 부활과 최후의 심판을 앞두고 무덤에서 나올 때에도, 몸에 아무 것도 걸치고 있지 않다. 하지만 반대로 선택된 자들은 대부분 천사에게서 그들이 축복받은 몸이라는 것을 상징하는 호화로운 옷을 받아서 입는다.[30] 이처럼 영혼의 사후세계에서의 운명을 묘사한 상상들은 나체와 옷의 변증법으로 질서를 이루고 있다.

유령의 경우에는 사정이 좀 더 복잡하다. 그들은 인간세계에서 아직 완전히 분리되어 있지 않기 때문이다. 따라서 그들이 어떤 옷을 입고 나타나는지는 (흔히 고유한 옷으로 특징을 드러내는) 그들이 과거에 속해 있던 사회신분 같은 다양한 요인들에 기초해 이루어진다. 그들은 산 자의 기억, 꿈, 이야기 안에서 산 자들이 자신들을 쉽게 알아볼 수 있게끔 생전에 입었던 옷을 변함없이 그대로 입고 나타난다. 그들이 사후세계에서 겪고 있는 영적인 상태도 그들이 입고 있는 옷의 특성과 상태, 색채로 표현된다. 죽은 자가 생전에 자신이 입었던 옷을 어떻게 사용했으며, 그가 죽은 뒤에 남은 사람들이 그것을 어떤 용도로 썼는가 하는 것이 결정적 요인이 되기도 한다. 죽은 자의 유품인 옷을 자선의 목적으로 가난한 자에게 주었을 때는 특히 중요한 의미를 지녔다.

중세 말기가 될 때까지 유령이 벌거벗거나 그에 가까운 모습을 한 상태로, 아니면 시신처럼 수의만 입은 상태로 묘사된 경우는 거의 없었다. 살아 있을 때와 마찬가지로 죽은 기사들은 무장을 갖춘 위풍당당한 모습을 하고 있으며, 죽은 수도사들도 수도복을 입고 나타난다.

가경자 피에르는 기사였던 제오프루아 디옹의 유령이 "예전에 늘 입고 있던 옷을 걸치고" 나타났다고 썼다.³¹⁾ 시토회 수도원에서 전해진 어느 이야기에 따르면, "오만하고 약탈을 일삼으며 호색한" 기사는 죽은 뒤 자신의 아내와 정부에게 나타날 때 "위풍당당하게 말에 올라탄 채 기사답게 생전에 늘 사용하던 무구와 깃발을 갖추고" 정원으로 들어왔다. "당시 그의 행동거지는 머리카락을 나부끼는 것을 비롯해 전에 마상창시합에 참가했을 때 보였던 모습과 모두 같았다."³²⁾ 〔독일 서부〕트리어 지방에서는 매우 사악한 기사인 하인리히 노두스의 유령이 "생전에 걸치던 양가죽으로 몸을 감싸고" 딸한테 나타났다.³³⁾

수도원에서 기록된 수많은 유령이야기들은 수도사의 옷과 장례식이 상징적으로 연관되어 있다는 사실을 확인시켜준다. 수도사는 '착복식'을 기점으로 살아 있을 때는 물론이고 죽은 뒤 무덤에서도, 나아가 산 자가 그의 영혼에 부여한 상상속의 미래에서도 수도복을 벗지 않는다. 두건(cuculla)이 달린 수도사의 망토는 삶에서 죽음으로 건너갈 때, 그리고 거꾸로 죽은 자가 산 자에게 방문할 때 특별한 역할을 맡는다. 예컨대 체사리우스 폰 하이스터바흐가 전한 이야기에 따르면, 1년 전의 일요일 저녁에 수도사 람베르트는 교회 성가대석에서 잠이 들었다. 꿈에서 그는 몇 년 전에 죽은 리흐빈이라는 이름의 식료품 담당 수도사가 교회 안으로 들어와 그에게 라인 강 쪽으로 따라오라고 신호를 하는 것을 보았다. 람베르트는 리흐빈이 이미 죽었다는 것을 알고 있었으므로 그 자리에서 한 발짝도 움직이려 하지 않았다. 그러자 유령은 이번에는 50세가 넘은 콘라트라는 수도사에게 똑같은 신호를 보냈다. 콘라트는 아무 말 없이 두건을 쓰고는 죽은 자의 뒤를 따랐다. 점심식사를 마치고 람베르트는 나이 많은 콘라트에게 꿈에 관해 말하면서 그에게 죽을 때가 다가왔다고 알려주었다. 실제로 그로부터 머지않아 콘라트는 '똑같이 두건을 쓴 채로' 땅에 묻혔다.³⁴⁾

여기에서 수도사가 두건을 쓰고 죽는다는 점이 중요하다. 두건은 저승에서 악마가 쳐놓은 덫으로부터 수도사를 보호해주기 때문이다.[35] 수도원에서 기록된 유령이야기들에서 두건은 죽은 자가 자신이 전에 수도사였음을 알리는 확실한 징표로 나타난다. 이것은 그가 재속성직자나 평신도의 복장을 한 채 죽었을 때도 마찬가지다.[36] 수도사의 망토나 두건에 담겨 있는 장례적인 의미는, '두건'을 죽은 자를 구별하는 표지이자 죽은 자가 저승으로 떠나기 위한 수단으로 여기던 더 오래된 믿음의 영향을 받은 것으로 보인다.[37] 게르만의 민간전승에서 두건 (*tarnkappe, tarnhut, hüttlin*)은 그것을 쓴 자에게 인간을 초월하는 능력을 주고, 그가 원하는 장소로 곧바로 이동하거나 모습을 감출 수 있게 해준다. 이런 두건은 '헬레케펠린(*hellekeppelin*)'이라고 불렸는데, 이것은 분명히 죽은 자들의 왕인 '헬레퀴누스의 모자'라는 의미이다.[38] 더 넓게는 머리에 〔뱃속의 태아를 싸서 보호하는〕 양막의 일부를 모자처럼 쓰고 태어난 아이를 복덩이로 보았던 풍습도 있었다. 반대로 죽은 뒤에 이 세상으로 돌아와 산 자를 방문한 망자의 경우에서도 확인되듯이 모자는 저승에서 이승으로, 아니면 이승에서 저승으로의 특이한 이동을 나타내는 징표가 된다.[39]

죽은 자의 신발도 마찬가지로 저세상으로 이동하는 것을 돕는다고 여겨지고 있었다. 13세기의 전례학자 기욤 뒤랑은 죽은 자의 정강이에 양말을 신기고, 발에 신을 신기는 것으로 죽은 자가 심판에 임하는 준비를 갖추게 된다고 밝혔다.[40] 아비뇽에서는 장례식을 할 때 종치기가 죽은 자의 바지와 신발, 벨트를 대가로 받는 풍습이 있었다. 죽은 자는 이러한 증여로 저세상에 가서 영적인 은총을 받을 수 있었으므로 이런 행위는 죽은 자에게 손해가 아니었다.[41] 북부 독일에서 12세기에 기록된 『고트샬크의 환시*Visio Godeschalci*』*가 보여주듯이, 생전에 가난한 자에

---

* 1189년 겨울 병으로 쓰러진 농부 고트샤크가 닷새 동안의 가사상태에서 체험했다

게 신발을 나눠준 사람은 저세상에 도착했을 때 커다란 보리수나무에 훌륭한 신발이 주렁주렁 매달려 있는 모습을 발견하게 된다고 여겨지기도 했다.[42] 반대로 체사리우스 폰 하이스터바흐가 전한 교훈예화에서는, 어느 사제의 정부였던 여성이 (그녀의 탐욕의 대상이자 색욕의 상징이기도 한) 자신의 아름다운 신발과 함께 매장되었다가 기사의 모습을 한 악마와 저주받은 사냥개 무리한테 끌려서 지옥으로 간다.[43]

죽은 자가 입고 있는 옷의 색깔은 그 인물이 저승에서 맞이한 상황을 표현하며, 상황이 나아지고 있음을 나타내기도 한다. 셀레스타의 생트푸아 수도원과 관련된 유령이야기에서는 붉은색과 흰색의 대비가 두드러진다. 그러나 일반적으로는 검은색과 흰색의 대비로 유령이 출현할 때마다 그의 저승에서의 상황이 점차 나아지고 있음을 추측할 수 있게 해준다. 처음에는 온통 검은색으로 걸치고 있던 죽은 자가 다음에 나타날 때는 반은 검고, 반은 흰 상태로 바뀐다. 그리고 마지막으로 기도를 올려 자신을 도와준 산 자에게 자신이 구원되었음을 알리려고 나타날 때에는 온몸에 흰 옷을 걸치고 있다.[44] 유령의 색깔은 한정되어 있으며 전통의 테두리를 거의 벗어나지 않는다. 그 특징적인 두 가지 색의 대비는 흰색과 붉은색, 검은색이라는 기본적인 3색을 사용한, 인도유럽어족에서 기원한 오래된 체계에 기초해 있다.[45]

옷은 산 자의 세계와 죽은 자의 세계 사이에 교환이 이루어질 수 있게 하는 강력한 수단이기도 하다. 그런 교환은 적극적 의미를 지닌다. 가경자 피에르가 전한 이야기에서는 클뤼니의 수도사에게 순례 도중에 죽은 예전 영주 베르나르 르 그로가 여우모피를 입은 모습으로 나

는 환시를 기록한 문헌이다. 육체에서 분리된 고트샤크의 영혼이 두 천사의 인도를 받아 연옥에서 죄의 대가를 받고 있는 유명한 고인들을 만나고, 천상의 예루살렘 등을 돌아본 뒤에 다시 육체로 돌아온다는 줄거리이다. 라틴어로 작성되었으며, 각각 다른 작가가 기록한 긴 판본과 짧은 판본의 2종류로 전해진다.

타난다. 그는 같은 모피를 가난한 사람에게 기부했고, 그것이 이제는 '위안'의 구실이 되어 그가 저세상에서 겪는 고난을 덜어주는 것이다. 반대로 생전에 옷을 가난한 사람에게 주기를 거부했거나, 다른 사람의 옷을 도둑질했거나, 빌린 옷을 돌려주지 않았을 경우에는 죽은 자는 벌거벗거나 기묘한 복장을 한 모습으로 이 세상에 나타난다. 이런 유령이야기들에서 죽은 자는 자신이 저지른 잘못을 보상해서 '옷을 입게 해' 달라고 가까운 이에게 부탁하려고 이 세상으로 돌아온다. 가경자 피에르는 '고용인'이었던 산초의 유령이 허리에 두르는 간단한 옷만 입고 벌거벗은 채 예전 고용주에게 나타났다고 이야기한다. 산초가 그런 모습으로 나타난 것은 그가 생전에 성직자의 옷을 훔친 일이 있었기 때문이다. 그래서 그는 자신이 훔친 옷을 교회에 되돌려줄 것을 고용주에게 요청했다. 체사리우스 폰 하이스터바흐는 가난한 과부에게 훔친 양가죽을 걸치고 죽은 지 얼마 되지 않아 나타난 기사 프리드리히 폰 켈레의 이야기를 전한다.[46] 저버스 틸버리의 긴 이야기에서는 젊은 기욤의 유령이 처음에는 완전히 벌거벗은 채 보케르의 사촌누이에게 나타났다. 하지만 소녀의 모친인 그의 숙모가 그의 유품인 옷을 가난한 자에게 기부하자 다음에는 그 옷을 입고 나타났다.[47]

이처럼 죽은 자는 사후세계에서 벌거벗은 채 비참한 상황에 놓이게 될 수도 있는데, 그 자신이 (아니면 그의 상속인이) 가지고 있던 옷을 가난한 자에게 준 경우에는 그것을 다시 걸칠 수 있게 허용된다. 옷은 양도할 수 있는 물질적 대상임과 동시에 자비로운 기부를 나타내는 비물질적 상징이기도 한 것이다. 이처럼 옷의 증여는 이승과 저승이라는 분리할 수 없는 2개의 차원에서 동시에 진행되는 행위로 여겨진다. 삶과 죽음의 경계를 뛰어넘은 이러한 대응관계의 모델은 꽤 오래 전으로 거슬러 올라간다. 술피키우스 세베루스가 쓴 『성 마르티누스 전기*Vita Sancti Martini*』에는 가난한 자에게 겉옷을 양보했다는 유명한 일화가 담겨 있다. 그 뒤 마르티누스의 꿈에 그리스도가 똑같은 겉옷을 입고 그에게 나타났다.

성인전이라는 장르에 포함된 이 이야기를 『이리아 연대기』에 실린 산초 왕의 유령이야기와 비교해 볼 수도 있을 것이다. 왕의 유령은 혼자가 된 왕비 고도에게 맨 처음 나타난 지 40일이 지나서 다시 나타났다. 그때 그는 (구원을 받은 징표인) 흰 옷과 왕비 고도가 남편의 영혼이 구원되기를 바라며 가난한 사제에게 주었던 모피를 입고 있었다. 고도 왕비는 유령이 입고 있던 모피에서 일부를 잘라내 그것을 산에스테반 데리바스 수도원으로 가지고 갔다. 그러자 수도사들은 사제에게 주었던 모피에서 그것과 같은 크기의 조각이 잘려나가 있었다고 증언했다. 이렇듯 왕비 고도가 수도원으로 돌려준 모피 조각은 본래 모피의 잘려나간 부분과 완전히 일치한다. 마치 상거래 당사자들이 2등분해서 각각 보관한 증서처럼, 모피가 유령의 출현이 진실이라는 것과 죽은 자에 대한 중재가 타당하다는 것을 입증하고 있는 것이다.[48]

유령을 표현한 도상

'영적 시각'의 대상이 '모상'이라고 하면, 그것의 형상을 묘사하는 것은 '모상의 모상'으로 해석할 수밖에 없으므로 여러 가지 문제를 낳는다. 유령의 물질적인 모상을 다른 물체의 모상과 어떻게 식별할 수 있을까? 중세에 쓰이던 표현기법 가운데 유령임을 식별할 수 있게 해주는 특별한 표식은 무엇일까? 기록에서 얻은 정보로 유령의 묘사에 필요한 요소를 유추할 수 있을까? 산 자와 구분하기 어려운 시신부터 사체가 부패하는 여러 단계를 거쳐 해골이 되기까지 모든 종류의 가능성이 선험적으로 존재한다. 유령을 그림으로 나타낼 때에는 생전의 사회적 신분을 나타내는 고유한 복장을 하고 있는 것으로 묘사되었을까,

매장될 때처럼 수의를 입고 있는 모습으로 묘사되었을까, 아니면 영혼이 비참한 처지에 놓여 있음을 나타내기 위해 나체로 묘사되었을까? 낭만주의 시대 이후 사람들은 시신을 매장할 때 쓰는 흰 천에 덮인 환영으로 유령을 상상하게 되었는데, 중세에도 이미 그런 이미지가 존재하고 있었을까? 유령의 초자연적인 성격을 암시하는 도상학적인 표지는 무엇일까? 중세의 도상학에서는 잠자고 있는 인물과 꿈에 나타난 대상을 나란히 놓는 것만으로도 그것이 꿈속의 광경임을 나타낼 수 있었다.[49] 그러나 깨어있는 상태에서 인지된 유령의 경우는 어떻게 했을까? 나아가 표현기법의 연대기적 변화, 곧 그것의 역사가 맡았던 역할은 어떻게 이해해야 할까?

유령의 도상학은 이론적이고 이야기적인 문헌과 마찬가지로 오랜 세월에 걸쳐 변화해왔다. (11세기 말 이전에는 발견되지 않으므로) 전승된 이야기들이나 다른 종류의 도상들에 비해 유령의 도상은 훨씬 늦게 등장했으며, 중세 말기까지 점진적으로 변화해왔다. 따라서 이제까지 다양한 이야기의 장르를 신중히 구별해왔던 것과 마찬가지로, 각각의 도상들도 그것이 속해 있는 도상학적 범주에서 분리해 다른 도상들과 뒤섞어 살펴보아서는 안 된다.

12세기부터 15세기까지 유령을 묘사할 때 사용되었던 표현기법은 다음과 같은 6개의 유형으로 나눌 수 있다. 이것들은 서로 구분되지만 부분적으로는 잇달아 나타나기도 한다.

— 라자로 유형 : 유령이 부활한 인물처럼 묘사된다.
— 살아 있는 인간처럼 묘사된 죽은 자 유형 : 유령과 유령을 목격한 한 명 이상의 산 자가 뚜렷이 구별되지 않는다.
— 영혼형 : 영혼을 묘사할 때 가장 빈번히 사용되던 전통적인 기법에 따라 유령이 벌거벗은 작은 인간의 모습으로 묘사된다.

– 환영형 : 유령이 흐릿한 수의를 입고 있다.

– 시신형 : 정도의 차이는 있지만 유령이 부패된 상태에서 움직이는 시신으로 묘사된다.

– 보이지 않는 유형 : 도상으로서는 가장 극단적인 표현방법으로, 문서의 내용과 긴밀히 연관되어 있으며 그것에 의존한다.

우리가 이미 살펴보았던 도상들도 이 유형들 가운데 몇몇에 해당한다. 시몽 마르미옹의 세밀화에서 알레스의 유령은 장 고비의 이야기에서와 마찬가지로 보이지 않는 것으로 묘사되어 있다. 반대로 프라하에서 카를 4세의 잠을 방해했던 보이지 않는 유령은 한 번은 유행하는 저고리를 입은 산 자와 같은 모습으로, 다른 한 번은 벌거벗은 작은 인간의 모습을 한 영혼으로 묘사되어 있다. 12세기부터 15세기까지 성서의 엔도르 무녀 이야기에 등장하는 사무엘을 묘사한 도상들은 라자로 유형을 비롯해 가능한 거의 모든 표현기법을 사용하고 있다.

중세 말기 이전에는 평범한 사람의 유령 이미지는 매우 드물게 그려졌다. 그러한 이미지 가운데 가장 오래된 것은 11세기로 올라가는데, 유령이야기가 문서로 기록되면서 늘어나기 시작했던 것과 같은 시기이다. 1071년이라는 정확한 제작연대가 밝혀져 있는 2장의 세밀화와 (지금의 생브누아쉬르루아르인) 플뢰리 수도원의 기둥머리 인물상에는 성 베네딕투스가 일으킨 기적이 묘사되어 있는데, 그것은 교황 그레고리우스 1세가 『대화』 제2권에 수록한 이야기에 기초하고 있다.[50]

23장에서 그레고리우스는 입이 가벼워 성 베네딕투스에게 파문을 선고받은 두 명의 수녀에 관해 이야기한다. 두 사람은 죽은 뒤에 교회에 매장되었다. 그런데 그곳에서 미사를 지낼 때마다 "두 수녀의 유모이자 그녀들을 위해 빠뜨리지 않고 신에게 공물을 바치던 여성은 두 사람이 무덤에서 빠져나와 교회 밖으로 나가는 모습을 목격했다." 이

기이한 일은 성 베네딕투스가 두 사람에 대한 파문을 취소하는 데 동의할 때까지 계속되었다. 24장에도 비슷한 이야기가 전해진다. 어느 젊은 수도사가 부모를 만나려고 허가를 받지 않은 채 수도원을 빠져나갔다. 그러나 그는 도중에 사고로 목숨을 잃었다. 부모는 두 번이나 그를 매장하려고 했으나 그의 시신은 무덤 안에 머물러 있으려고 하지 않았다. 당황한 부모는 성 베네딕투스의 발밑에 몸을 던지며 도움을 청했다. 그러자 그는 죽은 자의 가슴 위에 성면을 얹어놓으라고 했다. 그 뒤 시신은 다시는 무덤 밖으로 나오지 않았다.

이 두 편의 이야기는 서로 닮아 있다. 공통의 주인공인 성 베네틱투스가 유사한 역할을 맡고 있을 뿐 아니라, 시신이 무덤에 머물러 있기를 거절한다는 기이한 현상을 묘사하고 있다는 점도 같다. 불길한 시신을 굴복시키는 수단으로 성면, 곧 그리스도의 성체라는 해결책을 제시하고 있다는 점도 같다. 이 이야기들을 유령이야기라고 불러야 할까? 그레고리우스 1세가 『대화』 제4권에서 서술한 유령에 관한 정의에 따르면 대답은 부정적이다. 그러나 이 두 편의 이야기를 후대에 기록된 어떤 종류의 이야기와 비교하면 반대로 대답할 수 있을 것이다. 요크셔에서는 무덤을 빠져나와 강제로 무덤으로 되돌려보낼 필요가 있는 시신을 유령과 연관 짓는 경향이 있었기 때문이다.

1071년에 (성 베네딕투스가 창설한 수도원인) 몬테카시노 수도원의 수도원장〔뒷날 교황 빅토르 3세가 되는〕데시데리오는 (피에르 다미아니 같은 교회개혁파가 많이 포함되어 있었던) 수도원장들과 고위성직자들을 모아놓고는 수도원의 새로운 교회를 성대하게 축성했다. 당시 데시데리오의 의뢰로 성 베네딕투스 · 성 마우루스 · 성 스콜라스티카의 축일을 위해 『독송집Lectionarium』이 제작되었다.[51] 지금은 바티칸 도서관에 소장되어 있는 매우 귀중한 이 필사본의 풍부한 도상 중에는 우리가 살펴보았던 두 편의 기적이야기를 묘사한 그림도 포함되어 있다. 하지만 이야기

그림 12

Lecrionarium(1071년)

Vatican, Apostolic Library, ms. Vat. Lat. 1202, fol. 57r.

순서가 일부 거꾸로 되어 있고, 2장의 세밀화에는 각각의 이야기에 나오는 장면들이 동시에 묘사되어 있다.

처음 그림에는 23장에 등장한 두 명의 수녀를 무덤으로 돌려보내기 위해 신에게 바치는 공물을 한 성직자에게 맡기는 성 베네딕투스의 모습이 묘사되어 있다. 그런데 거기에는 24장에 등장하는 젊은 수도사의 시신도 묘사되어 있다. 수도사의 시신은 눈을 감고 머리에 두건을 쓴 상태로 무덤 안이 아니라 그 근처에 누워 있다. 그 무덤이 뒤에 다시 묘사되어 있는데, 이번에는 젊은 수도사의 시신이 안에 수습되어 사제가 가슴 위에 성면을 얹고 있다.^{그림 12}

뒷면에는 젊은 수도사의 이야기에 나오는 다른 2개의 장면이 묘사되어 있다. 성 베네딕투스는 수도사의 아버지와 어머니를 차례로 맞이해 어머니에게 성면을 주고 있다. 바로 옆에 두 명의 수녀와 관련된 사연이 연속해서 묘사되어 실려 있다. 그녀들은 무덤 안에서 반쯤 몸을 일으키고 있으며, 방금 죽은 자들처럼 수의처럼 보이는 풍성한 옷을 입고 있다. 하나는 붉은 옷, 다른 하나는 푸른 옷을 입고 있는데, 그 옷들이 그녀들의 얼굴 일부를 가리고 있다. 이 두 명의 수녀들은 앞면의 젊은 수도사와는 달리 시신이 아니라 움직이는 죽은 자처럼 똑바로 일어

서서 무덤을 벗어나려고 한다. 화가가 여기에서 모델로 삼은 것은 아마도 〔예수에 의해 되살아난〕 라자로의 이미지인 것 같다.**그림 13**

　생브누아쉬르루아르에 있는 기둥머리 조각도 같은 기적이야기에서 착상된 것이다. 이 조각은 정확한 제작연대가 확인되지는 않지만 마찬가지로 11세기의 작품이다.[52] 지금은 다른 장소에 보관되어 있는 이 기둥머리의 한쪽에는 축복을 주는 그리스도의 모습이 조각되어 있고, 그 배후에는 그보다 작게 새겨진 성 베네딕투스의 모습이 있다. 그의 오른손은 예수의 왼손과 일체로 되어 있는데, 이런 분명한 표현기법을 사용해 이 조각상은 사람들에게 성인들이 이룬 기적이 실은 신의 업적임을 상기시킨다. 다른 한쪽에는 무덤이 있는데 한 사람이 그것을 열려고 하고 있다. 안에는 두 명의 수녀가 누워 있고, 마치 무덤에서 빠져나오려 하는 것처럼 머리가 무덤 밖으로 나와 있다. 그녀들은 세밀화에서처럼 직립의 자세를 하고 있지는 않다. 오히려 반듯이 누워 있는 죽은 자의 모습처럼 묘사되어 있지만, 두 명의 상태는 이야기 자체가 그러하듯이 모호하다. 교회에서 추방된 그녀들의 육체는 어떤 사악한 영과 연관되어 있는 초자연적인 힘의 작용을 받고 있다.**그림 14**

　유령 도상이 늘어나기 시작한 것은 기껏해야 13세기에 들어서면서

그림 14
Abbaye de Saint Benoît-sur-
Loire, 기둥머리 (11세기)

부터이다. 한 가지 예로 생메다르드수아송 수도원의 수도사였던 고티
에 드 쿠앵시가 1218년과 1233년 사이에 프랑스어로 쓴 『성모의 기적
Miracles de la Vierge』을 들 수 있다. 성모에 관한 55편의 기적이야기를 수록
하고 있는 이 이야기책은 큰 성공을 거두어 오늘날까지도 80종 이상의
필사본이 전해진다. 모든 기적이야기들에서 성모는 자신을 숭배하는
신자들을 보살피고 그들의 병을 낮게 한다. 그리고 그들의 임종과 개
개인에 대한 심판의 순간에 그들이 비록 지옥으로 떨어질 운명이었더
라도 그들을 구원하기 위해 중재를 한다. 예컨대 어느 수도원의 원장
은 생전에 큰 잘못을 저질렀는데도 성모에 대한 찬송을 한 번도 게을
리 하지 않아서 성모의 자비로운 은혜를 받을 수 있었다.[53] 그가 죽자
수도사들은 평소대로 그를 매장했다. 그러나 그로부터 정확히 1년이
지난 '정월 초하루'에 성구를 관리하던 수도사 위베르는 아침기도를
시작하기 전에 교회의 등잔에 불을 붙이고 있다가 누군가 자신의 이름
을 힘차고 명료한 소리로 부르는 것을 들었다. "위베르, 친애하는 형제
여!"라고 그 소리는 말했다. 공포에 휩싸인 위베르는 침대로 돌아가 순

식간에 잠에 빠졌다. 그러자 꿈에 죽은 수도원장이 나타나서는 자신의 부름에 왜 대답하지 않았냐고 그를 책망했다. 그리고 나서 수도원장은 1년 전부터 자신이 어떤 고통에 놓여 있었는지를 말하고, 생전에 성모 숭배를 언제나 실천하고 있었기 때문에 성모의 도움으로 마침내 고통에서 벗어나게 되었다고 밝혔다. 다음날 아침 위베르가 당시 수도원장에게 꿈에 관해 말하자, 수도원장은 수도사들과 함께 성모에게 기도를 올렸다. 그로부터 머지않아 이번에는 수도사 위베르에게 죽음이 찾아왔다.

코티에 드 쿠앵시가 쓴 모든 기적이야기 중에서 이 이야기만 유일하게 유령이야기이다. 이 이야기에서 유령은 성모 이상으로 중요한 등장인물이다.『성모의 기적』의 수많은 채색수사본에는 죽은 자가 최초로 나타나는 장면, 곧 그가 성구 관리 수도사를 부르고, 수도사가 아직 그의 모습을 보지 못했을 때의 광경만 세밀화로 묘사되어 있다.[54] 도상은 소리에 육체를 부여해서 제단 가까운 성소로 들어와 손가락을 세우고 있는 유령의 모습을 묘사하고 있다. 그것은 유령이 말을 하고 있음을 뜻하는 몸짓이다. 이 도상에는 성구 관리 수도사의 놀라움도 표현되어 있다. 그는 공포에 휩싸인 표정으로 이름을 부르는 쪽을 바라보고 있다. 이처럼 세밀화는 소리로 자신의 존재를 밝히려 했던 죽은 자의 이야기를 유령의 시각적인 이미지로 변화시킨다. 유령은 살아 있는 수도사처럼 확실한 육체와 복장을 갖추고 있다. 그러나 다리 위로 옷자락을 쥐어 올리고 있는 동작과 맨발을 드러내고 있는 것에서 그가 초자연적인 존재임이 알려진다. (그에 비해 성구 관리 수도사는 신발을 신고 있으며 다리도 수도복으로 감추어져 있다.) 드러낸 맨발은 그가 사후세계에 속해 있을 뿐 아니라 비참한 처지에 놓여 있음을 의미하고, 그의 중재 요구가 정당한 것임을 암시한다.^{그림 15}

같은 작품의 다른 사본에서는 네 부분으로 나누어진 세밀화가 이야

그림 15

Gautier de Coincy, *Miracles de Notre Dame*(파리, 1330-
1334년). Paris, B.N., ms. Nouv. acq. fr. 24541, fol. 60v.

기의 흐름에 따라 기적이야기의 네 장면을 묘사하고 있다.[55] 여기에는
교회 제단 앞에 서서 바쁘게 일하고 있는 성구 관리 수도사의 뒤로 유
령이 들어오는 장면, 잠으로 도피한 성구 관리 수도사의 꿈에 유령이
나타나는 장면, 다음날 성구 관리 수도사가 수도원장과 다른 수도사들
에게 꿈에 관해 말하는 장면, 마지막으로 성구 관리 수도사의 장례식
장면이 차례로 묘사되어 있다.[그림 16]

첫 장면에 등장하는 죽은 자의 몸은 그림의 경계 때문에 반은 가려
져 있다. 이는 그가 교회 내지는 산 자가 사는 지상의 공간으로 침입해
왔음을 나타낸다. 그는 머리에 두건을 쓰고 있는데, 수도원에서 기록
된 수많은 유령이야기들에서 줄곧 강조되고 있는 수도사의 두건은 여
기서는 유령과 살아 있는 수도사를 대비시키는 수단이 되고 있다. 수
도복 소매를 몸 앞에서 교차시키고 있는 유령의 몸짓은 카를 4세의 자
서전을 수록한 채색수사본 안에서도 발견되는데, 무력함과 공손한 간
청을 의미하는 것으로 보인다.[56] 그러나 (성구 관리 수도사의 바쁘게 일하

그림 16

Gautier de Coincy, *Miracles de Notre Dame*(프랑스, 14세기 초). Paris, B.N., ms. Fr. 22920, fol. 105r.

고 있는 손과는 대조적으로) 그 소매에는 손이 보이지 않아 마치 옷 안이 텅 비어 있는 것처럼 보인다. 그것은 아마도 '영적인 이미지'에는 육체의 확실성이 결여되어 있음을 암시하고 있을 것이다. 마찬가지로 유령의 발도 묘사되어 있지 않다.

두 번째 장면에서는 좌우로 걷혀 있는 침대 커튼으로 꿈속의 광경을 표현하는 공간을 규정해서 꿈의 전통적인 이미지를 나타내고 있다. 기록의 도움이 없고, 꿈을 묘사하는 이러한 전통적인 기법에 대한 지식이 없으면 침대 발치에 있는 것이 살아 있는 방문자가 아니라 죽은 자임을 알아보기 어려울 것이다.

환영의 탄생

성모의 기적에 관한 중세의 전통을 대표하는 또 하나의 작품으로는 카스티야레온을 지배했던 현왕 알폰소 10세가 1267년과 1272년 사이에 집필한 『성모마리아 송가집』을 들 수 있다. 이 송가집은 (모두 300편

이상의 기적이야기가 수록되어 있어서) 규모에서나 (2천 점에 가까운) 풍부한 도상의 숫자에서나 모두 방대한 작품이다. 기적이야기들마다 사본의 1면이나 2면 전체를 차지하는 세밀화가 첨부되어 있는데, 각각 6개의 (때로는 12개의) 장면으로 구성되어 있다.[57]

유령이야기는 2편이 있는데, 그 가운데 하나는 '어느 프란체스코 회 수도사가 죽는 순간에 성모 마리아가 악마에게서 그 수도사를 지킨 이야기'이다.[58] 이야기에 첨부된 6개의 세밀화는 주인공이 수도원의 교회 안으로 들어선 장면, (검은 얼굴로 악마에게 빼앗긴 영혼의 색깔을 표현하고 있는) 그가 죽는 장면, 수도사들이 죽은 자의 손에 성모의 상징 (signaculum)인 초를 쥐어주자 악마가 도망치는 장면을 차례로 묘사하고 있다. 수도사는 온갖 죄를 저지르면서도 성모에 대한 신앙만은 지켰다. 이 장면에서 죽은 자의 얼굴은 다시 흰색으로 돌아온다. 그 뒤에는 장례식 장면이 이어지고, 다섯 번째 그림에는 수도원 회랑에서 두 명의 수도사에게 유령이 나타나는 장면이 묘사되어 있다. 다시 교회 내부를 묘사한 마지막 그림에서는 수도사들이 성모에게 감사기도를 올리고 있다.그림 17

회랑에서 유령이 나타난 장면에서는 이야기 내용을 알지 못하고서는 3인의 수도사 가운데 한 명이 죽은 자임을 알아보기가 쉽지 않다. 신체의 모습이나 복장에서 죽은 자는 다른 두 명과 전혀 구분되지 않는다. 3인 가운데 누가 죽은 자에 더 적합한지 판단하기는 쉽지 않다. 하지만 맨 왼쪽 인물만 손에 책을 들고 있지 않으므로 그가 유령일 것이라고 추정해볼 수는 있다. 이 그림은 앞서 본 이미지들 이상으로 죽은 자가 살아 있는 것 같은 착각을 불러온다. 이런 점에서는 죽은 친지의 유령을 보고 목격자가 놀란다는 수많은 유령이야기의 내용을 충실히 따르고 있는 이미지라고도 할 수 있다. 상대가 최근에 죽었다는 사실을 모른 채 살아 있는 벗과 마주하고 있다고 목격자가 확신하고 있

그림 17

Cantigas de Santa Maria (1272년 무렵). *Cantiga* CXXIII. Escorial, ms. T I 1, fol. 136r.

그림 18

Cantigas de Santa Maria (1272년 무렵). *Cantiga* CXXIII. Escorial, ms. T I 1, fol. 80r.

는 경우를 제외하면, 그런 이야기들에서 목격자는 유령이 산 자와 너무 흡사한 모습을 하고 있다는 점에 놀란다.

그러나 같은 사본에 실려 있는 다른 유령이야기의 삽화는 매우 다른 인상을 준다.[59] 이 기적이야기는 선술집의 단골(tafur)이던 젊은 남자가 도박에 지고는 성모를 모독하는 말을 내뱉었다가 악마에게 죽임을 당한 일을 전하고 있다. 6장의 세밀화에는 술집에서 도박에 빠져 있는 사람들, 모독하는 말을 내뱉는 순간이 (하늘을 향한 격한 몸짓으로 표현되어) 차례로 묘사되어 있고, 그 뒤에 바로 악마가 죄인의 내장을 도려내는 장면이 이어진다. 다음 그림에서는 "어떤 죽은 자가 선술집 단골이던 젊은이의 부친에게 찾아가서 그의 자식이 죽었음을 알려준다." 따라서 이 장면에 묘사된 유령은 방금 죽은 젊은이가 아니다. 유령은 성모 마리아의 사자로 저세상에서 파견되었고, 여기서 성모의 모습은 감추어진 상태이다. 이어진 그림에서는 유령을 통해 자식의 죽음을 알게 된 부친이 시신의 곁으로 달려가 슬픔에 빠진 표정을 짓고 있다. 그 다음 그림에서는 부친이 자식을 위해 성대한 장례식을 올리고 있는 장면이 묘사되어 있다. **그림 18**

이 일련의 이미지들에서 가장 기묘한 것은 죽은 자가 환영과 같은 모습을 하고 있다는 점이다. 마주하고 있는 살아 있는 사람과는 대조적으로 유령에게는 색채도 육체적인 밀도도 없다. 그의 얼굴은 옷과 마찬가지로 간신히 보일 정도로 희미하게 그려져 있다.

이 방대한 필사본의 도상을 제작하는 데에는 여러 화가들이 관여했다. 따라서 서로 기법이 달랐을 가능성도 배제할 수는 없다. 그러나 13세기 후반에 유령을 묘사하는 방법이 장소에 따라 적어도 2가지 종류가 존재하고 있었음은 인정할 수밖에 없다. 하나는 살아 있는 인간처럼 죽은 자를 묘사하는 방법이고, 다른 하나는 비물질적이고 흐릿한 환영으로 묘사하는 방법이다. 이런 두 가지 이미지의 대비는 이야기에 등장하는 죽은 자의 상황이 다른 데서 비롯된 것으로 보인다. 확실한 육체를 지닌 프란체스코회 수도사는 죽은 지 얼마 되지 않았지만, 선술집의 단골이었던 젊은이의 아버지가 본 유령은 죽은 지 더 오랜 시간이 지났다. 이 유령의 겉모습은 그가 죽은 뒤에 지난 시간의 길이, 산 자와 죽은 자 사이에 가로놓인 거리, 무덤에 매장된 그의 시신이 완전히 분해되었음을 의미하고 있는 것으로 보인다. 나아가 죽은 지 얼마 지나지 않은 프란체스코회 수도사는 동료 수도사들에게 알려져 있었으므로 이미지에서 그를 수도사의 한 사람으로 묘사할 수 있었을 것이다. 하지만 자식의 비극적인 최후를 아버지에게 전해준 유령은 죽어서도 아직 기억으로 남아 있는 친지와는 달리 젊은이의 아버지에게는 본 적 없는 무명의 죽은 자일 뿐이다. 이 그림에서 유령이 환영처럼 묘사되고 있는 것은 오래 전에 죽은 자가 이름을 지니고 있지 않으며, 그가 말을 건네고 있는 산 자와의 사이에 어떠한 심리적인 유대도 없고, 죽은 자들의 세계에서 보내진 사자로서의 기능 이외에는 아무런 존재의 이유도 가지고 있지 않은 유령임을 표현하기 위해서가 아닐까?

삽화는 이 환영을 바로 아래 그림에 묘사되어 있는, 들것에 눕혀져 있는 시신과 명확히 구별하고 있다. 환영 이미지의 흐릿함은 진짜 시신의 뚜렷한 밀도와 대조적이다. 시신을 옮기는 사람들이 힘을 쓰는 모습에서도 상당히 무겁다는 점을 알 수 있다.[60] 비록 겉으로 보기에는 육체를 갖추고 있는 것 같아도 환영은 모상에 지나지 않는다. 서구의 전통에서 아마 처음 등장한 것으로 보이는 이 환영 이미지는 19세기 이후 다른 어떤 표현기법보다 일반적으로 쓰이게 될 유령의 이미지를 아득한 세월을 건너뛰어 예고하고 있었다.

이처럼 만화나 판타지 영화에 등장하는 서구의 유령은 13세기 말에 탄생했다고 할 수 있다. 『성모 마리아 송가집』의 세밀화가 유일한 사례가 아니기 때문이다. 그러한 유령의 모습은 기욤 드 디굴레빌

(1295~1358)의 『인생의 순례*Pèlerinage de vie humaine*』가 실려 있는 몇 개의 채색수사본에서도 발견된다. 이 우의적이고 종교적인 장편시에서 작가는 자신이 꾼 꿈을 1인칭으로 전하고 있다. 그 꿈은 그 자신이 글머리에서 밝히고 있듯이 『장미이야기*Roman de la Rose*』*를 읽고 영감을 받아 꾼 것이다.

잠든 작가는 자신의 영혼이 순례자의 옷을 입고, 순례자임을 나타내는 여러 도구를 지닌 채 예루살렘으로 여행을 떠나는 꿈을 꾸었다. (많은 사본들에는 이 상태의 작가를 묘사하는 세밀화가 맨 앞에 실려 있다.) 여기서 예루살렘은 실제의 도시로 묘사되어 있지만, 천상의 예루살렘을 예고하는 것으로도 나타난다. 영혼을 순례지로 인도하는 안내자의 역할을 맡고 있는 것은 머리에 관을 쓰고 후광에 둘러싸인 젊고 아름다운 여성인데, 그녀는 '신의 은총'이라고 불렸다. 여행길에서는 교훈을 주는 사건들이 빈번히 발생한다. 예컨대 순례자가 된 그의 영혼은 3인의 죽은 자의 영혼(유령)이 식탁에서 3인의 산 자를 위해 시중을 들고 있는 것을 목격했다. 시의 기록은 산 자와 유령의 대비를 강조하게끔 채색화가에게 영감을 주고 있다. 그러나 채색화가가 실제로 선택한 표현기법은 사본마다 다르며, 온갖 종류의 표현기법들이 숙고한 끝에 시도되었다.

커다란 모자와 지팡이를 표지로 하고 있는 순례자는 안내자의 역할을 맡은 여성과 함께 죽은 자가 산 자의 시중을 들고 있는 식당에 도착한다.

---

* 중세 프랑스에서 인기를 끈 운문 작품으로 꿈속에서 본 것을 우의적으로 표현하는 방식으로 내용이 전개된다. 40년 간격을 두고 두 작가가 완성했다. 궁정식 사랑을 울타리로 둘러싸인 정원에서 장미를 얻는 과정으로 은유적으로 묘사한 전반부는 기욤 드 로리스(Guilaume de Lorris)가 1230~1235년 무렵에 썼다. 그리고 전반부의 틀을 어느 정도 유지하면서도 주제를 벗어나 인생, 종교, 세계, 도덕, 철학 등에 대해 광범위하게 논한 후반부는 장 드 묑(Jean de Meung)이 1275~1280년 무렵에 쓴 것이다.

그림 19

Guillaume de Diguilleville,
Pèlerinage de vie humaine
(14세기). Oxford, Bodleian
Library, ms. Douce 300, fol.
115 r.

그 뒤, 나는 식당에서

경탄할 만한 광경을 목격했다.

수의를 입은 수많은 죽은 자가

산 자에게 식사를 주고

산 자의 발밑에 공손하게 무릎을 꿇고

헌신적으로 시중을 들고 있었다.

옥스퍼드 대학에 소장되어 있는 사본에 남아 있는 이 기록의 삽화는
죽은 자와 산 자를 매우 분명하게 대비시키고 있다.[61] 죽은 자들은 자
신들의 발로 서 있지 못하고 식탁 높이까지만 간신히 몸을 세운 것처
럼 보인다. 그들은 몸에 흐릿하고 엷고〔염색하지 않은 천을 연상시키는〕베
이지색 자루와 같은 모양의 수의를 입고 있는데, 얼굴도 그 아래에 가
려져 있다.**그림 19** 파리에 있는 다른 사본에도 거의 유사한 묘사가 나타
난다. 거기에는 두 명의 죽은 자만 그려져 있는데, 그들의 몸은 온통 하
얗게 되어 있으며 밀착된 얇은 막과 같은 것으로 감싸여 있다.[62] 손발
과 머리는 분명히 나뉘어 그려져 있지만, 얼굴 생김새는 옥스퍼드의

사본과 마찬가지로 소묘 정도로만 그려져 있다.^{그림 20}

    프랑스국립도서관에 있는 다른 사본의 삽화에서는 『인생의 순례』에 등장하는 3인의 죽은 자가 더 육체적인 겉모습을 하고 있다.[63] 그들은 하얀 수도복과 같은 것을 입고 있는데, 옷과 명확하게 구별되는 머리는 두 눈 부분이 움푹 검게 패여 있고 커다란 입과 단단한 이빨을 가진 해골로 묘사되어 있다.^{그림 21} 이 모습은 그 시대에 유행했던 사체를 소재로 한 이미지에 가깝다. 그리고 그것은 [인쇄술이 발명될 무렵인 1500년대 이전에 인쇄된 판본인] 독일 요람기본에 실린 판화 그림들을 연상시킨다.[64]

    하지만 똑같은 장면을 그리면서도 사후세계의 영혼을 묘사할 때 사용했던 전통적인 기법에 따라 죽은 자들을 성별性別을 알 수 없는 벌거숭이 인간들로 묘사한 다른 종류의 이미지[65]도 존재한다.^{그림 22}

    이러한 다양한 이미지들은 유령을 묘사하는 방법이 하나로 고정되어 있지 않고, 다양하게 존재하고 있었음을 알려준다. 심지어 그러한 다양성은 같은 시대에 제작된 사본이나 동일한 기록에 기초한 여러 삽화들에서도 발견된다. 그 중에서도 사체를 소재로 한 이미지는 새로운 표현기법으로 중세 말기에 유령을 묘사한 이미지들에 점차 폭넓게 파

그림 21

Guillaume de Diguilleville, *Pèlerinage de vie humaine*(14세기). Paris, B.N., ms. Fr. 376, fol. 83 r.

고들었다. 반대로 환영으로 유령을 나타낸 이미지는 매우 적은 사례에만 한정되어 나타났다.[66]

유령과 마카브르

흐릿한 환영으로 묘사된 유령의 이미지가 폭넓고 빠르게 보급되지 못한 이유는 마카브르의 유행이 그것을 억제했기 때문인 것으로 보인다. 마카브르는 환영으로 묘사된 죽은 자의 이미지와는 정반대로 손으로 만질 수 있는 육체적이고 끔찍한 사체의 존재에 초점을 맞춘다. 마카브르의 주요한 소재는 이미 잘 알려져 있으므로 여기서는 유령과 관련된 경우로만 한정해서 살펴보자.

13세기 말이 되면서 문헌들에는 3인의 산 자가 3인의 죽은 자와 만난다는 소재가 나타났다. 말에 올라탄 3인의 젊은 기사들의 앞길을 그들의 분신인 3인의 죽은 자가 막아서서 저세상으로 떠날 준비를 하라고 지시한다는 내용이다. 이 죽은 자들이 유령임은 이론의 여지가 없는 분명한 사실이다.[67]

그로부터 오래지 않아 죽음과 마카브르에 대한 강박증이 특히 시도서의 죽은 자를 위한 성무일과를 기록한 장에서 특별한 자리를 차지했

다. 개인의 임종을 묘사한 장면에는 비유적으로 묘사된 '죽음'의 표상
을 비롯해 마카브르를 상징하는 다양한 소재들이 덧붙여졌다. 수의를
입고, 긴 창이나 낫으로 죽어가는 인간을 위협하는 의인화된 '죽음'의
모습은 유령과 엄밀히 구분되지 않는다.

15세기 후반에 제작되어 [프랑스 북부] 루앙에서 사용된 시도서의 여
백에는 죽음을 나타내는 상징과 형상들이 많이 그려져 있다. 예컨대
벌거벗거나 흰 수의로 반신을 가린 움직이는 시신의 모습이 묘사되어
있는데, 피부는 아직 투명한 흰색을 하고 살집도 좋지만 눈 부분은 구
멍만 남아 있다.[68] 죽은 자가 긴 창을 (어떤 경우에는 둥근 방패를) 쥐고 있
다는 점에서 그것이 '죽음'의 비유임을 알 수 있다. 사본의 앞부분을 살
펴보면 해골, 무덤구덩이를 파고 있는 인부, 관, 흰 수의로 온몸을 덮고
있는 주검이 발견된다. 그런데 여백 가운데 한 곳에서는 완전히 다르
게 묘사된 죽은 자의 모습이 발견되는데, 그는 온몸이 까맣게 그려져
있으며 밝은 청색의 수의를 입고 있다. 이것은 연옥에서 고통을 받고
있는 영혼이나 지옥으로 떨어진 영혼을 나타내고 있음이 분명하다. 온
몸이 검게 그려진 이 인물은 눈·코·입만 밝은 빛을 띠고 있다. 하지
만 시도서들이 흔히 그러하듯이, 여백에 그려진 이미지는 관련된 기록

들에서 아무런 정보도 얻을 수 없으므로 이러한 해석은 추측의 한계를 벗어나지 못한다.

많은 시도서들이 죽은 자를 위한 성무일과가 기재된 부분에 흔히 장례식 장면을 그려 넣었는데, 거기에는 죽은 자의 세계에 대한 환상적인 표현이 잘 드러나 있다. 널리 알려진 '레이몽 디오크레 장례식 이야기'*에 따르면, 성 브루노는 장례식 와중에 디오크레가 관속에서 일어나는 것을 보고는 '오지'로 떠나 〔알프스 산중에 있는〕 라그랑드샤르트뢰즈 수도원을 창설하기로 결심했다고 한다.[69]

죽은 자가 집단으로 묘사되기도 했다. 1425년 이후 '죽음의 무도'라는 소재가 보급되었다. 거기에는 죽은 자와 산 자가 짝을 이루어 사회의 특정한 '신분'을 나타내며 줄지어 늘어서 있다. 이러한 죽음의 무도와는 달리 묘지에서 춤추는 죽은 자의 모습을 그린 이미지도 있었다. 무덤이 열리고 죽은 자들이 산송장인 양 일어서서 빠져나와 춤을 춘다는 것이다.

야코포 다 바라체가 쓴 『황금전설Legenda aurea』의 매우 아름다운 15세

---

* 레이몽 디오크레(Raymond Diocrès)는 파리 대학의 저명한 교수이자 주교좌성당 참사회원이었다. 1084년 그가 죽자 많은 동료 교수들과 제자들은 이 걸출한 인사의 마지막 길을 배웅하기 위해 장례식장으로 모여들었다. 그러나 성대하고 엄숙한 장례의식이 거행되는 와중에 갑자기 레이몽 디오크레의 시신이 관에서 벌떡 일어나 "나는 신에게 유죄판결을 받았다!(*Justo Dei judicio condempnatus sum*)"라고 울부짖는 일이 벌어졌다. 사람들은 혼비백산했고, 장례식에 참석해 이 모든 장면을 목격한 브루노는 파리를 떠나 수도사로서 겸허한 삶을 살기로 결심했다. 성 브루노의 샤르트뢰즈 카르투지오 수도회 창립설화로 알려진 이 이야기는 15~17세기 예술가들의 그림 소재로 즐겨 사용되었다. 랭부르 삼형제가 장 드 베리(Jean de Berry, 1340~1416)의 명으로 1405~1409년 무렵에 제작한 『베리 공작의 아름다운 시도서Les Belles Heures du duc de Berry』에는 죽은 레이몽 디오크레가 관에서 몸을 반쯤 일으킨 채 말을 하는 장면(fol. 94v, 95r)이 연출되어 있다. (ed.) Timothy Husband, *The Art of Illumination: The Limbourg Brothers and the Belles Heures of Jean de France, Duc de Berry*(New York: Metropolitan Museum of Art; New Haven: Yale University Press, 2008), pp. 154-158 참조.

Jacobus da Voragine, *Légende dorée* (15세기). Macon, Bibliotheque municipale, ms. 3, fol. 25v.

기 플랑드르 필사본에 수록된 한 장의 세밀화는 11월 2일 만령절에 관한 장에서 서로 다른 2개의 사건을 선택해 그 내용을 동시에 묘사하고 있다.[70] 야코포 다 바라체는 거기에서 죽은 자를 위한 기도의 유효성을 입증한 그 시대의 교훈예화를 소개하고 있다.[그림 23] 묘지를 횡단할 때마다 죽은 자를 위해 기도를 올리는 습관이 있었던 남자가 있었다. 어느 날 그가 여러 명의 적들에게 쫓겨 도망치고 있었는데, 그의 앞에서 몇 개의 무덤이 열리고 죽은 자들이 나타나 구원의 손길을 내밀었다. 사본에 묘사된 그림은 이 장면의 극적인 성격을 완벽하게 전달하고 있는데, 이제 막 무덤에서 나오려 하고 있는 죽은 자부터 적을 쫓으려고 공격하고 있는 죽은 자에 이르기까지 유령의 움직임이 점차 변화하고 있는 모습에도 세심하게 주의를 기울이고 있다. 그림 한쪽에는 아내와 나란히 침대에 누워 있는 남자에게 그의 예전 친구가 유령이 되어 나타난 장면이 다른 표현기법을 사용해서 그려져 있다. 죽은 자는 자신이 생전에 훔친 겉옷을 입고 있고, 그 무게를 견디지 못하겠다고 하소연한다.

이 필사본에 묘사된 죽은 자의 무리는 조금 뒷시대에 [15세기 독일의 인문주의자인] 하르트만 셰델의 『뉘른베르크 연대기Liber chronicarum』에 수록된 '죽음의 이미지(Imago mortis)'라는 제목의 목판화[71]에서 해골들의 춤이 나타내는 유령의 표상과 같다. 15세기에 이러한 살아 있는 죽은 자의 이미지들은 시신에 일어나는 변화나 단계적으로 진행되는 부패의 과정에 큰 관심을 기울인다. 살이 여전히 단단한 경우도 있고, 피부가 삭아서 그 아래에 뼈가 드러난 경우도 있고, 시간이 지나 백골만 남은 경우도 있다.[72] 그러나 이런 이미지들이 흥미로운 것은 여기에 그치지 않는다. 이 시대의 도상은 세속적인 문학에 인도되어 환상 장르의 영역으로까지 들어서게 된다.

15세기 초에 [프랑스의 인문주의자인] 로랑 드 프레미에페는 왕과 왕가의 귀족들을 위해 [『데카메론』을 쓴 이탈리아 인문주의자] 보카치오의 작품들을 프랑스어로 번역했는데, 프랑스에서 제작된 그 작품들의 채색수사본에는 이러한 환상적인 그림의 주목할 만한 두 가지 사례가 있다.

1414년에 『데카메론』을 프랑스어로 옮겨 샤를 6세에게 헌정한 호화스러운 아르스날 도서관 필사본에는 「디오네오Dioneo」라는 제목의 이야기(제7일 10화)에 관한 삽화가 실려 있다.[73] 그림에는 이중의 장면이 묘사되어 있는데, 한쪽에는 틴고초와 메우초라는 두 명의 친구가 식탁에 앉아 식사를 하고 있다. 식사를 하면서 그들은 먼저 죽은 쪽이 남은 친구를 찾아와 저세상에서의 처지에 관해 알려주겠다고 서로 약속했다. 같은 식탁에는 틴고초 대자의 어머니도 있는데, 그녀는 틴고초의 정부이기도 했다. 이 근친상간의 연애 때문에 틴고초는 머지않아 부절제함이 원인이 되어 목숨을 잃었고, 약속대로 친구에게 유령이 되어 나타났다. 유령의 출현으로 메우초는 잠에서 깨어났다. 몸을 일으켜 침대에 앉아 있는 그는 완전히 깨어있는 상태이다. 침대 발치에 있는 유령

은 일부밖에 보이지 않는다. 우리와 방 내부 사이를 가로막고 있는 창
의 아래쪽 틀이 몸의 일부를 가리고 있기 때문이다. 이러한 절단은 코
티에 드 쿠앵시의『성모의 기적』에 실려 있는 세밀화와 마찬가지로 유
령이 이 세상의 존재가 아니라 다른 장소에서 방문한 것임을 보는 사
람에게 상기시키는 역할을 하는 것으로 이해된다.[74] 유령의 몸은 비쩍
말라 있으며 몸 대부분이 흰 수의로 가려져 있다. 그러한 겉모습은 해
골과는 다르며 오히려 움직이는 시신처럼 보인다. 그리고 이야기를 나
누던 동년배 친구와 비교하면 며칠 만에 몇십 년 나이가 더 들어버린
것처럼 보인다.[그림 24]

　보카치오의 작품을 수록하고 있는 (마찬가지로 아르스날 도서관에 소장
된) 다른 프랑스어 사본에는 더 경탄할 만한 세밀화가 실려 있다. 이 그
림도 같은 이야기를 소재로 하고 있는 것처럼 보이지만, 실제로는『데
카메론』의 삽화가 아니라 보카치오가 그보다 나중에 라틴어로 쓰고
1409년에 로랑 드 프레미에르페가 프랑스어로 번역한『남녀 명사들의
전기*Cas des nobles hommes et femmes*』*라는 작품에 삽입된 것이다.[75] 더

---

* 보카치오의『명사들의 운명에 관하여*De casibus virorum illustrium*』를 프랑스어로 옮
긴 것이다. 56명의 명사들에 관한 전기 선집으로, 그들의 몰락을 통해 도덕적 교훈을

인문주의적인 착상에서 저술된 이 작품은 고대사와 성서, 후대의 역사 속에서 추린 저명한 인물들의 생애에 관한 이야기를 모두 9권으로 정리한 것이다. 제2부의 19장에는 '사실로 밝혀진 꿈' 이야기가 수록되어 있는데, 작가는 수많은 사례들 가운데에서 시인 시모니데스의 이야기를 소개한다.

시모니데스는 꿈에서 어떤 사람이 큰 범선을 타고 자신을 찾아올 것이라는 소식을 전달받았다. 그러나 찾아온 사람은 없었고, 얼마 뒤 모래톱에서 물에 빠져 죽은 사람의 시신만 발견했다. 시모니데스는 사람들에게 부탁해서 죽은 자를 위해 극진히 장례를 치러주었다. 그리고 쉬려고 집으로 돌아갔다. "잠자는 동안에 그는 꿈을 꾸었다. 매장한 시신이 꿈에 나타나 다음날 결코 바다로 나가서는 안 된다고 그에게 경고했다." 시모니데스는 '꿈의 계시'를 따랐고, 꿈을 믿지 않은 그의 동료들은 다음날 폭풍우를 만나 목숨을 잃었다. 세밀화에는 시인이 침대에서 잠자고 있는 모습이 묘사되어 있는데, 침대에는 (양털, 무명, 명주 등을 섞어서 짠) 나사로 된 매우 아름다운 붉은 천이 덮여 있다. 침대의 닫집 뒤에서 죽은 자가 침실 안으로, 아니 꿈속으로 조용히 숨어든다. 죽은 자는 몸을 모두 수의로 가리고 있는데, 두 팔을 교차시키는 유령 고유의 몸짓만 간신히 드러날 뿐이다. 천으로 가려지지 않은 유령의 얼굴은 시신처럼 보이지 않는다. 오히려 잠자고 있는 듯한 표정을 짓고 있어서 눈을 내리뜬 채 잠에 빠진 시인의 모습을 물끄러미 지켜보고 있는 것처럼 보인다. 여기에 묘사되고 있는 것은 환영이 아니며 시신은 더더욱 아니다. 유령의 이미지는 오히려 부활한 죽은 자의 유형에 가까운데, 자유롭게 돌아다니는 것 같은 모습을 하고 있어서 이 침입자에게는 기묘한 친근감마저 느껴진다.^{그림 25}

(프랑스 역사가) 장 비르트가 독일의 라인 강 유역을 대상으로 한 연구

전달하려 했다.

그림 25

Boccaccio, *Cas des nobles hommes et femmes*(15세기)

Paris, Bibliothèque de l'Arsenal, ms. 5193, fol. 76v.

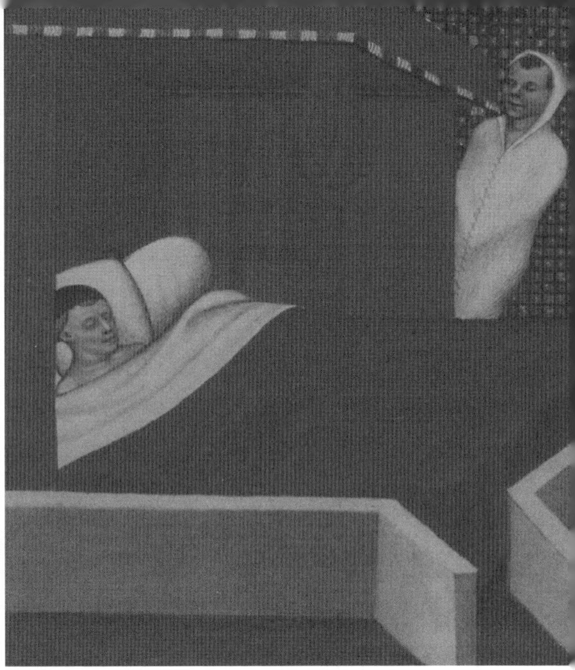

에서도 밝혔듯이, 중세 말기 유령의 묘사에 널리 침투하고 있던 마카
브르 예술은 16세기로 시대가 전환하는 과정에서 뚜렷하게 발달했다.
한스 발둥 그리엔(1484?~1545)이라는 화가는 해골을 묘사하거나 비쩍 마
른 시신이 살아서 돌아다니는 모습을 묘사하지 않고, 그 대신 죽은 자
라고는 생각되지 않을 정도로 풍만한 육체를 지닌 젊은 여성을 유령으
로 묘사했다.[76] 때로는 젊은 여성인 죽은 자가 무덤을 빠져나오려고 하
는 순간에 죽은 지 오래되어 몸의 절반 정도가 부패한 죽은 자의 모습
을 한 '죽음'에 붙잡혀 강제로 다시 무덤으로 끌려가는 장면을 그리기
도 했다. 어떤 경우든 '죽음'을 형상화한 이 무시무시한 인물은 모래가
반쯤 떨어진 모래시계를 치켜들고 '때이른 죽음(mors immatura)'으로 갑
자기 중단되는 삶의 비참함을 상기시킨다. 아울러 그가 지닌 모래시계
는 시신에 생기는 부패의 진행 상태를 재는 척도로 사후세계에서 진행
된 시간의 경과를 보여준다.

이 시대에는 '이중 초상 마카브르'라는 새로운 소재도 도입된다. 평

그림 26
Frans Hals(1626년 무렵). London., National Gallery.

신도든 성직자든 살아 있는 인간을 묘사한 상반신 초상화의 반대편에 같은 인물이 주검으로 변한 모습을 묘사해 놓는 것이다. 반대편에 그려진 죽은 자의 상반신 초상은 산 자의 초상과 마찬가지로 직립의 자세를 취하고 있고, 그 인물의 태도나 임종할 때 나타낸 몸짓이 재현되어 있다.[77] 이런 유형의 형상화는 (삶의 덧없음을 해골의 묘사로 표현한 것처럼) 현세의 덧없음을 주제로 한 작품의 전통을 이어받고 있지만, 그러한 전통적인 작품들보다 훨씬 극적인 효과를 빚어낸다. 죽음으로 살아 있는 인간을 둘로 나누는 것은 '죽음의 무도'의 논리와 같다. 그러나 여기에 묘사되어 있는 것은 여러 사회적 '신분'들이라기보다는 죽음으로 이 세상에서 빼앗긴 한 개인의 운명이고, 그것만으로도 더 비극적인 것이 된다. 산 자와 죽은 자의 모습을 앞뒤로 그린 이러한 이미지는 초상화가 지닌 의미에 대한 성찰의 깊이를 보여준다고 할 수 있다. 살아 있는 인간의 모습을 '있는 그대로' 묘사한 초상화는 동시에 언젠가는 필연적으로 죽을 그 인물의 모습을 영원히 간직해 후세에 전하기 위한 기억의 이미지로 고안된 것이기 때문이다. 따라서 이러한 초상화도 유령의 모습을 묘사한 이미지의 한 종류로 살펴볼 수 있을 것이다. 이러한 이중의 이미지는 무명의 인물이 아니라 이름이 알려진 특정한 개인을 묘사한 것이어서 유령과의 연관성이 더욱 크다.

이처럼 16세기의 초상화는 완전히 새로운 방법을 사용해서 유령 문제의 핵심에 놓인 변증법, 곧 개인의 죽음과 기억의 변증법을 분명하게 표현한다.^{그림 26} 르네상스 시기의 화가들이 사용했던 방법은 전대미문의 새로운 것이었다. 그러나 그 이전 세기에 제작되었던 장례 예술이 이미 거기서 제시되고 있는 문제들에 관해 독창적으로 대답하고 있었다고 볼 수 있지 않을까?

무덤의 횡와상은 유령인가

무덤의 〔가로 눕거나 기대어 있는 상태로 조각된〕 횡와상이 지니고 있는 3가지 특징은 그것과 유령 이미지와의 비교를 직관적으로 정당화한다.[78]

횡와상은 어느 특정한 개인을 묘사한 이미지로 그 인물에 대한 기억을 지속시키는 데 기여한다. (돌이나 청동, 목재의 조각이나 돋을새김으로 만들어진) 무덤의 초상은 (고대 이집트의 파이윰에서 만들어진 장례 마스크와 로마제국의 아프리카에서 만들어진 모자이크 등이 출현했던) 고대 말기 이후 오랫동안 쇠퇴해오다가 11세기 말에 다시 서구에 등장했다.[79] 그리고 (이중인물상, 횡와상을 바라보며 기도하는 모습의 인물상 등의) 다양한 형식들을 발전시키고 제시하면서 18세기까지 존속했다. 이러한 역사적인 흐름은 유령이야기들이 수록된 문헌들의 발달과정과 닮아 있다.

더구나 횡와상은 문헌의 기록으로 묘사되고 일부 세밀화나 그림 안에 등장하는 유령의 모습과 유사한 형식적 특징을 지닌다. 적어도 북유럽에서 횡와상은 생전과 변함없는 죽은 자의 모습을 형상화하고 있으며 두 눈을 뜨고 있다. 하지만 석조 횡와상의 두 눈은 현세를 보고 있지 않으며, 오히려 내세의 영원한 세계를 향해 열린 영혼의 눈을 상징한다. 기도하는 자세로 모여진 그의 두 손은 부활을 기다리는 징표이다.[80] 횡와상들 가운데에는 가슴과 배 위에 두 손은 교차시키고 있는 것도 있는데, 그러한 몸짓은 도상 속에서 유령의 특징을 이루고 있는 것이다.[81] 모두 산 자의 중재를 기대하거나 간청하는 모습을 표현한 것이라고 할 수 있다. 게다가 그러한 징표들의 의미는 하나로 고정되지 않는다. 예컨대 횡와상의 두 눈이 산 자에게는 아직 보이지 않는 종말론적인 세계를 향해 열려 있다고 하더라도, 교회 내부공간에서는 조각상을 바라보는 유족을 바라보는 것처럼 다가온다. 그런 느낌은 횡와상이 평평한 판석 위에 눕혀 있지만, 사실상 곧추서 있는 듯한 자세를 취하고 있어 더욱 강조된다. 발은 [작은 장식용 탁자인] 콘솔 위에 얹혀 있기도 하지만, 사자나 개와 같은 동물 위에 얹혀 있는 경우가 더 많다. 미셸 파스투로는 그러한 동물이 상징적인 가치를 지님과 동시에 액막이로서의 기능도 맡고 있었을 것이라고 강조한다. 만약 그러하다면 동물은 죽은 자를 지키기 위해 묘사되어 있는 것일까, 아니면 이 세상으로 귀환하는 유령에게서 산 자를 지키기 위해 묘사되어 있는 것일까?[82]

하지만 모든 횡와상이 기도하는 자세를 하고 있는 것은 아니다. 잉글랜드에는 두 발을 교차시키고 칼을 뽑고 있는 기사의 횡와상도 있다. 그것은 죽음을 눈앞에 둔 산 자가 죽음에 붙잡혀가지 않겠다고 방어하는 모습을 나타내고 있는 것일까, 아니면 악마의 공격에게서 몸을 지키려고 하는 영혼의 상징적인 몸짓을 묘사하고 있는 것일까? 그것도 아니라면 목숨을 빼앗긴 순간에 전사가 취하고 있던 최후의 자세를 조각상 제작자가 영원히 보존해두려고 했던 것일까?[83]

횡와상이 몸에 걸치고 있는 복장의 성격도 조각상의 태도가 매우 애매한 것임을 증명한다. 죽은 자는 생전과 같은 옷을 몸에 걸치고 있고,

그림 27
Würzburg, Marienkapelle.
Konrad von Schaumberg의 무덤 석조(1499년)

(성직자는 수도복을 입고, 기사는 갑옷과 투구로 몸을 감싸고, 주교는 십자가와 주교관을 지녀) 자신의 사회적 지위를 나타내는 표지를 드러내고 있다. 유령이야기에서 죽은 자가 유령이 되어 산 자에게 나타날 때 복장이 단서가 되어 상대에게 인지되는 것과 같은 형태이다.

엄숙한 자세로 기도를 하고 있는 죽은 자의 조형과는 다른 모습의 횡와상도 있다. 예컨대 어떤 것은 몸을 약간 기울이고는 아무것도 지니지 않은 손을 옆구리에 댄 채 매우 피로한 표정을 지으며 교회와 회랑에서 부근을 지나는 산 자에게 서글픈 눈길을 보낸다.[그림 27] 그 모습은 마치 누군가의 도움을 손꼽아 기다리거나, 그렇지 않으면 조각상을 바라보는 산 자만이 줄 수 있는 위로의 말을 기대하고 있는 듯하다.[84]

그러나 이와 같은 여러 공통점이 있지만, 횡와상을 유령의 이미지로 보는 성급한 해석은 피해야 할 것이다. 어떤 종류의 형식적 특징이 많이 닮아 있다고 해도 둘은 다르다. 때로는 정반대의 기능을 맡고 있다.

유령은 산 자의 기억이나 꿈속으로 귀환한다. 설령 산 자가 의례와 기도로 유령에게서 거리를 두려고 하고, 유령이 말 그대로 죽은 자가 되어 자신들에게서 떨어져나가 점차 망각의 저편으로 멀리 떠나기를 바란다고 해도 그러하다. 유령은 산 자와 죽은 자 사이에 바람직한 정상의 관계가 성립할 수 없는 한 '뜨겁게' 나타난다.

하지만 반대로 기도하는 자세로 고정된 횡와상은 이름이 묘비명으로 새겨진 죽은 자의 이미지이고, 그 이름이 영원히 남겨져도 후세 사람들은 어떤 감정에도 흔들리지 않고 차분하게 그것을 해독할 수 있다. 당연히 죽은 자는 이제 한갓 이름에 지나지 않는다. 죽은 자가 땅에 묻히고, 유족의 슬픔이 서서히 가라앉기 시작하면 횡와상은 죽은 자와 유족 사이의 관계가 정상화하는 것을 허용하고 장려하기까지 할 것이다. 횡와상은 치유되지 않은 기억의 상처가 덧나서 만들어진 산물이 아니다. 반대로 죽은 자의 자손들이 묘석의 주위를 둘러싸고 있는 가문의 공동묘지에서 횡와상은 후세까지 이어지는 가문의 오랜 기억 안에서 죽은 자가 이미 확고한 거처를 찾아냈음을 상기시킨다. 묘비명과 초상들이 새겨진 묘석들은 더는 산 자를 두렵게 하지 않는 죽은 자들의 이름을 '차가운' 기억의 목록처럼 늘어놓고 있다.

그러나 이와는 대조적으로 죽은 지 얼마 되지 않아 이 세상에 나타난 특정한 개인의 유령은 산 자에게 달라붙어 신음소리를 내고 산 자를 위협하며 소멸되기를 거부한다. 횡와상이 돌과 청동으로 통과의례의 성공을 확인하는 것이라고 하면, 유령은 거꾸로 그것의 실패를 선언하는 존재인 것이다.

산 자가 죽은 자의 운명을 결정한다

"죽은 자가 산 자를 움켜쥐고 있다."〔별다른 법적 절차 없이도 상속자가 고인의 재산을 물려받는〕 관습법과 관련된 이 오래된 격언은 중세에 왕가에서만이 아니라 평범한 집안에서도 아버지에게서 자식으로 상속이 이루어지는 것을 나타낼 때 쓰였다.[1] 죽은 자의 출현을 묘사한 이야기에서 (대부분 아버지의 영혼인) 유령이 자식이나 상속자의 기억 속으로 돌아와 자기 영혼의 구원을 위해 미사를 올려달라고 요청할 때에도 유령은 말 그대로 '산 자를 움켜쥐고' 있는 것처럼 보인다. 권력이나 재산의 상속이 유령이야기와 무관하지 않다는 사실은 이 격언을 더욱 타당해 보이게 한다. 하지만 명제의 핵심을 뒤집어 오히려 산 자야말로 죽은 자를 움켜쥐고 있다고 바꿔 말해야 하지 않을까? 실제로 죽은 자를 일종의 '죽음 이후(post mortem)'의 존재로 간주하는 것은 산 자이다. 죽은 자가 자신의 출현을 주도하고 있는 것처럼 보이지만, 산 자의 이야기와 이미지, 환영과 꿈, 죄의식과 탐욕이 죽은 자의 귀환을 만들어내는 것이다.

죽은 자의 귀환을 상상하고 이야기하는 산 자의 능력을 설명하려면 우리는 중세와 같은 전통적인 문화에는 변화하지 않는 고정된 '유령신 앙'이 존재하며, 그것이 믿음을 표명하는 주체들과 무관하게 선험적으로 미리 자명한 것으로 주어져 있다고 주장하기를 멈추어야 한다. 그 보다는 오히려 '믿는다'라고 표명하는 발화의 양상을 검증해서, 믿음이 결코 이미 존재하고 있던 것이 아니라 언제나 새롭게 형성되고 변화하는 과정에 있다는 사실을 거듭 묻고 확인하는 방법이 유익하다. 그래서 이 책에서는 사료와 그것의 유래, 그리고 그것의 고유한 형식을 사료 바깥에 이미 형성되어 있는 신앙을 입증하는 사례로서가 아니라, '믿는다'는 과정과 (단정과 의심, 구체적 표상과 환영이 뒤섞여 있는) 믿음을 표명하는 복잡한 양상의 일부를 이루는 것으로 보려고 했다.

따라서 무엇보다 먼저 사료의 성격에 주의를 기울였다. 우선 학식 있는 인물이 자신의 경험을 문서로 전한 자전적인 이야기와, 다른 사람의 경험을 이야기하거나 구전되던 내용에 전적으로 의존해 있는 전해들은 이야기를 구분했다. 이러한 구분을 통해서 다음과 같은 사실을 확인할 수 있었다. 죽은 자의 귀환이 주관적이고 자전적으로 이야기된 경우에는 대부분 꿈속의 체험으로 나타나고 있으며, 등장하는 유령도 불명확하고 모호한 겉모습을 특징으로 한다. 하지만 전해들은 이야기에서는 반대로 깨어있는 상태에서의 환시가 자주 언급되며, 유령도 명확하고 객관적인 형태를 지닌다. 그리고 유령의 모습이나 환시가 객관화되면서 이야기도 사회적 기능을 띠기 시작하고, 그것이 성직자의 권위 있는 기록으로 전달되고 정당화되면서 다양한 종류의 이데올로기적 목적을 위해 이용되었다는 가설을 세울 수 있었다.

하지만 이러한 최초의 가설은 '사회화'되고 '객관화'된 환시에 관한 사료의 다양성이 충분히 고려되지 않은 것이었다. 그래서 이야기와 (주로 필사본의 세밀화로 나타난) 이미지를 서로 (특히 지금까지 지나치게 빈번히 행해져왔던 것처럼 도상을 이야기로) 환원시키지 않고 구별했으며, 이야기와 문헌들도 (기적이야기, 기이한 이야기, 교훈예화, 영의 식별에 관한 소책자 등으로) 장르를 구분해 따로 살펴보아야 했다. 그렇게 시간의 흐름에 따라 유령의 문제가 어떻게 다양하게 다루어졌는지 될 수 있는 한 엄밀히 분석하려 했다.

이런 방법을 채택하자 하나의 의도적인 선택이 촉구되기도 했다. 유령이라는 주제를 사회사의 문제로 다룬다는 선택이다. 나는 이야기와 이미지가 지닌 양상과 기능을 고찰 대상이 된 그때 그 역사적 순간의 '현재' 시점에서 이해하고 분석하려 했다. 그리고 책 전체를 통해 시대의 변화에 따른 추이를 살펴보면서 고대 말기에서 근대의 여명기에 이르기까지 오랜 기간 지속되었던 서구 기독교 세계의 사회적·문화적 시스템 안에서 '믿음'이라는 행위의 양상과 그것의 사회적 용도가 '변화'하는 모습을 밝히려고 했다.

그래서 나는 일부 역사가들이 택했던 두 가지 연구방법을 의도적으로 배격했다. 하나는 보편적 상징성에 대한 탐구이다. 그러한 탐구는 개별적인 역사적 현상들이 지닌 의미를 인간 본성의 무의식적 특징이나 자연의 힘과 인간의 혼란스러운 관계, 문화적 차이를 초월해 존재하는 특정한 믿음의 특수한 표현으로 보는 보편문화론의 틀 안에 가두어버린다. 내가 생각하기에 현장의 민족학자들과 마찬가지로 역사가도 이런 식의 추론에서는 얻을 수 있는 것이 거의 없다.

내가 일부러 배격한 두 번째 연구방법은 ('잔재'를 남겼는지의 여부를 떠나) 기원에 대한 탐구로 방향이 벗어나는 것이다. 이 방법은 시간의 연속성 안에 더 확고히 자리하고 있는 것처럼 보이므로 그것에 매료되어 있는 역사가들도 적지 않다. 이 연구방법에서는 중세의 신화와 의식들이 켈트, 그리스·로마, 게르만, 더 넓게는 인도유럽어족의 이교 전통이 단절되지 않고 후세까지 이어지면서 형성된, 기독교 이전의 오랜 '신앙'을 표현하고 있는 것이거나 그 '잔재'로 이해된다.

물론 나는 태곳적까지 거슬러 올라가는 문화적 기반의 중요성이나 다양한 종류의 위대한 사회적·종교적 시스템이 시대를 따라 계승되어 서로 융합되었다는 사실을 부정할 생각은 털끝만치도 없다. 하지만 중요한 것은 역사가가 역사적 현상의 의미를 해석할 때 어쨌든 그 존재가 충분히 증명되어 있는 그런 고대의 유산으로 환원시키는 것이 옳은지, 아니면 그런 유산이 역사의 매순간마다 여러 사회와 문화들에서 지금 '현재'에 작용하는 것으로 끊임없이 다시 만들어지는 과정을 밝히는 것이 옳은지 하는 물음이다. 내가 중요하게 생각한 것은 후자의 작업이다. 그래서 나는 죽은 자를 기억하고 망각하는 문제가 중세 사회의 제도적·이데올로기적 기능의 총체 안에서, 그리고 중세 사회가 변화를 겪은 역사적 과정 안에서, 어떻게 자기만의 방법으로 제기되었으며 해결되고 있었는지를 밝히려고 노력했다. 유령이라는 현상이 보편적인 것이라 할지라도, 나는 여러 다른 문화와 시대의 역사와 민족학이 제공하는 어떤 유사한 특징을 중세라는 시대 안에서 다시 찾아내려고 하지는 않았다. 헬레퀴누스 일당에 관한 이야기가 매우 '야생'적인 것이라고 해도, 그 이야기의 배후에 있는 기독교 이전 믿음의 '잔재'를 체계적으로 탐구하는 것은 이 책의 목적이 아니었다. 내가 중점을 두었던 것은 중세 사회가 어떻게 자신의 과거를 끊임없이 다시 쌓고 다시 성찰하면서 사회의 특별한 요구들에 따르기 위해 되풀이해서 변화하고 있었는지를 확인하는 일이었다.

그 결과 새로운 1천년기의 개막을 특징지은 '유령의 침공'은 사후에도 계속된 가문의 연대, 영적 친족과 육체적 친족의 유기적 연결에서 대부분 비롯되었음을 알 수 있었다. 마찬가지로 헬레퀴누스 일당이라는 소재가 '신의 평화'라는 제도와 불가분의 관계를 지니고 나타나 발전했던 것도 봉건사회의 핵심부에 위치한 군사적 귀족과 교회의 대립 관계와 사회적 폭력의 문제에 주요한 원인이 있었다. 나아가 12세기 말에서 13세기 초에 걸쳐 교회는 종교와 도덕, 이데올로기의 각 영역에서 평신도를 통제하려고 했다. 그리고 이러한 과정에서 탁발수도사들의 손과 입을 거치면서 틀에 박힌 이야기들의 방대한 집합체인 교훈예화집이 발달했고, 중세의 대중매체라고 불러야 할 정도로 큰 영향력을 발휘하게 되었다. 구전되던 내용을 기초로 생겨난 그 이야기들은 거의 모든 기독교 세계로 파고들어 유포되면서 유령이야기들을 변화시키고 저장했다. 그리고 유령이야기들은 그렇게 보급되고 수용되는 과정에서 서구 역사에서는 처음으로 〔서로 다른 문화체계의 접촉으로 문화가 변화하는〕 '문화변용acculturation'이라는 결정적인 역할을 맡게 되었다.

죽은 자는 산 자를 벗어난 존재가 아니다. 우리는 끊임없이 이러한 사실을 되새겨왔다. 유령을 움직이고 말하게 하는 것은 꿈 · 이야기 · 공유된 신앙과 같은 개인적이고 사회적인 상상력이며, 장례식이나 설교장소에서 행해지는 사회화된 말이다. 꿈에서 듣거나, 대화로 전해듣거나, 소문으로 듣거나, 설교로 들은 이러한 말과 이미지들 덕분에 산 자는 죽음 이후의 삶을 상상하고, 경계심을 품은 상태에서도 자신들을 떠나간 사람들과 상상의 관계를 유지한다. 그러한 관계는 평신도 가문과 교회 사이의 재산의 유통, 가난한 사람들에 대한 자선, 그리고 (장례식과 기일미사처럼) 혈연적이고 영적인 '관계'에 있는 친족이 공통의 조상과 죽은 형제의 영혼을 구원하기 위한 의식에 참가하는 것으로 산 자 사이에도 새로운 관계를 형성한다. 죽음과 죽은 자들에 대한 상상은 물질적이고 상징적인 효과로 산 자 사이의 사회적 관계도 강화한다. 곧 산 자는 동일한 행동으로 저쪽에서는 사후세계에 사는 상상의 존재들과, 이쪽에서는 현세에 사는 자신 이외의 인간들과 여러 관계를 형성하거나 그려보는 것이다.

나아가 산 자는 유령이야기가 연출된 공간과 시간을 자기 것으로 만든다. 그리고 이야기의 전달을 보증해주는 친지 · 목격자 · 정보제공자·설교가·기록자 등으로 이루어진 일련의 사슬 안에 자신을 위치시키고, 그러한 이야기에 자신의 꿈 이야기를 덧붙인다. 이렇게 산 자는 죽은 자의 목소리를 자신의 것으로 만든다. 그 목소리는 초자연적인 세계에서 비롯된 것이므로 권위가 있고, 그러한 권위에 의지해 기독교 사회의 갖가지 규범을 산 자에게 상기시킨다.

나는 이 책에서 다루는 시대의 하한선을 의도적으로 15세기 말로 정했다. 물론 18세기나 19세기까지 시간의 범위를 넓힐 수도 있을 것이다. 자크 르 고프가 말했던 이른바 '장기 중세'[2]의 특징으로 나타난 물질적·이데올로기적 구조는 이때까지 지속되었기 때문이다. 하지만 그 사이에 큰 변화가 있었다는 사실도 고려해야 할 것이다. (적어도 공식적으로는 연옥의 영혼이 부정되고, 유령이 점차 악마처럼 여겨지게 된) 종교개혁의 영향,[3] 유령의 출현과 마법 사이에 연관성이 성립된 것, 머지않아 사람들이 유령신앙을 '민간신앙'이라고 부르면서 점차 민속으로 여기게 되었으며 계몽주의가 등장하면서 그런 경향이 더욱 빨라진 것, 전통적인 '영혼의 전령'을 대신해 심령술사가 출현한 것,[4] (필리프 아리에스의 표현을 빌리자면, 전통적인 사회에서 보이던 '길들여진 죽음'이 19세기의 특징으로 언급되는 '타인의 죽음'으로 변화하고, 곧이어 현대 특유의 '감춰진 죽음'에 이르게 되는 식으로) 죽음에 대한 태도가 변화한 것 등을 그러한 변화의 구체적인 사례들로 꼽을 수 있을 것이다.

비교사의 관점에서 연구를 진행해 믿음이라는 행위와 믿게 한다는 행위의 오랜 양상과 새로운 양상을 비교하고, (연극과 관련된 문헌 등) 근대 특유의 사료[5]를 분석대상으로 삼아서 유령에게 맡겨진 기능이 바뀌고 유령을 둘러싼 논쟁의 방향이 수정된 과정을 살펴볼 수도 있을 것이다. 17세기에서 18세기에 걸쳐 (비판자들에 맞서 교리를 옹호하기 위해) 기록된 호교론護敎論 문헌들에서도 유령은 그 존재의 진실성이 조금도 훼손되지 않았다. 1600년에 출간된 니콜라 타유피에의 『영혼출현론

Traicté de l'apparition des esprits』, 1608년에 출간된 피에르 르 루아예의 『망령이나 영의 환시와 출현에 관한 이야기*Discours des spectres ou visions et apparitions d'esprits*』는 악마학 문헌이라는 더 넓은 범주 안에 삽입된 그러한 사고를 보여주는 지표들이다.[6] 1751년에는 돔 오귀스탱 칼메의 『유령론 *Dissertation sur les revenants*』이 출간되었는데, 작가의 목적은 '모든 시대와 모든 문명국에서' 죽은 자의 출현이 영혼의 불멸성 이론을 입증해왔음을 보여주는 데 있었다. 그는 특히 "영혼이 불멸이라는 감정은 … 몇 세기의 시간을 거쳐도 여러 민족의 정신 안에서 없어지지 않는 진리 가운데 하나"라고 밝혔다.[7] 하지만 이를 계몽주의 시대의 한가운데에서 증명하려면 그 시대 사람들이 지나치다고 생각했던 중세인들의 경솔한 믿음으로부터도, 그리고 회의주의를 주장하는 듯한 '철학의 법칙들'로부터도 자신을 구별할 필요가 있었다. (예컨대 칼메는 탁발수도회 설교가들이 쓴 교훈예화들은 지나치게 순진한 것으로 여겼다.) 베네딕트회 수도원의 수도원장 직위에 있었던 이 학식 풍부한 인물은 〔프랑스 동부〕 스논에 있는 자신의 수도원으로 볼테르를 초청한 적이 있을 만큼 그 시대의 회의주의에 대해서도 잘 알고 있었다. 몇 년 뒤에는 『백과전서*Encyclopédie*』가 완전히 다른 종류의 자유로운 정신으로 '유령에 관한 다섯 가지 다른 견해'를 열거하면서 이를 유령의 존재를 부정했던 '세 부류의 철학자들'과 대비시켰다.[8] 그 시대 이후 전능한 가톨릭교회와 연옥의 영혼 숭배에 의지하고 있던 유령은 정당성을 잃고 '미신'의 하나로 여겨지게 되었다.[9] 민족학도 초기에는 유령신앙을 '미신', 곧 '민간신앙'이라는 모호한 영역 안에서 찾으려 했다.[10]

그렇다면 오늘날 유령은 어떤 상황에 놓여 있는가? 전통적인 종교의 신자수가 급격히 줄어들고 근대 과학기술의 영향력이 크게 높아지면서 합리주의가 끊임없이 진보할 것이라는 생각이 확고히 자리를 잡았다. 하지만 〔염력·텔레파시·투시·사후의식 따위의 초자연적 심리현상을 연구하는〕

초超심리학이나 메타심리학 연구, 〔점집과 같은〕 심령술이나 투시력 연구실 등이 여전히 유행하고 있다는 사실도 눈여겨보아야 한다. 이와 같은 현상은 사람들이 생각하거나 바라는 만큼 하찮거나 주변적이지 않다. 게다가 지난 세기의 환상문학 전통을 계승해 '특수효과'를 구사하는 영화나 텔레비전 프로그램이 이러한 관심들로부터 이익을 얻거나 합리성에서 벗어난 것으로 큰 성공을 거두고 있다. 이것들이 오래된 유령이야기가 떠나간 빈 자리를 채워주고 있는 것일까?

이런 현상에 대한 몇 개의 평범한 설명이 바로 머리에 떠오른다. 반신반의하면서도 '연속성'과 '부활'을 거론하는 사람이 있고, 그 대신 전통적인 교회의 구조적인 틀이 약해지면서 비롯된 결과라며 더 진지하게 문제시하는 사람도 있다. 현대의 심령술은 일종의 세속화된 신흥종교이고, 이제는 옛날 그대로의 의식과 교리로는 자기 표현의 수단을 찾을 수 없게 된 '믿음에 대한 갈망'을 충족시키기 위해 등장했다는 것이다.[11] 하지만 더 적극적인 요인도 생각해볼 필요가 있다. 오늘날에는 커뮤니케이션 기술의 영향으로 〔이곳〕과 '저곳'의 거리가 없어지고, '볼 수 있는 것'과 '볼 수 없는 것'의 경계가 모호해지는 것이 당연한 현상처럼 되었다. 우리의 일상생활에서 빠뜨릴 수 없는 것이 되어버린 각종 '매체들médias'은 이름부터가 '영매médiums'와 친족관계에 있다.

이러한 전반적인 틀 안에서 오늘날의 죽음과 죽은 자에 대해 더 구체적으로 질문을 던질 필요가 있다. 죽은 자와 가까웠던 이들에게는 사별과 상실의 슬픔, 기억과 망각이라는 문제가 예전 그대로 모두 남아 있기 때문이다. 오히려 전에는 친족이나 공동체, 의식들과 옛날이야기로 충분히 제공되던 위안이 이제는 주위 사람들에게서도, 자신들이 살고 있는 분열된 사회에서도 얻을 수 없게 되었으므로 문제는 더욱 심각해졌다. 죽음에 관한 전통적인 의례에도 돌연사나 살인, 자살, 세례를 받지 않고 죽은 아이, 참회하지 않고 이 세상을 떠난 사람 등 다양한 예외가 존재하고 있었고, 그 때문에 유령을 둘러싼 상상이 더욱 풍부해지기도 했다. 전통적인 사회는 그러한 예외적인 죽음에도 대처할 수 있도록 만반의 대책을 갖추고 있었다. 꿈과 슬픔은 일상의 언어를 매개로 목격자로부터 설교사나 퇴마사에게로 전달되는 과정에서 그것들을 받아들이는 데 필요한 어떤 종류의 양식이나 사회적으로 인정받는 데 필요한 여러 가지 조건들을 구할 수 있었다. 하지만 오늘날의 감춰진 죽음은 죽음에 대한 의례와 죽음이 가져다준 장애를 복구하기 위한 일상적인 대처만이 아니라, 겉으로는 고통스럽게 보여도 고통에서 벗어나 있는 유령에 관한 이야기들마저 빼앗아갔다.

따라서 '타인의 죽음'이라는 문제는, 특히 그것이 갑작스럽고 때 이른 형태로 나타날 때면 개인들에게 해결되지 못한 상태 그대로 남게 된다. 이런 상황 때문에 사람들은 (물론 실제로 얼마나 도움이 되는지는 분명하지 않지만) 초심리학이나 그와 관련된 이상한 서비스들만큼이나 유령을 현실의 문제로 받아들이고, 폭넓고 보편적인 문제로 여기고 있는 것이다. 예전에는 친척이나 이웃과의 유대만이 아니라 완만하게 실행되던 사별의 의식, 공유하고 있던 신앙, 죽은 자의 방문을 길게 묘사한 이야기들에 심리적으로 의지할 수 있었다. 하지만 그것들이 없어진 오늘날에는 어떻게 '애도작업'을 실행할 수 있을까? 이것은 각 개인들에게 중요한 문제이다. 따라서 역사가도 유령을 그저 과학적인 태도로 냉정하게 살펴보는 것만으로는 충분치 않다. 죽은 아들에 대한 기억으로 괴로워했던 조반니 모렐리의 자전적 기록을 5세기의 시간이 지나 읽더라도, 역사가가 어떻게 아버지의 애통한 표현과 그것이 불러일으키는 익숙한 감정에 무심할 수 있겠는가?

요컨대 죽음과 죽은 자, 기억과 망각의 불가능성은 오늘날에도 여전히 우리 문명 전체와 관련된 집단적인 문제이다. 헬레퀴누스가 이끌던 포악한 무리는 우리 문화에서 분명히 자취를 감추었다. 하지만 우

리 사회에도 망령의 무리가 숨어 있다. '역사', 특히 어떤 '정치적 이성'
이 민중의 기억에서 몰아내려 할 때마다 그들은 다시 표면으로 떼지어
몰려나올 준비가 되어 있다. 현대사에는 비시와 벨디브,* 알제리,** 베
트남, 아우슈비츠, 카틴*** 등 반란과 고문, 대량학살의 무대가 되어 시
신들이 겹겹이 쌓인 장소와 살아 있는 사람들이 산송장처럼 초췌한 모
습으로 행렬을 이루었던 장소가 셀 수 없이 많다. 이러한 희생자들의
기억이 표현되고 우리의 집단적 기억이 자신과 화해하지 않는 한, 유
령들은 앞으로도 계속해서 무관심과 죄 많은 망각의 문을 깨고 우리들
사이로 침공해올 것이다. 프로이트가 개인들에 관해 했던 말은 국가들
에도 마찬가지로 적용된다. "'이해하지 못한 것'은 머지않아 다시 나
타날 것이다. 구원받지 못한 유령처럼 수수께끼가 풀리고 마법이 깨질
때까지 안식을 찾을 수 없을 것이다"[12]

---

* 제2차 세계대전 중에 나치 독일이 점령하고 있던 프랑스의 비시(Vichy)와 벨디브
(Vél'd'Hiv)에서 벌어진 집시와 유대인 등에 대한 대량검거와 학살사건을 가리킨다.
** 1954년부터 1962년까지 프랑스 군대가 알제리의 독립전쟁을 탄압하면서 저지른
고문과 학살을 가리킨다.
*** 1940년 폴란드의 카틴(Katyn) 숲에서 소련군이 수용소에 억류되어 있단 폴란드군
을 집단 학살한 사건을 가리킨다.

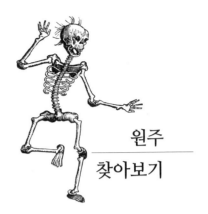

원주

찾아보기

원주

C.S.E.L. *Corpus scriptorum ecclesiasticorum latinorum*, Vienne, 1866.

M.G.H.(S.S., Script. rer. merov., Poetae, etc) *Monumenta Germaniae Historica; Scriptores, ou Scriptores rerum merovingiarum ou Poetae, etc.*

PL J. P. Migne, *Patrologiae cursus completus, series latina*, 222 vol., in 4°, Paris, 1844-1855.

머리말

1) 중세의 환시에 대한 개관은 P. Dinzelbacher의 총론 *Vision und Visionsliteratur im Mittelalter*(Stuttgart, A. Hiersemann, 1981)을 참조. 단, Dinzelbacher는 '웅장한 환시'만 강조하다보니 망자 출현의 보고라 할 수 있는 여러 짧은 증언들, 예를 들어 교훈예화에 대해서는 다소 소홀히 다루고 있다. 같은 저자의 다음 저서도 유용하다. *Typologie des sources du Moyen Âge occidental 57: Revelationes*, Turnhout, Brepols, 1991. 간결한 개설로는 C. Erickson, *The Medieval Vision. Essays in History and Perception*, New York, Oxford University Press, 1976. 이 주제에 관한 다른 주요 연구서로는 Claude Carozzi, *Le voyage de l'âme dans l'au-delà, d'après la littérature latine: Ve-XIIIe siècle*, Paris, Diffusion De Boccard, 1994가 있다.

2) 유령에 관한 (특히 민족학적인) 문헌의 숫자는 방대하다. 하나의 예로 다음을 참조할 것. H. R. E. Davidson et W. M. S. Russell, *The Folklore of Ghosts*, Cambridge, Folklore Society, 1981. 역사학적인 관점에서의 연구로 빠지지 않는 것은 D. Fabre, "Le retour des morts", *Ethnologie rurale*, n° 105-106, 1987. 몇 세기에 걸친 '유령의 역사'를 서술한 더 개설적인 시도로는 R. C. Finucane, *Appearances of The Dead. A Cultural History of Ghosts*, London, Junction Books, 1982. 다음은 역사인류학의 관점에서 서술된 것인데 주로 성모 마리아의 출현을 다루고 있다. W. A. Christian, *Apparitions in Late Medieval and Renaissance Spain*, Princeton, Princeton University Press, 1981. 중세에 관해 나오는 다른 관점에서 서술한 연구로는 뒤에서 언급할 Claude Lecouteux의 저작을 참조(원주 6번).

3) 예컨대 『신곡』 천국편의 8번째 시에 나오는 단테와 1295년에 죽은 헝가리 왕 샤를 마르텔(Charles Martel d'Anjou)의 만남을 참조할 것. 이 구절의 정치적 상징성에 관해서는 G. Arnaldi이 분석했다. "La maledizione del sangue e la virtù delle stelle. Angioini e Capetingi nella 'Commedia' di Dante", *La Cultura*, XXX, 1, 1992, pp. 47-216. 이와는 조금 다른 시대의 일로, '웨티의 환시(Vision de Wetti)'와 같은 카롤루스 왕조 시대 환시에 대해 언급할 작정이다. 중세 저승여행기를 잘 편집하고 번역한 책은 A. Micha, *Voyages dans l'au-delà d'après les textes médiévaux. IVe-XIIIe siècle*, Paris, Klincksieck, 1992.

4) P. Brown, *Le Culte des saints. Son essor et sa fonction dans la chrétienté latine* (1981), trad. fr. A. Rousselle, Paris, Cerf, 1984.

5) 이에 관해 추천할 만한 참고도서로는 J. Delumeau, *La Peur en Occident(XIVe-XVIIe siècle). Une cité assiégée* (Paris, Fayard, 1978, p. 86)이 있다. Delumeau의 연구에 출발점이 된 것은 폴란드의 전원지대에서 수집된 현대의 500편의 유령이야기이다. L. Stomma, *Campagnes insolites. Paysannerie polonaise et mythes européens*, trad. fr., Lagrasse, Verdier, 1986. 이 이야기들은 죽은 태아나 낙태로 희생된 태아, 아니면 세례를 받지 못하고 죽은 갓난아이가 유령 전체의 37%를 차지하고, 자살자가 9%, 나머지 대부분은 출산이나 결혼을 하다가 죽은 여성이다.

6) Cl. Lecouteux, *Fantômes et revenants au Moyen Âge,* Paris, Imago, 1986. 여기에서 제시된 해석은 다음 총서에 모두 재수록되어 있다. *Fées, sorcières et loups-garous au Moyen Âge,* Paris, Imago, 1992, 특히 pp. 171-175. 사가에 대해서는 R. Boyer, *Le Monde du double. La magie chez les anciens Scandinaves*, Paris, 1986을 참조. R. Boyer는 앞에서 언급한 Cl. Lecouteux의 책 2권의 서문을 썼다.

7) Philippe Ariés, *Essais sur la mort en Occident du Moyen Âge à nos jours*, Paris, Le Seuil, 1975와 *L'Homme devant la mort*, Paris, Le Seuil, 1977[한국어 번역본 고선일 옮김, 『죽음 앞의 인간』, 새물결, 2004]. 이 저작들은 죽음에 대한 서양의 태도를 다음과 같이 시대적으로 구분하고 있다. ① 기독교 이전과 개종 이후 농촌사회에서 오래 지속된 '길들여진 죽음(mort apprivoisée)' ② 중세 말에 시작된, 죽음에 대한 공포심과 영혼의 심판에 대한 두려움을 수반한 '자신의 죽음(mort de soi)' 혹은 '길들여지지 않은 죽음(mort ensauvagée)' ③ 애도와 묘지를 찬미하게 된 '타자의 죽음(mort de toi)' ④ 현대의 '감추어진 죽음(mort occultée)' 또는 '금기시된 죽음(mort interdite)'. 이와는 다른 관점이나 비판적인 태도로 서술된 논문으로는 M. Vovelle, *La Mort et l'Occident de 1300 à nos jours*, Paris, Gallimard, 1983.

8) J. Le Goff, *La Naissance du purgatoire*, 최애리 옮김, 『연옥의 탄생』, 문학과 지성사, 2003.

9) 특히 다음 논문집에 실린 독일 역사가들의 연구에 주목할 필요가 있다. K. Schmid et J. Wollasch (éd.), *Memoria. Der geschichtliche Zeugniswert des liturgischen Gedenkens im Mittelalter*, Munich, W. Fink (Münstersche Mittelalter-Schriften 48), 1984. 아울러 H. Braet et W. Verbeke (éd.), *Death in the Middle Ages*, Louvain, Leuven University Press, 1983, 특히 O. G. Oexle, "Die Gegenwart der Toten", pp. 19-77는 매우 중요한 연구이다. 이 저자들 가운데 다수는 D. Iogna-Prat et J. Ch. Picard (éd.), *Religion et culture autour de l'an mil. Royaume capétien et Lotharingie*, Paris, Picard, 1990에도 기고했는데, 그 중에는 J. Wollasch, "Les moines et la mémoire des morts", pp. 47-54도 있다. 중세 말기에 대한 주목할 만한 저서로 는 J. Chiffoleau, *La Comptabilité de l'au-delà. Les hommes, la mort et la religion dans la région d'Avignon à la fin du Moyen Âge (vers 1320-vers 1480)*, Rome, École française de Rome, 1980. 11~13세기 죽은 자에 대한 중요한 태도 변화를 제기하 고 있는 책으로는 M. Lauwers, *La mémoire des ancêtres, le souci des morts. Morts, rites et société au Moyen-Age*, Paris, Beauchesne Editions, 1997. 사후세계와 죽 은 자의 환시, 추모 전례와의 연관성을 고대 말에서 13세기에 이르기까지 폭넓 게 개관한 연구로는 Fr. Neiske, "Vision und Totengedenken", *Frühmittelalterliche Studien*, 20, 1986, pp. 137-185.

10) 문화인류학적 시각의 연구는 다음 논문집을 참조. M. Izard et P. Smith (éd.), *La Fonction symbolique. Essais d'anthropologie*, Paris, Gallimard, 1979; M. de Certeau, "Croire: une pratique de la différence", *Documents de travail et prépublications*, Centro Internazionale di Semiotioca e di Linguistica, Università di Urbino, 106, Serie A, 1981, pp. 1-21. 그리고 같은 저자의 *L'Invention du quotidien I, Arts de foire*, Paris, Bourgois, 1980, pp. 299-316 ("Croire/Faire croire"). 이 개념을 역사적 관점 에서 고찰한 것으로 J. Wirth, "La naissance du concept de croyance (XIIe-XVIIe siècle)", *Bibliothèque d'humanisme et de Renaissance 45*, 1983, pp. 7-58.

11) 이 문제들에 대해서는 A. Vauchez, *Faire Croire. Modalités de la diffusion et de la réception des messages religieux du XIIe au XVe siècle*, Rome, École française de Rome, 1981 참조.

12) 이러한 고찰의 일부 출발점이 된 정신분석학적인 접근에 대해서는 다음과 같 은 프로이트의 고전적인 저작들을 참조. S. Freud, "Deuil et mélancolie", trad. fr.

par J. Laplanche et J. B. Pontalis, in *Métapsychologie,* Paris, Gallimard, 1978, pp. 147-174와 "L'inquiétante étrangeté", trad. fr. M. Bonaparte et E. Marty, *Essais de psychanalyse appliquée*, Paris, Gallimard, 1980, pp. 163-210. Cf. M. Schur, *La Mort dans la vie de Freud*, Paris, Gallimard, 1975.

1. 억압 받은 유령

1) Homer, *Iliad*, XXIII, vv. 59-107, 천병희 옮김, 『일리아스』, 숲, 2007, 615-617쪽.

2) J. P. Vernant, *L'Individu, la mort, l'amour. Soi-même et l'autre en Grèce ancienne*, Paris, Gallimard, 1989, p. 86.

3) Lucréce, *De la nature*, I, vv. 130-135 et IV, vv. 58-62.

4) J. Scheid, "Contraria facere", *Annali dei Istituto Orientale di Napoli*, 6, 1984, p. 117. 같은 저자의 더 개설적인 책으로는 *Religion et piété à Rome*, Paris, La Découverte, 1985, pp. 54-55.

5) Draugr는 '꿈'을 의미하는 현대 영어의 dream이나 현대 독일어의 Traum과 같은 어원을 지닌 단어이다. Cf. G. D. Kelchner, *Dreams in Old Norse Literature and Their Affinities in Folklore with an Appendix Containing the Icelandic Texts and translations*, Cambridge, Cambridge University Press, 1935, pp. 66-72.

6) Saxo Grammaticus, *Gesta Danorum*, V, éd. A. Holder, Strasbourg, 1858, p. 162. 프랑스어 번역은 Cl. Lecouteux et Ph. Marcq, *Les Esprits et les Morts. Textes traduits du latin, présentés et commentés*, Paris, H. Champion, 1990, pp. 185-188 (n° LIV).

7) *The Saga of Grettir The Strong. A Story of the Eleventh Century,* trad. G. A. Hight(아이슬란드어를 번역), London, Toronto, New York, 1914(2ᵉ éd. 1929), chap. XVIII와 XXXII-XXXV, pp. 42-45, 86-100. Lecouteux, *Fantômes et revenants au Moyen Âge*, p. 103을 참조.

8) 예수가 되살린 것은 유대교회당 수장의 딸(마태오 9:23, 마르코 5:42, 루카 8:54)과 나인에 사는 과부의 아들(루카 7:15), 막달라 마리아의 형제인 라자로이다.

9) 「마태오복음서」 17:3

10) Pierre le Mangeur, *Historia scholastica*, cap. XXV (Lyon, 1539, pp. 104-105).

11) Guyart des Moulins, *Bible historiale* (Paris, 15세기의 1사분기), New York, Pierpont Morgan Library, ms. M 394, fol. 127v.

12) J. Cl. Schmitt, "Le spectre de Samuel et la sorcière d'En Dor. Avatars historiques d'un récit biblique: I Rois, 28", *Études rurales*, 105-106, 1987, pp. 37-64, 도판 6-10.

13) *Gumpertsbibel*, Erlangen, Universitäts Bibliothek, ms. 1, fol. 82 v, 1195년 이전.

14) Bamberg, Staatliche Bibliothek, ms. 59, fol. 3r.

15) Guyart des Moulins, *Bible historiale* (프랑스, v. 1291-1294), London, British Library, ms. Harley 4381, fol. 127. 15세기의 사본은 위의 각주 11번 참조.

16) *Bible moralisée*, Oxford, Bodleian 270 b, fol. 144r(13세기 초), *Tickhill Psalter*(14 세기 초), New York, Public Library, Spencer Coll., ms. 26, fol. 43r-43v.

17) *Kaiserchronik*, Bavière, vv. 1375-1380, New York, Pierpont Morgan Library, ms. M 769, fol. 172.

18) 테르툴리아누스는 분명 『페르페투아의 수난』 편집에 관여했을 것이다. 뒷날 순 교자가 되는 페르페투아는 (다음 장에서 살펴보듯이) 동생인 디노크라투스 유령 의 방문을 받는다. 기독교 문학에서 확인되는 최초의 유령이야기는 2세기 후반 의 『성 테클라 행전』에서 발견된다. 거기에서는 젊은 여자 유령이 성녀에게 나타 나 그녀의 영혼의 구원을 위해 기도를 해달라고 부탁하고, 어머니의 곁에 매장되 기를 소망한다. Cf. Fr. Neiske, "Vision und Totengedenken", pp. 137-139.

19) Tertullien, *De anima*, 57, 3-10 (éd J. H. Waszink, Corpus Christianorum, Series latina, II, Turnhout, Brepols, 1954, pp. 779-869).

20) Lactance, D*ivinae Institutiones*, II, 2, 6 (Corpus Christianorum, Series latina, 19, p. 104). 이교의 신들은 신격화된 죽은 자들이라는 사고방식은 (신화의 주인공들은 인간이며, 사후에 성화되었다는) 에우에메로스 학설의 전통에 기초해 있다.

21) Augustin, *Epistolae*, 158, 3-10(에보디우스가 아우구스티누스에게 보낸 편지) (C.S.E.L., 44, Vienne et Leipzig, 1904, pp. 488-497). Cf. M. Dulaye, *Le Rêve dans la vie et la pensée de saint Augustin*, Paris, 1973, pp. 210-225. 오리게네스도 악한 영혼들이 "이승을 방황하며, 떠돌아다닌다. 그들이 배회하는 무덤 주위에서는 마치 그림자 같은 영혼의 환영을 볼 수 있다. 그들은 그저 땅 위를 떠돌아다닌 다"고 믿었다. (Origène, *Contre Celse*, éd. M. Borret, t. IV, Paris, Le Cerf, Sources chrétiennes 150, 1969, p. 22-23).

22) Augustin, *De cura pro mortuis gerenda ad Paulinum liber unus,* in PL, vol. 40, col. 591-610. 그리고 éd. J. Zycha, C.S.E.L., t. 41, Prague, Vienne et Leipzig, 1900, pp. 621-660. P. Courcelle, *Les Confessions de saint Augustin dans la tradition littéraire*, Paris, Études augustiniennes, 1963, pp. 595-600의 주석을 참조. M. Dulaye, *Le Rêve...*, pp. 113-127. P. Brown, *Le Culte des saints*, p. 50.

23) 아우구스티누스는 『신국론』(VIII, XXVII)에서도 전통적인 장례식 관습에 대해

반감을 드러낸다. 거기서 그는 이교도가 "신들인 것처럼 죽은 자들에게" 제물을 바치는 것을 순교자 숭배와 대비시킨다. 또한 『고백론』(VI, II)에서는 자신의 어머니 모니카가 성인의 묘에 음식을 가지고 가는 것을 금하는 주교 암브로시우스의 가르침에 따랐다며 어머니를 칭송하고 있다.

24) 아우구스티누스는 영혼을 신에게 상승시키는 기도의 몸짓에 관해서도 같은 발언을 한다. J. Cl. Schmitt, *La Raison des gestes dans l'Occident médiéval*, Paris, Gallimard, 1990, p. 291.

25) Augustin, *La Genèse au sens littéral en douze livres*, XII, VI권 및 그 이하.., éd. P. Agësse et A. Solignac, Paris, Desclée de Brouwer, Bibliothèque augustinienne 49, 1972, pp. 346 s.

26) 자세한 설명은 D. C. Lindberg, *Theories of Vision from Al Kindi to Kepler*, Chicago, The University of Chicago Press, 1976.

27) 이 과정을 묘사한 다음 서술을 볼 것. Guillaume de Saint-Thierry, *De la nature du corps et de l'âme*, éd. et trad. M. Lemoine, Paris, Belles Lettres, 1988, pp. 112-113.

28) A. Vööbus, art. "Boser Blick", *Lexikon des Mittelalters*, II, 3, col. 470-472.

29) Augustin, *De cura pro mortuis gerenda*, II, 4, in *PL*, vol. 40, col. 594. "장례에 쏟는 정성, 무덤의 상황, 화려한 장례식은 죽은 자를 돕기보다는 산 자를 위로하기 위한 것이다(Proinde ista omnia, id est curatio funeris, conditio sepulturae, pompa exsequiarum, magis sunt vivorum solatia, quam subsidia mortuorum)."

30) Guibert de Nogent, *De vita sua*, 박용진 옮김, 『기베르 드 노장의 자서전: 12세기 어느 수도사의 고백』(한길사, 2014), 121쪽. 13세기 망드(Mende)의 주교 기욤 뒤랑(Guillaume Durand)에 따르면, 고대인들은 최근 죽은 자의 영혼이 아직 무덤 주위를 방황하는 것을 'umbrae'라고 불렀다. 그리고 'animae'는 살아 있는 육체에 머무는 영혼에만 사용되고, 'manes'는 지옥으로 떨어진 영혼, 'spiritus'는 승천한 영혼을 가리켰다고 한다. 그러나 유령이야기들의 실제 사례는 매우 다양하기 때문에 그와 같이 유형화시킬 수는 없다.

31) 그러한 '위격(personnes)'의 정체가 불확실한 몇몇 예에 대해서는 Césaire de Heisterbach, *Dialogus miraculorum*, éd. J. Strange, Cologne, Bonn et Bruxelles, 1851, I, 32; IV, 4; XII, 29.

32) Augustin, *De cura...*, XII, 14, col. 602.

33) "꿈은 때로는 즐거운 것을, 때로는 슬픈 것을, 때로는 알고 있는 인물을, 때로는 알지 못하는 인물을 보여주어 우리를 속인다(In somnis deludens, modo

laeta, modo tristia, modo cognitas, modo incognitas personas ostendans)." Reginon de Prüm, *De synodalibus causis et disciplinis ecclesiasticis*, II, 371, éd. F. G. Wasserschleben, Leipzig, 1840, p. 356.

34) J. Cl. Schmitt, "Les masques, le diable, les morts dans l'Occident médiéval", *Razo. Cahiers du Centre d'études médiévales de Nice*, 6, 1986, pp. 87-119.

35) Augustin, *De cura...*, XVII 21, col. 608.

36) Augustin, *La Genèse au sens littéral*, livre XII, XIII, 27-28, pp. 371-375.

37) M. Dulaye, *Le Rêve...*, pp. 113-127.

38) Julien de Toléde, *Prognosticorum Futuri saeculi libri tres*, II, cap. XXX, éd. J. N. Hillegarth, *Corpus Christianorum*, Series latina, t. 115, Turnhout, Brepols, 1976, pp. 67-68.

39) Gratien, *Décret*, II, Causa XIII, Qu. II, cap. XXIX, éd. A. Friedberg, Graz, 1959, pp. 730-731.

40) Honorius Augustodunensis, *Elucidarium*, III, 8, in *PL*, vol. 172, col. 1162D.

41) Honorius Augustodunensis, *Gemma animae*, 1, 121, in *PL*, vol. 172, col. 583; Jean Beleth, *Summa de ecclesiasticis officiis*, 161, éd. H. Douteil, Turnhout, Brepols, 1976, vol. 2, pp. 315-316; Guillaume Durand, *Rationale divinorum officiorum*, 7, 35, Lyon, 1592, pp. 864-865.

42) *Liber de spiritu et anima*, in *PL*, vol. 40, col. 779-832. Cf. G. Raciti, "L'autore del 'De spiritu et anima'", *Rivista di filosofia neo-scolastica*, LIII, 1961, pp. 385-401; L. Norpoth, *Der Pseudo-augustinische Traktat "De Spiritu et anima"*, Ph. Diss., Munich, 1924, rééd. Cologne et Bochum, 1971; M. Putscher, *Pneuma, Spiritus, Geist. Vorstellungen vom Lebensantrieb in ihren Geschichtlichen Wandlungen*, Wiesbaden, 1973.

43) 이 위계화된 유형과 그 확산에 관해서는 J. Le Goff, "Le christianisme et les rêves (IIe-VIIe siècles)", T. Gregory (éd.), *I Sogni nel Medioevo*, Rome, Ateneo(Lessico Intelletuale Europeo, XXXV), 1985, pp. 183-184(pp. 171-218), *L'Imaginaire médiéval. Essais*, Paris, Gallimard, 1985, pp. 265-316(재수록)을 참조.

44) Constance de Lyon, *Vie de saint Germain d'Auxerre*, éd. R. Borius, Paris, Cerf, Sources chrétiennes, 112, 1965, § 10, pp. 138-143. 이 장례를 치르지 못한(insepulti) 죽은 자들은 (갈리아 농민집단이 로마에 맞서 일으킨) 바가우다이(Bagaudae) 봉기 때 살육되었을 가능성이 있다. Cf. 같은 책, § 28, pp. 174-175.

45) Sulpice Sévére, *Vie de saint Martin*, 11,3-5, éd. J. Fontaine, Paris, Cerf (Sources chrétiennes 133), 1967, p. 276.

46) *Tripartite Life of Patrick*, éd. et trad. angl. Whitley Stokes, I, 1887 (재판. New York, Klaus Reprint, 1965), pp. 124-125. 성 파트리키우스에게는 새로 전도한 지역에 있는 모든 십자가들 앞에서 발을 멈추고 기도를 올리는 습관이 있었다. 어느 날, 이 성인은 그 가운데 한 십자가 앞에서만 기도를 올리지 않았다. 젊은 기독교도의 무덤 위에 세워져 있어야 할 그 십자가가 잘못해서 어느 이교도의 무덤 위에 세워져 있었기 때문이다. 그는 즉시 이를 바로잡았다. 아일랜드어로 기록되고, 부분적으로 라틴어 구절이 포함된 이 성인전은 900년 무렵에 집필된 것이다. 이 문헌에 대해서 가르쳐준 Michael Richter에게 감사의 뜻을 전한다.

47) P. Brown, "Sorcery, Demons and the Rise of Christianity from late Antiquity into the Middle Ages"(1970), *Religion and Society in the Age of Saint Augustin*, London, Faber and Faber, 1972(재판), pp. 119-146(407년에 죽은 성인 요아네스 크리소스토무스에 대해서는 p. 137).

48) *Miracula Stephani*, 1, 6, in *PL*, vol. 41, col. 838.

49) *Benedictio salis et aquae* (10세기?), in *PL*, vol. 138, col. 1048.

50) Grégoire de Tours, *Liber in gloriam confessorum*, 72, in *Miracula et opera minora*, éd. B. Krusch, M.G.H. Script. rer. merov., Hanovre, 1885, I, 2, pp. 340-341. Cf. P. Brown, *La Société et le sacré dans l'Antiquité tardive*, trad. fr. A. Rousselle, Paris, Le Seuil, 1985(1976년 논문을 재수록, 영어판은 1982년), p. 135. 피터 브라운은 그 레고리우스가 이 이교도 공동묘지 안에 축복받은 죽은 자들의 무덤이 아주 소수였다는 사실에 "압박을 느꼈던" 것은 아닐까 하고 추정하고 있다.

51) Grégoire de Tours, *Liber in gloriam confessorum*, 62, éd. H. L. Bordier, Paris, Société de l'histoire de France, 1862, vol. 3.

52) 사가들, 예컨대 1200년 무렵 삭소 그라마티쿠스가 기록으로 남긴 아스위드와 아스문드의 이야기, 또는 10세기 『살레르노 연대기*Chronicon Salernitanum*』의 다음 일화를 참조. 롬바르디아의 왕 아레키스는 어떤 살인자를 그에게 죽임을 당한 자의 시신이 있는 곳에 가져다 놓았다. 희생자는 살인자 애인의 남편이었다. 3일 후 무덤 안에서 남편의 시신이 살인자의 시신 위에 있는 것이 발견되었는데, 살인자의 입과 코는 완전히 뜯어 먹힌 상태였다. Cf. H. Taviani, "L'image du souverain lombard de Paul Diacre à la Chronique de Salerne (VIIIᵉ-Xᵉ siècle)", *Atti del 6° Congresso internazionale di Studi sult' alto Medioevo*(Milan, 21-25 oct. 1978),

Spolète, Centro italiano di studi sull' alto medioevo, 1980, p. 685.

53) F. Graus, *Volk, Herrscher und Heiliger im Reich der Merowinger. Studien zur Hagiographie der Merowingerzeit*, Prague, 1965.

54) *Vita Amati abbatis Habendensis*, 13-15, éd. B. Krusch, M.G.H., Script. rer. merov. 4, Hanovre et Leipzig, 1902, p. 220. Cf. A. Angenendt, "Theologie und Liturgie", dans Memoria, éd. K. Schmid et J. Wollasch, 앞의 책, pp. 166-167.

55) R. Hertz, "Contribution à une étude sur la représentation collective de la mort"(1907), *Sociologie religieuse et folklore*, Paris, P.U.F., 1970(재판), pp. 1-83.

56) Grégoire Le Grand, *Dialogues*, IV, 57, éd. A. de Vogüé, vol. 3, Paris, Cerf, (Sources chrétiennes 265), 1980, p. 187.

57) 같은 책, IV, 42, 3-4, p. 152.

58) J. Le Goff, 『연옥의 탄생』, 182-196쪽.

59) Grégoire le Grand, *Dialogues*, IV, 57, 8-15, éd. citée, pp. 189-193.

60) Jacques de Serugh, *Poème sur la messe des défunts*의 구절로 C. Vogel, "Le banquet funéraire paléochrétien", B. Plongeron et R. Pannet (dir.), *Le Christianisme populaire. Les dossiers de l'histoire*, Paris, Le Centurion, 1976, pp. 61-78에서 재인용. 이 문헌에 대해 알려준 Anca Bratu에게 감사의 뜻을 전한다. 죽은 자를 위한 기도에 대해서는 Dhuoda, *Manuel pour mon fils,* éd. P. Riché, B. de Vregille, Cl. Mondésert, Paris, Cerf, Sources chrétiennes 225 bis, 1991, pp. 316-317을 참조.

61) Grégoire de Tours, *Historia Francorum*, III, cap. XXXVI, éd. R. Latouche, Classiques de l'Histoire de France au Moyen Âge 27, vol. 1, pp. 176-177.

62) BBeda Venerabilis, Historia ecclesiastica gentis Anglorum, 이동일 · 이동춘 옮김, 『영국민의 교회사』, 나남, 2011, 192쪽(4권 8장: 첫 번째 사례), 194-195쪽(4권 10장: 두 번째 사례), 264-267쪽(5권 9장: 세 번째 사례). 〔세 가지 사례는 다음과 같다.〕죽은 지 1년이 안된 어떤 수도사가 수녀에게 나타나, 죽음이 동틀녘에 그녀를 찾아올 것이라 예고한다. 3년 전에 죽은 수녀원장 에델부흐가 동료 수녀인 토트기스에게 나타나 다음날 그들이 저세상에서 재회하게 될 것이라고 예고한다. 예전 멜로즈 수도원의 부원장이었던 보이젤의 영혼이 한 수도사에게 나타나 수도사 에즈버트가 게르마니아로 설교를 가지 않도록 설득해달라고 간청한다. P. F. Jones, *A Concordance to the Historia Ecclesiastica of Bede*, Cambridge, Mass., The Mediaeval Academy of America, 1929의 'apparitio', 'apparere', 'spiritus' 항목을 참조. 그 밖의 몇 편의 유령이야기에 대해서는(특히 성 보니파티우스의 편지에 포

함된 이야기) Fr. Neiske, "Vision und Totengedenken", pp. 148-152를 참조.

63) J. Ntedika, *L'Évocation de l'au-delà dans la prière pour les morts. Étude de patristique et de liturgie latine(IVᵉ-VIIIᵉ siècles)*, Louvain과 Paris, 1971. 특히 다음 을 볼 것. Amalaire de Metz, *Liber officialis*, III, éd. J. M. Hanssens, Rome, Studi et Testi 139, vol 2, 1948, p. 535.

64) *Vie de Raban Maur*, in *Acta Sanctorum*, 2월 I, 1668, p. 532.

65) *Annales Fuldenses*, III (auct. Meginhardo), M.G.H. S.S. in usum scholarum, Hanovre, 1978, p. 82. Cf. CL Carozzi, "Les Carolingiens dans l'au-delà", *Haut Moyen Âge. Culture, éducation et société. Études offertes à Pierre Riché*, sous la dir. de M. Sot, Nanterre, université de Paris-X, 1990, p. 369. 이 이야기의 시대는 풀다 수도원 에서 수도사들이 망자의 명부를 기념하기 시작한 시점과 일치한다. O. G. Oexle (dir.), *Die Überlieferung der fuldischen Totenannalen (Die Klostergemeinschaft von Fulda im früheren Mittelalter...)*, Munich, Münstersche MittelalterSchriften 8/2.2, 1978, p. 461. 그리고 Fr. Neiske, "Vision und Totengedenken", p. 156과 n. 118 참조.

2. 꿈속의 죽은 자

1) Thietmar de Merseburg, *Chronicon*, éd. R. Holtzmann, M.G.H. S.S., Nova Series 9, Berlin, 1955, I, pp. 11-14.

2) H. Lippelt, *Thietmar von Merseburg, Reichsbischof und Chronist*, Cologne & Vienne, Böhlau Verlag, 1973, 특히 p. 48 이후의 내용과 p. 193 "Der Character des Chronistes und die Memorial-Struktur seines Werkes". 역사적 맥락에 관한 최근 의 연구는 H. Mayr-Harting, "The Church of Magdeburg: Its Trade and Its Town in The Tenth and Early Eleventh Centuries", *Church and Society, 1000-1500. Essays in Honour of Christopher Brooke*, éd. D. Abulafia, M. Franklin, M. Rubin, Cambridge, Cambridge University Press, 1992, pp. 129-150.

3) Thietmar de Merseburg, *Chronicon*, III, 13, pp. 112-113.

4) 같은 책, III, 15, pp. 114-117.

5) 같은 책, VI, 76, pp. 364-367.

6) 같은 책, I, 13, pp. 18-20.

7) *Vita Karoli Quarti. Karl W. Selbstbiographie*, Hanau, Verlag Werner Dausien, 1979, pp. 74-77. 그리고 P. Dinzelbacher, "Der Traum Kaiser Karls IV.", A. Paravicini Bagliani et G. Stablle (éd.), *Traume im Mittelalter. lkonologische Studien*, Stuttgart et

Zürich, Belser Verlag, 1989, pp. 161-172(특히 pp. 167-168과 pp. 202-203의 도판)을 참조.

8) Vienne, Österreichische Nationalbibliothek, Cod. 2618, fol. 18 V.(1472)와 Cod. 581 (1470-1480). 내게 이 2장의 사진을 제공해 준 M. Gerhard Jaritz(Institut für Realienkunde des Mittelalters und der frühen Neuzeit, Krems)에게 감사를 전한다.

9) Paul Amargier, *La Parole rêvée. Essai sur la vie et l'oeuvre de Robert d'Uzès O.P. (1263-1296)*, Aix-en-Provence, Centre d'études des sociétés méditerranéennes, 1982, p. 96 (Vision 29). p. 86(Vision 3) '남자유령'이 출현하는 경우 성모가 어린 예수를 대체한다. 라틴어 텍스트는 Jeanne Bignami-Odier, "Les visions de Robert d'Uzès", *Archivum Fratrum Praedicatorum*, XXV, 1955, pp. 258-310에 포함되어 있다. 또한 P. Amargier, "Robert d'Uzès revisité. Annexe: les testaments de Robert d'Uzès(1293)", *Cahiers de Fanjeaux*, 27, 1992, "Fin du monde et signes des temps. Visionnaires et prophètes en France méridionale (fin XIIIᵉ-début XVᵉ siècle)", pp. 33-47 및 같은 책에 수록된 M. Tobin, "Les visions et révélations de Marie Robine d'Avignon dans le contexte prophétique des années 1400", pp. 309-329을 볼 것.

10) Gertrude d'Helfta, *Le Héraut*, V, *Œuvres spirituelles*, V, éd. et trad. J.-M. Clement, les moniales de Wisques et B. de Vregille, Paris, Cerf, Sources chretiennes 331, 1986, p. 19 이하.

11) J. Ancelet-Hustache, "Les 'Vitae sororum' d'Unterlinden. Édition critique du Ms. 508 de la Bibliothèque municipale de Colmar", *Archives d'histoire doctrinale et littéraire du Moyen Âge*, 5, 1930, pp. 317-513, 특히 12장, 23장, 28장, 34장, 36장 (수녀가 기도하는 동안 나타난 유령), 40장, 43장(수녀들의 묘지에 나타난 유령).

12) 같은 책, XXXVIII, p. 454.

13) 같은 책, XLVIII, p. 480.

14) 이것은 이 시대의 다른 여성신비주의자들에 관한 이야기에서도 확인된다. Thomas de Cantimpré, "Vita Lutgardis", *Acta Sanctorum*, 6월 III, 2권과 3권, pp. 244 이하.

15) J. Le Goff, "Les rêves dans la culture et la psychologie collective de l'Occident médiéval" (1971), *Pour un autre Moyen Age. Temps, travail et culture en Occident: 18 essais*, Paris, Gallimard, 1977(재판), pp. 299-306. 같은 저자, "Le christianisme et les rêves (IIᵉ-VIIIᵉ siècle)", *L'Imaginaire médiéval,* Paris, Gallimard, 1985, pp. 265-316.

16) Eusebius, *Historia Ecclesiastica*, V, 1, 20("리옹의 순교자들"), P. Brown, *Genèse de l'Antiquité tardive*, trad. fr. A. Rousselle, Paris, Gallimard, 1983, p. 116에서 재인용.

17) *La Règle de saint Benoît*, éd. et trad. H. Rochais, Paris, Desclée de Brouwer, 1980, LVIII, 25, J.-CI. Schmitt, *La Raison des gestes dans l'Occident médiéval*, p. 78에서 재인용.

18) P*assio sanctarum Perpetuae et Felicitatis*, éd. C. van Beek, Nimègue, 1936. 자전의 형식을 띠고 있는 『페르페투아와 펠리키타티스의 수난』은 테르툴리아누스가 쓴 것이 거의 확실하며, 그 내용의 진정성도 의문의 여지가 없다. 이 작품이 사후세계의 여러 장소들의 역사에 기여한 바에 대해서는 J. Le Goff, 『연옥의 탄생』, 116-121쪽 참조.

19) Ambroise, *De excessu fratris sui Satyri*, I, 72, in *PL*, vol. 16, col. 1370, M. Dulaye, *Le Rêve dans la vie et la pensée de saint Augustin*, p. 66에서 재인용.

20) Agius, *Dialogus de morte Hathumodae*, M.G.H. Poetae III, éd. L. Traube, Berlin, 1896, pp. 372-388. 문학적 전통에서 이 작품이 차지하는 위치에 관해서는 다음을 참조할 것. P. von Moos, *Consolatio. Studien zur mittelaloe-rlichen Trostliteratur über den Tod und zum Problem der christlichen Trauer*, Munich, Munstersche Mittelalter Schriften, 1971-1972, 4 vol. (vol. 1, pp. 169 이하)

21) 이에 관한 총체적인 연구는 H. Schauwecker, *Otloh von St. Emmeran. Ein Beitrag zur Bildung-und Frömmigkeitsgeschichte des 11. Jahrhunderts*, Studien zur Mitteilungen des Benediktiner Ordens und seiner Zweige 74, 1963, Heft I-IV, Munich, 1964, pp. 1-240.

22) K. Hallinger, *Gorze-Cluny. Studien zu den monastischen Lebensformen und Gegensätzen im Hochmittelalter*, Graz, 1971, 2 vol. (vol. 1, pp. 618-628) ; H. Jakobs, *Die Hirsauer. Ibre Ausbreitung und Rechtstellung im Zeitalter des Investiturstreites*, Cologne et Graz, Bohlau Verlag, 1961, pp. 8-12.

23) 오틀로 저작의 자전적 측면과 환시에 관해서는 G. Misch, *Studien zur Geschichte der Autobiographie, I. Otloh von Sankt-Emmeran. Bekehrungsgeschichte, Visionsgeschichte, Schriftstellers-Autobiographie*, Nachrichten der Akademie der Wissenschaften in Göttingen, I. Phil.-Hist. KI. 1954, 5, pp. 123-169; G. Vinay, "Otlone di Sant'Emmeran ovvero l'autobiografia di un nevrotico", *La storiografta altomedievale*, Settimane di Studio del Centro italiano di studi sull' alto medioevo, XVIII, Spolete, 1970, I, pp. 13-37. 이 연구들 대부분은 『환시서*Liber visionum*』

의 앞부분에 나오는 4개의 환시밖에 고려하고 있지 않다. 다음 책도 본질적으로는 다를 바가 없다. H. Röckelein, *Otloh, Gottschalk, Tnugdal : Individuelle und kollektive Visionsmuster des Hochmittelalters*, Francfort-sur-le-Main, Berne et New York, Peter Lang(Europäische Hochschulschriften III, 319), 1987.

24) 5번째에서부터 18번째까지의 환시, 그리고 오틀로가 일전에는 빠뜨렸다고 말한 23번째의 마지막 환시.

25) 4편의 이야기만 문서를 전거로 하고 있다. 첫 이야기는 성 보니파티우스가 어떤 수녀에 보낸 편지에서, 나머지 3편은 베다의 『교회사』에서 가져온 것이다. 거기에서는 어떤 유령도 언급되어 있지 않으며 모두 저세상에서의 처벌에 관한 환시이다. 11세기 이전의 오래된 문헌들은 좀처럼 유령에 대해 다루고 있지 않았으므로, 서기 1천년경의 작가들은 자신들이 꾼 꿈이나 그들 주위에서 수집할 수 있는 구전되던 이야기들에 의존해야 했다. 이는 11세기에는 유령이 비교적 새로운 현상이었다는 것을 뒷받침해주는 추가 증거이다.

26) *PL*, vol. 146, col. 359-361.

27) 교황 레오 7세의 본명은 브루노(Bruno)로 한때 툴(Toul)의 주교였으며, 당시 그는 성 엠메람의 개혁을 고무한 고르즈(Gorze)의 수도원 개혁에 깊게 관여했다.

28) *PL*, vol. 146, col. 361-363.

29) 같은 책, col. 366-368와 371-373.

30) 자식이 거짓말을 한 줄 몰랐던 아버지는 아들의 말만 믿고는 영주의 어린 양을 죽인 것은 자기 아들이 아니라고 영주에게 맹세했다.

31) Guibert de Nogent,『기베르 드 노장의 자서전』, 100-101쪽.

32) 같은 책, 101-102쪽.

33) 다만, 기베르의 이야기에 등장하는 목욕탕의 유령은 지옥으로 떨어졌고 어떤 중재도 요구하지 않지만 그레고리우스 1세의 『대화』에서 무의식적으로 차용되었을 가능성도 있다. 실제 체험의 기억이 문학의 상투적 표현 안으로 파고든 경우도 있으므로 이 두 가지 가설이 양립하지 않는 것은 아니다.

34) Guibert de Nogent,『기베르 드 노장의 자서전』, 118-122쪽.

35) "Nollite eam tangere"(그녀를 잡지 마라) : 주어와 목적어가 바뀌었지만 복음서에서 차용한 것이 분명하다. 〔「요한복음서」20:17에서 그리스도는 마리아 막달레나서에게 '나를 잡지 말라(Noli me tenere)'고 말한다.〕여기서 말한 자는 그리스도이고, 기베르의 모친은 마리아 막달레나에 해당한다고 볼 수 있다.

36) 이 이야기에 관해서는 J. Le Goff,『연옥의 탄생』, 356-363쪽 참조.

37) J.-Cl. Schmitt, *Le Saint Lévrier. Saint Guinefort guérisseur d'enfants depuis le XIIIe siècle*, Paris, Flammarion, 1979.

38) Thomas de Cantimpré, *Bonum universale de apibus*, II, 53, 32, éd. Douai, 1627, pp. 513-514.

39) Pierre de Morone, *Autobiographia*, éd. A. Frugoni, "Cœlestiana", in *Studi Storici*, 6-7, Rome, 1954, p. 62. 그의 아버지가 대모한테 나타난 57쪽 이야기도 참조할 것.

40) M. Zink, *La Subjectivité littéraire. Autour du siècle de saint Louis*, Paris, P.U.F., 1985, p. 234 (그리고 pp. 219-239).

41) J. Le Goff, *Saint Louis*, Paris, Gallimard, 1996.

42) Giovanni di Pagolo Morelli, *Ricordi, éd. Vittore Branca*, Florence, Felice Le Monnier, 1956, pp. 455-516. Richard C. Trexler의 훌륭한 분석도 참조할 것. Richard C. Trexler, *Public Life in Renaissance Florence*, New York, Academic Press, 1980, pp. 161-186.

43) Ch. Klapisch-zuber, *La Maison et le Nom. Stratégies et rituels dans l'Italie de la Renaissance*, Paris, É.H.É.S.S., 1990, 특히 pp. 249-262.

44) R. C. Trexler, *Public Life*, 특히 pp. 172-185.

45) 같은 책, p. 174.

46) 같은 책, pp. 174-175에는 자식 영혼과의 '의사소통'이라고 나오지, 강령술이라고 는 말하지 않는다.

47) 그러나 자식은 9살이었다. 세례를 받은 아이의 때 묻지 않은 유년기는 '철이 드 는' 7세에서 끝난다고 일반적으로 인식되었다. 이 아이의 운명을 페르페투아의 동생인 디노클라투스의 운명과 비교해볼 수 있다.(1장의 18번 주석을 참조)

48) 같은 책, p. 177

49) 같은 책, p. 182. 이 발언은 물론 필리프 아리에스가 착안한 "아동기에 대한 인식 과 발견" 연구에 추가되어야 할 것이다.

3. 유령의 침공

1) Grégoire le Grand, *Dialogues*, IV, 43, pp. 154-155.

2) Thietmar de Merseburg, *Chronicon*, p. 16.

3) Guibert de Nogent, *De pignoribus sanctorum*, IV, 1, *PL*, vol. 156, col. 668 A. 그는 이 사례들이 그레고리우스 1세나 베다가 소개한 것들보다 열등하다고 보지 않았다.

4) Pierre le Vénérable, *De miraculis*, I, XXVII, XXVIII (pp. 87, 94). '영혼이 나타난

수많은 사례와 그 계시'를 수록하고 있는 동시대의 다른 문헌으로는 Hugues de Saint-Victor, *Summa de sacramentis*, in *PL*, vol. 176, col. 586 CD.

5) Guillaume de Newburg, *Historia rerum anglicarum usque ad annum 1198*, V, cap. XXIV, éd. R. Howlett, *Chronicles of the Reign of Stephen, Henry II and Richard I*, vol. 1, London, 1884, p. 477. 이것과는 조금 다른 번역이 Cl. Lecouteux et Ph. Marcq, *Les Esprits et les Morts*, p. 171에 실려 있다.

6) P.-A. Sigal, *L'Homme et le miracle dans la France médiévale(XIe-XIIe siècle)*, Paris, Cerf, 1985를 참조할 것.

7) Ekkehard de Salnt-Gall, *Vita S. Wiboradae*, cap. XXIII, éd. W. Berschin (Mitteilungen zur vaterländischen Geschichte 51), St. Gallen, 1983, pp. 63-67. M. E. Wittmerbutsch, *Zur Bedeutung von Schlaf und Traum im Mittelalter*, Krems, 1990, p. 287 참조.

8) R. Rigodon, "Vision de Robert, abbé de Mozat, au sujet de la basilique de la Mére de Dieu", *Bulletin historique et scientifique de l'Auvergne*, LXX, 1950, pp. 27-55, 특히 pp. 48-50. 이 문헌에 관해서는 J.-Cl. Schmitt, "L'Occident, Nicée II et les images du VIIIe au XIIIe siècle", F. Boespflug et N. Lossky, *Nicée II 787-1987. Douze siècles d'images religieuses*, Paris, Cerf, 1987, pp. 271-301을 참조할 것.

9) M. C. Diaz y Diaz, *Visiones del Mas Alla en Galicia durante la alta Edad Media*, Saint-Jacques-de-Compostelle, 1985, pp. 63-81, 특히 pp. 75-76.

10) *Miraculi sancti Benedicti*, éd. E. de Certain, Paris, 1858 (재판 New York과 London, 1968). 성 베네딕투스의 출현에 관해서는 I, 20, 40; IV, 7; VII, 12, 13, 15; IX, 10.

11) *Chronica monasterii Casinensis*, éd. H. Hoffmann, M.G.H. S.S. XXXIV, Hanovre, 1980. 수도원의 재물을 시칠리아 왕 루제로의 탐욕에서 지키기 위한 환시는 IV, 99, p. 561을, 그 밖의 환시는 II, 21; IV, 30, 102를, 성 베네딕투스의 출현은 II, 22; III, 20; IV, 101을 참조. 그레고리우스 1세에 따르면 성 베네딕투스는 생전에 죽은 자와 관련된 기적을 일으켰다고 한다. 데시데리우스가 몬테카시노 수도원장으로 재임할 때(11세기) 기록된 이 전설에 대한 해석은 이 책의 9장을 참조.

12) Fridolin Dressler, *Petrus Damiani. Leben und Werk*, Rome, Herder, Studia Anselmiana 34, 1954; Jean Leclercq, *Saint Pierre Damien. Ermite et homme d'Église*, Rome, Storia e Letteratura, Uomini e Dottrine 8, 1960.

13) Pierre Damien, *Epistolae*, VIII, 20, in *PL*, vol. 144, col. 403-404.

14) 같은 저자, *Opuscula*, XXXIII et XXXIV, in *PL*, vol. 145, col. 559-572와 571-590. 이 소논문들에 대해서는 J. Le Goff, 『연옥의 탄생』, 350-355쪽 참조.

15) Fr. Dressler, *Petrus Damiani*, p. 88, n. 372 (클뤼니, 생 마르티알 드 리모주, 샬롱에서의 여행 도중에 위그가 그에게 이야기 해 준 목록. 샬롱에서 피에르 다미아니는 주교 드로곤 드 마콩에게 클뤼니의 독립성을 존중할 것을 요구했다.)

16) Pierre Damien, *Opuscula*, XXXIII, cap. v, VI, VII과 Opuscula, XXXIV, Disputatio ..., cap. v, in *PL*, vol. 145, col. 567-570과 col. 588-590.

17) Pierre Damien, *Opuscula*, XXXIV, *Disputatio...*, cap. III, IV, v, in *PL*, vol. 145, col. 585-590.

18) 이 점에 관해서는 D. Iogna-Prat, "Les morts dans la comptabilité céleste des Clunisiens de l'an Mil", D. Iognat-Prat et J.-Ch. Picard, *Religion et culture autour de l'an mil*, pp. 55-69를 참조할 것.

19) Jotsuald, *Vie de saint Odilon*, in *PL*, vol. 142, col. 926-928, 이 일화는 Pierre Damien, *Vie de saint Odilon*, in *PL*, vol. 144, col. 933-938와 다른 수많은 저자들 (Sigebert de Gembloux, Vincent de Beauvais, Jacques de Voragine 등)에 의해 반복해서 수록되었다.

20) Pierre Damien, *Epistolae*, VI, 2, col. 372C. Fr. Dressler, *Petrus Damiani*, pp. 53, 83를 참조할 것.

21) *De rebus gestis in Majori Monasterio saeculo XI* [sic], éd. Dom J. Mabillon, *Acta Sanctorum Ord. S. Ben.*, VI, 2, Venise, 1733-1745, p. 400, 재판, in *PL*, vol. 149, col. 403-420. 이 기적집에 대해서는 J. Van der Straeten, "Le recueil des miracles de saint Martin dans le ms. 117 de Charleville", *Analecta Bollandiana*, 94, 1-2, 1976, pp. 83-94(특히 pp. 89-92). 프랑스혁명 당시에 파괴된 이 권위 있는 수도원의 역사에 대해서는 Ch. Lelong, *L'Abbaye de Marmoutier*, Chambray, 1989(축약)을 참조할 것. 그리고 무엇보다도 우선 S. Farmer, "Personal Perceptions, Collective Behavior: Twelfth-Century Suffrages for the Dead", in R. C. Trexler (éd.), *Persons in Groups. Social Behaviour as Identity Formation in Medieval and Renaissance Europe*, Binghampton, Medieval and Renaissance Texts and Studies, 1985, pp. 231-239과 아래의 같은 저자가 출판한 *Communities of Saint Martin. Legend and Ritual in Medieval Tours*, Ithaca et London, Cornell University Press, 1991(특히, 135-149쪽에서 그녀는 등장하는 죽은 자들이 온통 수도원과 연관되어 있다는 점을 정확하게 지적하고 있다)을 참조할 것.

22) *PL*, col. 415D, 417 A : "nostris temporibus" (우리 시대에서)

23) *PL*, col. 416D.

24) *PL*, col. 411D. "죽은 수도사들에 대한 의무를 게을리 하지 않도록 주의하기를 바란다(sollicitos nos esse conveniat, ne defunctis fratribus debitum suum exsolvere negligamus)"

25) *PL*, col. 412B.

26) 사실 샤를빌 필사본에 포함되지 않은 한 편의 이야기를 제외하면 15편이다. S. Farmer, *Communities...*, p. 135, n.47. 참조.

27) 이야기 3화, 5화, 6화, 7화, 11화, 14화, 16화.

28) 이야기 12화, 13화, 15화. 성령강림 축일에 앙주백작 풀크가 수도원이 성령의 불길에 둘러싸인 환시를 본 이야기, 늙은 힐데브란트가 기우제 행렬에 성 코렌티누스의 성유물을 집어넣도록 강요한 이야기, 성 마르티누스가 루아르 강의 난파한 배에서 수도사들이 먹을 물고기 화물을 건져낸 이야기.

29) 이야기 4화. 최근 죽은 한 수도사가 한밤중에 그의 고해사제였던 힐데브란트의 꿈에 나타나, 자신이 고해를 했음에도 저세상에서의 고통에서 벗어날 수 없다고 불평했다. 고해신부가 그의 죄를 떠맡자 수도사는 고통에서 벗어났다. 10화. 죽은 두 명의 수도사가 세 번에 걸쳐 타방 소수도원의 관리인인 우리쿠스에게 나타났다. 유령들은 그들의 '권리'를 무시했다고 그를 비난하고, 협박하고, 끝내는 격렬히 때렸다. 2화. 죽은 두 명의 수도사가 수도원장 바르텔레미에게 나타나 죽은 자에 대한 기도를 게을리 한 수도사들을 개별적으로 호출해서 질책하고 싶다고 호소했다.

30) 이야기 8화.

31) 이야기 9화.

32) 이야기 17화.

33) S. Farmer는 이 이야기들의 등장인물들이 모두 수도원과 관련되어 있다는 것을 강조하는데, 이는 타당한 지적이다. 단, 다른 기적집에서는 사정이 다르다. (뒤에 서술한 가경자 피에르, 체사리우스 폰 하이스터바흐 등의 사례를 볼 것)

34) S. D. White, *Custom, Kinship and Gifts to Saints. The Laudatio Parentum in Western France, 1050-1150*, Chapell Hill et London, University of North Carolina Press, 1988, p. 22에는 마르무티에 수도원에 기부한 세속인들의 신원이 잘 밝혀져 있다. 그들은 방돔 성의 관리들, 라바르댕의 영주들, 이야기 한 편에서 이미 우리가 만났던 부유한 풀크 백작 등이다. 이 인물들 덕분에 프랑스 서부 전역에 걸친 마르무티에의 '성직자 제국'의 기틀이 형성된 것이다. Cf. O. Gantier, "Recherches sur les possessions et les prieurés de l'abbaye de Marmoutier du Xe au XIIIe siècle",

Revue Mabillon, 53, 1963, pp. 93-110, 161-164; 54, 1964, pp. 15-24, 56-67, 125-135; 55, 1965, pp. 32-44, 65-79. 우리가 다루는 논의를 벗어나지만 아래의 연구도 참조할 것. D. Barthélemy, *La Société dans le comté de Vendôme de l'an mil au XIVe siècle*, Paris, Fayard, 1993.

35) Pierre le Vénérable, *De miraculis libri duo*, éd. D. Bouthillier, Corp. Christ. Cont. Med. LXXIII, Turnhout, Brepols, 1988. 이 판본은 *PL*, vol. 189, col. 851-954에서 하나를 교체한 것이다. 프랑스어의 완역은 Pierre le Vénérable, *Les Merveilles de Dieu*, prés. et trad. par J.-P. Torrell et D. Bouthillier, Paris, Cerf et Fribourg, Éditions universitaires, 1992. 같은 저자들에 의한 *Pierre le Vénérable et sa vision du monde. Sa vie, son œuvre, l'homme et le démon*, Louvain, Spicilegium Sacrum Lovaniense, Études et Documents 42, 1986. 클뤼니에서 출현한 죽은 자에 관해서는 J.-Cl. Schmitt, "Les revenants dans la société féodale", *Le Temps de la réflexion*, m, 1982, pp. 285-306.

36) J.-P. Torrell et D. Bouthillier, *Pierre le Vénérable*, p. 138과 같은 저자들의 더 상세한 "'Miraculum'. Une catégorie fondamentale chez Pierre le Vénérable", *Revue thomiste*, 1980, LXXX, 4, pp. 549-566. 다른 관점에서 쓴 것으로 J.-P. V Aaléry Patin et J. le Goff, "À propos de la typologie des miracles dans le Liber de miraculis de Pierre le Vénérable", *Pierre Abélard, Pierre le Vénérable. Les courants philosophiques, littéraires et artistiques en Occident au milieu du XIIe siècle*, Paris, C.N.R.S., 1975, pp. 181-187.

37) 성 위그에 관한 수많은 전기는 모두 일찍이 툴루즈의 주교이자 무아사크 수도원장이던 두라누스가 부어오른 입술을 하고 사후에 이 세상에 나타난 것을 전하고 있다. 예전에 클뤼니 수도원장은 대해서 쓸데없는 말을 지껄여 수도사들을 웃긴 죄로 두라누스가 사후에 벌을 받게 될 것이라고 예언했다. 유령의 출현에 대한 소식을 받은 성 위그는 두 번에 걸쳐 7일간의 단식을 명했다. 그 뒤 두라누스가 다시 이 세상으로 귀환해 자신이 구원받았음을 알렸다. H. E. J. Cowdrey, *Two Studies in Cluniac History (1049-1126)*, Rome, Studi Gregoriani 11, 1978, pp. 43-110 와 Fr. Neiske, "Vision und Totengedenken", p. 167을 참조.

38) 피에르 자신이 사건이 일어난 연대를 정확히 전하고 있을 뿐 아니라 교정판의 편집자 덕분에 우리는 거의 모든 사례에서 죽은 자가 사망한 날짜와 죽은 자가 이 세상에 나타난 날짜, 그리고 이 이야기들이 집필된 1135년 무렵 사이의 시간차를 추정할 수 있다. 1권 10장의 망자는 집필이 있기 30년 전인 1105~1106년

에 죽었다. 1권 11장의 망자는 1070년에 죽었다. 그 유령이 출현한 것은 1076년이나 1080년으로, 이는 집필과 55년의 격차가 있다. 1권 24장의 망자는 1119년에 죽었다. 유령의 출현은 1125년 이후의 일로 집필과 15년의 격차가 있다. 1권 26장의 망자는 1123년에 죽었다. 유령의 출현은 1123년 이후로, 집필과 12년의 격차가 있다. 새로운 교정판은 내가 전에 "Les revenants dans la société féodale"에서 미그네 판에 기초해 제시했던 분석을 더 정확하게 수정할 수 있게 해주었다.

39) 1142년에 쓴 2편의 이야기. 1권 27장의 망자는 1141년에 죽었다. 바로 그해에 유령이 출현했으므로, 집필한 해와는 1년의 차이가 있다. 1권 28장의 망자는 1114년에 죽었고, 바로 그해에 유령이 출현했다. 집필하기 28년 전이지만, 정보가 수집된 것은 1142년이다.

40) 2권 25장의 망자는 1145년에 죽었고, 그해에 유령이 출현했다. 2권 26장의 망자는 1148년~1149년에 죽었다. 유령의 출현한 것은 1149~1150년이다. 2권 27장의 망자는 1145년에 죽었다. 유령의 출현도 1145년일까?

41) *De miraculis*, I, 26 (p. 81). 수녀 알베레(Albérée)가 유령 목격담을 털어놓은 아델르 드 블루아(Adèle de Blois)의 경우가 이에 해당한다. 아델르는 윌리엄 정복왕의 딸로 잉글랜드 왕 스티븐의 모친이다. 따라서 가장 고위한 핏줄이다. 〔아델르는 남편 사후에 아들의 섭정으로 블루아 백작령을 다스렸고, 정계에서 은퇴한 뒤에는 수녀원으로 들어가 종교적 삶을 가졌다.〕

42) 같은 책, II, 26. 수도사 앙기조(Enguizo)의 경우가 그 하나의 예이다. 예전에 기사였던 앙기조는 그의 전우이자 십자군 원정 중에 죽은 기사 피에르 드 라 로쉬(Pierre de la Roche)의 유령을 보았다.

43) 같은 책, I, 23. 세 번에 걸쳐 기사 기고 드 모라스(Guigo de Moras)의 유령을 본 주교 에티엔(Étienne)의 이야기.

44) 같은 책, II, 25.

45) 10인의 죽은 자 가운데 4인은 속세에서 죽은 기사, 또 1인은 원래 기사였다가 수도사가 된 인물이다. 나머지 5명 가운데 4명은 수도사이고, 1명은 제네바의 이전 주교이다.

46) 앞의 책, 1권의 23장과 27장을 볼 것.

47) *Liber tramitis*, c. 33, éd. P. Dinter, dans K. Hallinger(éd.), *Corpus Consuetudinum Monasticarum, t. X*, Siegburg, 1980, p. 277, M. Lauwers, *La Mémoire des ancêtres, le souci des morts*, vol. 2, p. 469에서 인용.

48) *De miraculis*, I, 27, p. 86.

49) J. P. Torrell et D. Bouthillier, *Pierre le Vénérable*, p. 169 참조.

50) 같은 책, p. 169.

51) *De miraculis*, I, 27, pp. 84, 86: 조르푸아 드 이옹(Geoffroy de Ion)은 윔베르 드 보쥬(Humbert de Beaujeu)에게 다음과 같이 전하고 있다. 그는 정의에 어긋나는 대의명분을 쫓다(non satis iusta de causa cum eo veneram) 목숨을 잃은 것이고, 신은 사부아 백작 아메데 3세(Amédée III de Savoie)에 대한 그의 전투를 승인하지 않았다. 이 주제에 관해서는 Fr. H. Russell, *The Just War in the Middle Ages*, Cambridge, Cambridge University Press, 1975(재판, 1979)를 볼 것.

52) J.-P. Torrell et D. Boutilllier, *Pierre le Vénérable*, pp. 66-67. J. M. Lacarra, "Una aparicion de ultratumba en Estella", *Principe de Viana*, 15, 1944, pp. 173-184 참조. 정치적 맥락과 가경자 피에르의 에스파냐 방문에 관해서는 Ch. J. Bishko, "Peter the Venerable's Journey to Spain", G. Constable et J. Krrrzeck (éd.), *Petrus Venerabilis, 1156-1956, Studies and Texts commemorating the Eighth Centenary of His Death*, Rome, Herder, Studia Anselmiana 40, 1956, pp. 163-175. B. F. Reilly, *The Kingdom of Leon-Castilla under King Alfonso VI (1065-1109)*, Princeton University Press, 1988, p. 211 s.. M. R. Astray, *Alfonso VII Emperador. El imperio hispanico en el siglo XII,* Leon, 1979, p. 161 s.

4. 기이한 죽은 자들

1) Gervais de Tilbury, *Otia imperialia*, III, Prologue, éd. G. W. Leibniz, Scriptores rerum Brunswicensium I, Hanovre, 1707, pp. 960-961. 프랑스어 번역본은 *Le Livre des merveilles*, éd. A. Duchesne, préface de J. Le Goff, Paris, Belles Lettres, 1992, p. 20. 저버스 틸버리와 동시대인이며 그와 비슷한 저술가인 웨일스의 제럴드(Gerald of Wales)도 『아일랜드 지리지』의 2부 서두에서 기이라는 개념에 대해서 논하고 있다. 제럴드는 아일랜드를 "지구의 중심에서 멀리 떨어진" 섬이라고 부르며, 이 섬에 수많이 존재하는 '자연의 신비'를 '성인의 기적'과 구별해 칭송한다. 끝으로 J. M. Boivin, *L'Irlande au Moyen Âge. Giraud de Barri et la "Topographia Hibemica" (1188)*, Paris, H. Champion, 1993, pp. 84-88과 p. 197의 제럴드의 문헌을 볼 것. 그 외 J. Le Goff, "Le merveilleux dans l'Occident médiéval", (재판) *L'Imaginaire médiéval*, pp. 17-39과 같은 저자의 "Le merveilleux scientifique au Moyen Âge", J. F. Bergier(éd.), *Zwischen Wahn, Glaube und Wissenschaft, Zurich*, 1988, pp. 87-113 참조.

2) 이러한 '실험적인' 정신을 드러내는 13세기 이탈리아의 사례 하나가 14세기 사본 안에 전해지고 있다. 어떤 농부가 40일 동안 단식을 했다. 이발사는 그의 피를 뽑아서 그가 '영이 아니고 인간'이라는 것을 확인했다. R. Creytens, "Le Manuel de Conversation de Philippe de Ferrare o.p.(†1350)", *Archivum Fratrum Praedicatorum*, XVI, 1946, p. 116, n. 36 참조.

3) Gunlaume De Newburg, *Historia rerum anglicarum*, II, cap. XXVIII, vol. 2, pp. 84-87.

4) J. Marx, *La Légende arthurienne et le Graal*, Paris, 1952, pp. 281-284. F. Dubost, *Aspects fantastiques de la la littérature narrative médiévale(XIIᵉ-XIIIᵉ siècle). L'autre, l'ailleurs, l'autrefois*, Paris, H. Champion, 1991, vol. I, pp. 410-430. 교훈예화집에도 나오는 특정한 주제에 대해서는 D. Bohler, "Béances de la terre et du temps: la dette et le pacte dans le·motif du Mort reconnaissant au Moyen Âge", *L'Homme*, 111-112, 1989, XXIX (3-4), pp. 161-178을 참조할 것.

5) 제프리 몬머스의 『브리타니아 열왕기*Historia Regum Britanniae*』와 『멀린 전기*Vita Merlini*』는 '아서 왕 전설'이 최초로 문학적인 형식을 갖추게 된 작품이다. 이것은 와스(Wace, 12세기?)와 로베르 드 보롱(Robert de Boron, 12세기?)에 의해 곧 프랑스어로 옮겨졌다.

6) R. D. Ray, "Medieval Historiography through the Twelfth Century: Problems and Progress of Research", *Viator*, 5, 1974, pp. 33-59.

7) R. Thomson, *William of Malmesbury*, Woodbridge, The Boydell Press, 1987, pp. 22-23.

8) Guillaume De Marmesbury, *De gestis regum Anglorum libri quinque*, éd. W. Stubbs, London, 1887, II, § 204, pp. 253-256: "non superno miraculo, sed inferno praestigio".

9) 같은 책, II, § 124, pp. 134-135: "has sane naenias sicut caeteras ... Angli pene innata credulitate tenent".

10) 같은 책, III, § 257. 죽은 자가 출현한 다른 예로는 같은 책, Ⅲ, § 293을 참조.

11) Guillaume de Newburg, *Historia rerum anglicarum*, V, cap. XXII-XXIV, pp. 474-482: "그 무렵, 버킹엄 백작령에 있는 마을에서 초자연적인 사건이 일어났다. (중략) 같은 시기에 잉글랜드 북부에서도 그것과 유사한 초자연적인 현상이 생긴 것을 우리는 알고 있다. (중략) 다른 곳에서도 그것과 유사한 사건이 (중략). 이 사건들에 대해서 이상과 같이 밝혀두고 연대기 서술로 돌아가겠다.(His diebus in pago Bukingamensi prodigiosa res accidit […] In aquilonalibus quoque

Angliae partibus aliud non dissimile et aeque prodigiosum eodem tempore novimus accidisse [⋯] Item aliud non dissimile [⋯] His itaque expositis, ad historiae ordinem redeamus.)"

12) 『황제의 여흥』서두에서 저버스 틸버리는 헨리 왕자(훗날의 젊은왕 헨리)를 위해 『재담집』을 집필했다고 서술하고 있는데, 표제로 보건대 이것은 월터 맵 의 『궁정해학집』과 유사한 작품이었음이 분명하다(éd. G. W. Leibniz, Hanovre, Scriptores rerum brunsvicensium, t. I, 1707, p. 883; 앞의 책 프랑스어 번역판 2쪽에 있는 A. Duchesne의 지적을 참조할 것). 궁정에서 종사한 성직자들에 대해서는 E. Türk, "Nugae curialium", *Le règne d'Henri II Plantagenêt(1154-1189) et l'éthique politique*, Genève, 1977을 참조할 것.

13) Walter Map, *De nugis curialium. Courtiers' Trifles*, éd. and trad. M. R. James, revue par C.N.L. Brooke et R.A.B. Mynors, Oxford, 1983 (1re éd. 1914). 아래의 프랑 어 번역을 참조할 것. M. Perez, *Contes de courtisans. Traduction du "De nugis curialium" de Gautier Map*, Lille, Centre d'études médiévales et dialectales de l'université de Lille III, s.d.(1982년에 공개구술심사를 받은 박사논문)

14) Walter Map, *De nugis curialium. Courtiers' Trifles*, p. XXXIII(도입부), "궁정 사람 들이 농담을 즐기면서 여가를 보내도록 하고, 유쾌한 이야기로 그들을 즐겁게 만 들기 위해". 엮은이들은 이 작품을 '군주의 귀감'과 '예화집'의 중간에 위치시키 고 있다.

15) 같은 책, Dist. II, cap. XI-XVI와 dist. VII, cap. IX-X.

16) F. Dubost, *Aspects fontastiques...*, (특히) vol. I, pp. 31-45 참조. S. Auroux, J. Cl. Chevalier, N. Jacques-Chaquin, Ch. Marchello-Nizia (éd.), *La Linguistique fantastique*, Paris, Denoël, 1985와 T. Todorov, *Introduction à la littérature fantastique*, Paris, Le Seuil, 1970도 보라.

17) R. Bartlett, *Gerald of Wales 1146-1223*, Oxford, Clarendon Press, 1982. 제럴드와 웨 일스에 관해서는 M. Richter, *Giraldus Cambrensis. The Growth of the Welsh Nation*, Aberystwyth, The National Library of Wales, 1976을 참조할 것.

18) Giraud de Cambrie, *Expugnatio Hibemica*, I, XLII, éd. J. F. Dimock, Opera, V, London, 1867, p. 295. 영어로 된 판본은 *The Conquest of Ireland by Giraldus Cambrensis*, 42, éd. A. B. Scott et F. X. Martin, Dublin, Royal Irish Academy, 1978, pp. 116-119.

19) 같은 저자, *De invectionibus*, XV, 18, éd. J. S. Brewer, *Opera*, I, London, 1861, p.

170.

20) 산실되어 전해지지 않는 작품으로『황제의 여흥』서두에서 언급되고 있다.

21) Gervais de Tilbury, *Otia imperialia*, III, cap. XC, "알리스캉프 묘지와 그곳에 매장 되는 시신(De coemeterio Elisii campi et illuc advectis)", pp. 990-991.

22) 같은 책, III, cap. XCIX, "주교 요하네스와 죽은 자의 혼(De Johanne episcopo et animabus mortuorum)", pp. 965-966.

23) 같은 책, III, cap. XCIX, "아내였던 여자를 죽인 망자(De mortuo qui occidit uxorem quondam suam)", pp. 993-994.

24) "죽은 자가 절구를 들어올려(Mortuus mortario erecto)"라는 표현에 사용된 죽은 자(mortuus)와 절구(mortario)의 언어유희와 절구공이(pilon)와 남근(phallique)이 라는 이 조리도구의 성적인 상징성에 주목할 것.

25) Gervais de Tilbury, *Otia imperialia*, III, cap. CIII, "소녀에게 나타난 망자와 그 가 말하고 알려온 놀라운 일들(De mortuo qui apparet virgini, mira dicit et annunciat)", pp. 994-1000. 이 이야기의 프랑스어 번역과 엄밀한 연구는 아래 의 논문들을 살펴보라. H. Bresc, "Culture folklorique et théologie. Le revenant de Beaucaire(1211)", *Razo. Cahiers du Centre d'études médiévales de Nice*, 8, 1988, pp. 65-74. 이후에 출판된 A. Duchesne, *Le Livre des merveilles*, pp. 112-128의 번역과 주석도 참조할 것.

26) E. Kanrorowicz, "Les mystères de l'État", *Mourir pour la patrie et autres textes*, trad. fr. L. Mayali et A. Schütz, Paris, P.U.F., 1984, pp. 75 이하.

27) H. Bresc, "Culture folklorique et théologie", p. 70. 나의 해석은 앙리 브레스크에 게서 빌려온 것이 아니라 유령의 마지막 말을 강조하는 데서 비롯된 것이다. '악 마의 멍에'라는 단어는 고해성사에서의 사제의 묶고 푸는 힘과 연관을 갖는다. (Gervais de Tilbury, p. 999).

28) A. Duchesne는『황제의 여흥』전체를 관통하는 반알비파적 정서를 강조한다.

5. 헬레퀴누스 일당

1) H. Wolter(*Ordericus Vitalis. Ein Beitrag zur Kluniazensischen Geschichtsschreibung, Wiesbaden*, Steiner Verlag, 1955)는 클뤼니의 영향을 중시하고 있으나, M. Chibnall(*The World of Orderic Vitalis, Oxford*, Clarendon Press, 1984)은 반대로 그 영향을 제한된 것으로 파악하고 오더릭이 앵글로노르만 귀족들에 기울인 주의 를 더 강조하고 있다.

2) 그러나 이것은 베다의 역사서만큼 유포되지는 않았다. 오더릭의 『교회사』는 동시대의 잉글랜드 연대기작가 윌리엄 맘즈베리의 『잉글랜드 왕들의 사적』과는 달리 16세기까지 거의 알려지지 않았다.

3) Orderic Vital, *Historia ecclesiastica*, III, 8-9 (éd. M. Chibnall, *The Ecclesiastical History of Orderic Vitalis*, Oxford, Clarendon Press, 1969-1980, 6 vol.), vol. IV, pp. 212-215.

4) M. Chibnall, *The World of Orderic Vitalis*, pp. 37-38. 어느 날 번개가 내려쳤을 때 놀랍게도 인간 여성과 동물의 암컷만 희생된 일과 1,212명이나 되는 수도사가 한 자리에 모인 1132년의 클뤼니 수도원 총회에 자신이 참가했던 일을 떠올리며 기록한 내용.

5) Orderic Vital, *Historia ecclesiastica*, Introduction du vol. IV (p. XIX).

6) 같은 책, VIII, 17 (IV, 1973, pp. 236-250).

7) 물론 여기에서 시간이 엄밀하게 특정되어 있는 것이 중요하다. 그것은 죽은 자가 구원의 희망을 찾기에 앞서 사순절의 시련을 맛보아야 한다는 것을 의미한다. 또한 해방된 영혼이 천국으로 올라가는 상징을 예루살렘 입성이나 성주간의 개시와 결부시키고 있는 것이기도 하다.

8) 최근 연구로 다음 문헌을 참조할 것. C. Ginzburg, "Charivari, associations juvéniles, Chasse sauvage", J. Le Goff et J. Cl. Schmitt (éd.), *Le Charivari*, Paris, La Haye, New York, É.H.É.S.S. et Mouton, 1981, pp. 134-136와 Brian Stock, *The Implications of Literacy. Written Language and Models of Interpretation in the Eleventh and Twelfth Centuries*, Princeton, Princeton University Press, 1983, pp. 495-497.

9) 나는 여기에서 Brian Stock가 앞의 책 497쪽에서 제안했던 ("네 그루의 모과나무는 사도를 나타내는 것으로 보인다. 그들은 묵시록의 축소판으로 보이는 묘사 안에서 저주받은 4인의 기사와 균형을 유지하고 있다") 설명하기 곤란한 사도의 비유가 아니라 오히려 죽음과 결부된 민간전승적인 주제를 발견한다.

10) G. Duby, *Les Trois Ordres ou l'Imaginaire du féodalisme*, 성백용 옮김, 『세 위계: 봉건제의 상상 세계』(문학과 지성사, 1997) 참조.

11) 오더릭의 『교회사』와의 관련에서 '신의 평화'와 '정의의 전쟁'이라는 주제를 논한 것으로 M. Chibnall, *The World of Orderic Vitalis*, pp. 132-145를 참조. 그리고 최근 연구로는 J. Flori, "L'Église et la Guerre sainte: de la 'Paix de Dieu' à la 'croisade'", *Annales*. E.S.C, 1992, 2, pp. 453-466를 보라.

12) L.L.K. Little, "La morphologie des malédictions monastiques", *Annales*. E.S.C,

1979, 1, pp. 43-60과 P. Geary, "L'humiliation des saints", *Annales. E.S.C*, pp. 27-42.

13) Bernard de Clairvaux, *Éloge de la nouvelle chevalerie*, éd. et trad. P.Y. Emery, Paris, Cerf, Sources chrétiennes 367, 1990, p. 58 이하

14) 이데올로기적으로 치우친 선입견이 가장 우수한 학식과 뒤섞여 있는 1930년 대 독일 민속학 연구의 성과는 지금도 여전히 참조할 만하다. 특히 O. Höfler, *Kultische Geheimbünde der Germanen, Francfort*, 1934. 헬레퀴누스 일당이란 주 제를 논리적으로 다루고 있는 최신 연구로는 J. H. Grusward, *Archéologie de l'épopée médiévale*, Paris, Payot, 1981, pp. 183-228과 C. Ginzburg, *Le Sabbat des sorcières*(1989), trad. fr. M. Aymard, Paris, Gallimard, 1992, pp. 313-314, nn. 46-48 을 참조. 개인적으로 사회사적인 해석을 대신할 수 없다는 점에서 어원 연구를 그다지 중시하지는 않는다. 다만 헬레퀴누스 일당이라는 명칭은 켈트보다는 오 히려 게르만 전승에서 비롯된 것이고, 따라서 그것을 (Ph. Walter, *La Mythologie chrétienne*, Paris, Éditions Entente, 1992처럼) 기독교 전파 이전의 켈트 문화와 결 부시켜야만 할 이유는 찾기 어렵다고 본다.

15) 여기서는 어원에 관한 끝없는 논쟁을 반복하지 않을 것이다. 이에 관해서는 차 라리 H. Flasdieck., "Harlekin. Germanischer Mythos in romanischer Wandlung", *Anglia*, 61, Heft 3/4, 1937, pp. 225-340(특히 p. 270과 p. 312 이하)을 참조할 것.

16) *Vie d'Isidore d'Alexandrie*, citée par K. Meisen, *Die Sagen vom Wütenden Heer und Wilden Jaeger*, Münster, 1935, pp. 22-23에서 인용.

17) "일찍이 캄파니아의 넓은 평원에서 시민의 군대끼리 잔혹한 전투가 벌어진 일 이 있었는데, 바로 얼마 전 같은 장소에서 이들의 사악한 영들이 싸우고 있는 모 습이 목격되었다고 한다. 먼저 무시무시한 함성이 들려왔고 곧이어 수많은 영들 이 며칠 동안 두 패로 나뉘어 전투를 벌이는 것이 수많은 사람들에게 목격되었 다. 전투가 끝났을 때 그것이 얼마나 치열했는가를 보여주는 사람과 말 발자국 같은 것이 남아 있었다." Augustin, *Civitate Dei*, II, 25, 성염 옮김, 『(아우구스티누 스)신국론 1』, 분도출판사, 2004, 295쪽. 이러한 아우구스티누스의 서술은 〔4세기 중반 활동한 로마 작가〕 율리우스 옵세퀜스(Julius Obsequens)의 『기이한 일들에 관한 책*Liber de prodigiis*』에서 영감을 받은 것이다.

18) Paul Diacre, *Historia Langobardorum*, II, § 4 (anno 570), éd. G. Waitz, M.G.H. Script. rer. Germ. in usum schol., Hanovre, 1878, pp. 86-87. K. Meisen, *Die Sagen vom Wütenden Heer*, pp. 23-24에서 인용.

19) 예컨대 가경자 피에르의 『기적』 1권 23장(앞의 책 69-70쪽)에서는 유령이 "그

의 배후에서 거대한 무리가 내는 떠들썩한 소리"를 들었다고 말한다. 마찬가지로 1권 28장에서는 산초 유령이 죽은 자들의 '대규모 무리'가 집밖에서 자기를 기다리고 있다고 말한다.

20) Raoul Glaber, *Les Cinq Livres de ses histoires(900-1044)*, éd. Maurice Prou, Paris, 1887. 나중에 간행된 Rodolfo II. Glabro, *Cronache dell'anno Mille(Storie)*, a cura di Guglielmo Cavallo e Giovanni Orlandi, Milan, Fondazione Lorenzo Valla et Arnaldo Mondadori, 1989를 참조.

21) D. Milo, *Trahir le temps(histoire)*, Paris, Belles Lettres, 1991.

22) Br. Stock는 *The Implications of Literacy*에서 이 환시이야기에 주석을 달면서 공동체를 의미하는 어군(plebs, professio, vocatio, collegium)에 주목했다. 그러한 지적 자체는 타당하지만 주교와 동반했던 사람들(viri)이 '평신도'라고 주장하고 있는 점에 대해서는 수긍할 수 없다. 나는 거꾸로 이 인물들이 스스로를 지키려고 무기를 들고 사라센인들에게 맞섰다가 순교한 수도사들(religiosi)이라고 본다.

23) Fr. Cardini, *Alle radici della cavalleria medievale*, Florence, La Nuova Jtalia, 1981. 그리고 같은 저자의 *La Culture de la guerre. Xe-XVIIIe siècle*(이탈리아 원본, 1982), trad. fr. A. Levi, Paris, Gallimard, 1992.

24) *Liber miraculorum sancte Fidis*, éd. A. Bouillet, Paris(Coll. de textes pour servir à l'étude et à l'enseignement de l'histoire, 20), 1897, pp. 269-275. 이것은 12세기 셀레스타 사본에다 13세기에 추가된 2쪽 가량을 함께 담은 것이다. 추가된 분량에 이 책에 나오는 이야기가 수록되어 있다. 12세기 생갈 사본에 기초한 더 좋은 상태의 판본은 Éd. O. Holder-Egger, *De fundatione monasterii S. Fidis Sletstatensis*, M.G.H. S.S., XV-2, Hanovre, 1888, pp. 996-1000. 집필시기의 상한과 하한은 이야기 안에서 언급되고 있는 대수도원장 베공(Bégon)이 사망한 해(1108년)와 이야기에서 예언하고 있는 호엔슈타우펜 왕조가 시작된 해 곧, 콘라트 3세가 국왕으로 즉위한 해(1138년)이거나 붉은 수염왕 프리드리히 1세가 황제로 즉위한 해(1155년)이다.

25) 11세기 초에 콩크가 순례지로 다시 떠오른 것은 성녀의 모습을 새겨 넣은 새로운 성유물함과 병자를 치유한 첫 번째 기적 덕분이었다. 이와 유사하게 11세기 말에 셀레스타 수도원이 부흥을 이룬 것도 유령 출현이라는 기적 덕분이었다.

26) 우리는 콘라트의 유해가 셀레스타에 매장되지 않았다는 사실을 알고 있다. 적어도 13세기에 그의 유해는 프리드리히 폰 뷔렌이 세운 로르히(Lorch) 수도원 안에 있는 가문 묘소에 묻혀 있었다. *Historia Frederici*, éd. H. Pertz, M.G.H. S.S.,

XXIII, Hanovre, 1874, pp. 384-385를 참조할 것. 죽은 자는 묘지에서 멀리 떨어진 장소에도 출현할 수 있었고, 이는 더 큰 놀라움을 불러온다. 이 문헌에는 우리가 다루고 있는 이야기의 개요가 일부 변형된 형태로 수록되어 있다. 가장 큰 차이는 콘라트가 기사 발터가 아니라 동생인 주교 오토에게 직접 나타났다는 점이다.

27) 〔징표가 된 두 가지 추억은 다음과 같다.〕 콘라트와 오토가 콩크를 방문했을 때 두 사람은 카롤루스 대제의 등자(strevile) 구멍에 팔을 넣었다. 주교인 동생의 가느다란 팔과는 대조적으로 전사인 콘라트의 두꺼운 팔은 구멍을 완전히 메웠다. 이 등자는 콩크의 보물 가운데 하나로 알려져 온, 카롤루스 대제와 관련된 A자 모양의 성유물함이 아니었을까? 두 번째 추억은 두 사람이 어느 날 외딴집에 묵으려고 했을 때의 일이다. 집주인은 오토가 손가락에 끼고 있는 주교의 반지를 본 뒤에 그가 누구인지 알아챘다.

28) G. Livet et F. Rapp, *Histoire de Strasbourg des origines à nos jours*, Strasbourg, 1981, II, p. 24.

29) 원문은 'Arvernales(지옥)'이지만 A. Bouillet의 편집본 274쪽에서와 같이 'Cruciatus avernales(지옥의 형벌)'로 적었다.

30) "[…] usque Nivellam […] in quodam monte tartareas flammas." 지옥의 입구라고 불리는 산은 많았다. (뒤에서 다룰 에트나 산도 그러하다.) 이러한 전승이 다른 곳에서도 나타나는지 찾아볼 필요가 있다.

31) *Cartulaire de Conques*, n° 575. 앞에서 언급한 A. Bouillet의 편집본 *Liber miraculorum sancte Fidis*, p. 275에서 인용.

32) Gervais de Tilbury, *Otia imperialia*, III, cap. XLI, p. 974.

33) V*ie de Bernard de Tiron*, II, 17, in *PL*, vol. 172, col. 1379 AB. B. Stock, *The Implications of Literacy*, p. 463은 이 구절을 선택받은 죽은 자들이 불셰르의 눈앞에 모습을 나타낸 라울 글라베르의 이야기와 비교하고 있다. 그러한 비교는 타당한 것이지만, 라울 글라베르의 이야기에서 죽은 수도사들의 행렬이 전사로서의 의미를 지니고 있다는 것을 과소평가하고 있다.

34) *De rebus gestis in Majori Monasterio saeculo XI*, n° 17, in *PL*, vol. 149, col. 417-420.

35) Guillaume de Malmesbury, *De gestis regum Anglorum*, I, pp. 256-258. 이 이야기의 전승에 관해서는 P. F. Baum, "The Young Man Bethrothed to a Statue", *Publications of the Modern Language Association of America*, 34, 1919, pp. 523-579. J. C. Schmitt, "Écriture et image: les avatars médiévaux du modèle grégorien", *Littérales*

4 (Théories et pratiques de l'écriture au Moyen Âge), université de Paris-X-Nanterre, Cahiers du Département de français, 1988, pp. 119-154.

36) Giraud de Cambrie, *Expugnatio Hibernica*, I, IV, p. 235.

37) *The Anglo Saxon Chronicle*, éd. et trad. par D. Whitelock, D. C. Douglas et S. I. Tucker, London, 1961 (2e éd. 1965). 원문은 *Two of the Saxon Chronicles. Parallel with Supplementary Extracts from the Others*, éd. Ch. Plummer et J. Earle, rééd. D. Whitelock, Oxford, Clarendon Press, 1965 (1re éd. 1892), p. 258.(이 문헌에 대해서 알려준 Michael Richter에게 감사의 뜻을 전한다) K. Meisen, *Die Sagen vom Wütenden Heer*, pp. 38-39 참조. 이 연대기의 최초의 판본은 890년 무렵에 알프레드 대왕의 칙령을 받아 필사된 것이 분명하다. 그 뒤 집필이 계속된 부분에서는 해마다 기술이 점차 자세해져서 스티븐 블루아 왕이 죽고 앙주 왕가의 플랜태저넷 헨리 2세가 국왕에 즉위한 1154년까지 계속되었다. 앵글로색슨 연대기 사본의 기술은 1154년에 중단되었는데, 연대기가 그 날짜 이후 전혀 기술되지 않았던 것을 의미하지는 않는다. 이 경우는 오히려 앵글로색슨어의 사용이 길게 이어지지 않았던 것을 의미한다고 생각해야 할 것이다. 어쨌든 플랜태저넷 왕조의 개시로 연대기 서술은 중단되었다.

38) *Actus Pontificum Cenomannis in urbe degentium*(cap. XXXVII: *Gesta Hugonis ep.*, anno 1135), éd. J. Mabillon, *Vetera Analecta*, Paris, 1723, p. 326. 이 문헌의 부분적인 번역과 주석은 Cl. Lecouteux et Ph. Marcq, *Les Esprits et les Morts*, pp. 113-116 에서 찾아볼 수 있다. 이 주석은 가르니에를 일종의 '시끄러운 유령(Poltergeist)', 곧 유령이 가구나 벽을 두드려 의사를 알리는 '교령 현상'으로 파악하고 있는데 이는 타당한 해석이다.

39) 같은 정황이 가경자 피에르의 『기적』 1권 28장의 이야기에도 나타난다. 거기에서는 산초의 영만이 출현하며, '동료들의 군대(exercitus sociorum)'는 집 밖에서 그를 기다리고 있다.

40) Ekkehardi Uraugiensis, *Chronica*, éd. G. Waitz, M.G.H. S.S. VI, p. 256. Cl. Lecouteux et Ph. Marcq, *Les Esprits et les Morts*, p. 147에서 엮은이들은 이 연대기 작자를 생갈의 에케하르트 4세(1060년 무렵에 사망)와 혼동하면서도, 1125년의 『브라운슈바이크 연대기*Chronique de Brunswick*』에 수록된 이 이야기의 다른 흥미로운 판본을 제시하고 있다. 거기에서는 빛나는 유령이 〔소유지의 경계를 표시하는〕 표지석을 지니고 등장하는데, 그 사람은 생전 분명히 그 돌의 위치를 옮겨놓았을 것이다.

41) Ekkehardi Uraugiensis, *Chronica*, p. 261. K. Meisen, *Die Sagen vom Wütenden Heer*, p. 38 참조.

42) Walter Map, *De nugis curialium*, I, 11, et IV, 13, éd. angl. citée, pp. 26-30, 370-373.

43) J. Cl. Schmitt, "Temps, folklore et politique au XIIᵉ siècle. À propos de deux récits de Walter Map, De Nugis curialium, I, 9 et IV, 13", *Le Temps chrétien de la fin de l'Antiquité au Moyen Âge, IIIᵉ-XIIIᵉ siècle*, Paris, C.N.R.S., 1984, pp. 489-516.

44) Cl. Lecouteux, "Zwerge und Verwandte", *Euphorion*, 75, 1981, pp. 366-378와 같은 저자의 *Les Nains et les Elfes au Moyen Âge*, Paris, Imago, 1988.

45) G. Gatto, "La christianisation des traditions folkloriques: le voyage au paradis", *Annales. E.S.C.*, 1979, pp. 929-942.

46) Hélinand De Froidmont, *De cognitione sua*, cap. X-XIII, in *PL*, vol. 212, col. 721-736. 한편, 엘리낭은 『군주의 귀감*De bono regimine prinapis*』, 『도덕론*De reparatione lapsi*』, 『세계사 연대기*Chronicon universale*』(그는 여기에서 당시 널리 알려져 있던 『트누그달의 환시』를 차용하고 있다), 그리고 고프랑스어로 쓰인 유명한 『죽음의 시*Vers de la mort*』(1983년에 M. Boyer와 M. Santucci에 의해 H. Champion 출판사에서 간행된, 주해가 첨부된 현대 프랑스어 번역본을 참조할 것)를 집필했다. 엘리낭의 이야기는 13세기 뱅상 드 보베가 쓴 *Tractatus consolatorius de morte amici*(장남을 잃은 루이 9세를 위로하기 위해 1260년 1월 15일자로 왕에게 보낸 편지)에도 수록되어 있다. 이 편지는 *Opera*, Bâle, J. Amerbach, 1481, *in folio*, cap. VII에 수록되어 있다.(이 문헌에 대해서 알려준 M. A. Polo에게 감사의 뜻을 전한다.)

47) 프랑스 왕 샤를 5세(1364~1380)를 헬레퀴누스로 파악하려면 원문이 후대에 덧붙여졌다는 가정을 전제로 해야 한다. K. Meisen, *Die Sagen vom Wütenden Heer*, p. 49, n. 1 참조.

48) Herbert, *Libri de miraculis cisterciensium monachorum libri tres*, in *PL*, vol. 185, col. 1274. K. Meisen, p. 60. 죽은 자가 개별로 출현한 그 밖의 사례는 같은 책 col. 1335-1337을 살펴볼 것.

49) 헬레퀴누스 일당의 공중비행은 14세기에 기록된 『겁 없는 리샤르*Richard-sans-Peur*』라는 제목의 프랑스 시에도 나온다. 여기에서는 주인공이 하늘을 나는 양탄자와 같은 것을 타고 시나이 산의 성 카타리나 수도원에서 노르망디까지 짧은 시간에 이동한다. *Richard Sans Peur. Edited from Le Romant de Richart and from Gilles Corrozet's Richart sans Paour*, éd. Denis Joseph Conlon, Chapell Hill(North

Carolina Studies in the Romances Languages and Literatures, 192), 1977, pp. 73-77.

50) J. Cl. Bonne, *L'Art roman de face et de profil. Le tympan de Conques*, Paris, Le Sycomore, 1984, pp. 271-274.

51) Césaire de Heisterbach, *Dialogus miraculorum*, Dist. XII, cap. XVI-XVI, pp. 327-328.

52) 같은 책, III, 58, p. 979.

53) 같은 책, II, 12 (p. 921). 따라서 이 이야기의 에트나 화산은 아서 왕 전설에서 흔히 아발론(Avalon) 섬에 맡겨졌던 역할을 담당하게 된다. 아발론은 아서 왕이 일종의 불사의 상태를 누리는 장소이다. G. Ashe, *The Quest for Arthur's Britain*, London, 1969와 A. Graf, "Artù nel Etna", *Miti, leggende e superstizioni del Medio Evo*, Milan, Mondadori, 1984, pp. 321-338 참조.

54) 참고문헌은 방대하지만 그 중에서도 R. S. et L. H. Loomis, *Arthurian Legends in Medieval Art*, Modern Language Association of America, Monograph Series IX, New York, 1938 (rééd. 1966), 특히 36쪽을 볼 것.

55) W. Haug, *Das Mosaïk von Otranto. Darstellung, Deutung und Bilddokumentation*, Wiesbaden, L. Reichert Verlag, 1977, pp. 87-91.

56) 이제까지 제시된 다양한 해석을 염두에 두고 논하면서도 훨씬 신중한 고찰을 덧붙이고 있다는 점에서 다음 연구가 가장 완성도가 높다. Ch. Settis Frugoni, "Per una lettura del mosaico pavimentale della cattedrale di Otranto", *Bolletino del' Istituto Storico Italiano per il Medio Evo e Archivio Muratoriano*, 80, 1968, pp. 213-256(특히 237-240쪽), 82, 1970, pp. 243-270(특히 249-250쪽).

57) Césaire de Hersterbach, *Dialogus miraculorum*, Dist. XII, cap. XII-XIII, pp. 324-326. 1223년에 완성한 이 제12권에서 체사리우스는 두 명의 수도원장에 의해 보고된 프리드리히 황제에 관한 사건은 '3년 전' 곧, 1220년에 일어났다고 서술하고 있는데, 이것은 실제로 프리드리히 2세가 황제의 자리에 오른 해이다.

58) 윌리엄 맘즈베리는 전설의 왕의 묘를 소유하고 있다고 주장한 글래스톤베리(Glastonbury) 교회에 관한 구절 중에서 아서 왕을 '브리튼인의 뛰어난 왕(Inclitus rex Brittonum)'이라고 부르고 있다. *De Antiquitate Glastonie Ecclesie: The Early History of Glastonbury*, éd. et trad. John Scott, Woodbridge, The Boydell Press, 1981, pp. 82-83. 이것이 헤를라 왕과 헬레퀴누스 일당에 관한 전승이 켈트 기원이라는 주장을 옹호하는 것은 아니다. 오히려 이 말의 어원과 앵글로색슨인의 침공에 대한 월터 맵의 발언, 이 소재가 전파된 양상은 게르만 기원설에 힘을 실어준다.

59) Étienne de Bourbon, *Tractatus de diversis materiis praedicalibus de septem donis Spiritus Sancti*, éd. A. Lecoy de la Marche, Paris, 1877, n° 365, p. 321.

60) 두건에 관한 민속학적인 연구는 매우 방대하다. Cf. G. Widengren, "Harlekintracht und Monchszkutte. Clownhut und Derwischmütze", *Orientalia Suecana*, vol. II, fasc. 2/4, Upsala, 1953, pp. 41-111.

61) Guillaume d'Auvergne, *De universo*, III, cap. XII, in *Opera omnia*, Paris, 1674, I, pp. 593-1074 (K. Meisen, *Die Sagen vom Wütenden Heer*, p. 53에 발췌되어 있다.)

62) ("qui vulgari gallicano hellequin et vulgari hispanico exercitus antiquus") 이미 1세기 전 가경자 피에르는 에스파냐에서 산초의 유령이 피에르 앙겔베르에게 나타난 일을 이야기하면서, 집 밖에서 산초의 유령을 기다리고 있는 죽은 자의 무리를 '동료들의 군대(exercitus sociorum)'라고 불렀다.(*De miraculis*, I, 28) 그 고장에서는 죽은 자의 군대가 '옛날의 군대(huesta antigua)'라고 불렸다는 것은 Alfonso de Spina, *Forsalitium fidei*, 1458 (éd. 1494, f° 281 v°)에서 확인된다(Th. Wright, *A Contemporary Narrative of The Proceedings against Dame Alice Kyteler Prosecuted for Sorcery in 1324*, by Richard de Ledrede, Bishop of Ossory, London, Camden Society 24, 1843, p. XL에서 인용). 이 책에서 다룬 기욤 도베르뉴의 구절은 흥미롭게도 1324년 아일랜드 마녀재판에 관한 필사본에서도 발견된다. 헬레퀴누스 일당과 마법과의 연관성에 대해서는 C. Ginzburg, *Le Sabbat des sorcières*, p. 113 이하의 내용을 참조할 것.

63) "nec tamen certum est eos malignos spiritus esse"

6. 길들여진 상상

1) J. Le Goff et J. Cl. Schmitt, "Au XIII° siècle, une parole nouvelle", J. Delumeau (sous la dir.), *Histoire vécue du peuple chrétien*, Toulouse, Privat, t. I, 1979, pp. 257-279.

2) Cl. Bremond, J. Le Goff, J. Cl. Schmitt, *L'"exemplum"*, Brepols, Turnhout, Typologie des sources du Moyen Âge occidental, fasc. 40, 1982, 특히 37-38쪽에 중세의 교훈예화에 대해서 다음과 같이 정의되어 있다. "유익한 교훈으로 청중을 설득하기 위해 어떤 담화(일반적으로는 설교) 안에 실화로 삽입한 짧은 이야기." 다음은 교훈예화를 연구할 때 빼놓을 수 없는 두 권의 참고논문이다. F. C. Tubach, *Index exemplorum. A Handbook of Medieval Religious Tales*, Helsinki, 1969(FFC 204)와 이것을 보충한 J. Berlioz et M. A. Polo de Beaulieu(éd.), *Les Exempla médiévaux. Introduction à la recherche, suivie des tables critiques de l'Index exemplorum de*

Frederic C. Tubach, Carcassonne, Grae et Hésiode, 1992.

3) J. Le Goff, 『연옥의 탄생』, 특히 551쪽 이하.

4) Bernard de Clairvaux, *Vie de saint Malachie*, V, 11, éd. P. Y. Emery, Paris, Cerf, Sources chrétiennes 367, 1990, pp. 210-213. 성인이 누이를 위한 기도를 게을리 했으므로 그녀는 30일 후에 그의 꿈에 나타나 중재를 요구했다. 그 뒤 그녀는 3회 더 모습을 나타냈는데, 그것으로 그녀의 죽은 뒤의 처지가 점차 개선되었고, 마침내 구원을 얻었다는 것이 밝혀졌다.

5) 기욤 드 생티에리(Guillaume de Saint-Thierry), 아르노 드 본느발(Arnaud de Bonneval), 제오프루아 독세르(Geoffroy d'Auxerre)가 잇달아 쓴 첫 번째 성인 전(*Vita prima*)에서 성 베르나르의 영혼이 죽은 뒤 나타나는 횟수는 점차 늘어나지만, 다른 유령은 나오지 않는다. 하지만 알랭 독세르(Alain d'Auxerre)의 두 번째 전기(*Vita secunda*)에는 성 베르나르 이외의 죽은 자도 출현한다. cf. *PL*, vol. 185, col. 490-491: 밤에 성 베르나르에게 죽은 수도사 고드리 드 클레르보(Gaudry de Clairvaux)의 영혼이 나타난다. 이 책 699-704절에도 '죽은 자들의 출현(Defunctorum apparitiones)'에 관한 언급이 있다.

6) Conrad d'Eberbach, *Exordium magnum cisterciense*, éd. Br. Griesser, Rome, Éditions cistercienses(Series Script. Sacr. Ordo Cist. II), 1961. 클레르보의 수도사였던 작자는 이 작품의 최초의 2권을 1186년에서 1193년에 걸쳐 클레르보에서 집필하고, 그 뒤 2권을 1206년에서 1221년에 죽을 때까지 에버바흐에서 썼다. 나머지 2권은 그가 죽은 뒤에 추가된 것으로 에르베르 드 클레르보의 이야기책에서 비롯되었다. 내가 세어본 바로는 그 가운데에는 모두 9편의 유령이야기가 포함되어 있다. Dist. I, cap. XXII; Dist. II, cap. I, II et XXXIII; Dist. VI, cap. v, VI, VII, VIII, IX.

7) Herbert de Clairvaux, *De miraculis libri tres*, in *PL*, vol. 185, col. 1271-1384. 에르베르는 클레르보의 수도사로 쥐라 지방의 모르 수도원의 원장을 지낸 뒤 사르디니아 섬 토레스(Torres, Sassari)의 주교가 되었다. 3권 118장로 구성된 그의 기적집은 150장까지 담길 예정이었다. 후에 시토회 수도원에서 편찬된 이야기집에 큰 영향을 끼쳤고, 그 일부는 도미니크회 수도사 뱅상 드 보베를 통해 세상에 널리 알려졌다. 에르베르의 기적집에는 헬레퀴누스 일당에 관한 중요한 증언(col. 1274)이나 죽은 자의 출현에 관한 다른 여러 개의 이야기(col. 1335-1337)가 포함되어 있다. 이 기적집에 대한 기본적인 분석으로 Br. Griesser, "Herbert von Clairvaux und sein Liber miraculorum", *Cistercienser Chronik*, 54, NF 2, 1974, pp. 21-39, 118-148을 참조할 것.

8) Paris, B.N. lat. 15912, 1200년 무렵. 특히 제19장 '죽은 자의 추모에 대해서De memoria mortis', fol. 127b-128b(이 부분은 Marie-Anne Polo de Beaulieu에 옮겨 적혀져 있다). 퐁텐(Fontaine) 수도원 출신의 젊어서 죽은 수도사 브누아(Benoît)는 밤새워 그의 시신을 지키고 있던 의술에 능한 수도사 에르베르에게 나타났다. 시신이 그곳에 있으면서 동시에 죽은 자의 영혼이 출현한 것이 이 이야기 전체의 주제이다.

9) Br. Griesser의 논고("Ein Himmeroder Liber miraculorum und seine Beziehungen zu Caesarius von Heisterbach", *Archiv für mittelrheinische Kirchengeschichte 4*, 1952, pp. 257-274)는 1213년에서 1220년 사이에 기록된 이 기적집의 전체 24장에 서문을 첨부해 발표하고 있다. 이 가운데 여러 개가 체사리우스 폰 하이스터바흐의 이야기에 다시 수록되었는데, 그 대다수는 죽은 자의 출현에 관한 것이다.

10) Césaire de Heisterbach, *Dialogus miraculorum*, 2 vol. 체사리우스는 자신의 저작이 36개가 넘는다고 서술하고 있다. 전거에 대해서는 B. P. Mcguire, "Written Sources and Cistercian Inspiration in Caesarius of Heisterbach", *Analecta cisterciensa* 35, 1979, pp. 227-282를 참조할 것. 저자에 관한 최근 연구로는 H. Herles, *Von Geheimnissen und Wundern des Caesarius von Heisterbach*, Bonn, Bouvier Verlag, 1990 (bibliographie pp. 300-301)을 참조할 것. 뛰어난 서문을 덧붙인 다음과 같은 프랑스어 번역본이 발간되어 있다. Césaire de Heisterbach, *Le Dialogue des miracles*, livre I: *De la conversion*, trad. fr. A. Barbeau, abbaye cistercienne de Notre-Dame-du-Lac (Canada), coll. Voix monastiques 6, 1992. 체사리우스 폰 하이스터바흐의 기적집에 나오는 유령은 다음과 같은 논문에서 다루고 있다(폴란드어로 쓴 것이지만 영어로 개요가 첨부되어 있다). Edward Potkowskl, *Dziedzictwo wierzen poganskich w sredniowiecznych Niemczech. Defuncti vivi(The Heritage of Pagan Beliefs in Medieval Germany: Defuncti vivi)*, Varsovie, Wydawnictwa Univwersytetu Warszawkiego, 1973.

11) *Die Wundergeschichten des Caesarius von Heisterbach*, éd. A. Hilka, vol. 1: Einleitung, Exempla und Auszüge aus den Predigten des c.v.H., Bonn, 1933. 110 쪽 이하의 제121화, 제131화, 제218화, 제307화, 제310화와 vol. 3: *Die beiden ersten Bücher der Libri VIII Miraculorum [...]*, Bonn, 1937. 61쪽 이하의 제1권 제34화, 제44화, 제45화, 제2권의 제2화, 제4화, 제5화, 제49화를 참조할 것. 이 제2권에는 체사리우스가 시성의 절차를 진행하고 싶어했던 쾰른의 대주교 엥겔베르트(Engelbert, 1225년 사망)의 전기와 성인 엘리자베트 폰 튀링겐(Elisabeth von

Thüringen)의 전기가 포함되어 있다.

12) *Dialogus miraculorum*, Dist. XII, cap. XXIV, vol. 2, p. 336.

13) 같은 책, cap. XXXII, vol. 2, p. 342. 이 수도사는 그가 살았던 시대의 산물이다. 13세기는 성체 숭배가 성행했던 시대가 아니었던가?

14) 같은 책, Dist. I, cap. XXXIII, vol. l., p. 40. 체사리우스는 『체사리우스의 환시*Liber Visionum Claraevallis*』라는 제목의 책을 인용하고 있다. Cf. B. P. Mcguire, "A Lost Exemplum Collection Found: The Liber Visionum et Miraculorum compiled under Prior John of Clairvaux (1171-1179)", *Analecta cisterciensia*, 39, 1983, pp. 27-62.

15) *Dialogus miraculorum*, Dist. XII, cap. XXIX. 체사리우스는 상스(Sens) 주교구의 프뢰이(Preuilly) 수도원의 젊은 수도사 유령에 관한 이 이야기를 "지난해 수도원 장 총회에서 돌아온 우리 수도회의 수도원장들"에게서 들었다고 밝혔다.

16) 같은 책, Dist. III, cap. XXIV et XXV, vol. 1, pp. 141-142. 죽은 자가 출현했던 50개의 사례 가운데 7개의 사례만이 꿈속의 사건이다.

17) 같은 책, Dist. XII, cap. XXV, XLIII, XLIV.

18) 같은 책, Dist. XII, cap. XXXIII.

19) 같은 책, Dist. XII, cap. XXVI.

20) 같은 책, Dist. XII, cap. V.

21) 같은 책, Dist. XII, cap. XIV.

22) 같은 책, Dist. XII, cap. XVIII.

23) 이 이야기와 '반복의 충동'에 대해서는 J. Cl. Schmitt, "Les revenants dans la société féodale", 특히 p. 301.

24) *Die Wundergeschichten...*, vol. 3, pp. 61-63.

25) *Dialogus miraculorttm*, Dist. XII, cap. XVII (그리고 같은 수도사가 전하는 악령의 마상창시합은 cap. XVI).

26) 같은 책, Dist. XII, cap. XXIV. 이 이야기에 대해서는 J. Le Goff, *La Bourse et la Vie, Paris, Hachette*, 1986. 90쪽 이하의 내용을 참조할 것.

27) 같은 책, Dist. XII, cap. L. 평범한 신자에게는 3개의 기도(주기도문, 사도신경, 아베마리아)가 필수적이었고 그것만으로 충분했는가에 대해서는 J. Cl. Schmitt, "Du bon usage du Credo", in *Faire croire* (présenté par A. Vauchez), pp. 337-361을 참조할 것.

28) 예컨대 13세기 중엽의 도미니크회 수도사 에티엔 드 부르봉의 교훈예화집 중 '공포의 선사'를 다루는 권에는 특히 죽음의 공포와 지옥의 공포, 연옥의 공

포, 최종심판의 공포와 관련해 수많은 유령이야기가 수록되어 있다. Étienne De Bourbon, *Anecdotes historiques, légendes et apologues...*, éd. A. Lecoy de la Marche, Paris, Renouard, 1977, 22쪽 이하의 내용을 참조할 것. 더 일반적인 참고문헌으로는 Barthélemy Hauréau, "Mémoires sur les récits d'apparitions dans les sermons du Moyen Âge", *Mémoires de l'Institut. Académie des inscriptions et belles lettres*, XXVIII, 2, 1876, pp. 239-263.

29) *Liber exemplorum ad usum praedicantium* [...], éd. A.G. Little, Aberdeen, Typis Academicis, British Society of Franciscan Studies, 1, 1908, I, 43 et 44, pp. 25-28.

30) 같은 책, II, 62, pp. 38-39 et II, 167, pp. 99-100. 그 밖의 유령이야기는 II, 121, p. 171(교회재산을 도둑질한 자에 대한 경고); II, 157, pp. 95-96(탐식에 대해서De gula: 죽은 주정뱅이가 그의 구두쇠 친구에게 나타난다); II, 166.

31) Thomas De Cantimpré, *Bonum universale de apibus*. 〔완역은 아니지만 현대 프랑스어 번역서로는 Thomas de Cantimpré, *Les exemples du "Livre des abeilles": une vision médiévale, présentation, traduction et commentaire par Henri Platelle*, Turnhout: Brepols, 1997〕

32) Thomas De Cantimpré, *Bonum universale de apibus*, II, 53, cap. 제11장 이하, 498-515쪽.

33) *Liber exemplorum*, II, 166, pp. 98-99(De indulgenciis).

34) Thomas De Cantimpré, *Bonum universale de apibus*, II, cap. Lill, 27, p. 508.

35) F.C. Tubach, *Index exemplorum*, n° 3976, 2207 참조. 그 중에서도 *Liber exemplorum*, II, 157; Jean Gobi, *Scala Coeti*, éd. M. A. Polo de Beaulieu, Paris, Éditions du C.N.R.S., 1991, n° 320(p. 300), 490 et 491(pp. 368-369). 어떤 사제의 친구 영혼은 영성체 의식에 쓰이는 성면이 고통에 신음하는 영혼에게 은총을 가져다 줄 수 있음을 증언하기 위해 '그림자(ombre)'의 모습으로 나타나 미사 내내 성체함의 주위를 떠다녔다.

36) Césaire de Hersterbach, *Dialogus miraculorum*, Dist. I, cap. XXXIII; Dist. XII, cap. XXXI, XLI, XLIV.

37) 알파벳 순서로 이야기가 배열된 작자 미상의 교훈예화집(Auxerre, Bibliothèque municipale, Ms. 35) 중의 'Elemosina'와 'Penitentia'에 관한 항목.

38) 연인 사이였던 세실리아(Cecilia)와 라둘프(Radulf)를 주인공로 라둘프 자신이 기록했다는 놀라운 이야기를 참조할 것. Paul Gerhard Schmidt, "Die Erscheinung der toten Geliebten", *Zeitschrift für deutsches Altertum und deutsche Literatur*, 105, 2,

1976, pp. 99-111.

39) Erich Klernschmidt, "Die Colmarer Dominikaner-Geschichtsschreibung im 13. und 14. Jahrhundert. Neue Handschriftenfunde und Forschungen zur Überlieferungsgeschichte", *Deutsches Archiv*, 28, 1972, pp. 447-449. 죽은 자가 그에게 맡겼던 사명은 슈바르첸부르크(Schwarzenburg) 백작에게 가서 십자군 원정에 참가하도록 권유하라는 것이었다. 백작은 그 말에 귀기울이지 않았고, 얼마 뒤에 죽었다. 이 이야기는 루돌프 폰 합스부르크(Rudolf von Habsburg)가 로마인의 왕이 될 것이라고 예고하는 여러 개의 정치적 예언 안에 인용되어 있다.

40) Conrad D'Eberbach, *Exordium magnum*, VI, 7, pp. 358-359; Paris, B.N., Ms. lat. 14896, fol. 174, et Ms. lat. 15971, fol. 121. 그리고 J. Klapper, *Exempla aus Handschriften des Mittelalters*, Heidelberg, 1911, n° 38, p. 33도 볼 것.

41) 예컨대 Conrad d'Eberbach, *Exordium magnum*, VI, 6, pp. 356-358(Herbert de Clairvaux에게서 인용), Césaire de Heisterbach, *Die Wundergeschichten...*, II, 49, éd. citée, vol. 3, p. 140. 같은 이야기가 에티엔 드 부르봉의 『세속인의 거울*Speculum Laicorum*』, 『알파벳 순 이야기*Alphabetum Narrationum*』의 '대리기도(Suffragium)' 항목(12세기 말의 Pierre le Chantre가 처음 말한 이야기로 소개되어 있다), 장 고비의 『천국의 계단*Scala Coeli*』 15세기 필사본(ed. J. Klapper, *Exempla...*, n° 43, pp. 35-36)에서도 발견된다.

42) 이미 가경자 피에르의 『기적』에 나온다.(Pierre Le Vénérable, *De miraculis*, I, 1 in *PL*, vol. 189, col. 851). 13세기가 되면 Césaire de Hersterbach(*Dialogus miraculorum*, VII, 4). Étienne de Bourbon, Humbert de Romans, Thomas de Cantimpré, Vincent de Beauvais(Speculum historiale, VII, 173), Jacques de Voragine(Légende dorée, cap. CI, 한국어 번역본 Jacopo da Vaeazze, *Legenda aurea*, 윤기향 옮김, 『황금전설』, 크리스챤다이제스트, 2007, 1034-1035쪽), 그리고 *Alphabetum narrationum*에도 수록된다('사제Sacerdos' 항목). J. A. Herbert, *Catalogue of Romances in the Department of Manuscripts in the British Museum*, t. III, London, 1910, n° 383, p. 158와 J. Klapper, *Exempla...*, n° 36, p. 32도 참조할 것.

43) J. Klapper, *Exempla...*, n° 46, "죽은 자를 초대한 주정뱅이에 관해서De ebrio qui defunctum invita vit", pp. 36-38. 이 이야기의 모티프에 대해서는 F.C. Tubach, *Index exemplorum*, n° 767, 797, 1013을 참조할 것.

44) Rudolf Von Schlettstadt, *Historiae memorabiles. Zur Dominikanerliteratur und Kulturgeschichte des 13. Jahrhunderts*, éd. E. Kleinschmidt, Vienne et Cologne,

Bohlau Verlag, 1974, n° 20, 21, 32, 34, 45, 47.

45) 같은 책, n° 20: "Wer ich da zw kurtzhaim, ais ich bin zw langhaim, so walt ich vor meinem ende gütz vil beywenden und für mich sendenn" 번역하면 다음과 같다. "죽은 뒤 오랜 기간에 걸쳐 참고 견뎌야 하는 고통에 대해 지상에 있었던 짧은 기간에 알고 있었다면 나 자신을 위해 생전에 더 올바르게 행동을 했을 것이다."

46) "Nos qui sumus in aperto, vox clamantis in deserto, nos desertum, nos deserti, nos de penis sumus certi."

47) *Zimmerische Chronik*, éd. K. A. Barack, rééd. P. Hermann, Meersburg et Leipzig, 1932, vol. 4, pp. 86, 119-120, 127. 저자는 Wilhelm Werner von Zimmern(1485-1575)인데, 그는 도미니크회 수도사 Rudolf de Sélestat의 Ms. Donaueschingen 704 필사본을 필사한 Froben Christoph von Zimmern(1566년 사망)의 숙부이다.

48) *Le Registre d'inquisition de Jacques Fournier*, évêque de Pamiers (1318·1325), éd. J. Duvernoy, Paris, La Haye et New York, Mouton et É.H.É.S.S., 1978, 특히 1권의 158-171쪽과 2권의 439-449쪽. E. Le Roy Ladurie, *Montaillou, village occitan de 1294 à 1324*, 유희수 옮김, 『몽타이유: 중세말 남프랑스 어느 마을 사람들의 삶』, 서울, 길, 2006, 640-662쪽 내용을 참조할 것. 다른 접근으로는 Matthias Benad, *Domus und Religion in Montaillou*, Tübingen, J. C. B. Mohr, *Spätmittelalter und Reformation*, Neue Reihe I, 1990. 자크 푸르니에의 증언에 등장하는 유령의 문제에 관해서는 Michelle Fournié, *Le ciel peut-il attendre? Le culte du purgatoire dans le Midi de la France(vers 1320-vers 1520)*, 지도교수 B. Guillemain, université de Bordeaux-III, 1993, t. II, pp. 375 이하에 상세한 연구가 있다.

49) C. Ginzburg, *Le Sabbat des soraères*.

50) M. R. James, "Twelve Medieval Ghost Stories", *The English Historical Review*, 147, juillet 1922, pp. 413-419. 제임스가 저본으로 삼은 것은 런던의 영국박물관이 소장하고 있는 Royal 15 A XX(모두 164장으로 구성된 12세기 말이나 13세기 초의 필사본이다. 단, 두 부분 140b에서 143a, 163b에서 164는 1400년 무렵 가필된 것으로 일부 해독이 불가능하다). 나는 파리의 고전문헌사연구소(I.R.H.T)에서 입수한 마이크로필름을 사용했다. 이 필사본에 대한 설명은 Sir G. F. Warner et J. P. Gilson, *Catalogue of Western Mss. in the Old Royal and Kings Collections*, Oxford, Oxford University Press, 1921, vol. II, p. 147.

51) 이 이야기들을 편찬했던 학자 Montague Rhodes James가 환상소설의 작가이기도 하다는 사실을 상기하자. (프랑스어 번역본은 *Histoire de fantômes complètes*,

Paris, Néo, 1990). 거기에서 중세의 이미지는 대체로 유령을 목격하기 쉬운 박식한 중세연구자의 모습으로 대표되고 있다.

52) 부부의 이별로 끝나는 이야기(421쪽의 제11화)에서만은 이혼이 신의 노여움을 불러온 것이 분명하다는 논평을 달아 놓았다. (이야기에 붙여진 번호는 M. R. James에 따른 것이다.)

53) 제10화는 점술에 관한 이야기여서 이 책의 분석 대상에서 제외했다.

54) 제5화.

55) 특히 제2화와 제12화.

56) 제7화와 제2화.

57) 제11화, 421쪽 주2: M. R. James는 죽은 자의 군대가 빈번히 출현하고 있는 것, 그리고 이러한 'mortuaria'가 갖는 특별한 속성에 주목해 이교의 장례 풍습이 존속하고 있었던 것은 아닌가 하고 설명하고 있다.

58) 제1화.

59) 제2화.

60) 제3화.

61) 제4화.

62) 제8화.

63) 제12화.

64) 제9화.

65) P. Paravy, "Angoisse collective et miracles au seuil de la mort: résurrections et baptêmes d'enfants mort-nés en Dauphiné au XVe siècle", dans *La Mort au Moyen Âge*(colloque de l'Association des historiens médiévistes français, Strasbourg, 1975), Publications de la Société savante d'Alsace et des régions de l'Est. Recherches et documents, XXV, Strasbourg, Istra, 1977, pp. 87-102; J. Gelis, *L'Arbre et le Fruit. La naissance dans l'Occident moderne(VVIe-XIXe siècle)*, Paris, Fayard, 1984, 특히 pp. 490 이하.

66) 제5화. "[…] unus retulit quod vidit manus mulieris demergentes in carne spiritus profunde, quasi caro eiusdem spiritus esset putrida et non solida sed fantastica."

67) 제3화.

68) 같은 책, p. 418 : "[…] loquebatur in interioribus visceribus et non cum lingua, sed quasi in vacuo dolio."

69) 제2화, p. 416 : "[…] et conspexit per os eius sua interiora et formavit verba sua in

intestinis et non loquebatur lingua."

70) H. Martin, "À la recherche de la culture populaire bretonne à travers les manuscrits du bas Moyen Âge", *Annales de Bretagne et des pays de l'Ouest* (Anjou, Maine, Touraine), 86, 1979, 4, pp. 631-633. 브르타뉴에 기독교의 교리가 침투해가는 과정에서 설교가가 맡았던 역할에 대해서는 같은 저자의 *Les Ordres mendiants en Bretagne (vers 1230-vers 1530)*, Paris, Klincksieck, 1975를 참조할 것. 근대 이후 사람들의 행동은 대체로 성직자의 기대에 따른 것이다. A. Croix, *La Bretagne aux XVIe-XVIIe siècles. La vie, la mort, la foi*, Paris, Maloine, 1981, t. II, pp. 1058-1060.

7. 죽은 자와 권력

1) 필사본과 요람기본에 기초해 M. A. Polo de Beaulieu가 프랑스어로 번역하고 편집해 주석을 단 판본을 참조. 간행 예정의 자료 모두를 제공해준 저자에게 감사의 뜻을 전한다. 〔Jean Gobi, *Dialogue avec un fantôme*, ed. et trad. M. A. Polo de Beaulieu, Paris, Les Belles lettres, 1994.〕 장 고비에 대해서는 Jean Gobi, *La Scala Coeli de Jean Gobi*, ed. M. A. Polo de Beaulieu, Paris, Édition du Centre National de la recherche scientifique, 1991, pp. 13-77 참조.

2) J. Chiffoleau는 이 점에 관해서 "장 고비는 퇴마의식을 통해 유령에게 계속해서 이야기를 걸어, 그것을 수다스럽고 말이 많고 영으로 변화시키고 있다"고 정확하게 논한다. 또한 이 도미니크회 수도사의 해석자 겸 중개자로서의 역할을 몽타이유의 아르노 젤리스가 맡았던 '영혼의 전령'으로서의 역할과 비교하고 있다. J. Chiffoleau, *La Comptabilité de l'au-delà*, p. 405.

3) J. Le goff, 『연옥의 탄생』, 477쪽 이하. Thomas d'Aquin, *Summa theologica*, t. V, Supplementum Tertiae Partis, Ottawa, 1945, pp. 295a-329b: 질문 69, 70 그리고 특히 71 '죽은 자에 대한 중재에 대해서(De suffragiis mortuorum)', 질문 71의 제12, 13, 14조(pp. 327a-329a)에서 제기된 문제는 장 고비의 대화에서 고스란히 되풀이되고 있다. 한 사람의 특정한 죽은 자를 위한 중재는 다른 죽은 자들에게도 유익한가? 거꾸로 죽은 자 공동을 위한 기도는 개개의 죽은 자에게 유익한가? 이 경우 특별히 중개의 대상이 되지 않은 죽은 자도 함께 은총을 받게 되는 것인가?

4) Malibu, J. Paul Getty Museum 소장, Ms. 31, fo 7. David Aubert가 프랑스어로 기록한 1437년의 사본. 여기에 포함된 삽화는 시몽 마르미옹이 그린 것이다. Th. Kren et R. S. Wieck, *The Visions of Tondal from the Library of Margaret of York*, Malibu, California, The J. Paul Getty Museum, 1990, p. 32에 사진이 수록되어 있다.

5) W. Seelmann, "Arndt Buschmanns Mirakel", *Jahrbuch des Vereins für neiderdeutsche Sprachforschung*. Niederdeutsches Jahrbuch, VI, 1880, pp. 32-67. 이 문서를 알려준 Peter Dinzelbacher와 번역을 도와준 Matthias Grasslin에게 고마움을 전한다.

6) 같은 책, p. 41, chap. II. 이 텍스트에서는 같은 문장 안의 주어가 '아른트'에서 '나(ick)'로 갑작스럽게 옮겨간다.

7) 같은 책, p. 64, chap. XXXVIII.

8) 같은 책, 제9장, 제12장, 제29장의 45쪽, 48쪽, 59쪽을 참조.

9) Th. Hofmann, *Heinrichs von Langenstein "Untersuchung der Geister"*. *Lateinisch und Deutsch*, Texte und Untersuchungen zur Übersetzungsliteratur aus der Wiener Schule, Zurich et Munich, Artemis, 1977. 더 개설적인 것으로 R. Kleckhefer, *Magic in the Middle Ages*, Cambridge, Cambridge University Press, 1989, pp. 151-175, chap. VII: "Necromancy in the Clerical Underworld".

10) P. Boland, *The Concept of "Discretio spiritum" in John Gerson's "De probatione spiritum" and "De Distinctione verarum visionum a falsis"*, Washington D. C., The Catholic University of America Press, 1959.

11) 단식의 상징체계와 중세 말기의 환시를 특징으로 한 신비주의와의 관계에 대해서는 다음의 연구를 참조. C. W. Bynum, *Holy Feast and Holy Fast. The Religious Significance of Food to Medieval Women*, Berkeley, Los Angeles et London, University of California Press, 1987.

12) 예컨대 1496년에 쾰른에서 간행된 4절판 요람기본(B.N. Rés. D 8204)에는 '트누그달의 환시'도 함께 인쇄되어 있다.

13) 이 점에 관해서 A. Franz의 역저인 *Die kirchlichen Benediktionen im Mittelalter*, Fribourg-en-Brisgau, 1909를 비판했던 도미니크회의 신부 P. M. Gy의 구두 의견에 전적으로 동의한다.

14) 프라하에서의 황제 카를 4세처럼. 이 책의 제2장 참조.

15) Fr. Neiske, "Vision und Totengedenken", pp. 152 이하.

16) P. Dinzelbacher, "Revelationes", pp. 79-80.

17) N. Cohn, *Les Fanatiques de l'Apocalypse. Courants millénaristes révolutionnaires du XIᵉ au XVIᵉ siècle*(1957), trad. fr. S. Clémendot, Paris, Julliard, 1962, pp. 104-105. 중세 말기 예언의 정치적 측면에 대해서는 A. Vauchez, *Les Laïcs au Moyen Age. Pratiques et expériences religieuses*, Paris, 1987, pp. 237 이하를 참조. 근대 포르투갈의 〔세바스티앙 왕의 귀환 신화를 구세주 이데올로기와 접목시킨〕 '세바스티

아니즘(sébastianisme)'에 초점을 맞춘 훌륭한 연구로는 Lucette Valensi, *Fables de la mémoire. La glorieuse bataille des trois rois*, Paris, Le Seuil, 1992.

18) C. Beaune, *Naissance de la nation France*, Paris, Gallimard, 1985, pp. 100-101. 그리고 J. W. Baldwin, *Philippe Auguste et son gouvernement. Les fondations du pouvoir royal en France au Moyen Âge*(1986), trad. fr. B. Bonne, Paris, Fayard, 1991, pp. 492-493.

19) Étienne de Bourbon, *Anecdotes historiques, légendes et apologues*, n° 323, pp. 271-272.

20) Gervais de Tilbury, *Otia imperialia*, III, 103, p. 123.

21) 동일한 장에 나오는 이야기의 속편은 H. Bresc. "Culture folklorique et théologie", pp. 65-74에는 번역되어 있지 않다.

22) 필리프 드 메지에르의 『탄식과 위로의 편지』는 다음 책에 수록되어 있다. Kervin de Lettenhove, *Euvres de Froissart, Chroniques*, t. XVI(1397-1400), Bruxelles, Académie royale de Belgique, 1872, pp. 444-523. 이 텍스트에 대해서 알려준 Colette Beaune에게 감사의 뜻을 전한다. 이 서한과 작자에 대해서는 N. Iorga, *Philippe de Mézières(1327-1405) et la croisade au XIVe siècle*, Paris, 1896(재판, Genève, Slatkine, 1976), pp. 503-504을 참조할 것.

23) Gervais du Bus, *Le Roman de Fauvel*, éd. Arthur Langfors, Paris, 1914-1919. 이 책에서의 논의와 관련된 E사본의 가필 부분은 164~167쪽에 수록되어 있는데, 그 밖의 가필 부분과 삽화는 포함되어 있지 않다. Pierre Aubry의 복제본(Paris, P. Geuthner, 1907), 그리고 '헬레퀴누스 일당에 관한 단시'에 대해서는 É. Dahnk, *L'Hérésie de Fauvel*, Leipzig, 1935, ffos 35 이하 참조.

24) 이 해석에 대해서는 특히 H. Rey-Flaud, *Le Charivari. Les rituels fondamentaux de la sexualité*, Paris, Payot, 1985를 참조. 삽화에 묘사된 민머리의 작은 인물도 마찬가지로 세례를 받기 전에 죽은 아기라고 해석되고 있다.

25) P. Fortier-Beaulieu, "Le Charivari dans *le Roman de Fauvel*", *Revue de folklore français et colonial*, XI, 1940, pp. 1-16. 이후 수많은 연구가 있다.

26) Nancy F. Regalado, "Masques réels dans le monde de l'imaginaire. Le rite et l'écrit dans le Charivari du Roman de Fauvel, Ms. B.N. Fr. 146", dans M. L. Aller(éd.), *Masques et déguisements dans la littérature médiévale*, Montréal, Presses de l'académie de Montréal et Paris, Vrin, 1988, pp. 111-126.

27) C. Ginzburg, "Charivari, associations juvéniles, chasse sauvage", pp. 131-140.

28) Adam Le Bossu, *trouvère artésien du XIIIe siècle, Jeu de lafeuillée*, éd. E. Langlois, Paris, Classiques français du Moyen Âge, 6, 1923, 590행 이하.

29) 예컨대 앞의 논문집 *Le Charivari*에 수록된 Cl. Karnoouh, "Le charivari ou l'hypothèse de la monogamie"(pp. 33-44)를 볼 것.

30) J. Cl. Schmitt, "Les masques, le diable, les morts dans l'Occident médiéval", 6, 1986, pp. 87-119.

31) 사회과학고등연구원에서의 세미나 때에 엘리자벳 애트킨슨 래쉬 브라운에게서 받은 의견이다. 여기에 기록해 감사의 뜻을 전한다.

32) 루이 10세의 아들 장 1세는 1316년 6월 5일에 아버지가 죽은 뒤에 태어나 '유복왕'이라고 불린다. 장 1세가 루이 10세의 뒤를 이어 왕위를 계승하기는 했으나 너무 어렸기 때문에 1317년 1월 20일에 그가 죽기까지 숙부인 필리프 5세가 섭정을 했다. 따라서 그가 정식으로는 왕위에 있었던 것은 채 한 달이 되지 않는다.

33) A. W. Lewis, *Le Sang royal. La famille capétienne et l'Etat, France X^e-XIVe siècle*, trad. fr. J. Carlier, Paris, Gallimard, 1986, p. 196.

8. 시간, 공간, 사회

1) J. Cl. Schmltt, "Temps, folklore et politique au XIIe siècle. À propos de deux récits de Walter Map, *De nugis curialium*, I, 9 et IV, 13", dans *Le Temps chrétien de la fin de l'Antiquité au Moyen Âge. IIIe-XIIIe siècle*, Paris, C.N.R.S., 1984, pp. 489-516.

2) J. Le Goff, "Le temps du purgatoire(IIIe-XIIIe siècle)", 같은 책, pp. 517-530.

3) 교회는 만성절을 8세기 이후 11월 1일로 정했다. 12세기와 13세기의 전례학자들은 두 개의 축일 사이에 연관성을 강조하고 있다. Jean Beleth, *Summa de ecclesiasticis officiis*, pp. 243, 306-319; Gulllaume Durand, *Rationale divinorum officiorum*, Lyon, 1672, pp. 451 이하.

4) Iogna-Prat, "Les morts dans la comptabilité céleste", p. 56.

5) 같은 책, p. 64.

6) J. L. Lemaître, *L'Église et la mémoire des morts dans la France médiévale* (Communications de la table ronde du C.N.R.S. du 14 juin 1982), Paris, Études augustiniennes, 1986, pp. 14-17.

7) A. Van Gennep, *Manuel de folklore français contemporain,* Paris, Picard, I, VII, 1958, p. 2860.

8) 같은 책, pp. 3013 이하. M. Meslin, *La Fête des calendes de janvier dans l'Empire*

romain. Étude d'un rituel de Nouvel An, Bruxelles, Latomus, 1970.

9) Otloh de Saint-Emmeran, *Liber visionum*, 12, éd. P. G. Schmidt, M.G.H. Quellen zur Geitesgeschichte des Mittelalters 13, Weimar, H. Böhlau, 1989, p. 80.

10) Cl. Gaignebet et M. Cl. Florentin, *Le Carnaval*, Paris, Payot, 1974, p. 138. 같은 가설이 다음 문헌에도 나타난다. Ph. Walter, *La Mythologie chrétienne*.

11) Raoul Glaber, *Les Cinq Livres de ses histoires*, II, 19 et 20, pp. 46-47. 라울 글라베르는 5개월 후의 '12월'에, 수도사 불셰르는 마치 그가 본 죽은 자들에게 부름을 받은 듯이 숨을 거두었다고 밝히고 있다.

12) Isidore de Séville, *Regula monachorum*, XXIV, 2, in *PL*, vol. 83, col. 894.

13) E. Marténe, *De antiquis ecclesiae ritibus*, IV, Anvers, 1764, pp. 164-166.

14) '원시사회'의 통과의례와의 비교는 M. Bloch, *La Société féodale*(1939), 1968(재판), Paris, Albin Michel, p. 436.

15) I. Levi, "Le repos sabbatique des ames damnées", *Revue des études juives*, 25, 1892, pp. 1-13과 "La commémoration des ames dans le judaïsme", 같은 책, 29, 1894, pp. 43-60.

16) Benedeit, *Le Voyage de saint Brendan*, vv. 1309-1322, éd. E. Ruhe, Munich, Fink, 1977, pp. 110-111.

17) Gervais de Tilbury, *Otia imperialia*, II, 12, p. 921; trad. fr. pp. 151-152와 Étienne de Bourbon, *Anecdotes historiques*..., p. 33. Arturo Graf, "Il riposo dei dannati", dans *Miti, Leggende e Superstizioni del Medio Evo*, Milan, A. Mondadori, 1984(재판), pp. 151-166.

18) Raoul Glaber, *Les Cinq Livres de ses histoires*, V, 1, p. 118에는 어느 일요일에 나타난 죽은 자에 관한 이야기가 실려 있다.

19) M. A. Polo De Beaulieu, "Lundi jour des morts, de l'origine d'un rituel", dans *Le Récit des origines*, Actes des rencontres de Carcassonne(décembre 1988), Carcassonne, Garae-Hésiode(1995)과 같은 저자, "Recueil d'*exempla* méridionaux et culte des âmes du purgatoire", dans *La Papauté d'Avignon et le Languedoc, 1316-1342, Cahiers de Panjeaux*, 26, 1991, pp. 257-278.

20) Thomas De Chobham, *Summa confessorum*, éd. F. Broomfield, Louvain et Paris, 1968, p. 128. F. C. Tubach, *Index exemplorum*, n° 2424 B, 그리고 예컨대 Jean Gobi, *Scala Coeli*, n° 741, p. 483.

21) Thietmar de Merseburg, *Chronicon*, l, 12, p. 16: "Ut dies vivis, sic nox est concessa

defunctis". 본문 2장 참조.

22) Césaire de Heisterbach, *Dialogus miraculorum*, XII, 17 et 20, vol. II, pp. 328 et 330: "어떤 사제는 해질녘 시골에서 저택에서 저택으로 이동하고 있는 동안에 … 보았다(sacerdos quidam … dum in crepusculo noctis transiret de villa in villam, vidit"; "다음날 저녁, 아직 동틀 때까지는 상당히 시간이 남아 있고, 달이 환하게 빛나고 있던 때에 어떤 기사가(nocte sequenti longe ante lucem, luna splendente, miles quidam)".

23) Walter Map, *De nugis curialium*, II, 30; trad. fr. p.132: "노섬벌랜드의 기사가 점심식사 후 10번째 시각에 자택에서 혼자 앉아 있자…". Rudolph Von Schlettstadt, *Historiae memorabiles*, 20, p. 92: "잘 자고 11번째 시각까지 단 꿈을 꾸고 난 뒤에 눈이 떠서(Bene dormivit et, cum dulcem somnum perfecisset usque ad horam undecimam, vigilavit)".

24) *Die Chronik des Klosters Petershausen*, III, 18, éd. Otto Feger, Lindau et Constance, 1956, p. 134: "베르나르의 환시. 한밤중을 지나 의식이 몽롱한 상태를 벗어나 꿈이 가장 진실을 전할 시간에, 곧 아침기도의 종이 울리고 있는 동안에 보았다(Visio Bernardi. Post medium noctis, cum pulso torpore somnia sunt verissima, interim scilicet dum pulsabantur matutine, videbar)".

25) M. R. James, "Twelve Medieval Ghost Stories": "그리고 밤이 되자 케레비까지 간 것이다. 그리고 어느날 밤(et solebat egredi in noctibus usque Kereby et quadam nocte)". II, p. 415도 볼 것.

26) Thietmar de Merseburg, *Chronicon*, I, 13, pp. 18-20.

27) Helinand de Froidmont, *De cognitione sua,* cap. XII, in *PL*, vol. 212, col. 731-736 : "그런데 정오 무렵에 우리가 어떤 숲에 가까이 다가갔을 때(Cum autem circa meridiem apud quoddam nemus appropinquassemus)"

28) Rudolph von Schlettstadt, *Historiae memorabiles*, 20, p. 72.

29) J. Delumeau, *La Peur en Occident*와 Le Péché et la peur. *La culpabilisation en Occident(XIIIᵉ-XVIIIᵉ siècle)*, Paris, Fayard, 1983. '밤의 치안'에 대해서는 훌륭한 다음 연구를 참조할 것. E. Crouzet-Pavan, "Recherches sur la nuit vénitienne à la fin du Moyen Âge", *Journal of Medieval History*, VII, 1981, pp. 338-356. 이 논문은 저자의 다음 논문에도 다시 수록되어 있다. "Sopra le acque salse" *Espaces, pouvoir et société à Venise à la fin du Moyen Âge*, Rome, École française de Rome, 1992, II, pp. 802 이하. 규율에 관한 상징적인 측면 전체에 대해서는 M. Sbriccoli가 편집

을 맡은 다음의 논문집에 수록된 연구들을 볼 것. La Notte. *Ordine, sicurrezza e disciplinamento in èta moderna*, Florence, Ponte alle Grazie, 1991.

30) M. R. James, art. cité, n° XI, p. 421. 다음도 참조할 것. J. Delumeau, *La Peur en Occident*, pp. 75 이하.

31) W. Seelmann, "Arndt Buchmanns Mirakel", 15, *Jahrbuch des Vereinsfür niederdeutsche Sprachforschung. Niederdeutsches Jahrbuch*, VI, 1880, p.50.

32) *De rebus gestis in Majori Monasterio saeculo XI*, n° 8, in *PL*, vol. 149, col. 410 C.

33) J. Le Goff, 『연옥의 탄생』, 111-116쪽 참조.

34) Césaire de Heisterbach의 교훈예화에 그런 예가 있다. Cesaire de Heisterbach, *Dialogus miraculorum*, I, 33 (영원히 지옥으로 떨어진 강령술사), II. 6 (살인을 저지른 강도), II, 15 (죄를 회개하지 않은 주교좌성당 참사회원), XII, 5 (Juiliers 백작), 14 à 20 (저주받은 기사들, 사제의 정부 등). 이미 본 것처럼 체사리우스는 망자들이 형벌의 혹독함 때문에 연옥과 지옥을 혼동하고 있다고 주장하려 했다.

35) Pierre le Vénérable, *De miraculis*, I, 28, p. 89. 신학자들은 여기에는 의심을 나타내고 있다. 위그 드 생빅토르는 "벌을 받는 장소는 결코 고정되어 있지 않다. 징벌을 받는 영혼이 나오는 수많은 예들에서 보면 그 장소는 이승이고, 많은 증언들이 제시하고 있는 것처럼 아마도 과오를 범한 장소들일 것이다. 하지만 벌이 그 이외의 장소에서 주어지는 경우가 있는지 없는지는 알기 어렵다"고 인정했다.(Hugues de Saint-Victor, *De sacramentis*, II, XVI, 4, J. Le Goff, 『연옥의 탄생』, 285쪽에서 재인용.

36) *Die Chronik des Klosters Petershausen*, III, 20, p. 142 : "신의 심판으로 내게는 이 회랑을 돌아다니며 구석구석 감시하라는 벌이 주어졌다(nam eius judicio mihi pro pena concessum est, angulos huius claustri circuire et observare)."

37) 이 사고방식은 선택된 인간이 타락천사를 대신해 신의 곁으로 부름을 받는다는 매우 오래된 개념으로까지 소급될 가능성이 있다. 이 점에 대해서 시사해준 Jérôme Baschet에게 감사의 뜻을 전한다.

38) W. Seelmann, "Arndt Buchmanns Mirakel", cap. XXXIII, p. 62,

39) 세례를 받기 전에 죽은 유아들의 림보와는 구별되는, 그리스도가 도래하기 전 시대를 살다간 족장들의 림보에 대해서는 J. Le Goff, "Les limbes", *Nouvelle revue de psychanalyse*, XXXIV, 1986, pp. 151-173를 참조할 것.

40) 이 점에 대해서는 J. Le Goff, 『연옥의 탄생』, 627쪽에서 강조되고 있다.

41) 16세기 초엽에 슈트라스부르크의 설교가 가일러 폰 카이저스베르크는 집이 유

령에 드는 일은 있을 수 없다고 주장했다. 영혼은 소리를 내지 않는다. 지옥에 있는 영혼은 지옥 밖으로 나오지 않는다. 천국에 있는 영혼은 "그렇게 시시한 일에 관여할 리가 없고", 연옥에 있는 영혼은 "다른 할 일이 있다." : Geiler von Kaisersberg, *Die Emeis*, Strasbourg, J. Grüninger, 1516, fol. 44. J. Wirth, *La Jeune Fille et la Mort. Recherches sur les thèmes macabres dans l'art germanique de la Renaissance*, Genève, Droz, 1979, p. 73에서 재인용.

42) Pierre le Vénérable, *De miraculis*, I, 28, p. 89.

43) Césaire de Heisterbach, *Dialogus miraculorum*, XII, cap. XVIII.

44) Pierre le Vénérable, *De miraculis*, I, 27, p. 86: 다른 인물이 집의 문턱을 넘자마자 유령은 사라지는데, 이것은 유령이 단지 한 명의 인물을 대상으로 나타났다는 증 거이다. Gervais de Tilbury, *Otia imperialia*, III, 103: 소녀의 부모가 사람의 말소리 가 들리자 경계심을 가지고 침실 방문까지 오자 죽은 조카의 소리도 들리지 않고, 그 모습도 보이지 않았다.

45) Raoul Glaber, *Les Cinq Livres de ses histoires*, V, 1, 6, pp. 117-118.

46) Rudolf von Schlettstadt, *Historiae memorabiles*, 20, p. 72.

47) 같은 책, p. 90: "창의 아래쪽 틀에 걸쳐서(in inferiori fenestre margine residentem)".

48) Jacques Fournier, *Le Registre d'Inquisition*, trad. J. Duvernoy, Paris et La Haye, Mouton-É.H.É.S.S., vol. I, 1978, pp. 158-160.

49) Philippe Ariés, *L'Homme devant la mort*.

50) R. Fossier, *Enfance de l'Europe. Aspects économiques et sociaux, vol. I: L'Homme et son espace*, Paris, P.U.F., 1982, p. 193과 J. Chapelot et R. Fossier, *Le Village et la maison au Moyen Âge*, Paris, Hachette, 1980, pp. 46-47.

51) P. Duparc, "Le cimetière, séjour des vivants(XIᵉ-XIIᵉ siècle)", *Bulletin Philologique et historique*, 1964(Paris, C.T.H.S., 1967), pp. 482-504.

52) L. Gougaud, "La danse dans les églises", *Revue d'histoire ecclésiastique*, 15, 1914, pp. 5-22, 229-245. 주목할 만한 사례는 E. Schröder, "Die Tanzer von Kolbigk. Ein Mirakel des 11. Jahrhunderts", *Zeitschrift für Kirchengeschichte*, 17, 1897, pp. 94-164. 더 문화인류학적인 해석으로는 J. Cl. Schmitt, "Jeunes et danse des chevaux de bois", *La Religion populaire en Languedoc du XIIIᵉ siècle à la moitié du XIVᵉ siècle*, Cahiers de Fanjeaux, 11, 1976, pp. 127-158가 있다. 더 포괄적인 내용은 같은 저자, *La Raison des gestes dans l'Occident médiéval*, pp. 90-92 참조.

53) A. M. Cadot, "Le motif de l'aître périlleux", *Mélanges C. Foulon,* Rennes, 1980, II, p. 27-35. 특히 1190-1220년 무렵에 쓰인 Amadas et Idoine(éd. J. R. Reinhard, 1925, 4662행 이하)를 볼 것. 악마(Maufé)가 이끄는 환상의 기사 무리가 묘지의 부지 안으로 침입하고, 이두안의 시신을 옮겨가려고 했으나, 아마다가 이를 막아 낸다. 이러한 소재에 관한 체계적인 고찰은 A. Guerreau-Jalabert, *Index des motifs narratifs dans les romans arthuriens français en vers(XIIᵉ-XIIIᵉ siècle).* / *Motif-Index of French Arthurian Verse Romances(XIIᵗʰ-XIIIᵗʰ Cent.),* Genève, Droz, 1992, p. 77: F 778. 1 (G) "Extraordinary Graveyard". '기이한 묘지'가 등장하는 작품들로는 『페르스발 최초 속편*Première Continuation de Perceval*』, 마네시에(Manessier)의 『페르스발 속편*Continuation de Perceval*』, 크레티앵 드 트루아(Chrétien de Troyes)의 『죄수마차를 탄 기사*Chevalier de la Charrette*』, 작자 미상의 『리고메르에서의 놀라운 일들*Merveilles de Rigomer*』가 있다.

54) Pierre le Vénérable, *De miraculis,* II, 27, in *PL,* vol. 189, col. 942 D. 이것은 '죽은 자를 위한 등불'의 가장 오래된 언급이다. J. de Mahuet, "Lanterne des morts", *Catholicisme. Hier, aujourd'hui, demain,* t. VI, Paris, 1967, col. 1811-1812와 F. Hula, *Mittelalterliche Kultmale. Die Totenleuchten Europas. Karner, Schalenstein und Friedhofsoculus,* Vienne (im Selbstverlag), 1970, p. 20. 등불의 빛은 죽은 자의 영혼을 지키는 기능을 한다고 여겨졌다. 하지만 주목해야 할 것은 수도사가 죽은 '형제'들의 무덤 위에 등불을 계속 밝혀 놓는 관습이 있었던 것을 시토회의 수도원장 총회가 1218년에 금지했다는 점이다.('미신적'이라고 판단되었음이 분명하다.) J. M. Canivez, *Statuta capitulorum generalium Ordinis Cisterciensis,* 2 vol, Louvain, 1933 (n° 38, 1218년).

55) M. R. James, "Twelve Medieval Ghost Stories", n° VI, p. 419: 유령이 출현한 장소는 그것을 목격한 사람의 직업으로 분명하게 설명할 수 있다. 목격자는 '농부들의 수장(magister aratorum)'이고, 이 인물이 경작지를 가로지르는 것은 지극히 당연한 일이어서, 그때 뉴버그의 죽은 주교좌성당 참사회원의 유령을 만난 것이다. 죽은 제빵사의 영혼이 도로를 피해 들판의 진흙을 묻혔다는 브르타뉴 지방의 이야기도 참조할 것.

56) Césaire de Heisterbach, *Dialogus miraculorum,* XII, 17, vol. II, p. 328.

57) Le Roy Ladurie, *Montaillou,* pp. 589 이하.

58) Walter Map, *De nugis curialium,* I, 11; trad. fr. pp. 30-31.

59) J. Cl. Schmitt, "Le suicide au Moyen Âge", *Annales E.S.C,* 1976, pp. 3-28.

60) M. R. James, n° I, p. 414: 이 유령은 남자(산 자)의 누에콩(fèves) 주머니를 더 이상 멀리 옮겨주는 것을 거부했다. (콩은 장례나 죽음을 상징하는 식물이다.)

61) 같은 책, n° II, p. 417.

62) Orderic Vital, *Historia ecclesiastica*, VIII, 17, vol. IV, 1973, pp. 237-238.

63) Cl. Lecouteux, *Fantômes et revenants au Moyen Âge*, pp. 24-25.

64) Roger de Wendover, *Flores historiarum*, éd. H. O. Coxe, London, 1841-1845, IV, p. 206(1229년).

65) Guillaume d'Auvergne, *De universo*, II, cap. III, p. 1069, col. la.

66) Gervais de Tilbury, *Otia imperialia*, III, 17, trad. fr. p. 35.

67) Robert d'Uzés, Vision 29; trad. fr. P. Amargier, *La Parole rêvée*, p. 96.

68) Guillaume de Newburg, *Historia rerum anglicarum*, V, cap. XXII, pp. 474-475. 과부가 된 지 얼마 되지 않은 기베르 드 노장의 어머니를 덮친 몽마와 비교할 것. "짓누르는 무게 때문에 숨이 막혀오고, 사지를 움직일 수 없는 상태에서 말 그대로 한 마디의 소리도 낼 수 없던 순간" 그녀는 곧바로 구원의 손을 내려달라고 마음속으로 성모 마리아에게 간절히 빌었다. 그녀가 재혼하지 않기로 서약한 것은 이때였다. Guibert de Nogent, 『기베르 드 노장의 자서전』, 86쪽. Césaire de Heisterbach, *Dialogus miraculorum*, XII, 19, vol. II, p. 329에는 악마에게 떠밀려 아내의 침실로 들어간 죽은 기사에 관한 '바이에른의 매우 유명한' 이야기가 실려 있다. 그러나 아내는 겁내지 않고 남편의 유령을 침대 위에 앉히고 몸을 녹일 담요를 주었다.

69) Guibert de Nogent, 『기베르 드 노장의 자서전』, 88-89쪽.

70) Césaire de Heisterbach, *Dialogus miraculorum*, XII, 24, vol. II, pp. 335-336. 이 이야기에 관해서는 J. Le Goff, *La Bourse et la Vie*, 50쪽 이하의 내용을 참조할 것. 고리대업자가 최종적으로 구원받은 것과는 반대로 죄 많은 기사의 유령은 자신이 배회하고 있는 것을 아내(또는 첩)에게 고백하고, 최종심판의 뒤에 자신이 지옥으로 갈 것임을 알리고 있다. 또한 과거의 음욕 때문에 지옥으로 떨어질 운명에 있는 다른 기사는 수녀에게 나타났는데, 역설적이게도 기도해봐야 소용없다며 자신을 위해 기도하지 말라고 한다. *Die Wundersgeschichten des Caesarius von Heisterbach*, vol. III, éd. A. Hilka, Bonn, 1937, pp. 73-75, n° 44 et 45.

71) Gervais de Tilbury, *Otia imperialia*, III, 99; trad. fr. pp. 109-110.

72) Ch. Klapisch-Zuber, "La 'mère cruelle'. Maternité, veuvage et dot", dans *La Maison et le nom*, pp. 249-262.

73) M. R. James, n° XII, p. 422.

74) *Polychronicon Ranulphi Higden monachi Cestrensis*(†a. 1364), éd. J. Rawson Lumby(Script. Rer. Brit.), vol. 8, London, 1882, pp. 220-222. 어머니 유령들에 대해서는 Césaire de Heisterbach, *Dialogus miraculorum*, XI, 34(vol. II, pp. 296-297)와 Giraud de Cambrie, *Expugnatio Hibemica*, 42, pp. 116-119.

75) Césaire de Heisterbach, *Dialogus miraculorum*, XII, 15 et 41; vol. II, pp. 327, 349-350.

76) 같은 책, XII, 18, vol. II, p. 328.

77) Pierre le Vénérable, *De miraculis*, I, 26, pp. 80-82.

78) 같은 책, I, 27, pp. 82-87.

79) Césaire de Heisterbach, *Dialogus miraculorum*, XII, 50, vol. II, p. 355.

80) 같은 책, XII, 26, vol. II, pp. 332-338.

81) A. Guerreau-Jalabert는 중세 기독교문화에 고유한 영적인 친족관계의 핵심에 있는 '기독교적 동포애(caritas)'의 개념을 훌륭하게 설명하고 있다. 특히 "La parenté dans l'Europe médiévale et moderne: à propos d'une synthèse récente", *L'Homme*, n° 110, 1989, pp. 69-93; "Inceste et sainteté. La vie de saint Grégoire en français", *Annales. E.S.C.*, 1988, 6, pp. 1291-1319; "Aliments symboliques et symbolique de la table dans les romans arthuriens(XIIe-XIIIe siècle)", *Annales. E.S.C.*, 1992, 3, pp. 560-594.

82) J. Cl. Kahn, *Les Moines messagers. La religion, le pouvoir et la science saisis par les rouleaux des morts, XIe-XIIe siècle*, Paris, J. Cl. Lattès, 1987.

83) *De rebus gestis in Majori Monasterio*, XI, n° 9, col. 410 B.

84) 같은 책, col. 411.

85) Césaire de Heisterbach, *Dialogus miraculorum*, XII, 35, vol. II, pp. 343-344.

86) Pierre le Vénérable, *De miraculis*, II, 27 in *PL*, vol. 189, col. 941-945.

87) J. H. Lynch, *Godparents and Kinship in Early Medieval Europe*, Princeton, 1986; Ch. Klapisch-Zuber, "Parrains et filleuls. Étude comparative" et "Compérage et clientélisme", dans *La Maison et le nom*, pp. 109 이하; B. Jussen, *Patenschaft und Adoption im frühen Mittelalter*, Göttingen, Vandenshoeck & Ruprecht, 1991(Veröffentlichungen des Max-Planck-Instituts für Geschichte 98). 교회는 진짜 부모의 한쪽과 대부모의 한쪽이 성적 관계를 갖는 것을 금지하고 있었다. 보카치오의 『데카메론』 10번째 날 제7화는 이러한 금지의 영향력을 상대화하고 있다.

틴고초의 유령은 친구 메오초에게 대자의 어머니와 잤다고 해서 내세에서의 고통이 늘어나지는 않는다고 말한다.

88) F. Zonabend, "La parenté baptismale à Minot(Côte d'Or)", *Annales. E.S.C.*, 1978, pp. 656-676와 A. FINE, "Le parrain, son filleul et l'au-delà", *Études rurales*, 105-106, 1987, pp. 123-146.

89) 11세기 이전에 유령이야기가 드물었던 것과 마찬가지로 이렇게 죽음을 초월해 유지되는 부모와 대부모 사이의 관계는 피에르 다미아니의 시대에는 신기한 것이었음이 분명하다. B. Jussen, *Patenschaft...*, p. 300 참조.

90) Pierre Damien, *Disputatio*, 3 et 4, in *PL*, vol. 145, col. 584.

91) *De rebus gestis in Majori Monasteno XI*, n° 8, col. 410. 이 약속을 가리키는 데 사용하고 있는 표현은 '신뢰와 평화의 거룩한 입맞춤(osculo sancto pacis et fidei)'과 '서약의 선서(jusjurandi sacramentum)'이다.

92) Pierre De Morone, *Autobiografia*, p. 57.

93) J. Le Goff, "Le rituel symbolique de la vassalité", dans *Pour un autre Moyen Âge*, pp. 348-420, 특히 pp. 374-375.

94) *Liber miraculorum sancte Fidis*, p. 272 : "per fidei sacramentum, quo te mihi conjunxisti per beneficia plurima que tibi contuli".

95) Chr. Klapisch-Zuber, *La Maison et le nom*.

96) Pierre le Vénérable, *De miraculis*, I, XVIII; p. 91: 산초는 "내게 종사해 급여를 받고 있는 고용인 가운데 하나(unum ex mercennariis mercede mihi servientibus)"라고 불리고 있다.

97) M. R. James, "Twelve Medieval Ghost Stories", n° VII, p. 419 : "mercennarius cuiusdam patris familias".

98) C. Vincent, *Des charités bien ordonnées. Les confréries normandes de la fin du XIIIe siècle au début du XVIe siècle*, Paris, École normale supérieure, 1988, pp. 143 이하.

9. 유령의 모습

1) Cl. Lecouteux, *Fées, sorcières et loups-garous*.

2) J. Baschet, "Anima" 항목, *Enciclopedia dell'arte medievale*, vol. I, Rome, 1991, pp. 804-815.

3) Guibert de Nogent, *De pignoribus sanctorum*, IV, 4, in *PL*, vol. 156, col. 675-678.

4) Cl. Carozzi, "Structure et fonction de la Vision de Tnugdal", dans *Faire croire* (présenté

par A. Vauchez), pp. 223-234. 저자는 신학 안의 2개의 조류를 구별하고 있다. 하나는 '정신주의'이고, 다른 하나는 '물질주의'이다. 정신주의는 오리게네스를 선구로 하는 그리스 교부의 가르침과 아우구스티누스의 전통에서 비롯되어, 9세기의 요하네스 스코투스 에리우게나, 12세기의 호노리우스 아우구스토두넨시스(『천국의 계단』)나 기베르 드 노장, 아벨라르, 리샤르 드 생빅토르(Richard de Saint-Victor)로 연결되었다. 이들은 사후세계의 고통은 단지 '정신적'인 것에 지나지 않고 물질적 측면은 전혀 없다고 주장했다. 물질주의는 영혼이 사후세계에서 '물질적 불'로 고통받는다고 주장한 교황 그레고리우스 1세에 기초를 두고 있다. 이 입장을 대표하는 저작이나 저술가로 12세기에는 수도사 마르크의 『트누그달의 환시』, 호노리우스의 『교리해설 Elucidarium』(호노리우스는 작품마다 매우 다른 관점을 택하고 있었다), 위그 드 생빅토르의 『성사론 De sacramentis』, 기욤 드 생티에리의 『육체와 영혼의 본성에 대하여 De la nature du corps et de l'âme』를 꼽을 수 있다. 이 저술가들에 따르면 영혼은 사후에도 죄로 인한 (일시적이든 영속적이든) 벌을 받을 때 고통을 느끼는 어떤 종류의 '감각'을 지니고 있다고 한다. 자크 르 고프는 이 두 가지 사조 사이의 대립관계를 과장하는 것을 비판하며, '정신적'이라는 개념에 둔 강조점의 미묘한 차이를 이해하는 것이 더 바람직하다고 서술하고 있다(『연옥의 탄생』, 269쪽, 각주 5번). '정신적'인 것이 반드시 '육체를 벗어났다'는 의미는 아니라는 자크 르 고프의 지적은 옳다.

5) Alcher de Clairvaux, *Liber de spiritu et anima*, in *PL*, vol. 40, col. 797: "Spiritu autem corporum similitudines intuentur. Quidquid enim corpus non est et tamen 'aliquid' est, recte jam 'spiritus' dicitur". (강조는 인용자가 한 것)

6) Otloh de Saint-Emmeran, *Liber visionum* (Visio 4a), in *PL*, vol. 146, col. 348. P. G. Schmidt, pp. 54 이하에서 재인용.

7) Guibert de Nogent, 『기베르 드 노장의 자서전』, 144-145쪽.

8) 로마의 프라티(Prati) 교회의 '연옥 박물관'에서는 17세기에서 20세기 초까지의 식탁보, 미사경본, 침대 머리맡 탁자가 전시했는데, 거기에는 중재를 간청하려고 친지를 방문한 죽은 자의 흔적이 검게 타서 눌은 모양으로 남겨져 있었다. *La Chiesa del S. Cuore del Suffragio e il "Museo del Purgatorio"*, Arciconfraternita del S. Cuore del Suffragio, Rome, s. d 참조.

9) 이 이야기는 대부분의 교훈예화집은 물론 야코포 다 바라체의 『황금전설』에서도 찾아볼 수 있다.

10) Guillaume de Newburg, *Historia rerum anglicarum*, V, cap. XXII-XXIV, vol. 2, pp.

474-482.

11) Gervais de Tilbury, *Otia imperialia*, cap. CIII, *De mortuo qui apparuit virgini*, p. 997: "질문을 받자 그는 자신의 육체처럼 보이는 이미지는 실제의 육체가 아니라 공기로 만들어진 것이며, 영혼일 뿐이므로 아무리 가벼운 것일지라도 어떤 무게도 지탱하지 못하다고 말했다(Interrogatus, respondit corporis effigiem, quam praetendit, corpus non est nisi aereum, ipsum asserens non posse pati, sed tantum spiritum, neque posse onus quamvis levissimum sustinere)."

12) Augustin, *De divinatione daemonum* c.(éd. C.S.E.L., 41, p. 603). *Exordium magnum cisterciense* I, 22(p. 81)에서 시토회 수도사 콘라트 폰 에버박흐는 수도원장 에티엔에게 나타난 죽은 수도사에 관해 "그는 지상에 있다기보다는 허공을 옮겨다니는 듯이 보였다(ita tamen magis in aere ferri quam in terra consistere videretur)"라고 적고 있다.

13) Jacques Fournier, *Le Registre d'Inquisition*, vol. II, p. 444.

14) M. R. James, "Twelve Medieval Ghost Stories...", n° V: "[…] unus retulit quod vidit manus mulieris demergentes in carne spiritus profunde, quasi caro eiusdem spiritus esset putrida et non solida sed fantastica."

15) Césaire de Hersterbach, *Dialogus miraculorum* XII, 15, éd. citée, vol. II, p. 327: "몸 안에서 부드러운 침대를 두드리는 듯한 소리를 내면서(talem ex se sonum emittens, ac si mollis lectus percuteretur)."

16) Césaire de Heisterbach, 같은 책, XII, 20.

17) Burchard de Worms, *Decret*, X, 13 et 14, in *PL*, vol. 140, col. 1066; trad. Cl. Lecouteux et Ph. Marcq, *Les Esprits et les Morts*, p. 17.

18) Guibert de Nogent, 『기베르 드 노장의 자서전』, 101쪽.

19) Vie de Raban Maur, p. 532: 유령들은 "일제히 무시무시한 소리의 모상이 되어(horribili vocis imagine consonantes)" 수도사를 마구 때렸다.

20) Césaire de Hersterbach, *Dialogus miraculorum*, XII, 26.

21) 종교적 방언과 환상에 대해서는 다음에 실린 논문들을 참조할 것. S. Auroux, J. Cl. Chevalier, N. Jacques-Chaquin, Ch. Marchello-Nizia(sous la dir.), *Linguistique fantastique*.

22) 몇 개의 예외를 상기할 것. 『설교가를 위한 예화집』에서는 죽은 여성이 자매에게 영어로 말을 걸고 있다(Liber exemplorum ad usum praedicantium..., II, 62, pp. 38-39.). 『기억할 만한 역사』에서는 묘지에 있는 죽은 자들이 독일어로 노래하고 있

다(Rudolf von Schlettstadt, *Historiae memorabiles*, n° 19, 20, 21, pp. 70-73).

23) Pierre le Vénérable, *De miraculis*, II, 25,p. 145.

24) P. G. Schmidt, "Die Erscheinung der toten Geliebten", pp. 99-111.

25) Jean Gobi, *Disputatio*, Qu. 21. 같은 추론을 늙은 하인리히 부슈만의 영혼도 진술하고 있다(éd. W. Seelmann, cap. XII, p. 48). 이것은 장 고비의 텍스트가 독일어 텍스트에 준 영향을 예증하고 있는 대목이다.

26) M. R. James, n° II, p. 416. 이 책 6장의 주 68-69를 참조할 것.

27) 같은 책, n° III, p. 418. 이 책 6장의 주 68-69를 참조할 것.

28) 사회과학고등연구원에 제출된 의복의 상징체계에 관한 논문(1994년) 중에서 Pierre Bureau는 피부와 의복의 유사성을 강조하고 있다.

29) 샤를 8세가 죽자 왕비 안 드 브르타뉴는 브르타뉴 관습에 따라 검은 옷을 입고 장례를 치렀다. 이것은 흰 옷을 입는 프랑스 왕국의 관습과 달라 정치적인 행위로 해석된다. 다음에 수록된 Ph. Braunsteln의 논문을 참조할 것. Philippe Ariés et G. Duby (éd.), *Histoire de la vie privée*, Paris, Le Seuil, 1985, t. II, pp. 570-571. 15세기의 시도서에 나타난 죽은 자를 위한 성무일과 삽화에서 검은색이 중요한 의미를 지니고 있다는 것에 대해서는 R. S. Wieck, *Time Sanctified. The Book of Hours in Medieval Art and Life*, New York, G. Braziller, 1988, pp. 124 이하를 참조할 것.

30) Guillaume Durand, *Rationale divinorum officiorum*, VII: *De officio mortuorum*, § 43: "인간이 최후의 심판 뒤에 벌거숭이로 있는지 옷을 입고 있는지 묻는다면 옷을 입고 있을 것이다(Quaeritur etiam utrum homines erunt nudi post diem iudicii an vestiti, et videtur quod vestiti)" 도상에 대해서는 지나치게 체계적이기는 하지만 다음 문헌의 지적을 참조할 것. J. Wirth, "L'apparition du surnaturel dans l'art du Moyen Âge", dans F. Dunand, J. M. Spieser, J. Wirth, *L'Image et la production du sacré*, Paris, Méridiens Klincksieck, 1991, pp. 139-164.

31) Pierre le Vénérable, I, 27, op cit., p. 85. "이미 날이 밝은 아침 시간에 침대에서 눈을 뜨고 있을 때 모습을 드러냈다. 그는 침대 옆에서 '예전에 늘 입던 옷을 걸치고', 죽은 그 날 그를 죽음으로 몰아넣은 상처가 여전히 가슴과 등에 남아 있는 상태로(ei mane iam clara die in lecto iacenti ac vigilanti, sese visibilem demonstravit. Nam lecto eius assidens et 'formam quam habuerat vestitum quo usus fuerat', letale vulnus quod die mortis susceperat velut ahuc recens pectore ac dorso pretendens)". (강조는 인용자가 한 것)

32) Césaire de Hersterbach, *Die Wundergeschichten,* III, 43, éd. citée, p. 73.

33) Césaire de Hersterbach, *Dialogus miraculorum*, XII, 15; éd. citée, II, p. 327.

34) 같은 책, XI, 33; éd. citée, II, p. 296.

35) 같은 책, XI, 36, XII, 39; éd. citée, II, pp. 298, 348; XII, 25; éd. citée, II, p. 336.

36) 같은 책, II, 2, 3, XII, 21(éd. citée, I, pp. 61-63, II, p. 331).

37) 몽타이유의 영매 아르노 젤리스는 흰 아마포를 몸에 걸치고 머리를 드러낸 죽은 자들을 목격한다. 단 수도사들은 각각 수도회의 수도복을 몸에 걸치고 머리를 가리고 있다.(Jacques Fournier, *Le Registre d'Inquisition*, vol. I, p. 163).

38) H. Wolf, "Das Predigtexempel im frühen Protestantismus", *Hessische Blätter für Volkskunde*, 51-52, 1960, p. 353(그에 대해 마르틴 루터가 진술한 것에 관해서).

39) N. Belmont, *Les Signes de la naissance. Étude des représentations symboliques associées aux naissances singulières*, Paris, Plon, 1971.

40) Guillaume Durand, *Rationale divinorum officiorum. K. Stüber, Commendatio animae. Sterben im Mittelalter*, Berne et Francfort(Geist und Werk der Zeiten, 48), 1976, p. 140에서 재인용. "이탈리아에서처럼 평상복을 입어서는 안 된다. 정강이에는 양말을, 발에는 단화를 신어서 최후의 심판에 대한 준비가 되었음을 나타내야만 한다(Nec debent indui vestibus communibus prout in Italia. Etiam, ut quidam dicunt, debent habere caligas circa tibias et sotulares in pedibus, ut per hoc ipsos esse paratos ad judicium repraesentetur)."

41) J. Chiffoleau, *La Comptabilité de l'au-delà*, pp. 120-21.

42) E. Assmann, *Godeschalcus und Visio Godeschalci, Neumünster*(Quellen und Forschungen zur Geschichte-Schlesswig-Holsteins 74)와 W. Lammers, "Gottschalks Wanderung imJenseits. Zur Volksfrommigkeit im 12. Jahrhundert nordlich der Elbe", *Sitzungsberichte der Wissenschaftlichen Gesellschaft an der Johann Wolfgang Goethe Universittit Francfurt am Main*, 2, 1982, n. 2, pp. 139-162. 게르만 전승(특히 『기슬리 수르손 사가*Saga de Gisli Sursson*』)에 나오는 죽은 자가 신은 신발이라는 제재에 관해서는 다음을 참조할 것. Cl. Lecouteux, *Fantômes et revenants au Moyen Âge*, p. 39.

43) Césaire de Heisterbach, *Dialogus miraculorum* XII, 20; éd. citée, II, p. 330.

44) 같은 책, II, 2, éd. citée, I, p. 61 : 일찍이 수도사였다가 나중에 기사가 되어 약탈을 저지른 자의 영혼이 주교의 중재로 연옥에서 해방되었다. 죽은 지 1년이 지나서 처음 유령으로 나타났을 때에는 어두운 색의 옷을 입고 있었는데, 12년 후에는 예전 수도사였을 때 입었던 두건이 부착된 흰 옷을 입고 등장했다.

45) M. Pastoureau, "Du rouge au bleu: étoffes et colorants", dans *Couleurs, images, symboles. Études d'histoire et d'anthropologie*, Paris, Le Léopard d'or, 1989, pp. 20-30.

46) Césaire de Heisterbach, *Dialogus miraculorum* XII, 14; éd. citée, II, p. 326. 기사는 생전에 밭을 불법으로 차지한 적이 있어서 두 어깨에 흙더미를 짊어지고 있었다.

47) Gervais de Tilbury, *Otia imperialia*, III, 103, pp. 112 이하.

48) Manuel C. Diaz y Diaz, *Visiones del Mas Alla en Galicia...*, pp. 63-81.

49) 중세 꿈의 도상학에 대해서는 다음을 참조. A. Paravicini Bagliani et G. Stabile, *Träume im Mittelalter*, 1989.

50) Grégoire le Grand, *Dialogues* II, 23 et 24, éd. citée, vol. II, p. 206 이하.

51) Bibliothèque vaticane, Ms. Vat. Lat. 1202, fol. 57r-57v. Éd. fac-similé: *Lektionar zu den Festen der heiligen Benedikt, Maurus und Scholastika, Vat. Lat. 1202*, Zürich, Belser Verlag, Codices e Vaticanis selecti L, 2 vol. 1981. R Brenk, "Il significato storico del Lezionario di Desiderio Vat. Lat. 1202", dans *L'Età dell'Abate Desiderio, II La decorazione libraria, Atti della Tavola rotonda* (Montecassino, 17-18 maggio 1987), Miscellanea Cassinese 60, Montecassino, 1989, pp. 25-39 참조.

52) 사진은 *Val de Loire roman*, La Pierre-Qui-Vire, 2e éd. 1965, fig. 8.

53) "D'un moigne qui ne seoit mie as heures Nostre Dame", *Les Miracles de Nostre Dame par Gautier de Coinci*, éd. V.F. Koenig, Genève et Paris, Droz et Minard, 1970, pp. 255-260.

54) Paris, BN., Ms. N.a.f. 24541. H. Focillon, *Le Peintre des Miracles Notre Dame*, Paris, Paul Hartmann, 1950, Pl. XV(Jean Pucelle의 그림, 1330-1334).

55) Paris, BN., Ms. fr. 22920, fol. 105.

56) F. Garnier, *Le Langage de l'image au Moyen Âge. Signification et symbolique*, Paris, Le Léopard d'or, 1982, p. 216.

57) Escorial, Ms. T I 1. 212장으로 이루어진 이 사본에는 1,262개의 세밀화가 실려 있는데, 이것은 원래 사본의 3분의 2에 지나지 않는다. 나머지 3분의 1은 Florence, Biblioteca Nazionale, Ms. BR 20에 보존되어 있는데, 131장과 페이지 전체를 차지하는 91개의 채색화가 실려 있다. 9편의 기적이야기 뒤에는 반드시 이야기가 아니라 성모송가가 이어진다. 2개의 성모송가 사이에 있는 기적이야기 가운데 다섯 번째 기적이야기의 세밀화는 언제나 두 페이지에 걸쳐 그려져 있어서 그림에 포함된 장면의 숫자가 통상의 6개가 아니라 그 두 배인 12개이다.

58) 같은 책, fol. 174, Cantiga n° CXXIII.

59) 같은 책, fol. 106v, n° LXXII.

60) 이 이미지에 관한 나의 해석은 Jérôme Baschet와의 논의를 거치며 풍부해졌다. 고마움을 전한다.

61) Oxford, Bodleian Library, Ms. Douce 300, fol. 115. 이 문헌은 J. J. Stürzinger, *Le Pèlerinage de la vie humaine*, London, 1893으로 출판되어 있다.

62) Paris, BN., Ms. fr. 823, fol. 89. 이 세밀화와 다음 세밀화에 대한 정보를 얻을 수 있었던 것은 논문에서 이것들을 다른 관점에서 고찰한 Anca Bratu 덕분이다. *Images d'un nouveau lieu de l'au-delà: le purgatoire. Emergence et développement(vers 135O-vers 1500)*, Paris, É.H.É.S.S., 1992, vol. I, p. 228 이하와 vol. III, 도판 63과 65.

63) Paris, BN., Ms. fr. 376, fol. 83.

64) 특히 여러 장의 삽화가 들어간 『멜뤼진 이야기*Roman de Mélusine*』 판본들을 보라. 이것들에 주목하도록 알려준 것은 Danièle Alexandre-Bidon이다.

65) Paris, Bibliothèque de l'Arsenal, Ms. 5071, fol. 80v.

66) 예컨대 Jean Malliard의 『천국의 길*Chemin de Paradis*』에 첨부된 세밀화(잉글랜드, 16세기 초)를 참조할 것(Oxford, Bodleian Library, Ms. Bodl. 883, fol. 10v). 이 세밀화에서 우울함에 사로잡힌 시인은 길 위에서 잠든다. 그리고 천국에 가지 못해 그의 영혼이 묘지의 무덤 사이를 방황하는 꿈을 꾼다. 꿈은 죽음과 흰 수의를 덮은 유령을 예고한다. 이런 이미지를 간접적으로 전하는 도상은 아이크 폰 레프코우(Eike von Repkow)의 『작센 법전*Sachsenspiegel*』의 1330년 무렵의 사본에도 발견된다(Ms. Heidelberg Cod. Pal. Germ. 164). 이 세밀화의 사진은 다음에 수록되어 있다. W. Koschorreck, *Der Sachsenspiegel in Bildern*, Francfort, Insel Verlag, 1976, p. 97. 이 관습법은 13세기의 첫 3분기로 거슬러 올라간다. 희생자의 사회적 지위가 낮을수록 보상금(Wergeld) 액수도 적어진다. 예컨대 사생아, 사제의 자식, 노예 신분인 음유시인은 가해자한테 '인간의 그림자'만큼의 배상밖에 받지 못한다. 피해자는 비유적인 의미에서 그림자를 괴롭힐 수는 있지만, 가해자 본인을 실제로 괴롭힐 수는 없는 것이다. 이에 상응하는 도상에서 현악기를 든 음유시인과 마주한 그림자는 뜻밖에도 지면에 수평으로 비춰진 그림자가 아니라 유령처럼 일어서 있다. 이것은 그림자를 의미하는 'umbra'나 'umbraticus'라는 말이 일반적으로 유령을 가리키고 있음을 보여준다. 마찬가지로 여기서도 일어선 모습으로 묘사된 그림자는 가해자 본인이 살아 있는 경우라도 그곳에 없는 가해

자의 대리를 맡고 있는 실체가 아니라 비물질적인 모상을 의미한다. 게르만 전
승에서 그림자에 대해서는 다음을 참조할 것. J. von Negelein, "Bild, Spiegel und
Schatten im Volklsglauben", *Archiv für Religionswissenschaft*, 5/1, 1902, pp. 1-37.

67) 방대한 참고문헌 중에서 특히 다음을 참고할 것. A. Tenenti, *La Vie et la Mort à
travers l'art du XVᵉ siècle*, Paris, A. Colin, 1952. 장기적 관점에서 분석한 것으로는
Philippe Ariés, *Images de l'homme devant la mort,* Paris, Le Seuil, 1983. 1480년 경
에 제작된 『루이 드 라발의 시도서*Heures de Louis de Laval*』(Paris, B.N., Ms. Lat.
920)의 fol. 190r에는 매우 좋은 사례가 나온다. 거기에서는 묘석 앞에서 망자와
만나는데, 묘석에는 손을 모으고 누워 있는 인물상이 새겨져 있다. V. Leroquais,
Les Livres d'heures manuscrits de la Bibliothèque nationale, Paris, 1927, *Pl.* LXXIX.
그리고 *Livres d'heures. Manuscrits enluminés français du XVᵉ siècle*, Leningrad,
Aurora, 1991: n° 6, Musée historique, Ms. 3688, fol. 17(Tours, 1460).

68) *Heures à l'usage de Rouen*, 15세기, Paris, B.N., Ms. lat. 1178, fol. 105v, 124r. 마카
브레가 나타난 그 밖의 여백으로는 fol. 106r, 119r(죽은 자의 두개골), fol. 108r(무
덤구덩이를 파는 사람), fol. 109r-109v(관), fol. 112v(시신). 이 사본의 분석은 V.
Leroquais, *Les Livres d'heures manuscrits,* t. l, Paris, 1927, n° 43, pp. 117-118.

69) New York, Metropolitan Museum. The Cloisters, *Belles Heures de Jean de France,
duc de Berry*, fol. 94v(랭부르 형제, 1410년 무렵) (cf. éd. fac-similé J. Porcher,
Paris, 1953). 디오크레의 장례식과 유사한 도상이 『매우 호화로운 시도서*Très
Riches Heures*』의 fol. 86v에 보인다. 이것은 베리 공작을 위해 같은 미술가들이
그린 것이다. M. Meiss, *French Painting in the Time of Jean de Berry. The Boucicaut
Master,* London, Phaidon Press, 1968, n° 146 et 578.

70) Mâcon, *Bibliothèque municipale*, Ms. 3. fol. 25v. 이 사본(그 대부분은 오늘날 뉴욕
의 Piermont Morgan Library에 소장되어 있다)에 관한 복잡한 고문서학적인 문제
에 대해서는 다음을 볼 것. J. M. Caswell, "A double signing system in the Morgan-
Macon Golden Legend", *Quaerendo. A Quarterly Journal from the Low Countries
devoted to Manuscripts and Printed Books,* X, 2, 1980, pp. 97-112. 필사본에는 황
금양털기사단의 기사이자 샤롤레(Charolais) 백작(뒷날의 용담공 샤를Charles le
Téméraire)의 시종인 장 도시(Jean d'Auxi)의 문장이 그려져 있다. 텍스트에 대해
서는 Jacques de Voragine, 『황금전설』, 1034-1035쪽('위령의 날'편) 참조.

71) Hartmann Schedel, *Liber chronicarum*, Nurenberg, A. Koberger, 1493, fol.
264r(Paris, B.N., Rés. G. 500).

72) 이러한 머뭇거림은 베르나르 기(Bernard Gui)의 『연대기 개요집*Fleurs des chroniques*』을 싣고 있는 다음 사본의 수많은 삽화 안에 뚜렷하게 표현되어 있다. Besançon, Bibliothèque municipale, Ms. 677(14세기 말에서 15세기 초에 걸친 번역자가 확인되지 않은 번역). 특히 이 사본의 fol. 48v(죽은 뒤에 무덤에서 빠져나와 그녀가 생전에 보관했던 열쇠를 수녀원장에게 돌려준 수녀의 그림, 산송장의 유형)과 시체 유형의 여러 도상들, fol. 57r(자식에게 나타난 게르마니아 왕). fol. 53v(묘석 밖으로 얼굴을 내민 죽은 자의 머리). fol. 65v(동료에게 나타난 사제).

73) Paris, Bibliothèque de l'Arsenal, Ms. 5070, fol. 273r(양피지, 395장, 페이지 크기 402×285mm, 100개의 세밀화). 이 도상의 사진은 다음에 실려 있다. Boccace, *Le Décameron. Manuscrit enluminé du XVe siècle*, Textes d'E. Pognon, Paris, Seghers, 1978, p. 89. V. Branca의 주석이 첨부된 현대어 번역본에도 이중의 장면이 묘사된 판화가 있는데, 세밀화와는 많이 다르다(Paris, Le Club français du livre, 1962, pp. 636-643). 한쪽에는 틴고초가 긴 의자에 앉아 대모를 안고 있고, 다른 한쪽에는 죽은 그가 해골 모습으로 침대에 앉아 있는 메우초에게 나타난다. 이 문헌의 조사에 도움을 준 Danièle Alexandre-Bidon에게 고마움을 전한다.

74) 같은 수법은 더 뒷시대(18세기)가 되면서 엔도르의 일화를 묘사한 삽화에도 사용되고 있다. J. Cl. Schmitt, "Le spectre de Samuel et la sorcière d'En Dor", ill. 10.

75) Paris, Bibliothèque de l'Arsenal, Ms. 5193, fol. 76v, Cas des nobles hommes et femmes. 이 두꺼운 사본(405장, 페이지 크기 402×298mm)에는 150개의 세밀화가 실려 있다. 장 드 베리 공작이나 부르고뉴 공작 용맹공 장을 위해 제작된 것이다. 출처와 규모가 같은 필사본 Bibliothèque de l'Arsenal, Ms. 5192와 비교할 필요가 있다. 다만 뒤의 필사본 제2장 19절에 완전히 다른 장면을 묘사하고 있다. 거기서는 작가(?)가 서재에서 다른 두 명의 인물을 맞이하고 있다.(fol. 62v)

76) J. Wirth, *La Jeune Fille et la Mort*, pp. 61 이하와 도판 55, 64-69.

77) 같은 책, 도판 33-34.

78) 가장 통찰력이 있는 역사적 분석은 여전히 Philippe Ariés, *L'Homme devant la mort*, pp. 202 이하의 내용이다. 다음과 같은 미술사가의 연구는 고고학적인 기술에서 매우 유익하다. E. Panofsky, *Tomb Sculpture. Four Lectures on Its Changing Aspects from Ancient Egypt ta Bernini*, New York, H. N. Abrams Inc., 1964; A. Erlande-Brandenburg, *Le roi est mort. Etude sur les funérailles, les sépultures et les tombeaux des rois de France jusqu'à la fin du XIIIe siècle*, Paris, Arts et métiers graphiques, 1975. 가장 우수한 연구는 이론의 여지없이 K. Bauch,

Das mittelalterliche Grabbild. Figürliche Grabmäler des 11. bis 15. Jahrhunderts in Europa, Berlin et New York, W. de Gruyter, 1976이다. 다음의 연구에서도 흥미로운 통찰을 찾아볼 수 있다. Roger Grégoire(ed.), *La Figuration des morts dans la chrétienté médiévale jusqu'à la fin du premier quart du XIVᵉ siècle,* Abbaye royale de Fontevraud, Centre culturel de l'Ouest(Cahiers de Fontevraud, I), 1988.

79) 중세 무덤 초상의 가장 오래된 사례는 생빅토르 드 마르세유 수도원의 수도원장 이자른(Isarn, 1048년 사망)의 매우 '고풍스런' 석관 덮개(Philippe Ariés, *Images de l'homme devant la mort,* p. 44, ill. 61)와 1080년에 엘스터 전투에서 황제군에게 살해된 루돌프 폰 슈바벤(Rudolf von Schwaben) 왕의 청동 묘비명판(메르제부르크 교회에 소재)을 꼽을 수 있다(K. Bauch, 앞의 책, pp. 12-13 et ill. 4). 왕의 갑작스런 죽음은 그의 사후세계에서의 상태를 유령들이 보이는 특징과 유사하게 했다. 묘비명에 새겨진 글귀에 따르면 성당 안에 안치된 무덤의 호화로움은 왕이 '교회를 위해' 황제 하인리히 4세와 싸우다 목숨을 잃었다는 사실을 보여준다.

80) 장 다라스(Jean d'Arras)의 『멜뤼진 이야기』에 첨부된 판화 가운데 하나는 유령과 횡와상의 관련성을 보여준다. 아직 밝혀지지 않은 부분이 있지만 이 주제에 대한 조사에 자극을 준 Danièle Alexandre-Bidon과 Véronique Frandon에게 고마움을 전한다. 요정 멜뤼진의 자식인 큰 이빨 제오프루아(Geoffroy)는 거인 그리몰트(Grimolt)와의 싸움에서 이긴 뒤 산으로 들어가 조부 알바니아 왕 엘리나(Elinas)의 무덤을 발견했다. 그 무덤은 왕의 모습을 형상화한 황금 횡와상으로 덮여 있었는데, 그 횡와상은 복부에 두 팔을 교차하고 있었다. 제오프루아는 설화석고로 만들어진 왕비의 조각상도 발견했다. 이 조각상은 명판을 지니고 있고, 거기에는 모든 모험이 새겨져 있었다. 1474년판과는 대조적으로 1478년판은 횡와상의 한쪽 곁에 가슴 위에 두 팔을 모은 왕비의 조각상을 묘사하고, 또 한쪽 곁에는 동일한 자세를 취한 마찬가지로 눈이 움푹 패여 있는 노인의 모습을 묘사하고 있다. 텍스트에 이 노인에 대한 언급은 없는데, 죽은 왕의 분신이라고 여겨진다. 이 경우 도상은 명확히 횡와상과 유령을 연결시켜 준다. 이야기의 텍스트는 *Mélusine. Roman du XVᵉ siècle*, par Jean d'Arras, éd. L. Stouff, Paris et Dijon, 1932, p. 265에 기초했다. 요람기본의 목판화는 *The Illustrated Bartsch. German Book Illustration before 1500, Part II: Anonymous artists(1475-1480)*, éd. W. L. Strauss, vol. 82, New York, Abaris Book, 1981, p. 106(19. 353). 그것과 대비되는 목판화가 같은 책, vol. 80, p. 220(3. 197)에서 발견된다. 다음은 약간의 차이가 있는 다른 버전이다. Genève, A. Steinschaber, 1478, in fol. 1r(p. 164) (Paris, B.N., Rés. Y2, 400).

81) 코티에 드 쿠앵시의『성모의 기적』필사본 Ms. Fr. 22920에 나타난다. 이 책의 9장 미주 54, 55번 참조.

82) M. Pastoureau, "Le Bestiaire des morts: présence animale sur les monuments funéraires(Xᵉ-XIXᵉ siècle)", dans *La Figuration des morts...*, pp. 124-137 (p. 132).

83) 영국 옥스퍼드셔 돌체스터의 교회에 매장된 기사 무덤의 예를 볼 것. 사진판은 E. Panofsky, *Tomb Sculpture*, p. 56, ill. 219. 그리고 잉글랜드에서 제작된 두 다리를 교차하고 있는 초상에 관해서는 다음을 참조할 것. M. Clayton, *Catalogue of Rubbings of Brasses and Incised Slabs*, London, Victoria and Albert Museum, 1968.

84) 뷔르츠부르크의 성모 마리아 예배당에 있는 기사 콘라트 폰 샤움베르크(Konrad von Schaumberg)의 석조 묘비, 1499년.

맺음말

1) J. Krynen, "'Le mort saisit le vit'. Genese medievale du principe d'instantaneite de la succession royale française", *Journal des savants*, juillet-décembre 1984, pp. 187-221. Krynen는 이 관습법 표현이 14세기 이후에, 군주의 사후 대관식 없이도 후계자가 바로 왕위를 계승한다는 사고방식을 확립시키는 데 어떻게 일조했는지를 논증하고 있다. ("국왕 폐하 붕어, 국왕 폐하 만세Le roi est mort, vive le roi)"

2) 근대에 남겨진 수많은 유령 목격증언 중에서도 R. Cysat가 독일어로 쓴『루체른Luzern 연대기』를 볼 것. R. Cysat, *Collectanea Chronica und Denkwürdige Sachen pro Chronica Lucernensi et Helvetiae*, éd. éd. Josef Schmid, Luzern, Diebold Schilling Verlag, 1969 (Quellen und Forschungen zur Kulturgeschichte von Luzern und der Innerschweiz, 4, 2), pp. 591-609 (이 문헌에 관한 소중한 충고를 해준 University of Constance의 M. Norbert Schindler에게 감사의 말을 전한다.) 매우 암시적이지만 R. C. Finucane, *Appearances of The Dead* 도 참조할 것.

3) N. Z. Davis, "Ghosts, Kin, and Progeny: Some Features of Family Life in Early Modern France", *Daedalus* 106, 2, 1977, pp. 87-114. 루터는 유령을 악마의 출현과 동일시하는 경우가 많았다.

4) D. Fabre(sous la dir.), "Le retour des morts", p. 11. 1882년에 설립된 매우 '런던적'인 영국심령현상연구협회(Society for Psychical Research)를 예로 들 수 있다. 그들은 심령현상에 관한 방대한 자료를 모으고, 실험조사를 하는 것을 사명으로 하고 있었는데, 그 무렵 탄생한 사진들은 그런 일에 근대기술이 일조하고 있었음을 보여준다. 1874년 이후 William Crookes가 캐시(Kathie)라고 이름붙인 유

령 사진이 유명하다. W. Crookes, *Recherches sur les phénomènes du spiritualisme. Nouvelles expériences sur la force psychique*, Paris, Bibliothèque de philosophie spiritualiste, 1923(1re éd. anglaise, 1878)을 참조할 것. G. Pareti, *La Tentatione dell'culto. Scienza ed esoterismo nell'tà vittoriana*, Turin, Borringhieri, 1990, pp. 183 이하와 본문과 별도로 게재되어 있는 도판을 참조할 것.

5) 셰익스피어의 『햄릿』 제1막 5장 91행(망령의 마지막 대사)과 110~112행(햄릿이 망령의 말을 자기 자신을 위해 글로 남기는 장면)에 등장하는 망령을 상기할 것. "숙부여, 당신을 여기 적겠다. 이번엔 내 좌우명이다. '잘 있거라, 잘 있거라! 나를 기억해다오!' 나는 맹세했다(So, uncle, there you are. Now to my word. It is 'Adieu, adieu! remember me.' I have sworn't)."

6) J. Delumeau, *La Peur en Occident*, pp. 76 이하.

7) Dom Augustin Calmet, *Dissertation sur les revenants en corps, les excommuniés, les oupires ou vampires, brucolaquies*(1751), R. Villeneuve가 서문을 쓴 재판, Paris, Jérôme Millon, 1986, pp. 341-342.

8) Diderot et D'Alembert, *L'Encyclopédie*, Paris, 1752, s.v. 'spectre' 항목('ombre', 'revenans', 'apparitions' 항목도 함께 참조.) 유령에 관한 다섯 가지 견해는 묘하게도 사무엘의 유령을 둘러싼 스콜라학파의 논의를 상기시키는 방식으로 제시되어 있다. "어떤 자는 지상으로 귀환해 모습을 나타내는 것이 망자의 영혼이라고 믿고, 어떤 자는 인간을 구성하는 제3의 부분이라고 믿고, 어떤 자는 유령을 영혼의 원소라고 하고, 어떤 자는 부패한 사체가 내뿜는 발산물을 유령으로 본다. 나아가 유령의 출현은 악마의 행위에 의한 것이라는 다섯 번째 의견도 있다."

9) 심성과 마찬가지로 사회도 진화를 이룬다는 것에 관해서는 M. Vovelle, *La Mort et l'Occident...*를 참조.

10) Arnold Van Gennep은 '유령과 유령의 출몰에 관한 일반적인 이론'을 제시하려 했지만, 실현하지 못했다. A. Van Gennep, *Manuel de folklore français contemporain*, I, vol. 2, p. 791과 D. Fabre, "Le retour des morts", p. 13.을 볼 것. 일반적인 문화인류학적 연구방법은 E. Morin, *L'Homme et la Mort*, Paris, Le Seuil, 1970을 참조할 것.

11) 종교사회학이 새로운 종교 형태를 고려하여 자신의 연구방법을 다시 구성하고 바로잡을 수밖에 없었던 것에 대해서는 D. Hervieu-Leger, *La Religion pour mémoire*, Paris, Cerf, 1993을 참조.

12) S. Freud, "Analyse d'une phobie d'un petit garçon de cinq ans: le petit Hans", dans *Cinq psychanalyses*, Paris, P.U.F., 1954, p. 180.

찾아보기

인명

사항

유령의 역사
중세 사회의 산 자와 죽은 자

초판 1쇄   2015년 9월 15일
   2쇄   2019년 2월 10일

글쓴이   장클로드 슈미트
옮긴이   주나미
펴낸이   김두희
펴낸곳   도서출판 오롯
출판등록   2013년 1월 10일 제251002013-000001호
주소   인천시 계양구 장제로 863번길 15
전자우편   orot2013@naver.com
홈페이지   http://orot2013.blog.me
전화번호   070-7592-2304
팩스   0303-3441-2304

© OROT, 2015. printed in Incheon, Korea
ISBN   979-11-950146-4-4   93920

이 도서의 국립중앙도서관 출판시도서목록(CIP)은 서지정보유통지원시스템 홈페이지
(http://seoji.nl.go.kr)와 국가자료공동목록시스템(http://www.nl.go.kr/kolisnet)에서 이
용하실 수 있습니다.(CIP제어번호: CIP2015022617)

※ 책값은 뒤표지에 있습니다. 잘못된 책은 바꾸어 드립니다.